Wolfenbütteler Studien zur Aufklärung

Im Auftrage der Lessing-Akademie
herausgegeben von Günter Schulz

Band I

Wolfenbüttel 1974

Jacobi Verlag Bremen Wolfenbüttel

Inhalt

Vorwort

Die Lessing-Akademie legt mit diesem Band der Öffentlichkeit von ihrem Arbeiten und Wirken ein erstes Zeugnis ab.

Die Studien sind eine Auswahl von Vorträgen, Referaten und Diskussionsbeiträgen, die auf den letzten Arbeitstagungen des Wissenschaftlichen Senats der Akademie in Wolfenbüttel gehalten wurden. Im Sinne der Zielsetzung unseres Vereins sollen sie der wissenschaftlichen Erforschung des Zeitalters der Aufklärung dienen. Erste Bemühungen, die Quellenforschung zur Literatur und Geistesgeschichte der Aufklärung zu intensivieren, durch das Sammeln, Kommentieren und Bibliographieren der Dokumente Vorarbeiten für eine wissenschaftliche Auswertung zu leisten, werden im zweiten Teil dieses Bandes vorgestellt, der Briefe des Breslauer Denkers Christian Garve an den Schriftsteller und Verleger Friedrich Nicolai enthält. Der Arbeitsbericht am Schluß des Bandes informiert über die Aufgaben, Ziele und die bisher geleistete Arbeit der Lessing-Akademie, er gibt auch Einblick in das Veranstaltungsprogramm des letzten Jahres und Hinweise auf die geplanten Arbeitsprojekte im Bereich der Forschung und der Öffentlichkeitsarbeit.

Wir hoffen, daß wir mit der Reihe der »Wolfenbütteler Studien zur Aufklärung« ein publizistisches Organ schaffen können, das im Dienste der wissenschaftlichen Kommunikation und Zusammenarbeit steht und der Akademie neue Freunde und Helfer gewinnen hilft. Ein zweiter Band, der vor allem Lessing-Studien enthalten wird, ist in Vorbereitung.

Diesen ersten Band widmet die Lessing-Akademie ihrem Vizepräsidenten Herrn Professor D. Dr. Karl Heinrich Rengstorf D. D. nachträglich zum 70. Geburtstag.

Wolfenbüttel, im Frühsommer 1974

Günter Schulz

I Aufsätze

Hermann Lübbe Traditionsverlust und Fortschrittskrise. Sozialer Wandel als Orientierungsproblem.

Seit es handlungslegitimierende Theorien des Fortschritts gibt, also spätestens seit dem Aufkommen geschichtsphilosophischer Theorien der politischen und zivilisatorischen Entwicklung bürgerlicher Gesellschaften (1), steht das Recht des Fortschritts zum Recht der Überlieferung überwiegend in einem Konkurrenzverhältnis (2). Entsprechend sind wir es nicht gewohnt, die beiden Orientierungsgrößen »Fortschritt« und »Tradition« derart miteinander zu verkoppeln, daß auf den Traditionsverlust die Krise des Fortschritts folgt. Die Tradition der Fortschrittstheorie will es, daß die Tradition als die hemmende Fessel gilt, die die Macht des Gedankens im Extremfall revolutionär sprengt und so den Fortschritt freisetzt. Von Kant (3) bis Thomas S. Kuhn (4) reicht diese rhetorische Tradition, die Revolutionsmetapher für die Beschreibung von Wissenschaftsprozessen in Anspruch zu nehmen, und ebenso verwenden wir sie heute ohne Bedenken zur Charakteristik sozialer Prozesse, auch wenn sie von politischen Revolutionen gar nicht begleitet sind, zum Beispiel in der geläufigen Wendung, die von der wissenschaftlichen, technischen oder industriellen Revolution spricht (5).

An der insoweit traditionellen Antithetik der Legitimitäten, die im Namen der Tradition und des Fortschritts gegeneinander behauptet werden, ändert selbstverständlich die Umkehr der Bewertung nichts. Ob der erklärte Fortschritt, der sich revolutionär Bahn bricht, einen die Welt durchschauenden Enthusiasmus des Geistes auslöst, wie noch mehr als ein Vierteljahrhundert später als Kant ähnlich wie dieser Hegel mit Zustimmung über die Französische Revolution schrieb (6), oder ob umgekehrt, wie bei Burke, die Reaktion des politischen Affekts von der Erbitterung bis zur Trauer reicht (7), - so oder so ist das Orientierungsmuster einer politisch-historischen Antithetik von Tradition und Fortschritt seit dem Ausgang des achtzehnten Jahrhunderts fixiert.

Die praxislegitimierende Geschichtsphilosophie des Fortschritts (8) ist insofern selber ein Traditionsstück von inzwischen beträchtlichem Alter.

Es gibt naheliegende Gelegenheiten, sich einen Eindruck vom rigorosen Charakter der Bindungen zu verschaffen, den die Tradition des Fortschritts, wo sie institutionell gilt, stiftet. Im Wörterbuch der Philosophie von Klaus/Buhr (9), einem Glanzstück philosophiepolitischer DDR-Didaktik, heißt es von der marxistisch-leninistischen Theorie des Fortschritts ausdrücklich, daß sie »historisch aus dem Erbe des Besten« erwachsen sei, »was menschliches Denken in vergangenen Jahrhunderten« hervorgebracht habe (10). Die tradierten Urkunden der Fortschrittstheorie sind hier in ihrer legitimierenden Funktion rein zu beobachten. Das Pathos der Überlieferung scheint ungebrochen. Die biblizistische Verfassung dieser Überlieferung erlaubt es, die Schlüsselpositionen im Arrangement der Argumente durch Zitate zu besetzen. Trotz dieser evident traditionalen Verfassung geltender Fortschrittstheorie taucht aber im Wörterbuch der DDR-Philosophie die Tradition als Stichwort nicht auf. Nur der »Traditionalismus« kommt vor - und zwar als Feind-Prädikator, als Kennzeichnung derjenigen Ideologie, die »Bestrebungen der Konterrevolution und Restauration zu rechtfertigen« sucht und die intellektuellen Parteigänger der Revolution beschuldigt, die traditionalen Basen »stabiler gesellschaftlicher Verhältnisse« zum Gegenstand »ihrer zersetzenden Diskussion gemacht« zu haben (11). Entsprechend diesem Muster traditionalistischer Apologetik gefährdeter Tradition bleibt im Lexikon der DDR-Philosophie die Überlieferung des Fortschritts ihrerseits zersetzender Diskussion entzogen. Nach Theorie und Verfahren sind somit in diesem Lexikon sowohl die progressive wie die traditionale Legitimität aktuell - in der Theorie die progressive und im Verfahren die traditionale der überlieferten Fortschrittstheorie.

Es ist offenkundig, daß auch diesseits der Grenzen offizieller ideologischer Geltung der Legitimationsantithetik von Fortschritt und Tradition die Tradition dieser Antithetik lebendig ist; sie hat sogar eine Renaissance erlebt. Die Neue Linke hat, international, geschichtsphilosophische Orientierungsmuster der europäischen Aufklärung kräftig erneuert. Die Redeweisen, die in diesem Zusammenhang zur Gewohnheit geworden sind, haben wir alle im Ohr. Es gelte, so heißt es, verkrustete Strukturen endlich aufzusprengen (12), traditionale Verhärtungen überlebter Verhältnisse progressiv aufzulösen (13) und zur emanzipatorischen Befreiung des Bewußtseins aus den Fesseln der Unmündigkeit Aufklärungsprozesse in Gang zu setzen (14). Es ist wahr, daß dieses traditionelle Orientierungsmuster, von Berkeley bis nach Frankfurt, zuerst in der Esoterik philosophischer, soziologischer und schließlich auch theologischer Seminare wiederaufgetaucht ist (15). Aber diese Erneuerung der Fortschrittstradition hat längst die politische Beschränktheit des akademischen Horizonts gesprengt und hat öffentlichen Charakter gewonnen. Es erübrigt sich, hier auf die Reflexe dieses Prozesses in der Publizistik sowie im veranstalteten Räsonnement des öffentlichen Tagungs- und Diskussionsbetriebs einzugehen. Wichtiger ist, daß in Entsprechung zu diesen Reflexen das Aufgebot der Rechte des Fortschritts gegen die Kräfte der Beharrung sich auch in den Parteien erneuert hat. Das gilt, auf dem Hintergrund ihrer Traditionen (16), plausiblerweise in erster Linie für die sozialistischen Parteien der Zweiten Internationalen (17). Das Pathos an der Politik der Reformen erfüllt oder erfüllte doch die programmatischen Erklärungen der von ihnen getragenen Regierungen, und in der deutschen Hochschulreformpolitik war es noch bis gegen Ende der sechziger Jahre ein Gemeinplatz, daß in der Antithetik von Tradition und Fortschritt dieser überwiegend von der Studentenschaft repräsentiert sei und jene durch Professoren. -

Es soll nun keineswegs generell die Unbrauchbarkeit der historisch-politischen Orientierungsantithese von Fortschritt und Tradition behauptet werden. Die Absicht ist - bescheidener - umgekehrt die, seine schwindende Brauchbarkeit deutlich zu machen. Ausgangspunkt ist die These, es sei unzweckmäßig, die dominanten Probleme moderner Wachstumsgesellschaften als Schwierigkeiten zu charakterisieren, Rechte des Fortschritts gegen traditional sich legitimierende Kräfte durchzusetzen. Die demgegenüber tatsächlich herrschenden Probleme sind Probleme der Steuerung gesellschaftlicher Prozesse, die längst im Gang sind. Diese Einsicht ist nicht neu. Sie drängt sich jedem auf, der zum Beispiel die umfangreiche, inzwischen auch im deutschen Sprachraum rezipierte und partiell weiterentwickelte Literatur zur Theorie des sozialen Wandels (18) unter dem Gesichtspunkt der praktischen Hoffnungen liest, die verantwortliche politische und administrative Instanzen dieser Theorie heute entgegenbringen (19). Es sind Hoffnungen auf effektive Beiträge der Wissenschaften zur Stärkung der Potentiale der Steuerung sozialer Prozesse, die ihrerseits, »naturwüchsig«, wie mit Marx und Engels Habermas sagt (20), längst im Gang sind. Soweit das hier und jetzt richtig ist, ist das Hauptproblem nicht der Fortschritt, der stattfinden sollte, sondern es sind die Folgewirkungen derjenigen Fortschritte, die längst im Gang sind. Dem entspricht komplementär auf der anderen Seite, daß unter geschichtlichen Akzelerationsbedingungen immer mehr Traditionen immer rascher als Orientierungshilfen versagen und als die Last sich melden, sie fortzubilden und veränderten Verhältnissen anzupassen. Nicht die Hemmnisse der Tradition sind es, die insoweit belasten, sondern die anwachsenden Schwierigkeiten, unter Bedingungen sich beschleunigenden sozialen Wandels entlastende Tradition neu zu bilden.

Wenn das so ist, so bedarf die neuerdings, seit mehr als einem halben Jahrzehnt auch in Mitteleuropa aufgetretene Renaissance des politisch-historischen Orientierungsschemas der Legitimitäts-Konkurrenz von Fortschritt und Tradition einer Erklärung. Diese Erklärung ist, wie mir scheint, einfach. Sie erklärt sich als ein Traditionalismus - exakt im Sinne der Erläuterung dieses Begriffs im zitierten Wörterbuch der DDR-Philosophie. Sie ist Reaktion auf die Erfahrung einer Orientierungskrise. Der forcierte Rückgriff auf Traditionen, deren vergangene politische Orientierungsleistung unvergessen ist, wirkt als ideologische Immediatsstabilisierung. Aber die Kosten für die traditionalistische Heilung von Orientierungskrisen sind bekanntlich hoch. Der Preis sind Realitätsverluste, und das ist der Grund, der die Kritik an aktuellen Versuchen, die Probleme von Wachstumsgesellschaften im Konfliktbereich von Fortschritt und Tradition zu verorten, zu einer Aufgabe fälliger Aufklärung macht. Wohl schon überflüssigerweise sei noch erinnert, daß solche Aufklärung mit traditioneller Fortschrittskritik, wie sie in unseren Tagen Karl Löwith mit seiner Aufbietung der Orientierungsgröße Natur gegen die Fortschrittsgeschichte eindrucksvoll erneuert hat (21), nicht identisch ist. Die Intention ist nicht, ablaufenden sozialen Prozessen ihre Zustimmungsfähigkeit und so ihren Fortschrittscharakter abzusprechen. Die Absicht ist darzutun, daß das Schema der Antithese von Fortschritt und Tradition wenig geeignet ist, den kategorialen Ort der dominanten Probleme hochentwickelter Wachstumsgesellschaften zu bestimmen.

Die Rationalität politischer, auch moralischer Praxis wird heute weniger durch zählebige residuale Traditionen gefährdet als durch Orientierungsmängel, die eine Folge anwachsender Schwierigkeiten sind, unter Bedingungen sich beschleunigenden sozialen Wandels leitende und entlastende Traditionen neu zu bilden. In dieser These ist ein Funktionsbegriff von Tradition verwendet, der zunächst skizziert werden soll. Es wäre dienlich und aktuellen wissenschaftlichen Trends angemessen, diese Skizze im Kontext der Systemtheorie zu besorgen. Aus Abkürzungsgründen wähle ich stattdessen den Kontext aristotelischer Dialektik. Mit dieser Wahl ist der Vorzug verbunden, daß sie Gelegenheit bietet, zugleich an eine elementare Funktion der Klassiker im Zusammenhang einer wissenschaftlichen Praxis zu erinnern, in der Prämien überwiegend auf innovatorische Leistungen ausgesetzt sind. Der Modus fälliger Erinnerungen an nicht-triviale alte Wahrheiten kann unter solchen Umständen, die ja die unsrigen sind, zur Verlegenheit werden. Aus dieser Verlegenheit befreit das Klassiker-Zitat. Entsprechend sei jetzt Aristoteles zitiert, und zwar zunächst ein Satz aus der Topik. Der Satz lautet: »Wahrscheinliche Sätze . . . sind diejenigen, die Allen oder den Meisten oder den Weisen wahr scheinen und auch von den Weisen wieder entweder Allen oder den Meisten oder Bekanntesten und Angesehensten« (22). Seinem Status nach ist dieser Satz eine Definition, die unter Sätzen »wahrscheinliche« von solchen unterscheidet, die evident, das heißt »nicht . . . durch anderes, sondern durch sich selbst glaubhaft sind« (23). Selbst in der Wissenschaft haben wir es zumeist mit Sätzen der zuerst genannten Sorte zu tun, und im Zusammenhang von Erörterungen, die politischen Entscheidungen vorausgehen, gilt das erst recht. »Wahrscheinliche Sätze« ἔνδοξα, sind solche, die unter den mannigfachen Behauptungen, mit denen wir so konfrontiert sind, als zu Beginn einer Erörterung akzeptable, diskutable Behauptungen ausgezeichnet sind, - ausgezeichnet durch traditionale Beglaubigung der Kompetenz ihrer Autoren und durch überlieferten Konsens in bezug auf ihre Richtigkeit. Dem entspricht in den Lehrschriften des Aristoteles der regelmäßige Rekurs auf die Doxa, auf die Meinungen der geradezu formelhaft sogenannten »Alten« (24). Die Paradoxe auf der anderen Seite, aparte Behauptungen, werden bei diesem Verfahren als diskussionsunwürdige Themen ausgefällt, - es sei denn, sie stammen von Autoren extraordinärer Berühmtheit (25). Wer aber, im paradoxen Extrem, in Frage zu stellen beliebte, »ob man die Götter ehren und die Eltern lieben« solle, verdient schließlich in gar keinem Falle ein Gegenargument, vielmehr Zurechtweisung (26). Zum Abschluß der Erinnerung an Aristoteles sei noch ein Satz aus der nikomachischen Ethik zitiert: »Was alle glauben, das, behaupten wir, ist wahr. Wer diesen übereinstimmenden Glauben der Menschheit verwirft, wird schwerlich Glaubwürdiges zu sagen wissen« (27).

Es dürfte Schwierigkeiten bereiten, aktuelle Kontexte zu erfinden, in denen solche Sätze dissonanzfrei auftreten könnten. Der Eindruck ihrer weggerückten Art ließe sich noch steigern, indem man beispielsweise daran erinnert, daß der zuletzt zitierte aristotelische Satz die ursprüngliche Form jenes Topos ist, der in leicht differenzierter Form den Theologen als die berühmte Traditions-Formel des Vinzenz von Lerinum vertraut ist: »curandum est, ut id teneamus, quod ubique, quod semper, quod ob omnibus creditum est«. - Der Hinweis auf diese Zusammenhänge ist selbstverständlich wenig geeignet, Aktualität der aristotelischen Traditionstheorie plausibel zu machen. Gleichwohl besteht sie, wie man sehen kann, wenn man sich zum interpretatorischen Gebrauch einiger weniger, anfangs bereits eingeführter Begriffe entschließt. Alsdann läßt sich sagen: die aristotelischen Sätze lassen sich in Praxiszusammenhängen, sei es der Theoriebildung, sie es der Politik, als Regeln für ein Verfahren der Legitimierung von orientierungsleitenden Wirklichkeitsannahmen auffassen. Natürlich ist dieses Verfahren der Berufung auf Tradition nicht das einzige Verfahren der Legitimierung von orientierungssichernden Annahmen über die Wirklichkeit. Ein anderes Verfahren wäre beispielsweise der Augenschein, in den man etwas, worüber etwas behauptet wird, nimmt, oder - in esoterischen Zusammenhängen moderner Wissenschaftspraxis - die theoretisch gesicherte Empirie. Wir leben gegenwärtig und schon seit langem in einer im wesentlichen unerschütterten Tradition, die erstens den Verfahren der Legitimierung von Wirklichkeitsannahmen durch theoretisch gesicherte Empirie die größere Zuverlässigkeit zuspricht und zweitens und vor allem auch das wissenschaftstheoretische Interesse fast ausschließlich auf dieses Verfahren sich konzentrieren läßt (28). Insofern kommt es darauf an zu zeigen, wieso gleichwohl auf das in den zitierten aristotelischen Sätzen skizzierte Verfahren der traditionalen Legitimation von orientierungssichernden Wirklichkeitsannahmen nicht verzichtet werden kann. Die Antwort auf diese Frage ist einfach: Verfahren der traditionalen Legitimierung von orientierungssichernden Wirklichkeitsannahmen sind deswegen unverzichtbar, weil unsere Kapazität nicht ausreicht, alle Sätze, auf die wir, sei es in esoterischer Praxis der Wissenschaft, sei es in exoterischer Praxis der Politik, uns tatsächlich verlassen müssen, einer Prüfung in anderen, härteren Legitimationsverfahren zu unterziehen. Schlicht gesprochen: Zeit und Aufmerksamkeit sind jeweils viel zu knapp, als daß wir auch nur eine Chance hätten, alles das selbst zu überprüfen, was wir als geltend praktisch voraussetzen müssen. Das cartesianische Programm, nichts anderes gelten zu lassen, als das, was man in sich selbst oder »im großen Buche der Welt würde finden können« (29), ist aus tatsächlichen Gründen undurchführbar, und weil auch nur der Versuch dieser Unternehmung, wenn nicht in der Wissenschaft, so doch in der Praxis des Lebens viel zu riskant wäre, hat Descartes dann auch in demselben Buch, aus dem ich gerade zitierte, die praktische Tradition in der Form einer »morale par provision« (30) wieder zugelassen, so daß praktisch zunächst einmal alles beim Alten bleibt. Die Totalität des Systems unserer jeweiligen Orientierungen ist viel zu groß und strukturell viel zu komplex, als daß wir, und sei es in kollektiver Bemühung, imstande wären, die Last traditionsfreier, sozusagen harter Legitimierung aller Elemente dieses Orientierungssystems auf unsere Schultern zu laden. Wir können diese Last stets nur partiell auf uns nehmen und müssen im übrigen bis zum detaillierten Beweise des Gegenteils in die Zuverlässigkeit des überlieferten Systems unserer Orientierungen vertrauen.

Das uns vertraute Wort »Vertrauen« ist hier absichtsvoll eingebracht worden - nicht, um in Schilderungen der Funktion des Traditionselements in unserer Orientierungspraxis emphatisch zu werden, sondern um nun doch an den systemtheoretischen Zusammenhang dieser Überlegungen zu erinnern, nämlich an Niklas Luhmann. Luhmann hat »Vertrauen« als einen habituellen »Mechanismus der Reduktion sozialer Komplexität« thematisiert (31). Das klingt in Ohren, die auf den Sprachton der älteren Lebensphilosophie gestimmt sind, stechend. Gemeint ist, unter anderem, daß wir einzig, indem wir in die Zukunft vertrauen, deren Unbestimmtheit aushalten und, partiell damit Zukunft bestimmend, uns entscheiden und handeln können (32). Es bleibt hinzuzufügen, daß Traditionen, die als vertraute und bewährte vergegenwärtigt sind, natürlich besonders wirksam gegen Zukunftsdruck zu stabilisieren vermögen.

Das Verfahren der Legitimierung von orientierungssichernden Wirklichkeitsannahmen durch Berufung auf Tradition war von anderen, »harten« Legitimierungsverfahren unterschieden worden. Dieser Unterschied von hart und weich läßt sich folgendermaßen verdeutlichen: die Traditionalität tradierter Sätze beweist nicht deren Richtigkeit, sondern begründet lediglich eine praktisch wirksame Vermutung ihrer Richtigkeit. Für eben diesen Bestand hat Martin Kriele die elegante, hegelsche Theoreme differenzierende Formel gefunden, mit der er die anti-hobbesianische rechtspolitische Position des englischen Juristen Edward Coke kennzeichnet. Die Formel lautet: »Es besteht eine *Vermutung zugunsten der Vernünftigkeit* des geltenden Rechts, und zwar eine im einzelnen *widerlegliche* Vermutung« (33). - Diese Formel hat in unseren Ohren einen konservativen Klang. Aber der zitierte Kriele ist kein »Konservativer«, und tatsächlich hat seine Formel mit Konservativismus nichts zu tun - es sei denn, man entschlösse sich, im Versuch einer Rekonstruktion der vernünftigen Substanz des Konservativismus diese eben in der generalisierten Formel Krieles zu finden. Das hätte allerdings zur Folge, daß es alsdann unmöglich würde, das konservative Programm durch Inhalte zu charakterisieren. Es wäre reduziert auf einen Verfahrensgrundsatz, näherhin auf eine Beweislastverteilungsregel. Da wir zur Nachweisung der Vernünftigkeit der Totalität des jeweiligen Systems unserer Orientierungen ohnehin unfähig sind, ist es evidenterweise zweckmäßig, die Last harter Beweise jeweils denjenigen aufzuladen, die an diesem System etwas ändern wollen (34). Sofern es tatsächlich faule Stellen aufweist, ist diese Beweislast nicht schwer zu tragen, das heißt sie behindert nicht fällige Änderungen, und wo sie doch schwer zu tragen ist, ist die von ihr ausgehende Änderungshinderungswirkung gerade das, was jeder Vernünftige wollen muß - es sei denn, wir verfielen darauf, jene Beweislastverteilungsregel umzudrehen und das Neue, indem es neu ist, durch eine widerlegliche Vermutung seiner Vernünftigkeit auszuzeichnen. Indessen: unter dieser Prämisse wäre kein soziales System konstruierbar, und selbst Jonesco'sche Mittel würden nicht ausreichen, es zu schildern.

Damit ist die Skizze des Funktionsbegriffs von Tradition abgeschlossen. Ich mache noch einen kleinen Nachtrag, indem ich unter Berufung auf Rainer Specht zeige, daß aus der Perspektive dieses Traditionsbegriffs auch Prozesse der Kanonisierung von Traditionen plausibel gemacht werden können. Die institutionalisierte Geltung scholastischer Traditionen, der autobiographischen Berichten zufolge Descartes sich emanzipatorisch entwand, um hernach nicht mehr in Folianten, sondern angeblich nur noch in sich selbst und im Buch der Natur zu lesen, - diese Erhebung einer Überlieferung zu scholastischer Verbindlichkeit verdankt sich nach Specht der programmatischen, sozusagen fortschrittlichen Absicht, den von den Arabern rezipierten, kulturell überlegenen Bestand antiker Wissenschaft als allgemeinen Standard zu sichern und die Gesellschaft »vor jedem Rückfall in den Zustand der Vorrezeption« zu schützen. Scholastik bot eine »Garantie des zivilisatorischen status quo« (35).

Es wäre ein Irrtum anzunehmen, daß sich ein solcher Vorgang institutioneller Traditionsbildung unter Bedingungen unseres Jahrhunderts nicht wiederholen könnte. Er hat sich bereits wiederholt. Nachdem der weltgeschichtliche Täter Lenin seinen weltpolitisch durchgreifenden Erfolg eigener Bekundung zufolge nicht zuletzt der Richtigkeit marxistischer Doktrin (36) verdankt hatte, lag es für seine Erben nahe, diese erfolgsbewährte Doktrin in der Gestalt des Marxismus-Leninismus vor jeder Verfälschung institutionell zu schützen, um ihrer praxisleitenden Kraft auch weiterhin mißweisungsfrei teilhaftig zu bleiben (37).

Die Frage ist, worauf die auffällige historische Überlebenskraft dogmatisierter Traditionen beruht, die im ersten Beispiel Jahrhunderte dauerte und im zweiten nun immerhin schon Jahrzehnte währt. Die vollständige Beantwortung dieser Frage wäre lang. Ich beschränke mich darauf, eine Teilantwort Rainer Spechts zu zitieren, der die Dauer dogmatisierter Traditionen als Funktion ihres Innovationspotentials erklärt (38). Was ist das? Das Innovationspotential einer Tradition besteht im Spielraum der Möglichkeiten, die dogmatisierten Annahmen über die Wirklichkeit durch Künste der Interpretation als auch unter veränderten Verhältnissen gültig nachzuweisen. Die Geschichte des Marxismus-Leninismus bietet zahllose Beispiele der dogmenschützenden Anpassungsleistungskraft politischer Hermeneutik (39) und damit des sicher nicht unbegrenzten, aber doch beträchtlichen Innovationspotentials dieser Tradition.

Es ist an dieser Stelle nicht schwer, nun auch noch einen Funktionsbegriff von Aufklärung zu gewinnen. Aufklärung ist öffentliche Kündigung des institutionell geschützten Geltungsanspruchs von Traditionen. Sie wird fällig und unvermeidlich, wo das Innovationspotential einer Tradition definitiv erschöpft ist und keine hermeneutische Kunst mehr ausreicht, den aktuellen Sinn eines dogmatisierten Orientierungssystems nachzuweisen. Erst in einer solchen Situation bildet sich jene Antithetik von traditionaler und progressiver Legitimität heraus, deren Unzeitgemäßheit, die sie zu einem Traditionalismus stempelt, ich nunmehr erläutern möchte.

Die Frage ist: unter welchen Bedingungen wird die Legitimationsantithetik von Tradition und Fortschritt obsolet? Auf diese Frage gibt es eine Antwort, die ich als theoretisch trivial und unser Thema gar nicht betreffend vorweg ausschließen möchte, nämlich die parteiliche Antwort politischer Sieger in einem Konflikt, der ideologisch als ein Konflikt zwischen vergangenheits- und zukunftsorientierten Kräften interpretiert war. Wenn die Menschheit der Zukunft in Vorhutgestalt als Fortschrittspartei zur siegreichen Einheitspartei geworden ist, so gilt zumindest im Innenverhältnis des entsprechenden politischen Systems die Legitimität des geschichtsphilosophisch ausgelegten Fortschritts unangefochten. Genau das ist die Lage, in der sich gemäß geschichtsphilosophischer Selbstverortung beispielsweise die Sozialistische Einheitspartei Deutschlands befindet, die inzwischen, nach der ersten Phase der Konsolidierung der Herrschaftsmacht der Arbeiterklasse, die Gesellschaft in die zweite, präkommunistische Phase des stereotyp so genannten umfassenden Aufbaus des Sozialismus hineinführt (40). Das heißt: im interpretierten Zuordnungsverhältnis von Tradition und Fortschritt ist die legitimitätssichernde Theorie des Fortschritts selbst zur politisch gesicherten Tradition geworden.

Dieser theoretisch triviale, aber politisch reale Fall einer Erledigung der aufgeklärten Legitimationsantithetik von Herkunft und Zukunft ist hier nicht gemeint. Gemeint ist die Erledigung dieser Antithetik durch Entwicklung eines Entsprechungsverhältnisses von Traditionsverfall und Fortschrittskrise, deren gemeinsamer Nenner im Kontext der Theorien sozialen Wandels als Orientierungskrise sich angeben läßt. Man erkennt das leicht auf dem Hintergrund einer Skizze der in unserem Zusammenhang wesentlichen Eigenschaften der traditionellen Fortschrittstheorien, von denen die modernen Theorien des sozialen Wandels wissenschaftshistorisch abhängig sind und auf die sie sich zumeist ausdrücklich zurückbeziehen. Theorien des Fortschritts sind Theorien gerichteter, zustimmungsfähiger Prozesse von gesamtgesellschaftlich sich auswirkender Bedeutung, in erster Linie verfassungs- und rechtspolitische Prozesse, Prozesse der Wissenschaft und der Technik, ökonomische Entwicklungen, insbesondere Vorgänge der Industrialisierung, schließlich evolutionäre oder auch revolutionäre Entfaltung der Verhältnisbedingungen für inneren und äußeren Frieden. Die theoretische Quintessenz der Analyse solcher Fortschritte war regelmäßig die der Nachweisung einer sozialen Kausalität, die den Fortschritt treibt, und zwar im wesentlichen unabhängig von einem auf die Verwirklichung dieses Fortschritts ausdrücklich gerichteten Willen agierender Individuen und Gruppen. Die technische Erfindung, deren Motiv ein anderes war als die ohnehin unabsehbare wirtschaftliche Bedeutung, die diese Erfindung gewinnen sollte, überhaupt die altliberale Theorie der ökonomischen Konvergenz individueller Interessen zu einem Gemeinwohl, das als Inhalt dieser Interessen gar nicht vorzukommen braucht, Hegels Theorie von der List der Vernunft - das sind einige bekannte, traditionelle Schlüsseltheoreme einer Fortschrittstheorie, deren Quintessenz sich folgendermaßen formulieren ließe: Fortschritte sind Prozesse, die sich nicht nach Analogie von Handlungsvorgängen verstehen lassen; Fortschritte sind nicht Planrealisationen; Fortschritte sind, wohlverstanden in diesem Sinne, Prozesse ohne Handlungssubjekt (41). Fortschritt ist eine selbststeuernde, gerichtete Entwicklung sozialer Systeme.

Im politischen Wirkungszusammenhang erfüllte die skizzierte klassische Fortschrittstheorie plausiblerweise stets die doppelte Funktion, in der

Legitimationsantithetik von Herkunft und Zukunft dort zerrüttende Resignation und hier stabilisierende Zuversicht zu bewirken. Der Grad der politischen Dissoziation, den die klassischen Fortschrittstheorien zu definieren vermochten, schwankte zwischen liberal und radikal. Als Maß politischer Liberalität, die mit Theorien des Fortschritts verbindbar ist, läßt sich dabei der Respekt vor den Verlusten auffassen, die der Fortschritt kostet. Hegels in diesem Sinne liberale Geschichtsphilosophie ist insofern auch ein Buch der Trauer über unüberbietbare Unwiderbringlichkeiten, die im Gang des Fortschritts auf der Strecke blieben (42). Es ist das die kulturelle Tradition der Gefühle des den jüngeren Scipio begleitenden Polybios auf den Trümmern Karthagos.

Zu den anfänglich unausgesprochenen Voraussetzungen der traditionellen Fortschrittstheorien gehört als in unserem Zusammenhang wichtigste diese: die geschichtlichen Ortsveränderungen, die die Fortschrittstheorie als konsequente, als gerichtete Ortsveränderungen durchsichtig macht, gefährden nicht die Orientierungsstabilität der Subjekte, denen diese geschichtlichen Ortsveränderungen fortschrittshalber zugemutet sind. Um es mit einer traditionsreichen, aber inzwischen sozialwissenschaftlich umfunktionierten philosophischen Kategorie zu sagen (43): Fortschritt gefährdet nicht die Identität der individuellen und kollektiven Subjekte, die ihrer sozialen, kulturellen und politischen Lage entsprechend zu ihm als zu ihrem Fortschritt sich zu verhalten vermögen. Das bedeutet: die fortlaufende oder auch bruchzonenreiche Änderung der Verhältnisbedingungen, unter denen die am Fortschritt teilnehmenden Subjekte existieren, bleibt jederzeit in die entsprechend synchron sich entwickelnden Systeme ihrer Orientiertheit integrierbar. Die Tradition der Fortschrittstheorie selbst verfällt nicht, sondern wird fortgeschrieben. Die genetische Identität der Subjekte kräftigt sich mit dem wachsenden Ausmaß der fortschrittlichen Überlieferung, die als legitimes Erbe betrachtet und angeeignet wird. Genau diesen Zusammenhang bezeugt unverändert die kompakte Traditionalität der Fortschrittstheorie im aktuellen Marxismus-Leninismus, und die Gestörtheit genau dieses Zusammenhangs ist in den aktuellen sozialwissenschaftlichen Theorien des sozialen Wandels vorausgesetzt. Diese Voraussetzung hat - das möchte ich noch einmal betonen - mit traditioneller, politisch konservativ orientierter Fortschrittskritik nichts gemein. Nicht eine Bewertungsumkehr ablaufender sozialer Prozesse hat stattgefunden, sondern ein Verzicht aufs generelle Vertrauen in die geschichtsphilosophische Stabilitätsgarantie für Fortschrittsgesellschaften. Die Theorie des sozialen Wandels setzt die Fortschrittstheorie fort, sofern sie erneut gesamtgesellschaftliche Wandlungsvorgänge thematisiert (44). Sie überbietet sie in der Entwicklung von Verfahren der Vermessung des sozialen Wandels, mit der die Entwicklung geeigneter Meßgrößen einhergeht (45), die es erlauben, Geschwindigkeit und Beschleunigung sozialen Wandels, Grenzen beider und generell Grenzen des Wachstums zu bestimmen (46), Frühwarnsysteme zur rechtzeitigen Einleitung fälliger Gegensteuerungsmaßnahmen zu installieren und verschiedene soziale Systeme in praktischer Absicht zu vergleichen. Die Philosophie ist als solche an der Vermessung des sozialen Wandels nicht beteiligt, und ich verzichte entsprechend darauf, aus zweiter Hand Beispiele jener eindrucksvollen Zahlenkolonnen zu präsentieren, die vom Energieverbrauch bis zur Bücherproduktion, vom Sekundarschulbesuch bis zu den Haushaltsansätzen für Denkmalspflege zu linear und in Extremfällen sogar exponentiell ansteigenden Kurven graphisch arrangiert sind. Jedem Zeitungsleser sind heute solche Schaubilder sozialen Wandels bekannt, die je nach den rhetorischen Wirkungsabsichten, die mit ihrer Darbietung verbunden sind, Affekte des Staunes, des Stolzes oder auch der Besorgnis auslösen können. Die bekannte Vermessung der Grenzen des Wachstums im Auftrag jenes römischen Clubs hat in diesem Sinne die bislang stärksten publizistischen Wellen geschlagen (47), und ich erinnere hier an sie, um noch einmal deutlich zu machen, daß auch in dieser globalen Trendanalyse gesellschaftlichen Wandels nicht Spenglerei beabsichtigt ist, keine Untergangsprophetie, die ja nach marxistischer Interpretation stets nur der Reflex der real trostlosen Zukunft der bürgerlichen Gesellschaft wäre (48), sondern eine Prognostik von Trendverläufen unter hypothetischen Prämissen ausbleibender Gegensteuerung. Die kahle Struktur hierbei ist die alte der Zeichnung des Bildes eines schlimmen Zustands, wie er einträte, wenn wir nicht verhinderten, wovon wir eben damit wissen, daß wir es verhindern müssen, ohne allerdings mit Sicherheit zu wissen, ob wir auch über die technischen und institutionell-politischen Mittel sowie über die Zeit verfügen werden, die erforderlich wären, um tun zu können, was getan werden muß.

Zum Orientierungsproblem wird sozialer Wandel nicht durch die Existenz solcher Trends mit realen Grenzwerten. Orientierungskritisch sind jenseits ungewisser Grenzen das anwachsende Tempo sozialer Wandlungen einerseits, und die anwachsende Kompliziertheit der Abhängigkeitsbeziehungen zwischen diesen Wandlungen andererseits. Wiederum hat der Philosoph keine professionelle Kompetenz festzustellen, wo die objektiven

Grenzen der Anpassungsfähigkeit praxisleitender Orientierungssysteme politischer, moralischer oder wissenschaftlicher Art an rasch sich verändernde Verhältnisse liegen. Es gibt allerdings Indizien, die für die Annahme sprechen, daß sie hier und da überschritten sein könnten. Ich meine Indizien manifester Erfahrung von Orientierungskrisen. Sowohl in der Darstellung dieser Erfahrung wie in der praktischen Reaktion auf sie ist dabei offenkundig, daß die Krisen in Schwierigkeiten begründet sind, ein weiteres Plus an Änderungen zu verarbeiten. In schlichten Beispielen der Selbsterfahrung von Schülern im schulischen Lernprozeß hieße das: ich komm' nicht mehr mit. Wenn einige wenige nicht mehr mitkommen, pflegt man anzunehmen, daß es an ihnen liegt. Wenn eine absolut anwachsende durchschnittliche Mehrheit nicht mehr mitkommt, ist man gezwungen anzunehmen, daß es am System liegt. Genau dieser Umschlag der Interpretation ist im Verhältnis zu unserem öffentlichen Bildungssystem eingetreten und bestimmt dieses Verhältnis auf allen Ebenen von der Bildungsforschung bis zur Bildungspolitik. Ich vermag nicht zu beurteilen, wie ernst die Behauptung des englischen Ökonomen Joan Robinson zu nehmen sei, die Wirtschaftstheorie entwickle sich heute rascher, als man imstande sei, sie zu erlernen. Es mag sein, daß diese Behauptung schwarzen englischen Universitätshumor enthält, zumal Joan Robinson zum Troste hinzufügt, dafür sei aber heute die Wirtschaftstheorie interessanter als je zuvor (49). Sicher ist, so scheint mir, daß zumal im akademischen Wissenschaftsbetrieb individuell und institutionell das Maß der organisatorischen Maßnahmen ständig wächst, das erbracht werden muß, um sicherzustellen, daß die in einer jeweiligen Studien- oder Forschungspraxis wichtigsten Elemente des anschwellenden Bündels sich gleichzeitig ständig ändernder Daten als rote Fäden ins Nadelöhr des individuellen Bewußtseins gelangen (50).

Konkret heißt das beispielsweise, daß die heute sogenannten Curricula auf allen Ebenen verbliebene Züge traditioneller Aufmerksamkeitsunbedürftigkeit rasch verlieren (51), ausdrücklich begründungsbedürftig und Gegenstand anhaltender Kommissionsarbeit werden. Gleichzeitig wächst die Diskrepanz der Zeitspannen, die benötigt werden für die Umsetzung wissenschaftlicher Innovationen in den akademischen Unterricht einerseits und in den schulischen Unterricht andererseits (52). Damit werden die Bruchstellen zwischen schulischen und akademischen Curricula zwangsläufig größer, und die curriculare Gesamtreform wird zum pädagogisch-kulturpolitischen Dauerthema als Element in den Dauerdebatten zur Reform des Bildungswesens insgesamt, die ihrerseits rasch als ein hochkomplexer planerischer Handlungsmodus sich erwiesen hat, zu deren eindrucksvoller Benennung der Ausdruck »rollende Reform« komponiert worden ist (53), um kurz darauf durch die bildungspolitische «Reform der Reform« überboten zu werden (54). -

Es ist naheliegend, solche Bewegungen zumindest partiell als Antwort auf die Herausforderung einer wachstumstempobedingten Orientierungskrise zu interpretieren. Diese setzt sich bis in den nachakademischen Bereich hinein fort. Der wachstumsbedingten Mobilitätspflicht, in die sich anwachsende Teile der Beschäftigten faktisch genommen sehen, entspricht bildungspolitisch jene Entwicklung, in die die Stichwörter »Kontaktstudium«, »Bildungsurlaub«, »life-long-learning«, »Intervall-Lernen« etc. gehören. Der euphorische Glanz, der diese Wörter in der öffentlichen Diskussion gelegentlich umgibt, stellt sich als Folge der mit ihnen verbundenen Verheißung ein, Elemente des Glücks in seiner klassischen Definition, nach der es unter anderem in der Praxis der Theorie besteht, endlich zu demokratisieren. Das kann man freundlich dahingestellt sein lassen, sofern man nicht übersieht, daß der Zuwachs an orientierungspraktischen Momenten im modernen Lebens- und Berufsablauf nicht frei, sondern unter Zwängen der Neuorientierung in bezug auf die rascher als je zuvor sich verändernden Lebensumstände erfolgt. Der Last der Erfahrung »ich komm' nicht mehr mit« sind wir damit in wachsendem Maß auch jenseits der Schule ausgesetzt, und das Alter, für das ja die Forderung einer éducation permanente wohl nur in einiger Modifikation gelten kann (55), verliert seinen traditionellen, physische Schwäche kompensierenden Vorrang der Ratgeberkompetenz (56). In dieser existentiellen Spitze bedeutet sozialer Wandel als Orientierungsproblem die Last, im Laufe der Jahre jeweils Morgen stets ein wenig mehr von Gestern zu sein, und dieser Bestand ist offensichtlich von allen Zügen einer Legitimationsantithetik von Tradition und Fortschritt frei. Er ist nichts als eine Nebenfolge ungehemmt stattfindenden Fortschritts, und nur solange dieser Fortschritt noch seine eigene Tradition kultiviert, bleibt an die früheren Beiträge der Älteren zu ihm zumindest die Wohltat des Nachruhms geknüpft.

Die Zahl der strukturell analogen Beispiele ist Legion, in der Fortschritte gefeiert werden, die in Wirklichkeit Maßnahmen zur Bewältigung von Orientierungsproblemen sind, die als Nebenfolgen längst stattfindenden Wandels der Dinge sich einstellen. Ich erwähne als weiteres Beispiel die sogenannte Futurologie (57). Es ist wohl nicht nötig, explizit deutlich zu machen, daß die Futurologie nicht eine neue wissenschaftliche Disziplin ist, die als ein neues Fach vor anderen älteren den Vorzug hätte, prognostisch zu sein. Es ist eine generelle Eigenschaft wissenschaftlicher Theorien, sofern sie bestimmte Anforderungen erfüllen, symmetrisch zu ihren Erklärungsleistungen hypothetisch Voraussagen zu ermöglichen (58). Die Futurologie ist, im seriösen Fall, nichts anderes als eine interdisziplinäre Organisation dieser ohnehin vorhandenen oder entwicklungsfähigen wissenschaftlichen Prognose-Potentiale in Orientierung an tatsächlichen oder erst noch zu provozierenden Anforderungen der Praxis. Unternehmerische, administrative und politische Entscheidungen sind als rationale Entscheidungen nur möglich unter der Prämisse der Geltungskonstanz derjenigen Wirklichkeitsannahmen, auf die jene Entscheidungen sich stützen. Und nun ist es evident, daß diese Geltungskonstanz mit dem Maß der Rapidität interdependenter sozialer Wandlungen abnimmt. Die entsprechenden Desorientierungsfolgen heilt, wenn es gut geht, die Futurologie. Ihre Funktion läßt sich, im Ganzen, als das interdisziplinäre vereinte Bemühen charakterisieren, unter erschwerten Voraussetzungen anwachsender Inkonstanz von Realitätsbedingungen die Kalkulierbarkeit dieser Bedingungen für Handlungszwecke mit künstlichen Mitteln der Wissenschaft wiederherzustellen (59). Der gelegentliche futurologische Enthusiasmus gleicht, um es in einem optimistischen Bilde zu sagen, dem Glück des Kurzsichtigen, der seine Brille bekommt.

Als weiteres und letztes Beispiel für die skizzierte Struktur, das als Fortschritt gefeiert wird, was in Wirklichkeit Versuche der Lösung von Orientierungsproblemen sind, nenne ich das öffentliche, wissenschaftliche Beratungsdienstleistungswesen (60). Als Selbstverständnis dieses rasch sich entwickelnden Wesens begegnet nicht selten dieses, endlich speise man in administrative und politische Entscheidungsprozesse zuverlässige, wissenschaftlich erhärtete Daten ein, in denen zuvor die Macht der Vorurteile gewaltet hätte. In der Tat gibt es für diesen Bestand Beispiele. Im Ganzen jedoch und unter dem Gesichtspunkt sich verschärfender Orientierungsprobleme muß man das Phänomen der wissenschaftlichen Verwaltungs- und Politik-Beratung mit umgekehrtem Richtungssinn lesen. Es ist ein Phänomen, das die anwachsenden Kompetenzschwächen des common sense indiziert. Auf uns alle bezogen bedeutet das, daß wir uns anwachsenden Schwierigkeiten ausgesetzt finden, uns zum Ganzen komplizierter Wachstumsgesellschaften in eine durch Primärerfahrung gesicherte Beziehung zu setzen (61). Das erhöht, im politischen Vermittlungszusammenhang, die Schwierigkeiten der Elementarkonsensbildung und führt zu spezifischen Legitimationsproblemen, die eben nicht nur, wie nach dem Titel des jüngsten Buches von Jürgen Habermas, »Legitimationsprobleme im Spätkapitalismus« (62) sind, sondern in einigen Hinsichten generell Legitimationsprobleme in hochdifferenzierten Wachstumsgesellschaften. -

Ich breche die Reihe der Beispiele hier ab. Sie genügen, um deutlich zu machen, daß zentrale Probleme dieser Gesellschaft nicht Probleme der Fortschrittshemmung aus traditionaler Orientierung sind, sondern Krisen der Orientierung unter Bedingungen sich beschleunigenden sozialen Wandels, der damit seinerseits, insoweit, kritisch wird. Nicht der gehemmte, sondern der stattfindende Fortschritt ist das Problem, indem seine Sicherung identisch wird mit dem Problem der Beherrschung seiner nichtintendierten, zugleich überraschend und in hochkomplexen Interdependenzzusammenhängen eintretenden Nebenfolgen. Die aufgeklärte Legitimationsantithetik von Fortschritt und Tradition ist damit definitiv erledigt. Politisch-ideologisch bedeutet das, daß der Fortschritt auf Dauer als parteibildendes Ideologem nicht mehr fungieren kann. Nicht für den Fortschritt sind Kräfte zu mobilisieren, sondern für die Sicherstellung, ja Konservierung seiner durch ihn selbst bedrohten Bedingungen. Eine Praxis dieser Zielsetzung ist als »Politik der Reformen« offensichtlich unangemessen charakterisiert, und die Forderung nach einer »Reform der Reformen« (63) entspricht dieser Unangemessenheit, indem sie sie, sofern sie nicht ironisch gemeint ist, zugleich potenziert. Die traditionellen »Fortschrittsparteien« stehen insofern vor der Aufgabe einer tiefgreifenden Änderung ihrer traditionellen ideologischen Orientierung, und wenn man die Lösung dieser Aufgabe ihrerseits noch eine »Reform« und einen »Fortschritt« nennen würde, so wäre damit der Sinn dieser traditionsreichen Wörter zum jeweiligen Inhalt dessen zusammengeschmolzen, was unter teils unübersehbar, teils bedrohlich sich verändernden Umständen aus Zwängen der Selbsterhaltung notwendig ist. Indem der Fortschritt mit ungeahnten und der Tendenz nach in vielen Fällen unerträglichen Nebenfolgen geschieht, werden aus Apologeten des Fortschritts Kritiker einer Zivilisation der Fortschrittsnebenfolgen (64).

Ein weiterer Durchgang könnte zeigen, wie sich geschichtliche Akzeleration in Wandlungen der Lebensattitüden, in Manifestationen des Kunst- und Kulturbetriebs spiegelt. Beschleunigtem sozialem Wandel entspricht beschleunigte Historisierung. Das treibt die Wellen der heute modisch sogenannten Nostalgien, der Verliebtheit in vergangene Zeiten, die die stabilisierenden Erlebnisse des Wiedererkennes sucht. Entsprechend sind auch die Prozesse der Erhebung von abgelegten Gebrauchsgegenständen in den Adelsstand von Antiquitäten deutlich beschleunigt. Die strukturalistische Deskription primitiver Kulturen fasziniert durch Konfrontation mit sozialen Systemen von einstmals unermeßlicher Dauer, und ihr nunmehr bevorstehendes Ende erfüllt in »traurigen Tropen« mit Trauer (65). Die Sehnsucht nach einer Welt, die so, wie sie ist, bleiben könnte, bewegt den subkulturellen Eskapismus der Hippie-Kommunen (66). Die Faszination des einfachen Lebens, die schon die erste Jugendbewegung bewegte, wirkt wieder. Im Verzicht auf die Detailanalyse dieser und verwandter Phänomene schließe ich mit dem Hinweis, daß auch die Wiederaufbietung der Utopie nicht ein fortschrittsfreudiges Aufbruchsignal ist, sondern die Äußerung des Verlangens nach der Labsal des Bildes einer Welt, die, indem sie vollendet ist, endlich stillsteht.

1 Kant interpretierte die Französische Revolution, näherhin die moralisch »nahe an Enthusiasm« grenzende »Teilnehmung« des gebildeten Publikums an ihren Grundsätzen, geschichtsphilosophisch als »Geschichtszeichen« für stattfindendes »Fortschreiten zum Besseren« (Der Streit der Fakultäten [1798], Cass. VII, pp. 398; 397). Fichte nannte die Französische Revolution analog bereits früher einen »Wink der Zeiten« und verband das politisch mit dem implizit drohenden Hinweis auf »ein sehr sicheres« Mittel, »gewaltsame Revolutionen zu verhindern«, nämlich »das Volk gründlich über seine Rechte und Pflichten zu unterrichten« (Beiträge zur Berichtigung der Urteile des Publikums über die französische Revolution [1793]. in: Johann Gottlieb Fichte. Schriften zur Revolution. Herausgegeben von Bernard Willms. Köln und Opladen 1967, p. 35).

2 Fortschritt durch »Aufklärung« befreit nach Kant aus jener 'bequemen', »Unmündigkeit«, die sich auf die Autorität der Tradition verläßt, indem sie sich sagt: »Habe ich ein Buch, das für mich Verstand hat, . . . so brauche ich mich ja nicht selbst zu bemühen« (Beantwortung der Frage: Was ist Aufklärung? [1784], Cass. IV, p. 169).

3 Vgl. die üppige Kriegs- und Revolutionsmetaphorik in der Vorrede zur ersten Auflage der »Kritik der reinen Vernunft«, ferner, in der Vorrede zur zweiten Auflage, die berühmte Formel von der »Revolution« der »Denkart«, der die Naturwissenschaft die Sicherheit ihres Fortschritts verdanke.

4 Siehe Thomas S. Kuhn's Beantwortung der Frage, warum der wissenschaftsgeschichtliche »Wechsel eines Paradigmas eine Revolution genannt werden« sollte: Thomas S. Kuhn: Die Struktur wissenschaftlicher Revolutionen (1962). Frankfurt a. M. 1967, pp. 128 ff.: Das Wesen und die Notwendigkeit wissenschaftlicher Revolutionen. - Zur kantischen Analyse der Struktur der Philosophiegeschichte, sofern »nicht-kumulative Entwicklungsperioden« sie kennzeichnen, vgl. Hermann Lübbe: Philosophiegeschichte als Philosophie. Zu Kants Philosophiegeschichtsphilosophie. in: Einsichten. Gerhard Krüger zum 60. Geburtstag. Frankfurt a.M. 1962. pp. 204-229.

5 Siehe Helmut Schelsky: Zukunftsaspekte der modernen Gesellschaft (1953). in: Helmut Schelsky: Auf der Suche nach Wirklichkeit. Gesammelte Aufsätze. Düsseldorf/Köln 1965. pp. 88-104, passim. - Auch im Marxismus-Leninismus ist, unbeschadet des ideologischen Stellenwertes der Theorie politischer Revolutionen, die Redeweise von der »wissenschaftlich-technischen Revolution« geläufig und theoretisch standardisiert. Vgl. Günter Kröber/Hubert Laitko: Sozialismus als Wissenschaft (Gedanken zu ihrer Einheit). Berlin 1972, pp. 23 ff.: Wissenschaft als Produktivkraft.

6 Vorlesungen über die Philosophie der Geschichte. Ed. Glockner XI, p. 557 f.

7 Edmund Burke: Betrachtungen über die französische Revolution. In der deutschen Übertragung von Friedrich Gentz bearbeitet und mit einem Nachwort von Lore Iser. Einleitung von Dieter Henrich. Frankfurt a.M. 1967. Burke zählt die Passionen auf, die der Anblick der revolutionären Szene weckt: »Bald Verachtung und bald Erbitterung, bald Lachen und bald tiefe Traurigkeit, bald Spott und bald Abscheu« (p. 37).

8 Vgl. dazu meinen Aufsatz Geschichtsphilosophie und politische Praxis (1970). in: Hermann Lübbe: Theorie und Entscheidung. Studien zum Primat der praktischen Vernunft. Freiburg im Breisgau 1971. pp. 111-133.

9 Marxistisch-leninistisches Wörterbuch der Philosophie. Herausgegeben von Georg Klaus und Manfred Buhr (1964 u.ö.). Drei Bände. Reinbek bei Hamburg 1972.

10 Artikel »Fortschritt«, a.a.O. 1. Band, p. 374.

11 a.a.O. 3. Band, p. 1091.

12 Nach Bernd Rabehl protestiert die »Studentenrevolte in Deutschland« »gegen eine erstarrte Universitäts- und Staatsadministration«: Bernd Rabehl: Von der antiautoritären Bewegung zur sozialistischen Opposition. in: Rebellion der Studenten oder die neue Opposition. Eine Analyse von Uwe Bergmann, Rudi Dutschke, Wolfgang Lefèvre, Bernd Rabehl. Reinbek bei Hamburg 1968, pp. 151-178, p. 151.

13 »In dem Immobilismus der deutschen Hochschulen reproduziert sich die Erstarrung einer Gesellschaft, die keinerlei Vorstellung von ihrer Zukunft, sondern nur noch das Bedürfnis hat, sich selber am Leben zu erhalten«, so Stephan Leibfried: Die angepaßte Universität. Zur Situation der Hochschulen in der Bundesrepublik und in den USA. Frankfurt a.M. 1968, p. 155. - Als der zitierte Satz publiziert wurde, befanden sich die deutschen Universitäten schon seit einem Jahrzehnt in einer Phase rasch sich im Tempo steigernder Entwicklung. Vgl. dazu Hermann Lübbe: Hochschulreform und Gegenaufklärung. Analysen, Postulate, Polemik zur aktuellen Hochschul- und Wissenschaftspolitik. Freiburg im Breisgau 1972, pp. 61 f.

14 Herbert Marcuse erkennt eine generell in der modernen »Sozialstruktur« begründete Tendenz der Stärkung 'konservativer . . . Kräfte', gegen die er »Kräfte der Emanzipation«, die in der Zerstreuung leben, zum Widerstand ermuntert, näherhin zum Widerstand gegen »Gesetz und Ordnung«, weil sie »Gesetz und Ordnung derjenigen« sind, »welche die etablierte Hierarchie schützen«: Herbert Marcuse: Repressive Toleranz. in: Robert Paul Wolff, Barrington Moore, Herbert Marcuse: Kritik der repressiven Toleranz. Frankfurt a.M. 1968, pp. 91-128, pp. 122 ff.

15 Johann Baptist Metz, Jürgen Moltmann, Willi Oelmüller: Kirche im Prozeß der Aufklärung. Aspekte einer neuen 'politischen Theologie'. München/Mainz 1970.

16 Vgl. Der demokratische Sozialismus zwischen Tradition und Fortschritt. Schulungsunterlage 1967, Herausgeber: Georg v. Vollmar-Schule e.V., Kochel am See.

17 Vgl. die »Sozialdemokratischen Perspektiven im Übergang zu den siebziger Jahren«, beschlossen am 21. März 1968 auf dem SPD-Parteitag in Nürnberg (Tatsachen - Argumente Nr. 242/68, herausgegeben vom Vorstand der SPD), in denen »die fortschrittliche Volkspartei der Bundesrepublik« ihre »Auseinandersetzung mit den reaktionären und den konservativen Kräften« programmiert.

18 Siehe den Sammelband: Theorien des sozialen Wandels, herausgegeben von Wolfgang Zapf. Köln/Berlin [3]1971, und darin die »Einleitung« des Herausgebers, pp. 11-32.

19 Die Regierung der BRD berief eine »Kommission für wirtschaftlichen und sozialen Wandel«. Den allgemeinen Besorgnishintergrund der Hoffnungen, die der Expertenarbeit einer solchen Kommission entgegengebracht werden, formulierte der Bundeskanzler in Beantwortung einer Frage Leo Bauers nach Bedrohlichkeitsperspektiven der Gegenwart: »Ja, aber was wollen Sie machen? Es sind Prozesse im Gang, die wir nur bedingt beeinflussen können . . . Niemand weiß, ob die Menschen fähig sein werden, die letzten Endes im Griff zu halten«. (Idee und Wirklichkeit. Gespräch mit Bundeskanzler Willy Brandt. in: Die Neue Gesellschaft 17 [1970]).

20 Jürgen Habermas: Legitimationsprobleme im Spätkapitalismus. Frankfurt a.M. 1973. p. 100. - Bei Friedrich Engels zum Beispiel in: Ludwig Feuerbach und der Ausgang der klassischen deutschen Philosophie. in: Karl Marx, Friedrich Engels. Studienausgabe, herausgegeben von Iring Fetscher, Band I, Frankfurt a.M. 1971, p. 201.

21 Karl Löwith: Das Verhängnis des Fortschritts. in: Die Philosophie und die Frage nach dem Fortschritt. Herausgegeben von Helmut Kuhn und Franz Wiedmann. München 1964, pp. 15-29. - Zur Geschichte der Fortschrittsidee und ihrer Kritik vgl. Joachim Ritter: Fortschritt. in: Historisches Wörterbuch der Philosophie, herausgegeben von Joachim Ritter, Band 2. Basel/Stuttgart 1972, Sp. 1032-1059.

22 Top. 100 b 21-23. Vgl. dazu Günther Bien: Die menschlichen Meinungen und das Gute. Die Lösung des Normproblems in der aristotelischen Ethik. in: Manfred Riedel (Herausgeber): Rehabilitierung der praktischen Philosophie. Band I, Freiburg i.Br. 1972. pp. 345-371.

23 Top. 100 b 18-19.

24 Vgl. dazu Joachim Ritter: Aristoteles und die Vorsokratiker (1954). in: Joachim Ritter: Metaphysik und Politik. Studien zu Aristoteles und Hegel. Frankfurt a.M. 1969. pp. 34-56. Ferner: Olof Gigon: Die Geschichtlichkeit der Philosophie bei Aristoteles. in: Archivio di Filosofia 1954. pp. 129-150.

25 Paradoxe Behauptungen berühmter Autoren nennt Aristoteles »Thesen«, z.B. die, »daß, wie Heraklit will, alles sich bewegt«. Das mag man diskutieren. Dagegen: »Sich um den ersten Besten kümmern, der den gewöhnlichen Meinungen Entgegengesetztes aufgestellt hat, wäre einfältig«. Top 104 b 19 ff.

26 Top 105 a 5-7.

27 Eth. Nic. X, 2, 1172 b 36 ff.

28 Vgl. Wolfgang Wieland: Praktische Philosophie und Wissenschaftstheorie. in: Manfred Riedel (Herausgeber): Rehabilitierung der praktischen Philosophie, a.a.O. pp. 505-534, bes.p. 509 ff.

29 René Descartes: Discours de la méthode. Von der Methode des richtigen Vernunftgebrauchs und der wissenschaftlichen Forschung. Übersetzt und herausgegeben von Lüder Gäbe. Hamburg 1960. p. 17.

30 a.a.O. p. 38. Erster Grundsatz dieser provisorischen Moral ist, »den Gesetzen und Sitten« des »Vaterlandes zu gehorchen, an der Religion beharrlich festzuhalten«, und sich in allen anderen praktischen Fragen »nach den maßvollsten,

jeder Übertreibung fernsten Überzeugungen zu richten, die von den Besonnensten unter denen, mit denen ich leben würde, gemeinhin in die Tat umgesetzt werden«. Hier kommen, praktisch, jene »wahrscheinlichen« Sätze wieder als unentbehrlich ins Spiel, in bezug auf die Descartes zuvor, bei seiner Begründung der Regeln für Theoriebildung, erklärt hatte, sie gälten ihm »für nahezu falsch« (a.a.O. p. 15). Vgl. dazu: Robert Spaemann: Descartes' provisorische Moral. in: Epirrhosis. Festgabe für Carl Schmitt. Herausgegeben von Hans Barion, Ernst-Wolfgang Bückenförde, Ernst Forsthoff, Werner Weber. Zweiter Teilband Berlin 1968. pp. 683-696.

31 Niklas Luhmann: Vertrauen. Ein Mechanismus der Reduktion sozialer Komplexität. Stuttgart 1968.

32 Luhmann, a.a.O. p. 17: »In vertrauten Welten dominiert die Vergangenheit über Gegenwart und Zukunft. In der Vergangenheit gibt es keine 'anderen Möglichkeiten' mehr, sie ist stets schon reduzierte Komplexität. ... man unterstellt, daß das Vertraute bleiben, das Bewährte sich wiederholen, die bekannte Welt sich in die Zukunft hinein fortsetzen wird. Und diese Unterstellung hat im großen und ganzen Erfolg, da alle Menschen auf sie angewiesen sind und niemand in der Lage ist, alles auf einmal anders zu machen«.

33 Martin Kriele: Die Herausforderung des Verfassungsstaates. Hobbes und englische Juristen. Neuwied und Berlin 1970. p. 18.

34 Vgl. Robert Spaemann: Kritik der politischen Theologie. in: Wort und Wahrheit 1969 (24). pp. 483-495: »... daß die Beweislast beim Verändernwollen liegt, ist die Bedingung für jedes sinnvolle menschliche Handeln. Auch eine Revolutionsstrategie ist nur unter Zugrundelegung dieses Prinzips möglich«.

35 Rainer Specht: Über Funktionen der Tradition. in: Mannheimer Berichte 1972 (4). pp. 103-107.

36 »Die Theorie des Marxismus, erhellt durch das klare Licht der neuen, weltumfassend reichen Erfahrung der revolutionären Arbeiter, hat uns geholfen, die ganze Gesetzmäßigkeit des Geschehens zu begreifen. Sie wird den Proletariern der ganzen Welt, die für den Sturz der kapitalistischen Lohnsklaverei kämpfen, behilflich sein, die Ziele ihres Kampfes klarer zu erkennen, fester auf dem schon vorgezeichneten Weg vorwärtszuschreiten, den Sieg sicherer ...« etc. W.I. Lenin: Errungenes und schriftlich Festgelegtes (1919). in: W.I. Lenin: Ausgewählte Werke Band II. Stuttgart o.J. pp. 503-505. p. 505.

37 Die institutionelle Traditionssicherung schließt selbstverständlich auch im Marxismus-Leninismus die Arbeit der »schöpferischen« Traditionsfortbildung ein. Die unbeschadet dieser Traditions-Fortbildung fortdauernde Geltung der Tradition drückt sich quintessentiell in der Notwendigkeit aus, auch die Traditions-Fortbildung ihrerseits traditional zu legitimieren. Siehe Joseph Schleifstein: Einführung in das Studium von Marx, Engels und Lenin. München 1972. pp. 2 f.

38 Rainer Specht, a.a.O. p. 104.

39 Zum Begriff der politischen Hermeneutik vgl. meinen Aufsatz »Hegels Kritik der politischen Gesellschaft« (1967), in: Hermann Lübbe: Theorie und Entscheidung. Studien zum Primat der praktischen Vernunft. Freiburg i.Br. 1971. pp. 93-110. - Beispiele politischer Hermeneutik bei Peter Christian Ludz: Parteielite im Wandel. Funktionsaufbau, Sozialstruktur und Ideologie der SED-Führung. Eine empirisch-systematische Untersuchung. Köln und Opladen 1968. pp. 259 ff.: Wandlungs- und Beharrungstendenzen im ideologischen System.

40 Vgl. den Artikel »Sozialismus und Kommunismus« im marxistisch-leninistischen Wörterbuch der Philosophie, herausgegeben von Georg Klaus und Manfred Buhr. 3. Band, Reinbeck bei Hamburg 1972. pp. 997-1008, p. 999:

»In der zweiten Phase der Entwicklung des Sozialismus wird der umfassende Aufbau des Sozialismus zum Hauptinhalt der Tätigkeit der Arbeiterklasse und ihrer Verbündeten«.

41 Vgl. dazu Hermann Lübbe: Geschichtsphilosophie und politische Praxis. in: Geschichte - Ereignis und Erzählung. Herausgegeben von Reinhart Koselleck und Wolf-Dieter Stempel. München 1973. pp. 223-240.

42 a.a.O. p. 239.

43 Zur Rolle des Identitätsbegriffs in den Sozialwissenschaften vgl. Helmut Dubil: Identität und Institution. Studien über moderne Sozialphilosophien. Düsseldorf 1973.

44 Wolfgang Zapf spricht von einer »Renaissance der gesamtgesellschaftlichen Entwicklungstheorie«: Theorien des sozialen Wandels. Herausgegeben von Wolfgang Zapf. Köln/Berlin [3]1971. p. 27.

45 Vgl. z.B. Karl W. Deutsch: Soziale Mobilisierung und politische Entwicklung. in: Theorien des sozialen Wandels, a.a.O. pp. 329-350. pp. 344 ff.: Ein quantitatives Modell des sozialen Mobilisierungsprozesses. - Ferner auch: Wolfgang Zapf: Soziale Indikatoren. in: Albrecht et al. (Herausgeber): Soziologie. René König zum 65. Geburtstag. Opladen 1972. pp. 261-289. - Ferner: Die »Berichte und Diskussionen« der II. Arbeitskonferenz Soziale Indikatoren der Sektion Soziale Indikatoren der Deutschen Gesellschaft für Soziologie vom 13./14. Oktober 1972 in Mannheim. Mannheim 1973 - ein Dokument der inzwischen sogenannten Indikator-Bewegung, die durch das Arbeitsprogramm der OECD für 1971 Antrieb erhielt. Vgl. dazu Gerhart Betz: Das »Program of Work on Social Indicators« der OECD, a.a.O. pp. 65-69.

46 Nach Klaus Michael Meyer-Abich, seinerzeit Mitarbeiter am Max-Planck-Institut zur Erforschung der Lebensbedingungen der wissenschafltich-technischen Welt, Starnberg, sind diese Grenzen Grenzen der Stabilität des geophysikalisch-biologischen Systems der Erde bei klimaverändernder Wärmezufuhr durch Energieverbrauch: Klaus Michael Meyer-Abich: Wirtschaftspolitische Konsequenzen der Umweltprobleme. in: Zeitschrift für Rechtspolitik. München/Frankfurt a.M. 1972 (5). pp. 186-191.

47 Donella H. Meadows, Dennis L. Meadows, Jorgen Randers, William W. Behrens III: The Limits to Growth. A Report for the Club of Rome's. Project on the Predicament of Mankind. New York 1972.

48 »In dem Maße, wie sich die bürgerliche Klassenherrschaft konsolidiert und wie sich vor allem der Klassenantagonismus zwischen Bourgeoisie und Proletariat zuspitzt, verliert die Bourgeoisie ihre Zukunftsgewißheit, was sich in der Ideologie als Abkehr vom Gedanken des historischen Fortschritts reflektiert« - so der Artikel »Fortschritt« im marxistisch-leninistischen Wörterbuch der Philosophie, a.a.O. Band 1, p. 372.

49 Joan Robinson: Anmerkungen zur Theorie wirtschaftlicher Entwicklung. in: Theorien des sozialen Wandels, a.a.O. pp. 249-285, p. 285: »Ich habe mit der Feststellung begonnen, daß die heutigen Studenten zu bemitleiden sind, weil die Wirtschaftstheorie sich rascher entwickelt, als man sie erlernen kann; aber sie haben zumindest den Trost, daß sich die Theorie heute mit interessanten Gegenständen beschäftigt«.

50 Vgl. Ludwig Huber: Kann man Hochschuldidaktik »institutionalisieren«? Blickpunkt Hochschuldidaktik Heft 5. Hamburg 1969, oder, ein weiteres Beispiel aus der anschwellenden Menge der Didaktik-Literatur: Klaus Schaller (Herausgeber): Wissenschaft und Lehre. Hochschuldidaktische Vorschläge und Versuche. Heidelberg 1970. pp. 164-167: Bibliographie, zusammengestellt von F. Baumgart und Chr. Langewellpott.

51 Hartmut v. Hentig: Magier oder Magister. Über die Einheit der Wissen-

schaften im Verständigungsprozeß. Stuttgart 1972, p. 35: »Die Forderung nach Interdisziplinarität, Wissenschaftsforschung, Wissenschaftsdidaktik und Wissenschaftpropädeutik sind Symptome einer Wissenschaftskrise, in deren Vordergrund sich die Universitätskrise ereignet«.

52 Vgl. Carl-Heinz Evers, Johannes Rau (Herausgeber): Oberstufenreform und Gesamthochschule. Frankfurt a.M., Berlin, München 1970.

53 Hans-G. Rolff: Bildungsplanung als rollende Reform. Eine soziologische Analyse der Zwecke, Mittel und Durchführungsformen einer reformbezogenen Planung des Bildungswesens. Frankfurt a.M., Berlin, München 1970.

54 Hildegard Hamm-Brücher, Friedrich Edding: Reform der Reform. Ansätze zum bildungspolitischen Umdenken. Köln 1973.

55 So immerhin Friedrich Edding, a.a.O. p. 13: ». . . der fällige Verfall der Lebenskraft, dem schließlich keiner entgeht, setzt auch der Lernfähigkeit ein Ende«.

56 Helmut Schelsky: Die Paradoxien des Alters in der modernen Gesellschaft (1959). in: Helmut Schelsky: Auf der Suche nach Wirklichkeit. Düsseldorf/Köln 1965. pp. 198-221.

57 Ossip K. Flechtheim: Futurologie. in: Historisches Wörterbuch der Philosophie. Herausgegeben von Joachim Ritter. Band 2, Sp. 1150-1152. - Eine Liste der »Zukunftsforschung« international sich widmenden Institutionen bei Rainer Waterkamp: Zukunftsreport 2000. Hannover 1969. pp. 87 ff.

58 Zur Begründung dieses Satzes sowie zur Diskussion der Bedingungen und Grenzen seiner Geltung vgl. Wolfgang Stegmüller: Probleme und Resultate der Wissenschaftstheorie und Analytischen Philosophie. Band I. Wissenschaftliche Erklärung und Begründung. Berlin, Heidelberg, New York 1969, pp. 153 ff.

59 Hermann Lübbe: Ernst und Unernst der Zukunftsforschung (1969). in: Hermann Lübbe: Theorie und Entscheidung. Freiburg i.Br. 1971 pp. 85-92.

60 Literaturhinweise bei Klaus Lompe: Wissenschaftliche Beratung der Politik. Ein Beitrag zur Theorie anwendender Sozialwissenschaften. Göttingen 1966.

61 Arnold Gehlen: Die Seele im technischen Zeitalter. Sozialpsychologische Probleme in der industriellen Gesellschaft. Hamburg 1957. pp. 44 ff.: »Erfahrungsverlust«; pp. 47 ff.: »Meinungen, Erfahrung zweiter Hand«. Ferner: Helmut Schelsky: Der Realitätsverlust der modernen Gesellschaft (1954). in: Helmut Schelsky, a.a.O. pp. 391-404.

62 s. Anm. 20.

63 s. Anm. 54.

64 Genau diese Wendung scheint sich gegenwärtig in den sozialdemokratischen Parteien im Zusammenhang jener expandierenden Debatten zu ereignen, die dem Thema »Qualität des Lebens« gewidmet sind. Vgl. Olof Palme: Ist Zukunft machbar? in: Qualität des Lebens. Beiträge zur vierten internationalen Arbeitstagung der Industriegewerkschaft Metall für die Bundesrepublik Deutschland, 11. bis 14. April 1972 in Oberhausen. Band 1. Frankfurt a.M. 1972. pp. 102-18. - Auch die Sozialwissenschaften haben sich dieses Themas inzwischen subsidiär angenommen, vgl. Wolfgang Zapf: Zur Meßung der Lebensqualität. in: Zeitschrift für Soziologie. 1972 (1). pp. 353-376; dort auch Hinweise auf weitere Literatur.

65 »Eine übererregte, unruhige Menschheit stört für immer die Stille der Meere. Eine Gärung von zweifelhaftem Geruch verdirbt die Düfte der Tropen und bringt ihre Frische zum Welken, verdirbt unsere Wünsche und verurteilt uns dazu, Erinnerungen zu sammeln, die bereits zur Hälfte verfault sind«: Claude Lévi-Strauss: Traurige Tropen (1955). Köln/Berlin 1970. p. 13.

66 Stephen Diamond: Was die Bäume sagen. Leben in einer Landkommune. Frankfurt a.M. 1972.

Jürgen v. Stackelberg Moralistik und Aufklärung in Frankreich

Die Frage nach dem Verhältnis von Moralistik und Aufklärung in Frankreich möchte ich im Sinne eines historischen Rückblicks behandeln. Es wird dabei unvermeidlich sein, ein wenig weiter auszuholen. Zugleich möchte ich vorausschicken, daß mein Referat weniger neue Einzelforschungen als resümierende Erkenntnisse enthält. Ehe ich von Moralistik und Aufklärung mit Bezug auf das achtzehnte Jahrhundert spreche, möchte - oder muß - ich davon sprechen, was Moralistik im siebzehnten Jahrhundert, vor allem zur Zeit der französischen Klassik war, und diesem zweiten Schritt muß, wenn ich es recht sehe, ein erster vorangeschickt werden, der uns zurückführt ins Zeitalter der Renaissance oder doch jedenfalls zu Montaigne.

Zuvor noch ein Wort zur Wahl des Themas: diese Wahl scheint mir aus mehreren Gründen besonders glücklich. Die Aufklärung ist zur Zeit in der deutschen Romanistik wie in der französischen und internationalen Forschung ein bevorzugtes Arbeitsgebiet (1). Den anschaulichsten Eindruck davon bieten die jüngsten Veröffentlichungen der französischen Gesellschaft zur Erforschung des achtzehnten Jahrhunderts, insbesondere der »Annuaire international des dixhuitiémistes«, der schon im Jahre 1971 nicht weniger als 1.008 Namen von Forschern, mit den verschiedensten Forschungsvorhaben auf diesem Gebiet, verzeichnet (2). Noch vor wenigen Jahren wäre das undenkbar gewesen. Es ist wohl kein Zufall, daß keiner der großen deutschen Romanisten der Zeit vor dem letzten Kriege sich intensiver mit dem Aufklärungszeitalter beschäftigt hat, weder Karl Vossler, noch Ernst Robert Curtius, noch Erich Auerbach oder Leo Spitzer. - Was die Moralistik anlangt, so scheint mir auch da noch ein gewisser Nachholbedarf vorzuliegen. Aber man ist, an verschiedenen Orten, wenigstens dabei, die Lücken zu füllen. Die Anregungen dazu gingen einerseits von Fritz Schalk, andererseits von Helmuth Petriconi, insbesondere aber von Hugo Friedrich aus. Wenn überhaupt, so kann am ehesten im Anschluß an den großen Freiburger Romanisten von einer Schule der Moralistikforschung (3) die Rede sein. Daß aber Moralistik und Aufklärung zusammengehören und daß infolgedessen diese beiden, heute so aktiv betriebenen Forschungsrichtungen konvergieren sollten (mehr als das bisher geschehen ist), das vorzudemonstrieren, würde ich als eine wissenschafts-politische Nebenabsicht meines Referats bezeichnen.

Die Erkenntnis, daß die Aufklärung des 18. Jahrhunderts ideengeschichtlich hauptsächlich auf Impulse des 16. Jahrhunderts zurückzuführen ist, verdanken wir nicht zuletzt Paul Hazard. Gegen Ende seines Buches über die »Krise des europäischen Geistes« schreibt er: »Zwischen der Renaissance und der Epoche, die wir soeben untersucht haben, besteht eine unbestreitbare Verwandtschaft: Die gleiche Weigerung von seiten der Künste, das Menschliche dem Göttlichen unterzuordnen. Das gleiche Vertrauen in das Menschliche, allein in das Menschliche, das die Grenze alles Realen ist, das alle Probleme löst oder diejenigen, die es nicht zu lösen vermag, nicht für existent hält... Die gleiche Intervention einer unbestimmt gelassenen und allmächtigen Natur... Die gleichen Spaltungen...« (Übersetzung von Harriet Wegener, 1939, S.503).

Paul Hazard nennt in dem Zusammenhang das Aufklärungszeitalter geradezu eine »zweite Renaissance«. Fragt man freilich nach den Ausdrücken, die die Menschen sowohl des 16. als auch des 18. Jahrhunderts vorzugsweise gebrauchten, um ihr eigenes Zeitalter zu bezeichnen, so wäre es richtiger, die Renaissance eine »erste Aufklärung« zu nennen. Das gilt jedenfalls für die Franzosen. Sie sprechen ja noch heute, wenn sie nicht das deutsche Fremdwort gebrauchen, vom »siècle des lumières« und meinen damit das achtzehnte. Der Sprachgebrauch hat sich schon im 18. Jh. durchgesetzt. Erfunden hat das 18. Jahrhundert ihn aber nicht; es hat ihn der Renaissance entliehen. »Die Erfindung der Buchdruckerkunst, die Förderung der Künste durch die Medicis und durch Franz den Ersten«, schreibt D'Alembert 1751 in seiner Vorrede zur Enzyklopädie, »erweckt die Lebensgeister - *et la lumiere renait de toutes parts*«. Von dem Licht der Bildung, der Gelehrsamkeit und der Künste ist dann in diesem Text noch öfters die Rede, und das bezieht sich hier zunächst stets auf das 16. Jahrhundert. D'Alembert erkennt die Verdienste der Humanisten und Künstler der Renaissance durchaus an; er erblickt in ihnen die Vorläufer der Aufklärung wenigstens auf dem Felde der »Mémoire« (das heißt, dem einen der drei von Bacon übernommenen Ordnungsbereiche der Enzyklopädie(4)). Nur die verabscheuungswürdige Scholastik hemmte noch den Fortschritt der wahren Philosophie: »La scolastique... nuisait encore aux progrès de la vraie philosophie dans ce premier siècle de lumière.« Da haben wir das »erste Zeitalter des Lichts«! - Zwischen das »erste« und das

»zweite« Zeitalter des Lichts, also grossomodo zwischen das 16. und das 18. Jahrhundert, schiebt sich - jedenfalls was »den Fortschritt der wahren Philosophie« anlangt - das siebzehnte: mit Gegenreformation, Barock, Jesuiten und Jansenisten, und Ludwigs des Vierzehnten Aufhebung des Ediktes von Nantes im Jahre 1685, retardiert es trotz seiner kulturellen Blüte die geistige Emanzipationsbewegung. Die neuere Forschung hat sich zwar verschiedentlich den Verbindungswegen zwischen Renaissance und Aufklärung zugewandt und sie im Libertinismus des 17. Jahrhunderts auch gefunden, - aber diese Wege liegen abseits von der französischen Klassik. Erst mit der »Crise de la conscience européenne«, die Paul Hazard um 1680 einsetzen läßt, beginnen die gleichsam unterirdischen freigeistigen Strömungen wieder an die Oberfläche zu dringen. - Einer der Hauptsprecher dieser »Krise« des Übergangs von der französischen Klassik zur Aufklärung ist Pierre B a y l e, der Verfasser des »Dictionnaire historique et critique« (das 1697 zu erscheinen beginnt). Wer Bayle sagt, sagt Skeptizismus, wer Skeptizismus sagt, sagt aber auch - Montaigne. Es gibt kaum einen handgreiflicheren Fall der Wiederanknüpfung an den Humanismus des 16. Jahrhunderts zur Zeit der Frühaufklärung als die von Pierre Bayle an Montaigne. »Sie laufen den Ursachen nach und verlieren dabei die Sachen aus dem Auge - ils laissent les choses et courent aux causes«, schreibt Bayle in seinen »Pensées sur la comète«: das ist ein Zitat aus Montaignes *Essais* (III, 11). Daß es zunächst einmal gelte, die Fakten zu erfassen, ehe man sich an deren Erklärung mache, ist ebenso eine Grundüberzeugung der Moralistik wie der Aufklärungsphilosophie: ich komme auf den Punkt noch zurück.

Pierre Bayle hat viele, heute vergessene Autoren des 16. Jahrhunderts gekannt und benutzt. Die Sammelleidenschaft humanistischer Gelehrter kam ihm ebenso entgegen wie deren mangelnde Systematik und die nicht selten freigeistige Haltung. Am deutlichsten wird die Wahlverwandtschaft Bayles mit den Renaissancehumanisten, wenn man die Geschichte der Toleranzidee verfolgt: der Verfasser des »Philosophischen Kommentars« über Christi Wort: »Compelle intrare« von 1686, eben Bayle, war bekanntlich einer der wirksamsten Verfechter der Toleranzidee.

Montaigne war Moralist, aber nicht Aufklärer. - Pierre Bayle war Aufklärer aber nicht Moralist. Zum Aufklärer fehlte Montaigne - ganz abgesehen davon, daß wir dem Begriff seine zeitliche Zuordnung zum 18. Jahrhundert nicht nehmen sollten - das Umstürzlerische. Im Politischen wie im Religiösen war Montaigne gleichermaßen konservativ. Das nimmt dem

Bonmot von Sainte-Beuve, der Verfasser der Essais sei zwar ein guter Katholik, aber eigentlich kein Christ gewesen, nichts von seiner Gültigkeit (5). Pierre Bayle hinwiederum hatte anderes zu tun, als menschliche Verhaltensweisen zu analysieren und seelische Vorgänge zu zergliedern. Obwohl Skeptiker, war er eine ganz und gar kämpferische Natur.

Damit bin ich beim zweiten Schritt meiner Überlegungen angelangt: der Erörterung dessen, was wir unter Moralistik verstehen. Ich denke, ich brauche nicht viele Worte darüber zu machen, daß Moralisten nicht Morallehrer oder gar Moralprediger sind. »Moralistik, das ist etwas, was sehr wenig mit Moral, dagegen sehr viel mit den *mores* zu tun hat, das heißt mit den Lebens- und Seinsweisen der Menschen in ihrer reinen, auch 'unmoralischen' Tatsächlichkeit«, schreibt Hugo Friedrich in seinem »Montaigne« (S. 12). »Moralisten sind keine Erzieher und keine Ethiker. Sie sind Beobachter, Analytiker und Darsteller des Menschen«. - Diese Sätze, wie überhaupt die Ausführungen über Wesen, Form, Herkunft und Wirkung der Moralistik in Hugo Friedrichs »Montaigne« - die ich nach wie vor für das Beste halte, was es zu dem Thema gibt -, sind geschrieben im Gedanken an die klassischen französischen Vertreter der Richtung, also nach Montaigne vor allem La Rochefoucauld und La Bruyère. Für diese drei trifft in der Tat zu, daß sie mehr kontemplativ als aktiv und daß sie politisch durchaus konservativ eingestellt waren. Montaigne hatte die Wirren der religiösen Bürgerkriege vor Augen und kam von da zu seiner Überzeugung, daß es immer noch besser sei, sich mit den bestehenden Übeln abzufinden, als durch revolutionäre Umwälzungen möglicherweise noch üblere Verhältnisse herbeizuführen. La Rochefoucaulds Haltung war die des resignierenden ehemaligen Frondeurs, La Bruyère kam von sozial ganz anderer Ausgangsposition zu einer im großen und ganzen gleich konservativen Haltung. Er entstammte dem gehobenen Bürgertum, das von Ludwig XIV. gefördert worden war, weil er in ihm eine Stütze gegen den Hochadel erblickte. Der neuadlige Montaigne, der altadlige La Rochefoucauld und der großbürgerliche La Bruyère: und alle politisch gleich konservativ eingestellt! Da sieht man, wie vorsichtig man mit dem marxistischen Grundsatz umgehen muß, der da besagt, daß das »Sein das Bewußtsein« bestimme und nicht umgekehrt! Alle drei hätten es zweifellos mit Molières Philinte (im »Misanthrope«) gehalten:

> Il faut fléchir au temps sans obstination;
> Et c'est une folie à nulle autre seconde
> De vouloir se mêler de corriger le monde. (v. 156-58)

Aber hat nicht wenigstens La Bruyère sich einmal ganz anders geäußert? (Ich kann nicht umhin, in dem Zusammenhang die vielzitierte Stelle aus »De l'homme« - Absatz 128 - anzuführen und tue das gleich auf deutsch): »Verteilt über das Land, sieht man gewisse wilde Tiere, männliche wie weibliche, schwarz, fahl, von der Sonne verbrannt, an die Erde gefesselt, die sie mit unwiderstehlicher Hartnäckigkeit durchwühlen und wenden; sie haben so etwas wie eine vernehmbare Stimme und wenn sie sich aufrichten, zeigen sie ein menschliches Antlitz: in der Tat - es sind Menschen! Nachts ziehen sie sich in ihre Hütten zurück, wo sie sich von Schwarzbrot, Wasser und Wurzeln ernähren; sie ersparen den anderen Menschen die Mühe zu säen, zu pflügen und zu ernten, um zu leben - und verdienen so wenigstens, des Brotes nicht zu ermangeln, das sie gesät haben.«

Der Passus ist eindrucksvoll und scheint die soziale Ungerechtigkeit oder doch jedenfalls die Misere der Landbewohner im von kostspieligen Kriegen ausgepoverten Frankreich des späten Louis XIV zu brandmarken. Gewiß. Aber erstens spricht wahrscheinlich doch mehr christliche Nächstenliebe aus der Stelle als soziale Anklage, und zweitens steht sie in den »Caractères« völlig vereinzelt da. Man darf daneben nicht vergessen, daß La Bruyère sich im Abschnitt »Du Souverain ou de la République« unmißverständlich zugunsten des Regimes, unter dem er lebte, ausgesprochen hat: (es heißt da - wieder gleich auf deutsch:) »Überblickt man, ohne für sein Land voreingenommen zu sein, alle Regierungsformen, so weiß man nicht, an welche man sich halten soll: überall gibt es weniger Gutes und weniger Schlechtes. Das vernünftigste und sicherste ist es, die Regierungsform, unter der man geboren ist, für die beste von allen zu halten, und sich ihr unterzuordnen.« Diese Aussage hat entschieden programmatischeren Charakter als der Gefühlsausbruch, den ich zuvor zitierte. Hier haben wir das politische Bekenntnis des Moralisten vor uns. Es ist alles andere als vorrevolutionär.

Die politische Einstellung zu registrieren, war deswegen so wichtig, weil sie einen Unterschied zwischen der moralistischen und der aufklärerischen Position kennzeichnet, der nicht unterschlagen werden sollte. Wenn der Moralist sich überhaupt »engagiert«, so allenfalls in seinem Erkenntniswillen: er will die Menschen durchschauen, nicht sie ändern. Aber ist nicht das erste eine Voraussetzung für das zweite? Die historische Entwicklung läßt es jedenfalls nicht abwegig erscheinen, in der Moralistik eine Voraussetzung für die kommende Aufklärung zu sehen. Neben den auch ja schon seit rund zwei Jahrhunderten aufkommenden Naturwissenschaften, die im

18. Jahrhundert allesbestimmend zu werden beginnen, ist die große, europäische Geistesbewegung der Moralistik vielleicht sogar die wirksamste Wegbereiterin der Aufklärung gewesen.

Schauen wir einen Augenblick auf die Entstehung der modernen Naturwissenschaften zurück! Seit Leonardo da Vinci gilt da die Parole: »La esperienza maestra dei loro maestri!« Lehrerin auch der Lehrer - gemeint sind die antiken Autoren - ist die Erfahrung. Also gilt es, auf sie zurückzugreifen, wenn man über das Buchwissen hinauskommen will. Galilei, Bacon, Newton und deren Nachfolger haben gezeigt, wozu das führt. Der universalste Geist unter den dreien, Francis Bacon, hat sich auch über die formale Aussageweise Gedanken gemacht, die der neuen, empirischen Erkenntnisweise entspricht: er nannte sein Hauptwerk, das »Novum Organum«, ein »liber digestus in aphorismos« - und er schrieb Essays! Damit bekannte er sich zu der offenen, mehr assoziativ als systematisch vorgehenden Darstellungsweise, von der wir wissen, daß es auch diejenige der Moralistik war. Das ist kein Zufall. Denn wenn etwas als Hauptgemeinsamkeit zwischen den beiden Neuerungen, der menschenkundlichen und der naturkundlichen, benannt werden kann, so ist es die Ablehnung des Systemdenkens - insbesondere in Gestalt der scholastischen Systematik. Das heißt natürlich nicht, daß die Moralisten selbst auch Naturwissenschaftler gewesen wären. »Montaigne bewegt sich auf einer Linie«, schreibt Hugo Friedrich, »die aus der hellenistischen Weisheitslehre und Anthropologie kommt, durch die christliche Theologie gegangen war und, von ihm erneut säkularisiert, weiterläuft in die moralistischen Gedankengänge des 17. Jahrhunderts. Diese Linie führt an den mathematischen, physikalischen und technischen Wissenschaften vorbei.« (S. 173). In der Sache ist das zweifellos richtig. Aber was die Methode anlangt, kann man, denke ich, die Gemeinsamkeit nicht leugnen. Die Moralistik ist nicht dasselbe wie die Naturwissenschaften, sie ist ein Analogon zu ihnen. Als eine empirische und unsystematische Wissenschaft vom Menschen, löst sie ebenso das Mittelalter ab, wie die neue Wissenschaft von der Natur.

Ich will mich hier nun nicht weiter in das Gebiet der Philosophiegeschichte hineinwagen. Aber wenn etwa Ernst Cassirer in seinem Buch über die »Philosophie der Aufklärung« die »Denkform« des neuen Zeitalters beschreibt, wenn er den Weg, den das Denken von Descartes über Malebranche zu Leibniz, Locke und Voltaire eingeschlagen hat, nachzeichnet, so drängen sich einem die Parallelerscheinungen auf dem moralistisch-literarischen Felde auf. Den noch einmal wiederauflebenden Versuchen systematischer Welterklärung, wie Descartes und Malebranche sie unternommen haben, entsprechen bis zu einem gewissen Grade die hierarchisch gefügten Ordnungen eines Corneille in der Dichtung. Und ein vergleichsweise ähnlicher Abbau setzt auch hier mit den Moralisten der Klassik ein, die keine Abhandlungen sondern Aphorismen oder Einzelportraits schreiben. Marivaux und Fontenelle und der Montesquieu der »Lettres persanes« setzen den Prozeß der Entsystematisierung fort. Sie tun es nun auch in bewußtem Gegensatz zu den Antikenbewunderern als Sprecher der »Modernen« in der »Querelle des Anciens et des Modernes«.

Durch die gemeinsame Negation der mittelalterlichen Scholastik haben Moralistik und naturwissenschaftliches Denken einen gemeinsamen Impetus. Die Moralistik hat freilich auch einen antiken Widerpart, mit dem sich die Naturwissenschaftler, soweit ich sehe, nicht herumzuschlagen brauchten: die stoische Philosophie. Was Moralistik bedeutet, wohin ihre Stoßrichtung hauptsächlich ging, erfährt man aus dieser Gegnerschaft vielleicht noch besser als aus der Gegnerschaft zur Scholastik. Auch hier müßte unser Rückblick eigentlich wieder mit Montaigne einsetzen. Aber es genügt vielleicht, wenn ich nur kurz daran erinnere, wie sich der geistige Wandlungsprozeß des Essayisten, der sich in seinem sukzessive niedergeschriebenen Werk nachvollziehen läßt, als eine allmähliche Abwendung von der Stoa und Hinwendung zu Epikur beschreiben läßt. Montaignes anfängliche Begeisterung für das stoische Heldentum war wesentlich durch seine Freundschaft zu Etienne de la Boétie geprägt, jenes edlen Jünglings, der seine Altrömer-Virtus zuletzt aufs eindringlichste mit seinem frühen Sterben bewiesen hatte. Aber es führt ein langer Weg in den *Essais* von Montaignes Schilderung dieses heroischen Sterbens seines Freundes zur eigenen Todesauffassung, die schließlich alles andere als stoisch war.

Im späten 16. und frühen 17. Jahrhundert hat es dann in Frankreich (Montaignes Abkehr zum Trotz) eine kräftige neostoische Bewegung gegeben. Sie beginnt mit Du Vairs »Philosophie morale des stoïques« 1585 und kulminiert in dem Traktat des Predigers Mascaron: »La mort et les dernières paroles de Senèque« 1637. Nicht nur bei Pierre Corneille - dessen »Cid« im selben Jahr erscheint -, sondern auch im deutschen Barockdrama eines Lohenstein kehren die Töne und Themen dieser neostoischen Lehre wieder (6). Seneca ist in aller Munde. Tacitus steht dem nur wenig nach. Diesen Aufschwung der Stoa muß man sich vergegenwärtigen, wenn man die moralistische Gegenbewegung richtig verstehen will. Sie manifestiert sich unmißverständlich schon auf dem Titelblatt der ersten Ausgabe von La Rochefoucaulds »Maximen«, auf dem dargestellt ist, wie ein Putto, genannt »l'Amour de la vérité«, dem Philosophen Seneca die Maske vom Gesicht reißt. (Das Frontispice ist jüngst im »Neuen Handbuch der Literaturwissenschaft« wiederabgedruckt worden.)

Wenn nun La Rochefoucauld in einer langen Reflexion die »Unwahrheit der Todesverachtung«, so wie die Stoa sie gelehrt hat, enthüllt, und wenn später La Bruyère das noch verdeutlicht, so bezieht die Moralistik der Klassik damit wieder die Stellung des alternden Montaigne: Das französische Denken des 17. Jahrhunderts vollzieht im Großen den Vorgang nach, den Montaigne einst im Kleinen, bei sich selbst, vorweggenommen hatte. Man möchte geradezu von einem geistigen Strukturzwang der Moralistik sprechen, der sie dazu drängt, die stoische Philosophie abzulehnen. Hierzu ein paar Beispiele:

La Rochefoucauld schreibt in der 504. Maxime, mit der seine Sammlung in der Erstausgabe abschließt: »Nachdem von der Falschheit so vieler vermeintlicher Tugenden die Rede war, besteht Grund, etwas über die Falschheit der Todesverachtung zu sagen. . .«. Damit knüpft La Rochefoucauld an den Tenor der Sammlung an. Er fährt dann fort, das Unglaubwürdige dieser Haltung zu erläutern, und erklärt die heidnische Todesverachtung (von der christlichen spricht er wohlweislich nicht) als den bloßen Versuch, aus der Not eine Tugend zu machen: »La nécessité de mourir faisait toute la constance des philosophes: ils croyaient qu'il fallait aller de bonne grâce où l'on ne saurait s'empêcher d'aller. . .«.

Im Grunde sieht La Rochefoucauld keinen Unterschied zwischen der Todesverachtung aus Unbedachtheit, wie sie bei »einfachen Leuten« vorkommt, und der heroischen Haltung des Stoikers: im Effekt, sagt er, laufe es auf dasselbe hinaus, ob einer auf dem Schaffott herumtanze, wie man es jüngst bei einem Lakaien gesehen habe, der hingerichtet werden sollte, oder ob man sich mit hehren Gedanken an den Nachruhm von der Todesfurcht ablenke, wie Cato oder Brutus. Man sieht: mit der Todesverachtung wird zugleich auch der Heroenkult abgebaut. Damit bin ich bei einem Thema, das geradewegs von der Moralistik zur Aufklärung hinüberführt. Ich komme gleich darauf zurück.

Aber hören Sie zunächst noch La Bruyère. Er schreibt im dritten Abschnitt von »De l'Homme«, der Stoizismus sei eine geistige Spielerei wie die Idee des Staates bei Platon. Die Ataraxie-Vorstellung der Stoiker nennt La Bruyère schlicht ein »Phantom«, und schließlich heißt es: »Den stoischen Weisen gibt es entweder gar nicht oder nur in der Einbildung. . .

Himmel und Erde sollen einstürzen, ohne ihn in Mitleidenschaft zu ziehen und unter den Ruinen des Universums soll er unerschüttert hervorgehen. . .« (die Anspielung auf Horaz ist unverkennbar), »in Wirklichkeit aber verliert der Mensch die Fassung, schreit er, verzweifelt er, funkelt er mit den Augen und kommt außer Atem, wenn ihm ein Hund verloren oder ein Stück Porzellan in Stücke geht.« La Bruyères Darstellung unterscheidet sich von derjenigen La Rochefoucaulds durch eine größere Nähe zur Alltagswirklichkeit: sie ist »realistischer«, könnte man sagen. Inhaltlich aber gibt es - in diesem wesentlichen Punkt - keinen Unterschied zwischen La Rochefoucauld und La Bruyère. Es ist nicht unwichtig, das zu betonen, weil in der Regel, wenn von diesen beiden Moralisten gesprochen wird, die Unterschiede über Gebühr hervorgehoben zu werden pflegen.

Auf die Frage, wer von den beiden großen Moralisten der französischen Klassik die größere Nachwirkung gehabt hat, kann die Antwort nur lauten: La Bruyère. Seinen Spuren begegnet man in den folgenden Jahrzehnten in der französischen Literatur auf Schritt und Tritt, am deutlichsten bei Lesage, dessen frühes Romanexperiment, der »Hinkende Teufel«, zu Recht als ein »in Szene gesetzter La Bruyère« bezeichnet worden ist. Aber auch Montesquieus »Lettres persanes« erinnern mit ihren vielen satirischen Portraits stark an die »Charaktere« La Bruyères. Es ist dasjenige Werk der französischen Frühaufklärung, das die moralistische Prägung am wenigsten verleugnen kann. Es wäre nicht falsch, die »Lettres persanes« ein Werk »zwischen Moralistik und Aufklärung« zu nennen: moralistisch ist daran die Technik des Dekouvrierens, aufklärerisch die Tendenz der Relativierung, durch die die westlichen Wertvorstellungen vermittels der Konfrontierung mit dem Orient in Frage gestellt werden. In Technik und Tendenz hat Montesquieu seinerseits wieder viele Nachfolger gehabt. Pseudo-orientalische Erzählungen und Romane zählen zu den häufigsten Produkten der Literatur des französischen 18. Jahrhunderts: in der Mehrzahl der Fälle verquicken sich darin moralistische und aufklärerische Elemente (7). Es führt ein Weg von La Bruyère über Montesquieu mitten hinein in die französische Aufklärungsliteratur. Einen anderen, weniger bekannten Verbindungsweg von der Moralistik zur Aufklärung beschreiten wir, wenn wir uns dem jungen Marivaux zuwenden. (Ich habe an anderer Stelle davon schon gesprochen und muß um Nachsicht bitten, wenn ich das hier noch einmal tue: aber das Thema gebietet es.) (8)

Vor der Zeit seiner großen Theaterwerke, die Marivaux vor allem bekannt gemacht haben, und vor der Entstehungszeit seiner beiden Romane, die trotz ihres fragmentarischen Charakters getrost groß genannt werden können, hat Marivaux eine Reihe kleinerer Werke hervorgebracht, die das Interesse der Forschung erst seit kurzem gefunden haben. Sie verdienen dieses Interesse vor allem aus zwei Gründen: einmal, weil sie fast ganz parodistischen Charakters sind und damit ein Licht auf die vorbereitende, spätere Entwicklungen auslösende Funktion der Parodie fallen lassen, zum anderen, weil sie den später so sanft gewordenen Marivaux in jugendlichem Aufklärerschwung zeigen. In seiner Homerparodie und in seinem »Télémaque travesti« hat Marivaux die Krallen noch ausgestreckt, die er später dann einziehen wird.

Man merkt das schon am Vorwort des »Télémaque travesti«, in dem das Heldentum - in der Literatur wie im Leben - attackiert wird. Die Formulierungen, in die sich die Attacke kleidet, erinnern an La Rochefoucauld. Ich zitiere im Original: ». . . dans le fond le mépris est dû à des Héros, dont les Vertus ne sont à vrai dire que des Vices sacrifiés à l'Orgueil de n'avoir des Passions estimables. . .«. Daß sich hinter scheinbaren Tugenden wahre Laster verbergen - in diesem Falle hinter der Scheintugend des Heroismus das wahre Laster des Jähzorns, der Eitelkeit und der Prahlsucht, das ist in La Rochefoucaulds Manier gedacht und formuliert. »Nos vertus ne sont le plus souvent que des vices déguisés«, lautete bekanntlich das Motto der »Maximen«. Bis ins Einzelne erinnern Marivaux' Überlegungen übrigens an La Rochefoucaulds Maxime 24: »Lorsque les grands hommes se laissent abattre par la longueur de leurs infortunes, ils font voir qu'ils ne les soutenaient que par la force de leur ambition, et non par celle de leur âme, et qu'à une grande vanité près, les héros sont faits comme les autres hommes.«

Marivaux' Telemach-Travestie beweist dann auch in ihrer Durchführung die These, daß »Helden, von ihrer Eitelkeit abgesehen, nur gewöhnliche Menschen sind.« Die Ilias-Parodie, die etwa zur gleichen Zeit entstanden ist wie die Parodie auf Fénelons Roman, verfolgt ähnliche Ziele. In ihr wird mit äußerster Drastizität und mit erstaunlich viel Skatologie das Leben und Sterben der homerischen Helden persifliert. Besonders anschaulich schildert Marivaux immer wieder die kreatürlichen Ängste und Kleinlichkeiten dieser angeblichen Helden, die sich in die Hose machen und die Troja nur der reichen Beute wegen erobern wollen. Von stoischer Todesmoral ist wohl keine französische Dichtung je weiter entfernt gewesen als diese »Iliade travestie« aus dem Jahre 1716. Da will eigentlich keiner sterben, und jeder ist froh, wenn er »noch einmal davongekommen ist«. Schließlich faßt Marivaux die »Moral« seines Werkchens zusammen in die Verse: Sachez de moi que ces Héros,

Dans leur espèce sont des sots,
Lesquels, grâce à notre bêtise,
Font qu'on estime leur sottise;
Car bêtise est d'estimer grands
De malheureux tueur de gens.
Il me semble que l'on me berce,
De louer qui force sang verse:
Moi, je dirai qu'un Chirurgien
A ce Héros ne cède en rien . . .

Die Iliastravestie gehört in den Zusammenhang des »Streites um Homer«, der einen Teildisput der »Querelle des Anciens et des Modernes« ausmacht. In diesem Streit haben andere sich kaum weniger despektierlich über Homers Helden (und Götter) ausgelassen: Marivaux tut es nur meist mit mehr Witz und Verve.

Zwei Folgen ergaben sich nun aus dem gemeinsamen Angriff von Moralistik und Aufklärung auf das Heldentum: einmal der Abbau des Übermenschen in Theater und Roman und dessen Ersetzung durch gewöhnliche Sterbliche, was eine Niveauangleichung zwischen Leser und fiktiven Personen bedeutete, zum anderen Toleranz und Antimilitarismus, wie sie sich etwa in Voltaires Schriften zur »Affaire Calas« oder im »Candide« manifestieren. Wie von da die Linie zu Lessing weiterverläuft, ist nicht meine Sache nachzuzeichnen. - Ich wäre damit schon am Endpunkt meiner Ausführungen angelangt, wenn ich nicht unterwegs einen Gedankengang aus dem Auge verloren hätte, den ich - wenn die Zeit es noch erlaubt - noch rasch nachtragen möchte. Er betrifft das Gesellschaftsideal des »honnête homme« und dessen Fortführung im Ideal des Aufklärers, französisch: »le philosophe.«

Wenn sie auch keine Weltverbesserer waren, so hatten die französischen Moralisten doch in der Regel ein bestimmtes Idealbild vor Augen, das den Menschen niemals in der Vereinzelung, sondern stets im gesellschaftlichen Verkehr sah. Die geselligen Tugenden der Umgänglichkeit, der urbanen Bildung gehören wesentlich zu diesem Ideal des »honnête homme.« Man kennt das aus Molière, der auf seine Weise auch ein Moralist war. Weniger bekannt ist, daß auch der »Philosophe« der Aufklärung zunächst und vor allem ein Mensch der Gesellschaft war oder sein wollte. Der Artikel »Philosophe« (9) in der Enzyklopädie Diderots und D'Alemberts macht das vollkommen deutlich. Er beginnt mit den Worten: »Il n'y rien qui coûte moins à acquérir aujourd'hui que le nom de philosophe; une vie obscure et retirée, quelque dehors de sagesse avec un peu de lecture, suffisent pour attirer ce nom à des personnes qui s'en honorent sans le mériter.«

Der Anfang dieses oft wiederabgedruckten Artikels beweist, daß dem Worte »Philosoph« im 18. Jh. noch immer stoische Anklänge anhafteten. Ein bißchen Diogenes, ein bißchen »odi profanum vulgus...« lag den Menschen dabei offenbar noch durchaus im Sinn. Der anonyme Verfasser des Artikels »philosophe« spielt jedoch auf diese alten Vorstellungen nur an, um sein neues Idealbild des Aufklärers davon abzusetzen. Er folgt darin den Moralisten des 17. Jahrhunderts. Wenn in der Folge dann auch der christliche »Weise« abgelehnt wird, entfernt der Verfasser des Artikels sich freilich wieder vom moralistischen Erbe - zumindest hätte kein Moralist diese Ablehnung so explizit ausgesprochen. Lasse der Christ sich von der Gnade leiten, sagt unser anonymer Autor, so der »philosophe« sich von der Vernunft. In der Fassung der Enzyklopädie wird dabei expressis verbis auf die augustinische, das heißt jansenistische Gnadenlehre angespielt: »La raison est à l'égard du philosophe ce que la grâce est à l'égard du chrétien dans le système de Saint-Augustin«. Selbst wenn Leidenschaften ihn leiteten, behauptet der Anonymus, handele der »philosophe« erst »après la réflexion«. Die anderen - das heißt, die Christen! - wandelten im Dunkel, während der Aufklärer wohl auch noch von Dunkel umgeben sei, sich aber mit der Fackel, die er in Händen trägt, immerhin den Weg erhellt: »il marche la nuit, mais il est précédé d'un flambeau«. Die Wendung der ursprünglich religiösen Lichtmetapher ins Profane spricht für das Ausmaß des aufklärerischen Anspruchs, der hier verfochten wird. Was es mit der »Fackel der Vernunft« für eine Bewandtnis habe, wird gleich noch weiter ausgeführt. Es handele sich eben nicht um das Systemdenken, das alles erklären zu können vermeine und doch nur Hypothesen aufstelle, (so wörtlich) sondern um die kritische und sich ihrer Beschränktheit bewußte, empirische Vernunft. Die »Denkform der Aufklärung«, von der eingangs die Rede war, hat sich selten so klar und vollkommen zu erkennen gegeben wie hier. Aus der skeptischen Zurückhaltung und der empiristischen Begrenzung folgt die Forderung nach gedanklicher Offenheit und Toleranz: »Le philosophe n'est pas tellement attaché à un système qu'il ne sente toute la force des objections... Le philosophe comprend le sentiment qu'il rejette, avec la même étendue et la même netteté qu'il entend celui qu'il adopte.« - Schließlich mündet der Artikel in ein Plädoyer für die

Geselligkeit: »Der Mensch ist kein Monstrum, das in den Tiefen des Meeres oder im Innern der Wälder lebt (heißt es da): die Lebensnotwendigkeiten allein schon machen dem Menschen den Umgang mit seinesgleichen unerläßlich; und in welchem Stande er sich auch befinden mag, stets laden seine Bedürfnisse und lädt das Wohlergehen ihn zum Leben in der Gesellschaft ein.« »Ainsi, la raison exige de lui qu'il connaisse, qu'il étudie, et qu'il travaille à acquérir les qualités sociables - so verlangt die Vernunft von ihm, daß er die geselligen Tugenden kenne, erforsche und zu erwerben trachte«.

Auf dem Hintergrund der Vorgänge, die ich nachzuzeichnen versucht habe, könnte man also sagen - und das wäre mein abschließendes Wort -, daß die Moralistik als eine Kunde vom gesellschaftlichen Menschen für die kommende Aufklärung nicht nur eine Vorbereitungsfunktion zu erfüllen gehabt hat, sondern schließlich, von gewissen, historisch bedingten Unterschieden abgesehen, zu einem Bestandteil der Aufklärung geworden ist, der von ihr nicht mehr wegzudenken ist.

1 Vgl. J.v.St.: Travaux allemands sur le dix-huitième siècle français, in: Studi Francesi, 27, 1965.

2 Vgl. hierzu vor allem die Zeitschrift »Dix-huitième siècle«, hrsg. v. der Société française d'Etude du XVIIIe siècle, 1969, 1970, 1971 u. 1972; ferner die rasch anwachsende Reihe der »Studies on Voltaire and the 18th century«, hrsg. v.Th.Besterman.

3 Vgl. insbesondere die Reihe der bei W.Fink erscheinenden »Freiburger Schriften zur Romanischen Philogie«, herausg. v. H.Friedrich; weitere Literatur s. M.Kruse: »Die französischen Moralisten des 17.Jahrhunderts« im »Neuen Handbuch für Literaturwissenschaft«, Band 10, 1972.

4 Der »mémoire« entspricht bekanntlich nach diesem Schema die »érudition«, der »imagination« die »beaux arts« und der »raison« die »philosophie«.

5 ». .qu'il peut bien avoir paru très bon catholique, sauf à n'avoir pas été chrétien« in:»Port Royal«, Band II, zit. nach der Auswahlausgabe aus Sainte-Beuve von M.Allem, 16.Jahrhundert, »Les prosateurs», Paris s.d.,p.236.

6 Vgl. B.Asmuth: Lohenstein und Tacitus. Eine quellenkritische Interpretation der Nero-Tragödien und des ‚Arminius'-Romans, Stuttgart 1971.

7 Vgl. P. Martino: L'orient dans la littérature française au 17e et 18e siècle, Paris 1906, sowie M.L. Dufresnoy: L'orient romanesque en France, 1704-1789, Toronto 1946.

8 Vgl. J.v.St., Einleitung zu La Bruyère, »Aphorismen«, Göttingen 1968; »Von Rabelais bis Voltaire. Zur Geschichte des französischen Romans«, München 1970 und »Literarische Rezeptionsformen. Übersetzung, Supplement, Parodie«, Frankfurt/Main 1972.

9 Vgl. Herbert Dieckmann: Le philosophe. Texts and interpretation. Washington 1948.

Gerhard Alexander Das Verständnis des Menschen bei Hermann Samuel Reimarus

Man kann in der deutschen Aufklärung zwei Phasen unterscheiden. Die erste setzte es sich zur Aufgabe, das Denken der Menschen von der Vorherrschaft der Theologie zu befreien; die zweite, die etwa mit Lessing beginnt und in Kant gipfelt, suchte die so gewonnene »vernünftige« Weltansicht näher zu präzisieren und bis dahin vernachlässigten Gebieten, z.B. den irrationalen Gegebenheiten und der Politik, ihren Platz anzuweisen. Hermann Samuel Reimarus (1694-1768) gehört zur ersten Phase. Zwar steht er an Schöpferkraft und Wirkung weit zurück hinter deren Begründern, Leibniz und Christian Wolff. Darüber hat er sich auch selbst keine Illusionen gemacht. Aber er war ein sehr ernster und ernstzunehmender Schüler dieser beiden Großen. Seine Religionsphilosophie, aufgebaut auf dem Grunde der Physikotheologie, die sein Schwiegervater Fabricius aus Frankreich und England vermittelt hatte, von Leibniz' Theodizee und Wolffs Logik gehört zu dem Wichtigsten, was seine Zeit auf diesem Feld hervorgebracht hat. Das wurde auch von den Zeitgenossen gebührend anerkannt.

Ein umfassendes philosophisches System hat Reimarus nicht geschaffen, und so fehlt es bei ihm an einer systematischen Anthropologie oder Psychologie. Aber in seiner »Vernunftlehre« (1756, 5. Aufl. 1790), einem Leitfaden zu Vorlesungen über Logik, wie er sie am Akademischen Gymnasium in Hamburg hielt, in dem mehrfach, auch noch nach seinem Tode aufgelegten Werke »Die vornehmsten Wahrheiten der natürlichen Religion« (1754, 5. Aufl. 1781) und in seiner geheimgehaltenen, erst vor zwei Jahren vollständig veröffentlichten »Apologie oder Schutzschrift für die vernünftigen Verehrer Gottes« finden sich genügend Anhaltspunkte, um Reimarus' Verständnis des Menschen zu erkennen. Einige heute schwer erhältliche lateinische Schulprogramme, die den großen deutsch geschriebenen Büchern vorausgegangen waren, können vernachlässigt werden, da ihr Inhalt in den größeren Werken aufgegangen ist; auch die vierte große schriftstellerische Leistung Reimarus', »Allgemeine Betrachtungen über die Triebe der Thiere, hauptsächlich über ihre Kunsttriebe« (1760, 3. Aufl. 1772), liefert für diesen Zweck nichts, was sich nicht in den anderen Werken findet. Ich halte mich daher in der folgenden Darstellung an die beiden religionsphilosophischen Werke und an die Vernunftlehre, und zwar bei den zu Lebzeiten des Verfassers gedruckten Werken an die letzten vor seinem Tode erschienenen Auflagen (Vernunftlehre - hier zitiert als V - 3.1766, Allgemeine Wahrheiten - hier zitiert als W - ebenfalls 3.1766), bei der Apologie (zitiert als A) an die in der Ausgabe verwertete endgültige Reinschrift, die Reimarus kurz vor seinem Tode vollendet hat.

Es konnte nicht meine Aufgabe sein - das wäre auch bei der Kürze der Zeit, die mir für diese Darstellung zur Verfügung stand, unmöglich gewesen - im Einzelnen die Quellen aufzuweisen, aus denen Reimarus schöpfte. Seine Hauptlehrmeister Leibniz, Wolff und die Physikotheologen, habe ich bereits genannt. Nur wo Reimarus selbst auf Leibniz als seinen Vorgänger hinweist, werde ich das hier erwähnen.

Die Grundlage für Reimarus' Menschenbild ist der Satz: »Der Mensch ist ein vernünftiges Wesen«. Die Vernunft scheidet den Menschen vom Tier. »Alle Menschen haben in der Vernunft den unbestimmten Begriff, daß sie diejenige Kraft sey, woraus alle unsere Vorzüge vor den unvernünftigen Thieren entspringen« (V § 11, S. 6). Und am Anfang der Vernunftlehre heißt es (§ 2, S. 1 f): »Denn obzwar alle Gemüthskräfte zur Einsicht der Wahrheit nützlich sind; so würden doch die Sinne undeutliche, und zum Theil trügliche Vorstellungen, die Einbildungskraft teuschende Phantaseyen, das Gedächtniß rohe Bilder und Vorurtheile, der Witz blendende Einfälle gewehren, wenn sie nicht alle von der Vernunft geleitet wären.« Und weiter heißt es (§ 4, S. 2): »Auf das Erkenntniß der Wahrheit gründet sich die Wahl des wahren Guten, und folglich die Beförderung unserer Vollkommenheit, Lust und Glückseligkeit. Es liegt aber schon an sich, in der Einsicht der Wahrheit, ein ausnehmendes Vergnügen, welches mithin auch an sich einen großen Theil der menschlichen Glückseligkeit ausmacht«.

In diesen Zitaten ist bereits ein wesentlicher Teil des Reimarus'schen Menschenbildes enthalten. Ich will sie daher nach ihren Hauptbegriffen erläutern.

1) »Der unbestimmte Begriff«. Sonst spricht Reimarus auch von undeutlichen Begriffen. Sie gehören in den Bereich der »natürlichen Logik«: »Das ist eine Fertigkeit der Vernunft nach undeutlich erkannten Regeln, welche sich Menschen durch bloße Naturkräfte und durch Übung erwer-

ben« (V § 7, S. 4), und zwar durch Erziehung und Nachdenken, ja schon in der frühesten Kindheit beim Sehen, Gehen, Sprechen. Der Unterschied zwischen natürlicher Logik und »Vernunftkunst«, d.h. logisch geschulter Vernunft, »entsteht bloß daher, daß die natürliche Logik keine Einsicht in die Regeln (der Vernunft) hat« (V § 8, S. 4). Es liegt hier also eine Stufen-Vorstellung vor; die unterste, am wenigsten bewußte Stufe, etwa bei der Fähigkeit, Gesehenes zu erkennen, liegt unmittelbar über den Fähigkeiten der Tiere. Ich komme darauf zurück.

2) »Gemüthskräfte«. Die Vernunft ist eine Kraft des Gemüts - wir würden heute sagen der Psyche, aber noch Kant benutzt dieses Wort für die Gesamtheit der seelischen Kräfte. Kraft ist hier durchaus wörtlich zu nehmen. Nach Reimarus ist die Seele ein »kleinster Theil«, d.h. eine Leibniz'sche Monade; diese kleinsten Teile bilden das gesamte Gefüge der Welt, auch das Reich des Anorganischen besteht aus kleinsten Teilen, und deren wesentliche Eigenschaften sind die ihnen innewohnenden Kräfte. Das Gemüt, oder wie Reimarus sonst sagt, die Seele, ist als kleinster Teil eine einfache, unteilbare Substanz; die Vernunft ist also weder eine besondere Substanz noch ein Teil der Seele, sondern eine in ihr wohnende Kraft - wie Kant später sagt, ein Vermögen. Neben der Vernunft gibt es andere Seelenkräfte: die Einbildungskraft, das Gedächtnis, den Witz, d.h. das Vermögen, auf den ersten Blick verborgene wirkliche oder scheinbare Ähnlichkeiten zu entdecken, wir könnten sagen Kombinationsfähigkeit, - und selbstverständlich auch den Willen. Der Wille ist es, der uns die Wahl des Guten ermöglicht - allerdings nur, wenn er durch die Vernunft gelenkt wird; im übrigen wird er durch Neigung oder Abneigung bestimmt. Er ist also keineswegs frei; doch hebt diese Unfreiheit die Verantwortlichkeit des Menschen für seine Handlungen nicht auf (V § 318, S. 362): »Was hat man nicht für böse Consequenzen aus dem Satze gezogen, daß der freye Wille nicht ohne Bewegungsgründe handele? nämlich, daß dadurch die Freyheit, Tugend, Gesetz, Belohnung und Strafe aufgehoben würde. Fraget man aber die Leute, wenn sie sich zu etwas entschlossen haben: was hat euch dazu bewogen? so antworten sie, dieß und das.« Unfreiheit des Willens ist also nicht als zwanghafte Verursachung durch angeborene Anlagen oder gesellschaftliche Kräfte gemeint, sondern als Motivation durch andere seelische Kräfte.

Aus der Tatsache, daß die Seele ein kleinster Teil, eine Monade, ist, folgt ihre Unsterblichkeit. Denn nach Leibniz sind die Monaden, die Kraftträger der Welt, unzerstörbare Substanzen, die nicht vergehen können.

3) »Vollkommenheit, Lust und Glückseligkeit«. Das Streben nach Lust und Glückseligkeit wird gleichgesetzt dem Streben nach Vollkommenheit, das jedem kleinsten Teilchen innewohnt. Vollkommen ist, was die ursprüngliche Absicht des Schöpfers bei jeder seiner Schöpfungen vollkommen erfüllt. Jedes Geschöpf hat also seine eigene, nur ihm gemäße Vollkommenheit, und diese strebt es von Natur aus an. Es ist nicht die umfassende Vollkommenheit Gottes, sondern nur die, die dem Wesen des einzelnen Geschöpfs angemessen ist; sie hat also natürliche Schranken; kein Ding auf der Welt ist so vollkommen wie das Ganze der Schöpfung, sondern hat natürliche Mängel; diese sind notwendig, da nur so die harmonische Zusammenarbeit aller Einzeldinge im Weltganzen möglich ist. Es gibt Stufen des Seins: die niedrigste ist das Reich des Anorganischen, darüber das der Pflanzen, darüber das der Tiere, auf der höchsten steht der Mensch. Die niederen Stufen sind für die höheren da, aber nicht ausschließlich; sie haben auch ihr eigenes Recht. Daher, wenn auch die ganze Welt um des Menschen willen da ist, so doch nicht nur für ihn; auch die Tiere haben ihr Lebensrecht; und die niedrigeren Seinsstufen sind auch um ihretwillen geschaffen. (W VI, § 1, S. 430 f): »Wir pflegen uns zum Theil in den Mittelpunkt der Welt zu stellen, und alle Absichten der ganzen Schöpfung auf uns allein zu ziehen. Diese vornehme Einbildung schränket die Vollkommenheiten Gottes und seiner Werke viel zu enge ein. Sie verursachet, daß wir die Welt und Natur aus einem verkehrten Gesichtspunkte betrachten und alsdann vielerley Unordnung, die doch nicht ist, darinn zu sehen vermeynen. Uns selbst aber machen wir unglücklich und mißvergnügt dadurch, in so ferne wir über und wider unsere Bestimmung hinaus wollen, und des eigentlichen Zweckes verfehlen. Die Welt ist um des Lebendigen willen, und darunter sind wir auch; die ganze Natur arbeitet mit zu unserer Erhaltung. Aber die Welt ist nicht für uns alleine, sie ist für alle möglichen Lebendigen aller Arten und Stufen.«

Die Schranken der Vollkommenheit erklären nicht nur die Grausamkeit in der Natur, sondern auch das Böse im Menschen. Da der Mensch nicht die Vollkommenheit Gottes haben kann, so ist er nicht nur Krankheiten und Schicksalsschlägen aller Art ausgesetzt, sondern auch in seinem Streben unvollkommen, d.h. böse. Reimarus beruft sich bei diesen Gedankengängen ausdrücklich auf Leibniz und seine Theodizee. (W IX § 2. S. 614): »Sollten solche Seelen seyn, als der Thiere und Menschen: so mußten auch ihre Vorstellungen von einem organischen Körper abhängen; folglich mußte auch ein Mangel dieses oder jenes Sinnes, oder ein Wahnwitz bey ihnen möglich seyn. Ein eingeschränkter Verstand, der vieles gar nicht, anderes dunkel, das meiste undeutlich vorstellet, ist nach dem Maaße seiner Schranken, mehr oder weniger der Unwissenheit, Verwirrung und dem Irrthume unterworfen. Daher können sich die Mängel auch in der Vorstellung des Guten und Bösen äußern, und das Böse statt des Guten gewählet, das Gute als ein Böses verworfen werden.«

4) »Das Streben nach dem wahren Guten«. Das Tier ist vollauf zufrieden, wenn es seine natürlichen Bedürfnisse erfüllen kann. Irgendwelche Reflexion, d.h. Vernunft, liegt seinen Handlungen nicht zugrunde. Anders beim Menschen. Die natürlichen Instinkte, die dem Tier die Befriedigung seiner Lebensbedürfnisse ermöglichen, sind dem Menschen versagt. Er muß seine Handlungen durch die Vernunft leiten lassen, sie ermöglicht ihm das Überleben. Vernunft heißt das Vermögen zu reflektieren, d.h. vergleichen, «sich bemühen einzusehen, ob und wie weit Dinge miteinander einerley sind oder nicht, sich einander widersprechen oder nicht« (V § 12, S. 7), oder wie Reimarus an einer anderen Stelle definiert (V § 15, S. 9): »Vernunft (ist) die Kraft, nach der Regel der Einstimmung und des Widerspruchs über die vorgestellten Dinge zu reflectiren«. »Durch die Reflexion erhalten wir deutliche und abgesonderte (d.h. abstrakte) Begriffe, allgemeine Wahrheiten, Vernunftschlüsse, Wissenschaften, Erkenntniß von Dingen, die nicht in die Sinne fallen, Einsicht der Vollkommenheit, Sittlichkeit und Religion« (V § 13, S. 8). Psychologisch geht das so vor sich (V §§ 33-43,S. 25-34): Es ist zu unterscheiden zwischen sinnlichen und unsinnlichen, immateriellen Begriffen. Voraussetzung der sinnlichen Begriffe sind gesunde Sinne (Augen usw.); auf diese wirken Nervenreize. Dadurch entstehen undeutliche Gesamtvorstellungen. Nun tritt die Beachtung auf: was - unwillkürlich - den stärksten Eindruck macht, oder - willkürlich, durch Lust oder Unlust - den größten Reiz ausübt, wird am stärksten beachtet; der Teil der Vorstellung, der am stärksten beachtet wird, wird selbst am klarsten, während das Übrige verdunkelt wird. Jetzt stellt sich das Gedächtnis ein, das gegenwärtig Vorgestellte ruft das in der Vergangenheit Erlebte wach, und die Reflexion vergleicht Gegenwärtiges und Vergangenes; dadurch entsteht eine Empfindung und Einsicht in die Ähnlichkeit und Verschiedenheit der Dinge. Sofern Dinge einander ähnlich sind, fließt ihre Vorstellung in eine einzige zusammen, und es entsteht eine undeutliche Vorstellung. Zur völligen Deutlichkeit der Vorstellung gehört die Sprache: »Damit . . . alles Verschiedene gänzlich von der Vorstellung ausgeschlossen würde, so haben die Menschen Wörter erfunden,

d.i. einen gewissen deutlichen Schall ihres Mundes zum willkührlichen Zeichen gesetzt; wobey sie sich und anderen gewisse Dinge . . . vorstellen« (§ 41, S. 31). Die Wörter helfen uns, daß wir die Dinge kennen und unterscheiden. Diese enge Verknüpfung von Sprache und Denkvermögen, die ja auch in der modernen Sprachphilosophie eine große Rolle spielt, ist hochinteressant. Die immateriellen Begriffe kommen auf gleiche Weise zustande, nur daß ihre Quelle die innere Empfindung ist (V §§ 44-45, S. 34 f). Bei inneren Empfindungen ist der Gegenstand, d.h. das Empfundene und Vorgestellte, in der Seele selbst; Seele und Bewußtsein sind eins. Da nun innere und äußere Empfindung beim Menschen anfänglich miteinander vermengt sind, so *wissen* wir, daß wir uns etwas, und was wir uns vorstellen. Ebenso bei sinnlicher Lust und sinnlichem Schmerz. Aber wir sind fähig, das, was in der Seele vorgeht, von den sinnlichen Empfindungen zu unterscheiden; dadurch wird die Seele selbst Gegenstand ihrer eigenen Vorstellungen.

Die immateriellen Begriffe betreffen entweder unsere Seele selbst oder das, was mit ihr verwandt ist, z.B. die Seelen der Tiere einerseits und Gott andererseits; aber auch Abstrakta, die die äußere Welt betreffen, so die Begriffe der Möglichkeit, Notwendigkeit, Zufälligkeit, Kraft, Ursache, Raum und Zeit, Proportion, Absicht, Vollkommenheit, Schönheit u.a. (V § 49, S. 39 f): »In der Seele selbst bemerken wir theils ein Leiden, theils ein Thun. Beyde Empfindungen sind entweder mit den körperlichen vermengt, oder rein und abgesondert; beyde betreffen entweder das Erkenntniß und den Verstand, oder die Neigung und den Willen; beyde ziehen entweder die Vollkommenheit oder Unvollkommenheit, Lust und Glückseligkeit oder Unlust und Unglückseligkeit nach sich.«

Und damit sind wir wieder bei dem Stichwort dieses Abschnitts angelangt, dem Streben nach dem wahren Guten. (V § 264, S. 285-288): »Ein jeder Mensch will gern glücklich seyn, d.h. er suchet ein ungestöhrtes Vergnügen zu genießen. (Wer das aber will,) der muß sich in den Stand setzen, daß er von aller möglichen Vollkommenheit eine beständige Empfindung habe, und von keiner Empfindung der Unvollkommenheit gestöhrt werde.« Um das zu erreichen, muß man sich »ein richtig Erkenntniß und guten Geschmack von der wahren Vollkommenheit erwerben.« Dabei wird guter Geschmack als das Vermögen definiert, wahre und falsche Vollkommenheit durch Empfindung zu unterscheiden. Das läßt einen aufhorchen: so sehr der Primat der Vernunft betont wird, so wird doch die nicht-begriffliche, irrationale Empfindung zur Beurteilung dessen, was wahre Vollkommenheit ist, zugelassen. Wer hätte wohl gedacht, daß sich bei dem Erzrationalisten Reimarus eine Andeutung der Gefühlsethik findet, die in der zweiten Hälfte des Jahrhunderts so viel Anklang fand? Dabei ist aber zu bedenken, daß die Empfindung, das Gefühl, nicht als Gegensatz zur Vernunft aufgefaßt wird, sondern als Vorstufe zu ihr. Was ist nun aber das wahre Gute, die wahre Vollkommenheit, nach der der Mensch strebt? (W IX, § 16, S. 676): »Der Mensch genießt nicht allein derselben sinnlichen Lust, welcher die Thiere genießen, sondern er kann sie auch durch seinen Witz (also durch seine Kombinationsgabe) vervielfältigen, schärfen und erhöhen; er hat vor andern eine Einsicht und Empfindung (!) von Ordnung, Proposition, Übereinstimmung, Vollkommenheit, Schönheit, Weisheit, Kunst, Geselligkeit, Menschenliebe, Tugend, Sittlichkeit und Religion; die natürlichen Regeln des Verstandes bringen ihn auf den Weg der Wahrheit, die natürlichen Regeln seines Willens führen ihn zu nichts, als zum Guten und zur Glückseligkeit, und er hat ein Vermögen und ein Verlangen, immer bis ins Unendliche vollkommen und glücklich zu werden.« Allerdings (W VII § 16, S. 566) - »die Begierden des Menschen gehen immer über das erreichte Ziel hinaus, und lauffen ins Unendliche, er mag auf eine wahre oder bloß vermeynte Vollkommenheit fallen; und keine Zufriedenheit des Menschen ist so groß, daß sie sich die Fortsetzung und Vermehrung der Glückseligkeit versage«. Dazu kommt (W VII § 18, S. 571): »Der Mensch kann nie völlig zufrieden und glücklich werden, da zuviel äußere und innere Hindernisse da sind.«

5) Ein letztes Stichwort aus der Einleitung zur Vernunftlehre: »Es liegt aber schon an sich, in der Einsicht der Wahrheit, ein ausnehmendes Vergnügen, welches mithin auch an sich einen großen Theil der menschlichen Glückseligkeit ausmacht.« Das sieht ja sehr danach aus, als habe der kontemplative Gelehrte seine eigene Seelenlage unzulässig verallgemeinert; als teile er die Meinung mancher antiker, mittelalterlicher und ostasiatischer Denker von dem Vorrang des beschaulichen vor dem tätigen Leben. Doch so ist das nicht gemeint. An anderer Stelle (V § 264, S. 287 f) heißt es: »Je mehr und richtiger jemand die Vollkommenheiten der Natur und anderer Menschen einsieht, und je mehr er in sich Vollkommenheit hat und beachtet; desto mehr Vergnügen hat er, desto glücklicher ist er. Wer auch die Unvollkommenheiten der Dinge, im Zusammenhange der Welt, als Vollkommenheiten einzusehen weis, und in sich selbst keine Unvollkommenheiten willkührlich zuläst, der hat ungestöhrte Lust. Wer die Vollkommenheiten der Dinge, in der Natur und an andern Menschen, oder seine

eigene, die er besitzet, nicht beachtet, der beraubet sich vieles Vergnügens, und eines großen Theiles der Glückseligkeit. - Wer nur bemüht ist, in der Natur lauter Unvollkommenheiten zu finden, und bloß die Unvollkommenheiten anderer Menschen zu beachten, oder das ihm selbst noch manglende Gute als was böses anzusehen, der macht sich auf alle Weise misvergnügt und unglücklich.«

Es handelt sich also nicht um die bloße Freude der Erkenntnis, sondern auch um Trost im Unglück. Wir wissen aus Reimarus' Briefen - und auch aus Brockes' Selbstbiographie - wie sehr diese beiden Physikotheologen davon überzeugt waren, daß, christlich gesprochen, Gott alles zum Besten wende; daß Unglücksfälle, die den einzelnen betreffen, ihren nur unserem schwachen Verstand undurchschaubaren Sinn im Weltgeschehen haben, ganz im Sinne von Leibniz' Theodizee. Doch so wohltuend es auch für einen Menschen ist, diesen Standpunkt weiser Gelassenheit zu erreichen - das wahre Ziel menschlicher Vollkommenheit ist doch das richtige Handeln oder, wie Reimarus sagt, die Tugend. Da der Mensch nicht wie das Tier durch seine Instinkte gelenkt wird, so muß er nach Gottes Ratschluß seine Vernunft gebrauchen und, über die Befriedigung seiner materiellen Bedürfnisse hinaus, die wahre Vervollkommnung seiner selbst anstreben; denn mit der Vernunft ist ihm, im Gegensatz zum Tier, auch Freiheit und Perfektibilität gegeben (W VII § 6, S. 517). Zwar ist es ihm keineswegs verwehrt, auch in der sinnlichen Lust einen Teil seiner Glückseligkeit zu finden. Askese um ihrer selbst willen lehnt Reimarus ab. Aber (W VII § 10, S. 540): »Sinnliche Befriedigung allein verschafft dem Menschen keine Glückseligkeit. Auch nicht Erwerb von Geld und Ehre, sondern das Bewußtseyn der Weisheit und Tugend, womit man beydes erworben hat und gebraucht.« Man sieht, es ist das Ideal des rechtschaffenen, angesehenen Bürgers, das hier vorschwebt; von freiwilliger Besitzlosigkeit hält Reimarus gar nichts, und den Kommunismus der frühchristlichen Gemeinde hält er für eine dem Staate und der bürgerlichen Gesellschaft höchst verderbliche Einrichtung, die von den Aposteln nur veranstaltet worden sei, um möglichst viele mittellose Gläubige zu gewinnen (A II Buch IV, Kap. 2 § 9, S. 365).

Zu den vom Menschen zu erstrebenden Tugenden gehören, außer der Lust zur Erkenntnis der Dinge und Menschen und der Bewunderung der Weisheit, Klugkeit und Tugendhaftigkeit anderer Menschen: Arbeitsamkeit, Billigkeit, Liebe, Freundschaft, Güte und das Bestreben, zur Beförderung des gemeinen Besten beizutragen (W VII § 10). Hierbei ist aber an politische Betätigung im modernen Sinne nicht zu denken; für die war im absolutistischen 18. Jahrhundert nur wenig Raum. Auch das republikanische Hamburg war eine Oligarchie mit monarchischem Oberhaupt, dem Kaiser, der zwar fern in Wien residierte, dessen Gesandter aber doch ein wachsames Auge auf die Vorgänge in der Reichsstadt hielt; als der aus dem Streit mit Lessing bekannte Hauptpastor Goeze in einer Predigt die Katholiken angriff, bekam der Senat den Befehl, strenge Maßnahmen zu ergreifen. Dazu kam die gebotene Rücksichtnahme auf die benachbarten Fürsten, vor allem auf den König von Preußen, der z.B. um Erlaubnis gebeten werden mußte, als in Hamburg Minna von Barnhelm aufgeführt werden sollte. Daher findet sich nichts »Republikanisches« (im heutigen Sinne) oder gar Demokratisches in Reimarus' Vorstellung vom Staat; wenn er ihn als Republik bezeichnet, so ist das nicht als Gegensatz zur Monarchie zu verstehen; diese war für ihn ganz selbstverständlich: an der Spitze steht ein - möglichst weiser - Regent, der es versteht, kluge Diener (Minister) um sich zu scharen, darunter die Stände: Adel, Bürger und gemeines Volk, häufig »der unwissende Pöbel« genannt. Moses wird aufs stärkste getadelt, weil er in seiner Gesetzgebung keinen König bestellt habe, und die Richterzeit als reine Anarchie beschrieben - dies allerdings in Übereinstimmung mit dem Alten Testament, wo es bekanntlich mehrfach heißt (Richter XII,1, XXI, 26): »Zu der Zeit war kein König in Israel, ein jeglicher tat, was ihm recht dünkte.« Auch die anfängliche Weigerung Samuels, dem Wunsch des Volkes nach einem König nachzukommen, wird schwer gerügt (A I, Buch III, Kap. 4, § 11; Buch IV, Kap. 2, § 1; Kap. 3, § 2).

In politischer Hinsicht war also Reimarus konservativ. Es kam ihm nicht in den Sinn, Vorrechte des Regenten, des Adels oder des Besitzbürgertums anzutasten. Diese Standesunterschiede erschienen ihm gottgegeben und vernünftig - analog zu seiner Stufentheorie im Geistigen: von der undeutlichen Empfindung bis zum klaren Verstand, und im Physischen: vom Anorganischen bis zum Menschen. Zwar forderte er im religiösen Bereich Toleranz für die vernünftigen Verehrer Gottes und sparte nicht an zornigen Worten gegen unduldsame Priester aller Zeiten und streitbare Theologen der Gegenwart, wagte jedoch nicht, das Werk, das diese Invektiven enthielt, die Apologie, zu veröffentlichen - nicht nur, weil er Nachteile für sich und seine Familie befürchtete, sondern auch, weil er es vermeiden wollte, öffentliche Unruhe zu erregen. Denn es gehört zu den Pflichten des Menschen - er schärft das seinen Anhängern in der Apologie mehrfach ein -, gehorsame Untertanen der Obrigkeit, fried- und dienstfertige Mitbürger im Staate zu sein (A I, Vorber. § 12: II, Buch VI, Kap. 3, Beschluß). Und wenn Reimarus auch, im Zeitalter der Söldnerheere, in seinen Tugendkatalogen soldatische Tugenden nicht ausdrücklich erwähnt, so geht doch aus der Apologie eindeutig hervor, daß er, der begeisterte Altphilologe, der Herausgeber des Historikers Dio Cassius, Mut, Standhaftigkeit und Todesverachtung den von ihm sonst aufgeführten christlichen und bürgerlichen Tugenden gleichstellte, ja den Sittenkodex der Römer den seiner Meinung nach recht tief stehenden moralischen Anschauungen des Alten Testaments weit verzog. Trotz des damals in Deutschland herrschenden Prinzips *Cuius regio eius religio* hat Reimarus keine Verbindung zwischen Thron und Altar gesehen. Im Gegenteil, fanatische, eigennützige und herrschsüchtige Priester erschienen ihm als die größte Gefahr im Staat, und er verfolgt ingrimmig deren Wirken in der Geschichte des Volkes Israel seit Aaron und im Christentum von den Aposteln an. Diese Haltung - Freiheit in religiösen, aber konservative Gebundenheit in politischen Dingen - ist für seine Zeit typisch. Daß der Rationalismus, auch wenn er sich öffentlich jeden Angriffs auf die positive Religion enthielt, politischen Zündstoff barg, hat wohl der ganz unintellektuelle fromme Preußenkönig Friedrich Wilhelm gemerkt und daher Christian Wolff aus Halle vertrieben - aber die aufgeklärten Zeitgenossen wollten das nicht sehen, Wolff fand sofort Aufnahme in Hessen, und der junge Friedrich II., der aufgeklärte Absolutist, rief ihn zurück. Religiöse Toleranz war eine Sache der herrschenden Schicht; Leibniz und der englische Deist Toland waren Gesprächspartner der Königin Sophie Charlotte, Voltaire König Friedrichs, Diderot Katharinas von Rußland, und die intimsten Freunde Reimarus', denen er Einblick in sein geheimgehaltenes bibelkritisches Werk gewährte, waren Hamburger Senatoren. Mit ihnen war er ja auch verwandtschaftlich durch seine Mutter und freundschaftlich durch seine Schüler verbunden. Das erklärt seine konservative Haltung.

Dem entspricht es, daß Reimarus die sozialen Bedingungen des sittlichen Verhaltens sehr gering einschätzt. Er hat ausdrücklich, sogar in einem besonderen Schulprogramm (Wismar 1723) die Meinung verfochten, daß alle Menschen ohne Rücksicht auf ihren Stand und ihre Lebens- und Besitzverhältnisse gleich glücklich sein könnten. Es ist die altbekannte These, daß dem Hungernden ein Stück trockenes Brot besser schmecke als dem Übersatten eine raffiniert bereitete Mahlzeit, und daß Arme und Reiche gleicherweise Gelegenheit hätten, sich als anständige Menschen zu erweisen. Den Satz »Erst kommt das Fressen, dann kommt die Moral«

kennt Reimarus nicht. Immerhin, so weltfremd war er nun wieder nicht, um den Einfluß der Umgebung auf den Menschen abzuleugnen. Wer unter moralisch niederdrückenden Verhältnissen aufwächst, wer nichts anderes sieht als Habgier, Betrug, sexuelle Verkommenheit usw., von dem ist nicht zu erwarten, daß er tugendhaft wird. Auch die intellektuellen Schwierigkeiten des »gemeinen Mannes« - die Bildungsbarriere, wie man sagen könnte - hat Reimarus nicht übersehen; er hebt besonders seine leichte Beeinflußbarkeit durch emotionale Faktoren hervor (A I, Buch III, Kap. 5 § 2): »Es ist überhaupt die Weise des gemeinen Mannes: er will was Wunderbares und Übernatürliches haben, wodurch er geleitet werde; und ungeachtet er selbst offenbar weis, sieht und fühlt, ja nach allen Sinnen empfindet, was die Dinge an sich sind, so überredet er sich doch leicht, daß sie durch eine einwirkende göttliche Kraft belebt, oder wohl gar zu etwas Höheres gemacht und erhaben sind, wenn sie durch gewisse andachtsvolle Worte und Ceremonien eingeweyhet worden.«

Hier kann nur Erziehung helfen, und deren Wirkung schätzt der Pädagoge Reimarus auch hoch ein. Da die Vernunft imstande ist, den Willen des Menschen zum Guten zu lenken, ist es seiner Meinung nach durchaus möglich, den Mensch durch Vernunftgründe zum richtigen Handeln zu bringen. Er tadelt den Verfasser der zehn Gebote - Moses - und auch die heutigen Religionslehrer, daß sie den Menschen Verhaltensregeln ohne vernünftige Begründung geben. Er ist fest überzeugt, daß der aufgeklärte Mensch auch den Willen habe, ein guter Mensch zu sein. Es komme nur darauf an, die Tugend liebenswürdig zu machen, d.h. den Menschen zu überzeugen, daß sittlich gutes Handeln ihn selbst glücklich mache, daß die Tugend ihren Lohn schon in sich selbst trage; dann werde nicht nur der bewußte Wille, sondern schon die affektgesteuerte Neigung den Menschen zum Guten bewegen.

Wie ist aber dem Einwand zu begegnen, daß es oft gerade den besten, anständigsten Menschen in dieser Welt schlecht geht, während Übeltäter aller Art nicht selten ein genußreiches Leben führen? Die im Alten Testament geläufige Wendung, daß Gott den Tugendhaften belohnt, wird durch die tägliche Erfahrung widerlegt, und im Buche Hiob, das ja ausdrücklich diesem Problem gewidmet ist, bringt das märchenhafte happy end keine sinnvolle Lösung (A I, Buch V, Kap. 1, § 11). Die Überzeugung, daß die Tugend ihren Lohn in sich selbst trage, ist für den einfachen Mann zu schwach, und da sie nur die Neigung, nicht den vernunftgelenkten Willen anspricht, nicht ausreichend. Eine vernünftige Begründung ergibt sich nur aus der Unsterblichkeit der Seele. Gerade weil es dem Menschen in seinem irdischen Dasein nicht so ergeht, wie es ihm nach seinen Taten gebührt, muß danach Zeit sein, daß er für seine Tugend belohnt, für seine Sünden bestraft wird. Das ethische Postulat unterstützt also den ontologischen Beweis für die Unsterblichkeit der Seele, der aus ihrer unzerstörbaren Substanzhaftigkeit gewonnen wird; es ist ein Beweis »für den gemeinen Mann«, genügt aber dem Philosophen nicht. Die menschliche Seele ist aber nicht nur als Substanz unzerstörbar, sondern in ihrem Wesen liegt das Streben nach immer größerer Vollkommenheit, ihre Perfektibilität, und dieses Ziel kann sie endgültig erst erreichen, wenn sie die Schranken des irdischen Körpers abgeworfen hat. Daher werden die Konsequenzen des menschlichen Tuns erst nach dem irdischen Tode gezogen. Die Strafen, die der Mensch dort zu erwarten hat, bedeuten jedoch nicht ewige Verdammnis, sondern dienen der Besserung, so daß auch für den Sünder die Hoffnung besteht, die Vollkommenheit zu erlangen.

Daß die kanonischen Bücher des Alten Testaments den Begriff der Unsterblichkeit nicht enthalten, ist für Reimarus der Beweis dafür, wie wenig sie geeignet sind, echte, d.h. vernünftige Religion zu lehren; denn ohne den Begriff der Unsterblichkeit bleibt sittliches Handeln ohne zureichende Begründung, und sittliches Handeln zu lehren ist nach Reimarus der Zweck aller Religion. Nicht das Glauben an irgendwelche übervernünftige Dogmen, sondern das Hinführen zur Tugend ist ihr Sinn. Gott, Tugend und Unsterblichkeit sind für ihn keine auf Treu und Glauben anzunehmenden Dogmen, sondern Tatsachen, die sich durch die Vernunft erweisen lassen: Gott als Schöpfer der Welt, deren in der Natur deutlich erkennbare Harmonie und Zweckmäßigkeit unmöglich dem Zufall zu verdanken ist, die Tugend als die dem Menschen eigentümliche Form der Vollkommenheit, nach der er, wie jede Monade, wesensmäßig strebt - von der Unsterblichkeit war soeben die Rede.

Es ist die Aufgabe der Erziehung, diese Dinge, Gott, Tugend und Unsterblichkeit, den Menschen von frühester Kindheit klar zu machen, sie nicht unverständliche Dogmen nachbeten zu lassen oder sie unvermittelt vor absolute Sittengebote zu stellen, sondern ihnen für alles vernünftige Begründungen zu geben. Wenn das geschieht, wird sich auch, wie Reimarus meint, der sittliche Zustand des Volkes in allen Schichten heben. (W VII § 14, S. 553): »Billig sollte unsere Erziehung und Anführung in den Schulen darnach gerichtet werden, daß jeder, bey seiner erwählten Lebensart, doch einen Geschmack an irgendeiner Beschäftigung des Verstandes bekäme, wodurch er vor den niederträchtigen Ausschweifungen der Wollust, und der eitelen Vertändelung des Lebens, so, wie vor der mühsamen Sclaverey des Geld- und Ehrgeizes, bewahret werden, sich auf eine edlere menschliche Weise vergnügen, und zweifelsohne auch andern, so wie sich selbst, nützlich seyn könnte.«

Allerdings ist es, wie die Erfahrung lehrt, niemandem möglich, das Ideal des vollkommen guten Menschen zu erreichen, und die Fähigkeiten der Individuen sind auch in dieser Hinsicht verschieden. (W IX § 13, S. 667): »Es giebt einen mittleren Zustand in der sittlichen Vollkommenheit und Unvollkommenheit. Manche Menschen sind nicht völlig gut, aber auch nicht völlig böse zu nennen; und solche können doch viel natürlich Gutes und viele Geschicklichkeit, Klugheit, Emsigkeit, Dienstfertigkeit u. dergl. löbliche Eigenschaften an sich haben.« An der sittlichen Unvollkommenheit der Menschen ist allein die Begrenztheit der irdischen Natur, nicht aber, wie die Kirche lehrt, ein am Anfang der Menscheit stehender Sündenfall schuldig. Die Lehre von der Erbsünde lehnt Reimarus mit größter Entschiedenheit ab (A I, Buch V, Kap. 3; II, Buch V, Kap. 2). Es ist absurd zu glauben, alle Menschen müßten für die Sünde büßen, die ihr Vorfahr einmal begangen habe. Die ersten Menschen waren von vornherein ebenso unverständig und sittlich schwach wie ihre Nachkommen, sonst hätten sie den Verlockungen einer sprechenden Schlange nicht nachgegeben. Auch die Strafe, die ihnen und ihren Nachkommen auferlegt wird, ihr Leben durch mühselige Arbeit fristen zu müssen, ist nicht als Strafe anzuerkennen; es tut dem Menschen nur gut zu arbeiten; Arbeit ist ein sittlicher Wert. Ohnehin ist die Geschichte vom Sündenfall eine erst spät eingefügte Fabel. Dagegen zweifelt Reimarus nicht an den Grundzügen der biblischen Chronologie; die bisherige Geschichte der Menschheit spielt sich für ihn in weniger als 6000 Jahren ab. Und innerhalb dieses Zeitraums hat sich für ihn die Natur des Menschen, wie gesagt, nicht geändert. Er fühlt sich daher berechtigt, an die Persönlichkeiten aller Zeiten und Orte, ohne Rücksicht auf die Verhältnisse, unter denen sie lebten, die gleichen sittlichen Maßstäbe anzulegen. Das hat schon Moses Mendelssohn getadelt, als ihm Lessing das Manuskript der Apologie zu lesen gegeben hatte. Aber diese Haltung steht im Einklang mit der individualistischen Ethik, die Reimarus, wie wir sahen, vertritt.

Die Unveränderlichkeit der menschlichen Natur bedeutet jedoch nicht, daß die Menschheit einer sittlichen Vervollkommnung unfähig wäre. Das widerspräche der Perfektibilität, die der menschlichen Seele eignet. Ja, eine gewisse Besserung der sittlichen Zustände in der neueren Zeit glaubt Reimarus schon feststellen zu können, vor allem dank der Reformation, die die schlimmsten Hindernisse für eine vernünftige Religion und Sittlichkeit hinweggeräumt habe: blinden Wunder- und Aberglauben, mönchische Askese, päpstlichen Absolutheitsanspruch usw. Sonst ist allerdings das Verdienst des Christentums um die Hebung der allgemeinen Moral recht gering anzuschlagen. So großartig und beherzigenswert auch die ethischen Gebote Jesu sind, so selten sind sie doch befolgt worden. Dafür gibt es viele Gründe; so die Meinung, daß der Glaube an sich, d.h. das Fürwahrhalten bestimmter Dogmen, wichtiger sei als die gute Tat; die Streitigkeiten innerhalb der Kirche über die rechte Form des Glaubens und die daraus entstandenen Spaltungen; vor allem aber die Lehre, daß der Kreuzestod Christi die Vergebung der Sünden bewirke: dieses absurde, der Bürgschaft für kaufmännische Kredite nachgebildete Dogma müsse ja zu sittlicher Laxheit führen, wenn man darauf vertraue, ein anderer könne stellvertretend für die eigenen Sünden büßen (A I, Buch I, Kap. 5). Wenn aber einst diese dogmatischen Hindernisse beseitigt sein werden, wenn sich die vernünftige Religion durchgesetzt haben wird, nach der jeder selbst für seine Taten einzustehen hat, dann, meint Reimarus, sei es durchaus möglich, daß die Menschheit auch auf moralischem Gebiet einen großen Schritt nach vorn tun werde, wie sie es auf dem Gebiet der Wissenschaft und Technik bereits getan habe.

So eindringlich aber Reimarus auch betont, daß die Vernunft den Menschen besser und glücklicher machen kann, so berücksichtigt er doch die Tatsache, daß die Vernunft gut durch irrationale Mittel unterstützt wird. Auch die Anhänger der vernünftigen Religion sollen gemeinsame Gottesdienste veranstalten, in denen Dichtung und Musik die Andacht fördern helfen. Ja, er schlägt vor, daß, wie die Juden ihr Laubhüttenfest feiern, auch in der protestantischen Kirche ein Erntedankfest begangen werden sollte. Und in der Tat hat sein Freund Brockes, als er Landherr von Ritzebüttel, d.h. Senatsbeauftragter für den Bezirk Cuxhaven, war, dieses Fest dort eingeführt. Daß die Zuhilfenahme des Irrationalen kein Widerspruch in Reimarus' Gedankenwelt ist, sondern zu seiner allgemeinen Stufentheorie gehört, glaube ich wohl klargemacht zu haben.

Das wären etwa die theoretischen Grundlagen für das Verständnis des Menschen bei Reimarus. Wie es sich praktisch auswirkt, möchte ich nun in vier Beispielen aus der Apologie zeigen: Abraham und David, Jesus und Paulus. Eine Frau ist nicht dabei; die wenigen weiblichen Wesen, mit denen sich Reimarus ausführlicher befaßt, sind leider so ungalant porträtiert, daß ich mich scheue, sie hier vorzuführen, und auch bei den männlichen Bildnissen darf man nicht vergessen, daß die Apologie eine Kampfschrift ist. Sie will nachweisen, daß die sogenannten Glaubensboten des Alten und Neuen Testaments - mit Ausnahme von Jesus, aber auch er entgeht nicht ganz dem Tadel - nicht den Ansprüchen genügen, die man an ihre Lehre und ihr sittliches Verhalten richten muß, wenn sie wirklich Verkünder einer seligmachenden Religion sein sollten. Hier spricht weniger der Philosoph als der moralisierende Historiker.

1) Abraham (A I, Buch II, Kap. 2) »Alle seine Handlungen gehen... dahin, sich einen besseren Wohnsitz und Reichthümer zu erwerben« (§ 3, S. 226). Deshalb zieht er von Ur nach Kanaan, von Sichem nach Bethel, weiter nach Ägypten, dann wieder ins Philisterland nach Gerar zu Abimelech, schließlich nach Bersaba. Um schnöden Eigennutzes willen verhehlt er, daß seine Halbschwester Sarah auch seine Frau ist, und überläßt sie erst dem Pharao, später dem Abimelech als Kebsweib. Daß sie dabei von den Fürsten, in deren Haus sie lebte, nicht berührt worden sei, ist völlig unglaubwürdig - eher ist anzunehmen, daß Isaak nicht Abrahams, sondern Abimelechs Sohn sei. Er »verheuret seine Frau für eine gute Belohnung«, er »trägt wissentlich guldene Hörner« (§ 5, S. 233). Im übrigen ist er ein Pantoffelheld; wahrscheinlich war es nicht nur Habsucht, die ihn Sarah den fremden Männern zuführen ließ, sondern auch Sarahs Wunsch nach einem Kinde, den Abraham nicht erfüllen konnte. Auf ihren Wunsch nimmt er sich eine Nebenfrau, später aber züchtigt er sie, weil Sarah behauptet, sie sei unverschämt gegen sie geworden, und treibt sie endlich auf Sarahs Befehl mit ihrem Sohn in die Wüste, ohne im geringsten für ihren Lebensunterhalt zu sorgen - eine Unmenschlichkeit übelster Art. Ein Zeichen noch größerer Unmenschlichkeit wäre der Versuch, den einzigen Sohn zu schlachten. Doch paßt der Bericht davon nicht zu dem sonstigen Charakterbild Abrahams - er, der seiner Frau willenlos in allem nachgab, sollte sich erkühnt haben, ihr Wunschkind, den einzigen Sohn und Erben, zu töten? Hier muß nach Reimarus eine andere Quelle zugrunde liegen als für die sonstigen Geschichten von Abraham. Vielleicht hat ein Geschichtsschreiber die bloß hypothetische Feststellung, Abraham habe so fest an Gott geglaubt, daß er fähig gewesen wäre, seinen eigenen Sohn zu opfern, als tatsächliches Ereignis mißverstanden. Für Reimarus ist jedoch die Behauptung von Abrahams Glaubensfestigkeit ohnehin eine spätere Zutat; er

kann in seinem Verhalten, das von rein egoistischen, weltlichen Motiven getragen wird, nichts von wahrer Frömmigkeit entdecken. Die Errichtung von Altären, die ihm zugeschrieben wird, und die Einführung der Beschneidung sind bloße Zeremonien ohne tieferen Gehalt; und nichts spricht dafür, daß er seiner Familie - oder gar Fremden - irgendwelche Glaubensvorstellungen übermittelt habe. Die Skepsis, die er zeigt, als ihm und Sarah in hohem Alter ein Sohn verkündigt wird, spricht nicht für besonderes Gottvertrauen. »Wie er nach Egypten und zu den Philistern ziehen will, wird er gleich bange, daß man ihn tödten werde um seines Weibes willen, und braucht lieber Lüge und Betrug, *damit es ihm wohlginge um seines Weibes willen;* und um diesen Zweck zu erhalten, läst er sich alles gefallen, was die kindersüchtige Sarah, durch unerlaubten Umgang am Hofe sucht. Da steckt der rechte Charakter und der wahre Endzweck der Handlungen Abrahams« (§ 9, S. 242).

2) Über Davids Leben gibt Reimarus folgendes Resümee (A I, Buch IV, Kap. 4 § 13): Er »hatte . . . große Natur-Gaben, Geschicklichkeit, Witz und Muht. Er verstand die Harfe, wenigstens nach damaligen Zeiten: er war ein guter, und fast großer Dichter, vielleicht gar aus Samuels Propheten-Schule: das Hirten-Leben, und die dabey vorfallende Gefahr und Widerwärtigkeiten hatten ihn fertig im Schleudern, kühn und tapfer gemacht, daß er gegen Löwen, Bären, Menschen, ja selbst Riesen, anzugehen sich getraute. Wie er also von selbst zu großen Unternehmungen Lust und Fähigkeit besaß: so schien er auch dem Samuel und der Priesterschaft der rechte gewünschte Mann zu seyn, durch welchen sie Saul mit seiner gantzen Familie stürtzen könnten. Samuel flößt ihm zu dieser Meuterey und Empörung, durch eine heimliche Salbung, Muht und Vorsatz ein. Die Priesterschaft unterstützt und billigt alle seine dahin zielende Anschläge; und David führt ihre Absichten durch die unerlaubtesten Mittel, Rottirung loses Gesindels, Plackerey seiner Landsleute, Strassenraub, Morden, ungerechte Kriege, Grausamkeiten, List, Heucheley, Verstellung, Boßheit, Eydbruch, hämische Tücke, und Ausrottung des ganzen saulischen Hauses, hinaus. Er sammlet ihnen (d.h. den Priestern) von seinem Raube die reichsten Schätze zu einem prächtigen Tempelbau, und erwirbt sich ein Erbrecht in dem angemaasten Königreiche. Mit seinem steigenden Glücke äussert sich Wollust, Geilheit, Vielweiberey und Ehebruch bey ihm, woraus Erschöpfung des Leibes und Gemühtskräfte, nebst gäntzlicher Sorglosigkeit in der Regierung entstehet, so daß ihm schon bey seinem Leben ein regierender Nachfolger, und zwar, nach dem Sinn des Propheten

Nathan und des Hohenpriesters Zadok, der üppige Salomo von der ehebrechrischen Bathseba gesetzt wird. Welcher vernünftiger und rechtschaffener Mensch kann wohl in solcher Lebensart den Mann nach dem Hertzen und Willen Gottes, oder bey der gantzen Handhabung öffentlicher Geschäfte eine göttliche Anstalt und Haushaltung erkennen? « - Man sieht, Reimarus' Bild von dem größten König der Juden unterscheidet sich nicht sehr von dem, das uns neuerdings Stefan Heym in seinem »König-David-Bericht« gab.

3) Selbstverständlich fällt das Urteil Reimarus' über Jesus wesentlich positiver aus; zu absoluter Zustimmung aber kann er sich auch hier nicht entschließen (A II, Buch II). Für ihn ist Jesus nur Mensch; er selbst hat sich als nichts anderes verstanden, der von ihm gebrauchte Ausdruck des Menschen Sohn, der dem Propheten Daniel entnommen ist, betont das ausdrücklich, und wenn er Gott als seinen Vater bezeichnet, so doch nur in dem Sinne, wie Gott aller Menschen Vater ist. Erst die Apostel fangen an, ihn zu vergöttern, und Johannes, der den platonischen Logos-Begriff auf ihn bezieht, legt den Grund für das Dogma von der göttlichen Natur Christi. Die Bezeichnung »Gottes Sohn« ist nur ein Ausdruck für einen von Gott besonders geliebten Menschen; sie wird im Alten Testament auch auf David u.a., ja auf das ganze Volk Israel angewandt. Insbesondere gilt sie dem Messias, dem Erlöser Israels aus der Knechtschaft der Heiden. Denn das Himmelreich, das Jesus allein denen verheißt, die an ihn glauben, ist nichts Jenseitiges, sondern nur der in seiner Selbständigkeit wiederhergestellte Judenstaat, in dem der Messias herrschen wird; das Himmelreich ist nach damaligem Verständnis dasselbe wie das Reich Gottes, d.h. das Reich, das Gott für das von ihm erwählte Volk aufrichten wird. Irgendwelche übernatürliche Dinge, wie sie später die christliche Dogmatik konstruiert hat, hat Jesus nicht gelehrt, sondern nur einfache praktische Anweisungen gegeben. Alles, was darüber hinausgeht, ist, soweit es überhaupt in der Bibel steht, das Werk der Apostel. Auch sie haben zu Jesu Lebzeiten geglaubt, er werde das Reich Gottes, d.h. den selbständigen Staat der Juden, wieder herbeiführen und ihnen selbst würden darin führende Stellungen zufallen. Erst nach Jesu schmählichem Kreuzestod hätten sie ein ganz neues System geschaffen und, was ursprünglich eine politische Bewegung für ein einzelnes Volk war, in eine religiöse Lehre für die ganze Menschheit verwandelt, das irdische Reich Gottes in ein himmlisches Paradies, das Ende der Römerherrschaft in das Ende aller Tage und den von Gott geliebten Menschensohn in die zweite Person der göttlichen Drei-

einigkeit (A II, Buch III).

Das Lebensziel Jesu war also nach Reimarus die Wiederherstellung der jüdischen Souveränität. Die Voraussetzung dafür aber war, daß das auserwählte Volk Gottes die moralische Integrität erlange, die es für ein Reich Gottes würdig mache; nur einem Volk, das seine Gebote nicht bloß buchstäblich, sondern dem Geiste nach erfülle, werde Gott wieder zu einem eigenen Staat verhelfen. Daher stehen neben den Lehren, die für die ganze Menscheit gültig sind, solche, die nur die Juden angehen; sagt doch Jesus selbst, er sei nur gesandt zu den Schafen aus dem Hause Israel, und er werde kein Tüttelchen des Gesetzes abschaffen. Diejenigen Gebote, die uns alle angehen, zielen auf »eine reine, erhabene und heilige Moral« (A II, Buch I, Kap. 1 § 9, S. 33); sie »sind groß, edel, ja göttlich, und man wird sie selten, oder fast gar nicht, wenigstens nicht aus dem Grunde einer allgemeinen Menschenliebe, die sich auch an Feinden thätig erwiese, bey heydnischen Weltweisen finden« (S. 35). Sie zeugen nicht nur von einer bisher unbekannten weisen und barmherzigen Moral, sondern beweisen auch einen psychologischen Tiefblick, der die Zeitgenossen überraschen mußte. Sie lassen die engherzigen kasuistischen Vorschriften der Pharisäer weit hinter sich, die doch als die frömmsten der Juden galten. Ihnen trat Jesus mit aller Kraft entgegen und deckte auf, wie wenig wahre Frömmigkeit bei ihnen zu finden war. So wenig Jesus selbst an den überkommenen Glaubensvorstellungen rütteln wollte, so wenig haben andererseits seine ethischen Lehren etwas mit positiver Religion zu tun; sie enthalten nichts, was nicht auch eine undogmatische vernünftige Religion vorschreiben würde. Zu dieser gehört auch die Idee der Unsterblichkeit, wie wir gesehen haben. Sie ist zwar im Alten Testament kaum nachzuweisen; erst im Exil haben sie die Juden kennengelernt, doch war sie damals weithin, vor allem bei den Pharisäern anerkannt, und Jesus verteidigt sie gegen die Sadduzäer. Wenn aber Jesus verlangt, daß man an ihn glaube, so bedeutet das nur, daß man an seine Berechtigung und Befähigung glaube, die Juden zu dem erhofften Ziel der Unabhängigkeit zu führen, d.h. daß er der Messias sei, und daß man daher seinen moralischen Anweisungen folgen müsse.

Das zeugt von einem starken Selbstbewußtsein. Es wurde gestärkt durch den Erfolg, den er dank seiner natürlichen Rednergabe beim einfachen Volk hatte; seine schönen Gleichnisse haben zweifellos großen Eindruck gemacht und Jesus die Hoffnung eingegeben, daß er mit den Leuten von der Straße, aber nicht mit den hochmütigen Pharisäern und den epikuräischen Sadduzäern sein politisches Ziel erreichen werde. Er war ja auch, obwohl er Menschenliebe predigte und gegen Arme, Kranke und Verachtete ausübte, kein sanftmütiger Leisetreter, sondern eine Führernatur, die den Kampf aufnahm, wo es ihm geboten schien.

Aber hier, bei dem Selbstbewußtsein und den Mitteln, sich durchzusetzen, setzt Reimarus' Kritik ein. Um sich als Messias zu beweisen, verschmäht Jesus zweideutige Mittel nicht: so wenn Johannes der Täufer, der doch sein Vetter war, bei Jesu Taufe so tut, als kenne er ihn nicht, habe ihn nie vorher gesehen und werde durch eine Stimme vom Himmel belehrt, Jesus sei Gottes Sohn - das ist doch abgekartetes Spiel (A II, Buch II, Kap. 1, § 2). Um sich als Messias zu legitimieren, beruft sich Jesus auf Prophetenworte, die nur höchst gewaltsam für diesen Zweck umgedeutet werden können (§ 3). Seine von den Evangelisten berichteten Wunder waren nach damaligem Volksglauben notwendig für seine Anerkennung als Messias. Aber abgesehen davon, daß vieles davon spätere Legende sein kann, so mag bei den Krankenheilungen Suggestion mitgespielt haben, manches dürfte aber geradezu verabredeter Betrug sein. Denn es ist ja auffällig, daß die Wunder nur in Gegenwart des gemeinen Volks geschehen; daß es Jesus ablehnt, vor den Intellektuellen, den Pharisäern und Schriftgelehrten, Wunder zu tun, und dazu auch zu Hause, bei seiner Familie, nicht imstande ist - offenbar fürchtet er durchschaut zu werden. Darum verbietet er auch, daß man von seinen Wundern berichtet, obwohl das doch dem widerspricht, was er mit den Wundern bezwecken will. Er handelt nicht wie ein Glaubenskämpfer, der bereit ist, den Märtyrertod auf sich zu nehmen, sondern wie ein Politiker, der sein Leben aufspart, bis der rechte Augenblick zum Losschlagen gekommen ist. Als ihn das Volk in der Wüste zum König ausrufen will, entzieht er sich ihm, weil so etwas nur in Jerusalem zu dem gewünschten Erfolg führen kann (Buch II, Kap. 2 § 7). Sobald er fürchtet, man könnte ihn verhaften, flüchtet er in die Einsamkeit (§ 3); selbst nach seinem triumphalen Einzug in Jerusalem verbirgt er sich nachts (§ 9).

Doch fehlt es ihm nicht an Mut, ja er handelt zuletzt ausgesprochen tollkühn. Schon das Herumziehen mit einer großen Anzahl von Anhängern und das Predigen im Freien statt in den Synagogen ist für Reimarus ein Zeichen bürgerlichen Ungehorsams (§ 6): hier sieht man den ruhigen Bürger und gehorsamen Untertan schaudern, der mit Schrecken an die Straßenunruhen denkt, die in Hamburg zu Anfang des Jahrhunderts gar nicht so selten waren. Der Einzug in Jerusalem war eine revolutionäre Demonstration, die das Eingreifen der Römer provozieren konnte (§ 7);

die Vertreibung der Händler aus dem Tempel und die Beschimpfungen der Pharisäer und Schriftgelehrten waren vollendeter Aufruhr. Diese Provokation war noch dazu ganz unberechtigt, denn für den Vollzug der jüdischen Vieh- und Geldopfer war die Anwesenheit von Viehhändlern und Wechslern im Vorhof des Tempels notwendig (§ 8). Damit war der Bogen überspannt; der Hohe Rat sowohl wie die Römer handelten durchaus rechtmäßig, als sie den Unruhestifter zum Tode verurteilten (§ 9). Die Einzelheiten des Prozesses sind wahrscheinlich ganz falsch überliefert; die Zeitangaben stimmen nicht mit den jüdischen Gesetzesvorschriften überein, und die Behauptung, Pilatus habe Jesus eigentlich begnadigen wollen, ist angesichts des bekannt rigorosen Vorgehens der Römer in solchen Fällen höchst unglaubwürdig; sie ist wohl von den Evangelisten erfunden worden, um die Römer auf Kosten der Juden reinzuwaschen.

Auch die Überlieferung vom letzten Abendmahl erweckt so, wie sie dasteht, stärkste Zweifel; sie ist mit den Daten für das Passahfest nicht vereinbar (Buch I, Kap. 4, § 8). Wenn es überhaupt stattgefunden hat, so hat Jesus damals eingesehen, daß seine Anhängerschaft doch zu klein war, um die Revolution auszurufen, hoffte aber auf einen späteren Zeitpunkt. Die Worte am Kreuz zeigen, daß er seine Mission für gescheitert ansah (Buch III, Kap. 1, § 1). Reimarus sieht also in Jesus einen zwar von den lautersten Absichten bestimmten Revolutionär, begabt mit tiefer Einsicht in das Wesen der Religion und der wahren Sittlichkeit, von großer Rednergabe und Menschenkenntnis, mutig, ja tollkühn, schlau genug, auch die zweideutigen Mittel des Politikers anzuwenden, aber letzten Endes doch nicht klug genug, um vorauszusehen, daß die Kräfte, denen er sich entgegenstellte, seinen Untergang herbeiführen mußten.

4) Und nun zu Paulus. Er ist für Reimarus das Urbild des rechthaberischen, unausstehlichen Theologen, über den er seinen ganzen Zorn ausschüttet. Sein Verhalten zeugt durchweg von Eitelkeit und Machtstreben. Zweifellos war er der intelligenteste der Apostel; das Lehrsystem der christlichen Kirche ist sein Werk. Aber was war er für ein schrecklicher Mensch! (A II, Buch VI, Kap. 2 § 7) Mit der Behauptung, er habe Christus im Himmel gesehen, drängt er sich ein in die Reihe der Apostel, von denen der hochgebildete ehemalige Pharisäer und Christenverfolger mit offenen Armen aufgenommen wird, zumal er sich erbietet, die Heiden zu bekehren. Aber als er damit Erfolg hat, »entdeckt sich sein Hochmuht und seine Herrschsucht: er will schon mehr seyn als die übrigen Apostel, weil er mehr gearbeitet hat, und mehr damit ausgerichtet, als die übrigen

Apostel, fährt Petrum, da er ihm in sein heydnisches Gehege nach Antiochien kam, öffentlich an, daß er nicht rechtschaffen wandele, und ein Heuchler sey, der die Heyden bewegen wolle jüdisch zu leben. Er zweyt sich auch mit Barnaba seinem Gefehrten; weil er sich nicht mehr nach seinem Kopfe richten wollte. Er macht die übrigen Apostel in seinen Schrifften, auf eine spöttische Art, herunter, und rühmt sich selbst bis zur Thorheit und zum Eckel. Er schreibt gebieterisch an seine Gemeinen, setzt ihnen Ältesten, ordnet alles, theils durch Briefe, theils durch Titum, theils gegenwärtig; thut in den Bann, und übergiebt die Leute dem Satan zum Verderben des Fleisches, nicht allein um des Wandels, sondern auch um der Lehre willen, drohet, schilt. Wenn er dagegen Almosen und milde Steuren von ihnen verlangt, so weis er ihnen vortreflich zu schmeicheln. Überhaupt, zeigt er eine ungemeine Kunst der Verstellung. Wenn er in Jerusalem ist, so thut er, als wollte er noch dem Gesetz anhängen, indem er mit denen, die ein Gelübde auf sich hatten, sich reinigen und für sich opfern läst, ob er schon kein Gelübde gethan, und auch das Gesetz wirklich abzuschaffen gedachte. Wenn er den Hohenpriester in der Hohenrahts-Versammlung, aus hitziger Übereilung, derbe ausgescholten hatte: so weis er bald einzulenken, und braucht eine falsche Entschuldigung, als ob er nicht gewust daß es der Hohepriester sey; sonst wäre ihm wohl bekannt, daß er dem Obristen seines Volks nicht fluchen müsse. Wenn er wegen der gepredigten Auferstehung Jesu verklagt wird, und sieht, daß ein Theil seiner Richter Pharisäer, ein anderer Theil Sadducäer sind: so stellt er sich als ob er überhaupt wegen der Lehre der Auferstehung verklagt sey; nur um die Partheyen seiner Richter an einander zu hetzen und dadurch frey zu kommen. Er wuste sich in alle Falten zu legen, beschnitte Timotheum um der Juden willen, und ward den Juden ein Jude, den Heyden ein Heyde, damit er sie alle gewönne. In solchem Gemühts-Carakter, welchen Paulus selbst und sein Geschichtschreiber geschildert haben, sieht man nichts als menschliche Klugheit und Verschlagenheit, auf alle Weise zu seinem Zweck zu kommen; aber auch List, Ertichtung, Hochmuht, Stoltz, Ruhmrähtigkeit, Herschsucht, Jachzorn, Eigensinn u.dgl.«

Ich möchte aber diese Darlegungen nicht mit einem so düsteren Bild schließen. Reimarus war auch viel wärmerer Töne fähig, wenn es galt, einen Menschen zu schildern. Sehen wir von den offiziellen Lob- und Trauerreden ab, die er als Rektor des Akademischen Gymnasiums zu halten hatte, so genügt ein Hinweis auf die Lebensbeschreibung seines Lehrers und Schwiegervaters Johann Albert Fabricius. Hier hat er mit großer Liebe das Bild eines deutschen Gelehrten gezeichnet, der nicht nur ein unendlich fleißiger, weit über die deutschen Grenzen hinaus anerkannter Forscher war, sondern auch ein Mensch voller Güte, Freundlichkeit, Ehrenhaftigkeit und Bescheidenheit, das Muster eines tugendhaften Mannes nach Reimarus' Sinne. Wäre diese Biographie nicht lateinisch abgefaßt, so würde sie vielleicht auch noch heutzutage Leser finden (De vita et scriptis J.A. Fabricii Commentarius. Hamburgi 1737).

Herbert G. Göpfert Bemerkungen über Buchhändler und Buchhandel zur Zeit der Aufklärung in Deutschland

Wollte man für eine Theorie des Buchhandels eine Art Ideal-Modell von Voraussetzungen für buchhändlerische Betätigungen - und zwar sowohl der Verleger wie der Sortimenter - entwerfen, so könnte das 18. Jahrhundert auf den ersten Blick dafür geeignet erscheinen wie kaum eine andere Zeit: da war eine kräftige, alle Lebensbereiche ergreifende geistige Bewegung, die Aufklärung, die nach Vermittlung durch Druckschriften und Druckwerke drängte; da war Interessiertheit, ja ständig wachsender Bedarf an Lektüre in weiten Bevölkerungskreisen; da gab es eine entsprechend zunehmende Zahl von Autoren, die bereit waren, für alle Bedürfnisse aller Kreise zu schreiben. Kurz: es gab einen Hunger nach Büchern, eine Bücher-Hausse bisher ungekannter Art mit einem Anstieg der Buchproduktion innerhalb dieses Jahrhunderts um das Vierfache. Man möchte erwarten, die buchhändlerischen Stimmen und die sonstigen Äußerungen über den Buchhandel der Zeit müßten von Enthusiasmus erfüllt sein, - das Gegenteil ist jedoch der Fall: nie zuvor hören wir von so großen Sorgen, sehen wir eine solche Zerrissenheit im Buchhandel, gab es eine so breite und so scharfe buchhändlerische Kontroversliteratur zwischen einzelnen Gruppen, gab es zudem auch derartige Spannungen zwischen Autoren und Verlegern, die bis zum Versuch völliger Emanzipation der Autoren vom Buchhandel führten. Dafür ist Lessings Fragment »Leben und leben lassen« (1) nur ein Zeugnis unter vielen. Offensichtlich war der literarische Kommunikationsprozeß, in welchem dem Buchhandel seit Gutenbergs Zeiten die entscheidende Vermittlerfunktion zukommt, erheblich gestört. Daß die Ursachen hierfür in dem fehlenden Urheber- und Verlagsrecht, im staatlichen Partikularismus und in der herrschenden merkantilistischen Doktrin zu suchen sind, ist zwar nicht unbekannt, aber von der Geschichtsschreibung bisher kaum genügend beachtet worden (2).

Wenn man nach Verlegern als bewußten Beförderern der Aufklärung sucht, liegt es nahe, zunächst an die Verleger der »Moralischen Wochenschriften«, vor allem der frühen, zu denken. Waren es die etablierten, waren es neue, große oder kleine Verleger? In welchem Produktions- und

Autorenumkreis waren die »Moralischen Wochenschriften« angesiedelt? Hierüber liegen jedoch noch keine Forschungen vor. Einige Namen sind zwar bekannt, doch sagen sie für sich allein noch kaum etwas. So wäre es z.B. interessant zu wissen, worin die Buchproduktion von Johann Christoph Kißner bestand, der in Hamburg den berühmten »Patrioten« verlegte und der zu den namhaften Verleger-Sortimentern seiner Stadt gehörte (3). Daß gerade die Moralischen Wochenschriften für Verbreitung wie Befriedigung des Lesebedürfnisses von größter Bedeutung waren, ist seit langem bekannt: das sich entwickelnde literarische Leben im 18. Jahrhundert wäre ohne sie kaum denkbar. Diese Leser der Moralischen Wochenschriften (4) hat man sich im allgemeinen im gehobenen Bürgertum oberhalb des Handwerkerstandes, aber auch im niederen Adel vorzustellen, in den gleichen Bildung tragenden, vertiefenden, verbreitenden Schichten also, aus denen sich dann im letzten Drittel des Jahrhunderts die überall entstehenden Lesegesellschaften (5) mit ihrem weithin neuen Lesepublikum vor allem rekrutierten. Dem entsprach eine Verschiebung des Produktionsschwergewichts von der theologischen und religiösen Erbauungsliteratur zu säkularen Wissenschaften und zur Schönen Literatur (6).

Was läßt sich für unsere Frage nach verlegerischer Beförderung der Aufklärung bei einem Verleger erfahren, der als der »Fürst der Buchhändler«, manchmal auch als ihr »Diktator« bezeichnet wurde, dem Geschäftsführer und späteren Mitinhaber der berühmten Weidmannschen Buchhandlung in Leipzig, Philipp Erasmus Reich? Was er in den vier Jahrzehnten seiner Wirksamkeit von 1747 bis zu seinem Tod 1787 geleistet hat, ist eine Versammlung eines wesentlichen Teils der zeitgenössischen Literatur, der wissenschaftlichen wie der belletristischen, in seinem Verlag. Bei ihm erschienen Werke z.B. von Heyne in Göttingen, von Zimmermann, der eine Art Lektorenfunktion bei ihm ausübte, von Ramler, Wieland, Gellert, Sulzer, Ernesti, Christian Felix Weiße, Helfrich Peter Sturz und manchen anderen. Er brachte zahlreiche Übersetzungen aus dem Englischen und Französischen heraus - Lessing hat sich als Übersetzer hier einiges verdient -; er unterhielt - wie heutige Verleger - bereits »scouts« in London und Paris; er zahlte seinen Autoren hohe Honorare, nahm allerdings für seine Bücher auch hohe Preise, und es wird ihm bestätigt, daß sein Verlag für ein gutes Sortiment unentbehrlich gewesen sei (7). Jedoch erlauben es die vorliegenden Zeugnisse nicht, ihn als einen Aufklärungsverleger im spezifischen Sinn zu bezeichnen. Er gilt zwar als Reformator des Buchhandels, - er veranlaßte den Übergang des bisherigen Tauschhandels zum Nettohandel, also zum Barverkehr, wodurch er sich starken Anfeindungen vor allem aus Süddeutschland aussetzte, er erreichte, daß die Frankfurter Messe so gut wie ausgeschaltet wurde und nur noch die Leipziger Messe für die Buchhändler maßgebend war, er hat bis zum Äußersten gegen den Nachdruck gekämpft, er hat sich scharf gegen Selbstverlagsbestrebungen der Autoren gewandt und hierüber manches publiziert -, seiner Art nach gehörte er aber wohl eher in die Gruppe der verlegerischen Handelsherren der Fritsch und Gleditsch, die dem Leipziger Buchhandel das Gepräge gegeben hatten, als zu einer neuen Buchhändlergeneration, die durch die neue geistige Bewegung geformt wurde. Ein abschließendes Urteil über Reich ist noch nicht möglich, da eine Monographie über ihn merkwürdigerweise fehlt. Bislang sind die Charakteristiken, die er erhalten hat, außerordentlich gegensätzlich (8). Wie steht es mit Lessings Freund Christoph Friedrich Nicolai (1733-1811) in Berlin? Sein Rang als bewußter Verleger der Aufklärung ist unbestritten, unbestritten freilich auch die Tatsache, daß er sich später geistig überlebt hatte. Offenbar aber steht nicht selten der - oft wenig glückliche - Schriftsteller dem Verleger Nicolai in der Beurteilung durch die Nachwelt im Licht. Als große verlegerische Leistungen gelten die »Briefe die neueste Literatur betreffend« (1759-1765) und dann vor allem die »Allgemeine Deutsche Bibliothek« mit ihren mehr als 250 Bänden von 1765 bis 1805. Dieses Unternehmen war ohne Vergleich. Was Nicolai aber sonst als Verleger gebracht hat, darüber schweigen seine Biographen (9). Wir wissen, daß einiges von Lessing, einiges von Moses Mendelssohn - etwa ein so wichtiges Buch wie der »Phaedon« - bei ihm erschien, die meisten Bücher der beiden Freunde kamen aber bei Voß heraus. Genannt wird eine »Sammlung vermischter Schriften zur Beförderung der schönen Künste und Wissenschaften« (1759-1763), großenteils Übersetzungen. Wir wissen, daß Nicolai sich realistisch auch über die Notwendigkeit schlechter Bücher für den Buchhändler geäußert hat (10). Wie er selbst diesen Kompromiß in seinem Verlag praktiziert hat, wissen wir nicht. Seine Hauptarbeitskraft hat er zweifellos auf die ADB und auf seine eigenen umfangreichen schriftstellerischen Arbeiten gelegt. Durch eine Zeitschrift in die Zeit zu wirken, entsprach nicht nur seinem Naturell, er sah darin auch eine durch die spezielle deutsche Situation gegebene Aufgabe. 1806 hat er das rückblickend so formuliert:

»Außer der Hauptabsicht, den Wert der erscheinenden Bücher unparteiisch und von sachkundigen Männern würdigen zu lassen, setzte ich mir dabei noch folgende beide Zwecke vor.

1. ... die deutschen Bücher überhaupt in allen Provinzen und deutsch redenden Ländern bekannter zu machen ...
2. ... in die Beurteilungen einen freimütigern und liberalern Ton einzuführen ...

In diesem unserm allgemeinen Vaterlande, wo die Literatur nicht auf eine einzige Hauptstadt eingeschränkt ist... kann die literarische Verbindung nur schriftlich, und durch offnen Druck unterhalten werden. . . .daher sind Journale in Deutschland für die Literatur viel wichtiger, als z.B. in England oder Frankreich.« (11)

Daß ein Verleger auch als Autor wirken wollte und wirkte, galt in dieser Zeit nicht für Nicolai allein. Johann Gottlob Immanuel Breitkopf (1719-1794), Johann Christian Gädicke, Johann Gottfried Dyck (1750-1815), Georg Jakob Decker (1732-1799), später dann Georg Joachim Göschen (1752-1828) und Friedrich Justin Bertuch (1747-1822) u.a. wären hier zu nennen, während z.B. Johann Heinrich Campe (1746-1818), Rudolf Zacharias Becker (1752-1822), wohl auch Christian Friedrich Schwan (1733-1815) zunächst Schriftsteller waren, die es zur verlegerischen Wirksamkeit trieb. Die Ergänzung oder die Verstärkung der einen Tätigkeit durch die andere, in jedem Falle ein möglichst starkes geistiges Wirkenwollen in bestimmter Richtung oder auch in größerer Breite, das ist hier das Bezeichnende, unterscheidet diese Schriftsteller-Verleger von Verlegern früherer Zeiten und gibt ihnen ein spezifisch aufklärerisches Gepräge.

Auf die fehlende Kapitale in Deutschland und die Folgen für das literarische Leben wurde oft hingewiesen, meist in negativem, gelegentlich später - z.B. bei Friedrich Christoph Perthes (1772-1843) - auch in positivem Sinn der größeren Vielfältigkeit und der stärkeren Partizipation auch entlegener Provinzen am kulturellen Leben. Diese durch die deutsche Geschichte begründete und bis heute für die deutschen Verhältnisse bezeichnende Dezentralisation mußte trotz aller Schwierigkeiten buchhändlerisch ausgeglichen werden, und zwar durch eine »überstaatliche« Organisation, deren Anfänge in der Aufklärungszeit liegen, zum Teil auf Philipp Erasmus Reich (1717-1787) zurückgehen und die 1825 dann - noch vor dem deutschen Zollverein! - ihre Form im Börsenverein in Leipzig fand.

Als ein Beispiel für die regionale Gebundenheit verlegerischer Tätigkeit kann ein Blick auf die Erscheinungsorte der Werke Kants dienen. Kants wichtigste Schriften sind im wesentlichen in nordostdeutschen Verlagen erschienen: bei Johann Jakob Kanter (1738-1786) in Königsberg, dann bei Johann Friedrich Hartknoch (1740-1789) in Riga, später bei Lagarde und Friedrich in Libau, schließlich bei Friedrich Nicolovius in Königsberg. Sie erschienen also nicht etwa im Buchhandelszentrum Leipzig wie (von 1768 an) die Werke des belletristischen Hauptautors der Zeit, Wieland, sie erschienen nicht in der preußischen Hauptstadt, die sich zu einem sehr wichtigen Buchhandelszentrum entwickelt hatte, etwa bei Christian Friedrich Voß (d.Ä., 1722-1795) oder bei Haude und Spener (gegr. 1614), sondern eben zunächst in Königsberg, ja sodann in der für einen Deutschen geographisch letztmöglichen Stadt, im russischen Riga. Das hatte natürlich persönliche Gründe, Kant wollte seinen Verlegern nahe sein. Von Johann Jakob Kanter, diesem umtriebigen, von Einfällen überquellenden, sprunghaften Mann, ist bekannt, daß seine ansehnlich ausgestattete Buchhandlung Treffpunkt, Diskussions- und Lesestätte für das gesamte geistige Königsberg war, und sein Verlag war das Zentrum eines Königsberger Dichterkreises. Kanter zerstritt sich jedoch leicht mit seinen Autoren, nach einiger Zeit gab er seine Verlagstätigkeit auf.

Wichtiger als verlegerischer Beförderer der neuen Geistesrichtungen in Ostpreußen und weit darüber hinaus wurde Kanters früherer Angestellter Johann Friedrich Hartknoch, der seit 1767 selbständig arbeitete. Charakterisiert wird er als ein aufgeklärter, aber auch als ein empfindsamer, rastlos tätiger, edler Mann, durch dessen Bemühungen die Schriften der vorzüglichsten Köpfe Deutschlands, Englands, Frankreichs, Italiens aus der älteren und neueren Zeit in den entfernten deutschen Nordosten gekommen seien und dessen Buchhandlung und Verlag mehr als 30 Jahre die Pflegerin und Ernährerin aller soliden Wissenschaften, der Kunst und des Geschmacks gewesen seien. Bis tief nach Rußland erstreckte sich seine buchhändlerische Wirkung. Dem Literarhistoriker ist er vor allem als Verleger Herders bekannt, mit dem er eng befreundet war, er stand ebenfalls in engen Beziehungen zu Johann Georg Hamann (1730-1788). In seiner Königsberger Zeit hatte er sich offenbar so viel Vertrauen erworben, daß er nach dem Aufbau eines zunächst regional begrenzten Verlages auch die bedeutenderen Autoren Kanters an sich ziehen konnte. Zwar war sein Verhältnis zu Kant nicht so persönlich gefärbt wie das zu Herder und Hamann, aber es beruhte auf festem beiderseitigen Vertrauen. Als er sich um den Verlag der »Kritik der reinen Vernunft« bewarb, schrieb er aus Riga am 9. September 1780 an Kant: »Ich werde es bei Spener [Berlin] drucken lassen, wo gewiß sehr korrekter Druck ist, u. was die äußere

Zierde anbetrifft, nichts sparen, daß das Äußere dem Innern gleich sei. Das sind sie in Königsberg nicht im Stande... Die Verteilung Ihrer Werke unter alle Buchhändler, sowohl die zur Messe kommen als die nicht dahin kommen, geschieht auch weit besser durch mich als durch Hartungen [Königsberg]; ich habe mit Leuten zu tun, mit denen er in keiner Verbindung steht. Es ist nicht leicht ein Winkel in Deutschland, dahin ich nicht Geschäfte mache.« (12) Von den »Träumen eines Geistersehers« (1766) bis zur »Kritik der praktischen Vernunft« (1788) erschienen fast alle Schriften Kants bei ihm. An der »Kritik der reinen Vernunft« (1781) wird die derart wohl nur in Deutschland mögliche Dezentralisation besonders deutlich: das Werk wurde geschrieben in Königsberg, verlegt in Riga, gedruckt in Berlin, vertrieben von Leipzig aus. Nach allem, was wir wissen, ist Hartknoch typologisch als »Aufklärungsverleger« zu bezeichnen. Wenn man ihn, freilich viel später, 1871, als den »Perthes des deutschen Ostens und des Baltikums« bezeichnet hat, so wird er damit deutlich aus dem Kreise der buchhändlerischen Handelsherren alten Stils herausgehoben. (13)

Erst durch jüngste Forschungen (14) ist der Verlag von Lagarde und Friedrich, der sich 1785 (in geschäftlicher Absprache und Abgrenzung mit Hartknoch) in Libau niedergelassen hatte, aber nur bis 1791 in dieser Form bestand, und bei dem 1790 die »Kritik der Urteilskraft« erschien, als ein bewußt im Sinn der Berliner Aufklärung wirkendes Unternehmen erwiesen worden.

Daß in der Aufklärungszeit pädagogischen Verlagen besondere Bedeutung zukommen mußte, liegt auf der Hand. Vielleicht sind sie die ersten im späteren Sinne schon fachlich spezialisierten Verlage - vielleicht sind sie die am bewußtesten der Aufklärung dienenden Verlage der Zeit. Der bemerkenswerteste, profilierteste und wohl auch erfolgreichste dieser Verlage war die »Braunschweigische Schulbuchhandlung« von Joachim Heinrich Campe (1746-1818). Es war der vielfach erfahrene Pädagoge und Schriftsteller, den man 1787 als Schulrat nach Braunschweig berufen hatte, und es war der Pädagoge und Schriftsteller, der verlegerisches Wirken als sachliches Bedürfnis, als Notwendigkeit und Aufgabe empfand. Er sah, daß mit einer Reorganisation des Schulwesens allein wenig getan sei, sondern »daß man eine neue, planmäßig geordnete und unseren Zeitbedürfnissen angemessene Sammlung von Schulbüchern veranstalten müsse«. Um diese Bücher aber »den Kindern und jungen Leuten in die Hände zu spielen,... müsse man eine eigene Schulbuchhandlung anlegen.« Da Campe mit seinem Vorschlag, der Herzog solle eine solche Buchhandlung auf eigene Kosten errichten, nicht durchdrang, eröffnete er unter Übernahme der bisher mit dem Waisenhaus verbundenen Buchdruckerei und Buchhandlung den Verlag selbst. Kein Zweifel, daß Campe erst durch seine verlegerische Tätigkeit zur vollen Entfaltung seiner Kräfte kam. Dabei begnügte er sich keineswegs mit Schulbüchern im engeren Sinn, er integrierte auch seine eigenen, etwa 40 Titel fassenden schriftstellerischen Arbeiten in den Verlag,- von denen nicht nur immer der »Robinson«, die sprachpädagogischen Schriften und das Wörterbuch beachtet werden sollten. Er zog zahlreiche bedeutende Autoren an, und wie er eine Kinderbibiliothek herausgab, so andererseits auch das große 16-bändige Sammelwerk der »Allgemeinen Revision des gesamten Schul- und Erziehungswesens«. Der genuine Pädagoge ging auch als Verleger pädagogisch vor: er hatte den jeweiligen Menschen- und Leserkreis seiner Bücher genau im Auge, vom Kind bis zum Gelehrten, und weil er die Menschen und ihre Bedürfnisse kannte, kannte er auch den »Markt«. »Publikumsbezug« war ihm selbstverständlich. So kann man in Campe - den die Brüder Humboldt ihr Leben lang als ihren Erzieher verehrten - wohl den Prototyp eines Aufklärungsverlegers sehen.

Von vielfältiger pädagogischer Publizistik her zur verlegerischen Arbeit kam Rudolf Zacharias Becker, der sich 1783 in Gotha niederließ. Auch er hatte - wie Campe - zeitweilig an Johann Bernhard Basedows (1724-1790) umstrittenem Philanthropin in Dessau gearbeitet. Sein Name ist jedoch vor allem mit dem Bestseller der Zeit verbunden, bezeichnenderweise einem pädagogischen Werk auf dem Gebiet der Erwachsenenbildung, dem »Not- und Hülfsbüchlein für Bauersleute, welches lehret, wie man vergnügt leben, mit Ehren reich werden und sich und anderen in allerhand Notfällen helfen kann«. Dieses Buch, in dem nun die pragmatische Seite der Aufklärung sich zeigt, soll bis 1838 fast in einer Million Exemplaren verbreitet gewesen sein (15). Freilich, wie viele Bauern konnten im 18. Jahrhundert wohl tatsächlich lesen, wenn es um 1800 ca. 50% Analphabeten gab? Zum Ziel des Aufklärungsbuchhandels aber gehörte die Aufklärung des Bauern durchaus. So setzte z.B. der Buchhändler Wilhelm Fleischer in Frankfurt/M. vor seine Schrift: »Über bildende Künste, Kunsthandel und Buchhandel in Hinsicht auf Menschenwohl« (1792) als Motto: »Wo das Aufklärungswerk recht und redlich betrieben wird: da muß der Landmann verhältnismäßig mit dem Philosophen fortschreiten«. Das war ein hochgestecktes Ziel, und Fleischer, der in Frankfurt auch ein angesehenes »Lese-Institut« unterhielt, wie es übrigens manche Buchhändler in verschiedenen

Orten taten, gehört leider zu denen, die mit ihren Ideen Schiffbruch erlitten. Er wollte »alle seine Kräfte dem Wohl der Menschheit widmen« (16), verfehlte aber dabei wohl die Realität der Menschen in seinem unmittelbaren Umkreis und stellt insofern ein negatives Gegenbild zu Campe dar. Was es mit der Bauernaufklärung und dem »lesenden Landmann« auf sich hatte, dem ist kürzlich erstmals Reinhard Wittmann in einer Studie nachgegangen (17). Manche Namen wären noch zu nennen, von manchen der nur nebenher erwähnten wäre noch mehr zu sagen (18), doch mögen diese wenigen Beispiele verschiedenartiger Verleger und Buchhändler für viele andere stehen (19).

Die Bestrebungen und Unternehmungen der Verleger, so wirksam sie großenteils auch waren, wären zweifellos noch viel wirksamer gewesen, wenn der Buchhandel und damit die literarische Kommunikation nicht jenen eingangs genannten schweren Behinderungen und Störungen unterworfen gewesen wären. Ein Hauptproblem stellte der Nachruck dar. Der Hinweis auf *einen* Nachdrucker, auf den berühmt-berüchtigten Johann Thomas Trattner (1717-1798) in Wien, der nach seiner Nobilitierung durch Kaiserin Maria Theresia Johann Thomas Edler von Trattner hieß, muß hier genügen. Über die Ursachen des Nachdrucks, über den schon Luther sich beklagte, braucht nicht ausführlicher gesprochen werden: sie liegen vor allem in dem fehlenden Urheber- und Verlagsrecht. Bücher der Originalverleger wurden gegen Nachdruck zunächst durch zeitlich begrenzte Privilegien geschützt - am wirksamsten durch ein kaiserliches Privileg. Infolge der sinkenden kaiserlichen Macht wurden diese Privilegien immer wirkungsloser, und die - wenngleich zahlreich erteilten - Territorialprivilegien konnten nur regional begrenzte Geltung haben. Um ein Werk vollständig gegen Nachdruck zu schützen, wären Privilegien aller deutschen Staaten nötig gewesen. Das aber hat kein Verleger und - im 18. Jahrhundert - auch kein Autor erreicht. (Die einzige Ausnahme in unserer ganzen Literaturgeschichte ist - in recht später Zeit - Goethe, der für seine ab 1827 erscheinende Gesamtausgabe letzter Hand alle Privilegien lückenlos erhielt.) Das seit dem 16. Jahrhundert existierende, aber zunächst nur in begrenztem Maße sich auswirkende Nachdrucksproblem wurde virulent, als im 18. Jahrhundert die »norddeutsche« Literatur zu dominieren begann und die süddeutschen Verlage auf den Messen ihren Kollegen nichts geistig Gleichwertiges mehr anzubieten hatten, so daß die Bücherware nicht mehr wie seit dem 17. Jahrhundert getauscht werden konnte, sondern gekauft und bar bezahlt werden sollte. So jedenfalls verlangte es

Philipp Erasmus Reich generell seit 1764. Zwar wurde dieses Prinzip nach einiger Zeit zum Konditionssystem (mit Rückgaberecht) gelockert, doch versuchten nun süddeutsche Buchhändler diesen Schwierigkeiten zu entgehen, indem sie Nachdrucke aller für sie wichtigen Werke auf den Markt brachten. Diese Entwicklung bedeutete die Gefahr einer weitgehenden »bibliopolischen« (buchhändlerischen) Zweiteilung Deutschlands. In unserem Zusammenhang interessieren uns nicht die Einzelfragen und die zeitgenössische Diskussion, sondern allein die Frage, wie sich der Nachdruck auf die Vermittlung der Aufklärung ausgewirkt hat.

Nachdrucker gab es außer in Süddeutschland vor allem auch in der Schweiz und in Österreich. Hier mag als Beispiel für viele der berühmt-berüchtigte Johann Thomas Trattner (1717-1798) in Wien stehen, der seit der Nobilisierung durch die Kaiserin Maria Theresia Edler von Trattner hieß. Über die Tätigkeit Trattners sind wir ziemlich gut informiert (20). Wir übergehen den kometenhaften, an spätere amerikanische Möglichkeiten gemahnenden Aufstieg vom Häuslerssohn zum reichen Baron, dem allerdings viel typisch Österreichisches anhaftet, und fragen nach dem Grund und der Wirkung seines Erfolges. Voraussetzung war einmal die herrschende merkantilistische Doktrin, möglichst kein bares Geld außer Landes fließen zu lassen, also auch kein Geld für Bücher auszugeben, sondern möglichst viel im eigenen Land zu produzieren, zum anderen die »Kulturverspätung« der katholischen Länder im Hinblick auf die Aufklärung. Trattner traf in Österreich sozusagen eine literarische Situation des Nullpunktes an, die er mit unternehmerischem Elan anging. Es ist bemerkenswert, daß ein Nachdrucker der erste buchhändlerische Unternehmer großen Stils war, der sich auch nicht auf buchhändlerische Unternehmungen allein beschränkte - vor Cotta also, der sich sein vielschichtiges Imperium freilich buchhändlerisch legal aufbaute. Mangels schriftstellerischer Produktion von Autoren im eigenen Land, worüber die notleidenden österreichischen Buchdrucker schon um 1750 klagten, war dem Drucker-Gewerbe offiziell von der niederösterreichischen Regierung der Rat erteilt worden, auswärtige Literatur nachzudrucken. Jedoch hielt sich das zunächst in Grenzen. Trattner nun, der sich mit rücksichtslosem Geschick als Hofbuchdrucker etabliert hatte, erreichte - nach manchen Zwischenstationen - von Maria Theresia das Privileg, daß 1. keine Titel, die in Österreich nachgedruckt wurden, in irgendeiner Ausgabe von auswärts nach Österreich importiert werden durften, daß 2. ihm gestattet wurde, Nachdrucke - die ja immer billiger als die Originalausgaben waren - zu exportieren, sofern er dafür im »Ausland« Bücher, die für Österreich wichtig waren, tauschen konnte, und daß 3. diese so eingetauschten Bücher zollfrei nach Österreich importiert werden konnten. Das heißt also, Trattner ließ sich seinen Nachdruck nicht nur legalisieren, sondern auch noch monopolisieren, benutzte ihn als geschäftliche Waffe im »Ausland« und erreichte sogar noch eine Ausnahmebehandlung im Zollverfahren. Da die Trattnerschen Ausgaben in gutem Druck und teilweise gleich in größeren Sammlungen erschienen, hatte diese Praxis durchaus Erfolg, und es gelang ihm in den 60er Jahren nach anfänglichem Verbot sogar auf der Leipziger Messe, gegen seine Nachdrucke für ihn wichtige Originalliteratur einzutauschen.

Allerdings war Trattner durch die österreichische Zensur in seiner Titelauswahl zunächst beschränkt. Als aber nach dem Regierungsantritt Josephs II. weitgehende geistige und religiöse Toleranz verkündet wurde, machte sich Trattner die neue Situation zu erheblicher Erweiterung seines Nachdruckverlags zunutze. Zweifellos wurde durch Trattners Methode, die auf der merkantilistischen Doktrin basierte, das geistige Leben in Österreich gefördert, sie kam vor allem den Wissenschaften zugute. So empfanden es die österreichischen Zeitgenossen, - in den Augen der durch den Nachdruck geschädigten Autoren und Verleger handelte es sich freilich um Diebstahl.

So umfangreich und bedeutend Trattners Nachdruckverlag auch war, größer noch scheint - wenigstens der Titelzahl nach, denn über die Auflagenhöhen ist nichts bekannt - seine eigene Original-Produktion gewesen zu sein, vor allem im Zeitschriftenbereich. Dadurch unterschied er sich deutlich von den reinen Nachdruckern in anderen Gebieten, etwa der Firma Schmieder in Karlsruhe (21), die - ebenfalls mit landesherrlichem Privileg ausgestattet - so gut wie die ganze norddeutsche Aufklärungs- und sonstige literarische Produktion nachdruckte. Daß es »Rangunterschiede« unter den Nachdruckern gab, war schon einigen Zeitgenossen klar. In seiner schneidenden Streitschrift, der »Epistel an Tobias Göbhard in Bamberg über eine auf Johann Christian Dieterich in Göttingen bekannt gemachte Schmähschrift« (1776), in der Lichtenberg zugunsten seines Freundes und Verlegers Dieterich gegen diesen am übelsten beleumdeten »Schleimschlucker« zu Felde zog, zeigte er für Trattner, obwohl er diesen keineswegs verteidigte, doch ein gewisses Verständnis (22).

Jedenfalls ist es Tatsache, daß etwa von den 60er Jahren an die neue deutsche - belletristische wie wissenschaftliche - Literatur aus Norddeutschland in Süddeutschland, der Schweiz und Österreich fast ausschließlich durch Nachdrucke verbreitet wurde. Was das für die Autoren infolge des Honorarverlustes und für die Originalverleger infolge der ständigen Kalkulations- und Marktunsicherheit bedeutete, ist leicht einzusehen. Von Schillers »Don Carlos« ist zwischen der ersten Auflage von 1787 und der zweiten von 1792 etwa das Zehnfache der Erstauflage an Nachdrucken erschienen, deren Honorare dem Autor, der als freier Schriftsteller zu leben versuchte, entgingen. In seiner Wirkung hatte der Nachdruck also zwei Seiten: die Leser profitierten, und viele hätten ohne ihn zeitgenössische Literatur kaum kennenlernen können, die Verleger wurden stark behindert und den Autoren wurden Mittel zu einer weniger bedrängten Existenz entzogen. Daß der moralische Aspekt bei der Beurteilung des Nachdrucks einseitig war, wurde von den Zeitgenossen jedoch nur selten erkannt. Was von Buchhändlerseite gegen den Nachdruck versucht und unternommen wurde, mußte scheitern, weil ein juristisches und politisch-historisches Problem nicht mit den Mitteln eines Berufsstandes allein angegangen werden konnte. Lessing gehörte zu den wenigen, die das sahen:

»Freilich, wenn Deutschland unter *einem* Herrn stünde, welcher der natürlichen Billigkeit durch positive Gesetze zu Hülfe kommen könnte und wollte! Aber bei dieser Verbindung unter Deutschlands Provinzen, da die menschlichsten das Principium haben, des baren Geldes so wenig als möglich aus ihren Grenzen zu lassen, wer wird ihren Finanzräten begreiflich machen, daß man allein den Buchhandel unter dieses Principium nicht ziehen müßte? « (23)

Aber auch im Verhältnis zwischen Originalverlegern und Autoren kam es infolge des fehlenden Urheber- und Verlagsrechts zu Spannungen: da der Begriff des *geistigen* Eigentums noch nicht kodifiziert war, betrachteten Verlage die ihnen von den Autoren übergebenen Werke oft als ständiges »Verlagseigentum«, das mit einmaliger Honorarzahlung für alle Auflagen erworben sei. Auch die Umarbeitung von Werken führte zu Kontroversen: der Autor betrachtete oft ein umgearbeitetes oder überarbeitetes Werk als ein neues Werk, das er auch einem neuen Verlag übertragen könne. Aus diesen und ähnlichen Gründen ergab sich z.B. ein durch mehrere Instanzen geführter Prozeß nach Reichs Tod zwischen der Weidmannschen Buchhandlung und Wieland, als dieser zu Göschen überging. Derartige Auseinandersetzungen waren nicht nur Folge der Rechtsunsicherheit, sie zeigten auch oft eine der neuen geistigen und gesellschaftlichen Situation noch nicht entsprechende Einstellung von Verlegern wie Autoren (24). Eine erste Kodifizierung eines Verlagsrechts in Deutschland enthielt das preußische Landrecht von 1791, an dem auch Nicolai, allerdings nicht zugunsten der Autoren, mitgearbeitet hatte.

Erst in diesen Zusammenhängen läßt sich die Rolle des Buchhandels zur Zeit der Aufklärung recht erkennen, insbesondere das Wirken derjenigen Verleger, bei denen man von einer Identifizierung mit den Bestrebungen der Aufklärung sprechen könnte. Doch darf bei all solchen Charakterisierungen und Bewertungen nicht übersehen werden, daß bis gegen Ende des 18. Jahrhunderts die Verleger, die ja normalerweise eine recht bunt gemischte Produktion hatten, im Durchschnitt weniger ideell motiviert waren, als es bei manchen späteren, aber auch nicht wenigen Humanistenverlegern im ersten nach-gutenbergschen Jahrhundert der Fall war. Die Gründe dafür sind großenteils in den angedeuteten Störungen zu sehen, die Verlegern und Buchhändlern ihre ökonomische Ungesichertheit ständig zum Bewußtsein brachten. Umso höher ist die Leistung der bewußt der Aufklärung dienenden Buchhändler und Verleger einzuschätzen. Daß ihre Zahl nicht groß sein konnte und daß sie vor allem im nördlichen Deutschland wirkten, dürfte verständlich sein.

Festzuhalten ist jedoch, daß in Deutschland wie in keinem andern Land die durch den Buchhandel vermittelte literarische Kommunikation ganz erheblich erschwert war. Daß in einer Zeit, in der nach der Glaubensspaltung des 16. und den Glaubenskriegen des 17. Jahrhunderts zum erstenmal eine neue geistige Bewegung alle Länder des Reichs hätte erfassen können, das hierfür nötige Medium, der Buchhandel, infolge äußerer, außerbuchhändlerischer Gegebenheiten nur beschränkt funktionsfähig war und daß Deutschland zeitweise »bibliopolisch« in zwei Teile, in Nord und Süd, gespalten war, ist nicht eine Episode in der Geschichte eines Wirtschaftszweiges, sondern gehört zu den ernsten und folgenreichen Behinderungen dieser »verspäteten Nation«. Gewiß sind diese Folgen im einzelnen nicht genau zu erweisen, aber man kann sie abschätzen, wenn man sich einmal vorstellt, es habe keine Kommunikationsbehinderung durch den Merkantilismus gegeben, der ja aus einem zentral regierten Land, nicht aus einem partikularen Staatsgebilde stammte, es habe keine Behinderungen durch so anachronistische und banal wirkende Diskussionen wie um den »Change-« und »Netto-Handel« gegeben, es habe keine Benachteiligung durch den Nachdruck stattgefunden, weil - wie in England seit 1712 - ein verbindliches Verlagsrecht existiert hätte: die Autoren wären dann nicht infolge entgangener Honorare zu der kargen deutschen Enge verurteilt gewesen, sondern hätten, wie Lessing es forderte, »sich die Geburten ihres Kopfes so einträglich zu machen« vermocht, »als nur möglich«, und hätten sich freier entfalten können; die Verleger hätten ihre Bücher ohne sachfremde Bedrängung kalkulieren und ungehindert überall verbreiten können. Ein Teil der deutschen Misere wird bei solchen Vorstellungen deutlich.

Vor diesem Hintergrund erweisen sich z.B. die oft mit erstaunlicher Phantasie entworfenen und zum Teil auch durchgeführten Selbstverlags- und Subskriptionsunternehmungen der Autoren nicht nur als emotionale Reaktion gegen den »anonymen Warenverkehr« der modernen »bürgerlichen Gesellschaft« (25), sondern auch als der fast verzweifelte Protest gegen die Vermittlungsstörungen in einem Bereich, der völlig auf Vermittlung angewiesen ist. Vor diesem Hintergrund lassen sich aber auch erst die Ansätze würdigen, die gegen Ende des Jahrhunderts zu einer neuen buchhändlerischen Berufsauffassung führten. Mögen sie manchmal gedanklich etwas vage und reichlich emphatisch formuliert worden sein wie in der Buchhändlerzeitschrift »Neues Archiv für Gelehrte, Buchhändler und Antiquare«, in der Heinrich Bensen (1795) »Veredlung der Menschheit« als den »Hauptzweck des Buchhandels« bezeichnete (26), sie gehören doch auch zu den Voraussetzungen, auf denen alsbald weitergearbeitet wurde. Theoretisch neu durchdacht und zugleich erfolgreich und modern praktiziert wurde der Buchhändlerberuf vor allem von Friedrich Perthes, der als Sortimenter und kleiner Verleger zunächst in Hamburg, als großer, maßgebender und weit wirkender Verleger später in Gotha tätig war. Von ihm ist die *gesellschaftliche* Bedeutung und Funktion des Buchhandels klar erkannt worden (27). Solche Einsichten freilich konnte es vor der Aufklärung noch nicht geben, sie waren vielmehr - auch - eine Frucht der Aufklärung.

1 spätestens 1779; s. Lessing: Werke, hrg. v. H.G.Göpfert u.a., Bd.V, bearbeitet v. J.Schönert, München 1973, S. 781-787, dazu S. 1057-1061.

2 Recht reichhaltiges Material findet sich vor allem in folgenden Werken: Archiv für Geschichte des Deutschen Buchhandels, hrg. v. der Historischen Commission des Börsenvereins des Deutschen Buchhandels. Leipzig 1778-1898, 1930. Bd. I-XX, Bd. XXI; August Schürmann: Die Rechtsverhältnisse der Autoren und Verleger sachlich-historisch. Halle 1889; Johann Goldfriedrich: Geschichte des Deutschen Buchhandels vom Westfälischen Frieden bis zum Beginn der klassischen Literaturperiode (1648-1740), ders.: Geschichte

des Deutschen Buchhandels vom Beginn der klassischen Literaturperiode bis zum Beginn der Fremdherrschaft (1740-1804) = Geschichte des Deutschen Buchhandels Bd. 2, Leipzig 1908 und Bd. 3, Leipzig 1909; Archiv für Geschichte des Buchwesens (AGB), hrg. v. der Historischen Kommission des Börsenvereins des Deutschen Buchhandels e.V., Frankfurt/Main 1958 ff., Bd. I ff; Hans Widmann unter Mitwirkung von Horst Kliemann und Bernhard Wendt (Hrg.): Der deutsche Buchhandel in Urkunden und Quellen, 2 Bde. Hamburg 1965; Hans Jürgen Haferkorn: Der freie Schriftsteller. Eine literatursoziologische Studie über seine Entstehung und Lage in Deutschland zwischen 1750 und 1800. In: AGB Bd. V, Frankfurt/M. 1964, Sp. 523-712. (Vgl. hierzu auch Verf.: Buchhandel und Literaturwissenschaft. In.: Buchhandel und Wissenschaft. Hrg. Friedrich Uhlig, Gütersloh 1965 = Schriften zur Buchmarkt-Forschung V, S. 118-134.) Daß trotz der in diesen Werken erschlossenen Quellen noch viele Fragen offen bleiben, wird selbst bei einem mehr andeutenden Versuch, wie es der vorliegende leider sein muß, bereits deutlich.

3 s. Goldfriedrich 2, S. 278, 361.

4 siehe Wolfgang Martens: Die Botschaft der Tugend. Die Aufklärung im Spiegel der deutschen Moralischen Wochenschriften. Stuttgart 1968. Vgl. zur Lesersituation insgesamt Rolf Engelsing: Die Perioden der Lesergeschichte in der Neuzeit. In: Archiv für Geschichte des Buchwesens, Bd. X, Frankfurt/M 1970, S. 945-1002

5 neueste Arbeit: Marlies Prüsener: Lesegesellschaften im achtzehnten Jahrhundert. Ein Beitrag zur Lesergeschichte. Frankfurt/M. 1972, Sonderdruck aus AGB XIII, 1973, Sp. 369-594.

6 s. vor allem Rudolf Jentzsch: Der deutsch-lateinische Büchermarkt nach den Leipziger Ostermeß-Katalogen von 1740, 1770 und 1800 . . . Leipzig 1912; Martin Frontius: Zur literarhistorischen Bedeutung der Meßkataloge im 18. Jahrhundert. In: Weimarer Beiträge. 1961, S. 607-616; Hans-Joachim Koppitz: Zur Bibliographie der deutschen Buchproduktion des 18. Jahrhunderts. In: Zeitschrift für Bibliothekswesen und Bibliographie IX (1962) Frankfurt/M., S. 18-30; ders. Bibliographien als geistes- und kulturgeschichtliche Quellen im deutschen Sprachgebiet. In: AGB V, Frankfurt/M. 1964, Sp. 827-848; Reinhard Wittmann: Die frühen Buchhändlerzeitschriften als Spiegel des literarischen Lebens. Frankfurt/M. 1973. Sonderdruck aus AGB XIII, 1973, Sp. 613-932, hier vor allem Sp. 813-850.

7 s. Karl Buchner: Aus den Papieren der Weidmannschen Verlagsbuchhandelung. Berlin 1872.

8 s. Reinhard Wittmann a.a.O. (Anm. 6) Sp. 630 f.

9 am besten für unseren Zusammenhang immer noch Franz Muncker in der Allgemeinen Deutschen Biographie, Bd. 23, Berlin 1886, S. 580-590.

10 z.B. in: Sebaldus Nothancker, Bd. I, Berlin und Stettin 1784, S. 165, oder Anm. Nicolais zu dem Brief Lessings an ihn vom 2.II.1768 in der von ihm besorgten Ausgabe der Briefe Lessings: Sämtliche Schriften, Bd.27, 1794.

11 zitiert nach Günther Ost: Friedrich Nicolais Allgemeine Deutsche Bibliothek. Berlin 1928 = Germanische Studien 63, S. 6 f.

12 Immanuel Kant: Briefwechsel. Hrg. Otto Schöndörfer, 2 Bde. Leipzig 1924, Bd. 1, S. 189.

13 diese und andere Zitate nach: Dietrich Leube: Kanter und Hartknoch. In: Börsenblatt für den Deutschen Buchhandel. 22. Jg. Frankfurt/M. 1966, Sp. 2821-2829.

14 Heinz Ischreyt: Zwischen Paris und Mitau. Die Geschichte der Verlagsbuchhandlung Lagarde und Friedrich. In: Deutsche Studien, 1972, S. 319-336.

15 nach Rudolf Schmidt: Deutsche Buchhändler. 6 Bde. Berlin 1902-1908. Bd. 1: Artikel: Becker, S. 38-40; (ebda. über Campe: S. 127-129).

16 Zitate nach Hans Widmann: Der deutsche Buchhandel a.a.O. (s. Anm. 2), Bd. I, S. 305, 304.

17 Der lesende Landmann. Zur Rezeption aufklärerischer Bemühungen durch die bäuerliche Bevölkerung im 18. Jahrhundert. In: Der Bauer Mittel- und Osteuropas im sozio-ökonomischen Wandel des 18. und 19. Jahrhunderts. Hrsg. Dan Berindei u.a., Köln/Wien 1973, S. 142-196.

18 Meist nur im Zusammenhang mit Lessing und Schiller bekannt ist z.B. Christian Friedrich Schwan in Mannheim. Eine Arbeit von Jutta Assel (München) wird ihn als einflußreichen Spätaufklärer in Südwestdeutschland erweisen.

19 Ergiebig in unserem Zusammenhang sind z.B. die buchhändlerischen Bemühungen nach der Gründung der Universität Göttingen, zu denen auch der - nicht realisierte - »Vorschlag von einer anzulegenden beständigen Buch-Handlung, welche durch gantz Europa sich erstrecket« (vermutlich von 1751) gehört, s. Archiv für Geschichte des Deutschen Buchhandels, Bd. 21, Leipzig 1930.

20 durch die Arbeit von Ursula Giese: Johann Thomas Edler von Trattner. Seine Bedeutung als Buchdrucker, Buchhändler und Herausgeber. In: AGB III (1961), Sp. 1013-1454.

21 s. hierzu Hans Breitenbuch: Der Karlsruher Buchhändler Christian Gottlieb Schmieder und der Nachdruck in Südwestdeutschland im letzten Viertel des 18. Jahrhunderts. In: AGB IX (1969), Sp. 643-732.

22 s. Georg Christoph Lichtenberg: Schriften und Briefe, Hrsg. Wolfgang Promies. Bd. III, München 1972, S. 240, 242 f.

23 a.a.O. (s. Anm. 1) S. 784.

24 Zu diesem Komplex vgl. die noch 1974 im AGB erscheinende Arbeit von Wolfgang v. Ungern-Sternberg: Wieland und der Buchhandel seiner Zeit.

25 s. Arnold Hauser: Sozialgeschichte der Kunst und Literatur. 2 Bde. 2.Aufl. München 1959, II, 53.

26 In: Über den gegenwärtigen Zustand des teutschen Buchhandels. Zitiert nach Hans Widmann: Der deutsche Buchhandel. . . a.a.O. (s. Anm. 2), I, 63.

27 z.B. in »Der deutsche Buchhandel als Bedingung des Daseyns einer deutschen Literatur« (1816), abgedruckt in: Gerd Schulz (Hrsg.): Zeugnisse und Programme zur Geschichte des deutschen Buchhandels. Stuttgart 1964, S. 37-54; vgl. hierzu auch Verf.: Zur Geschichte des Autorenhonorars. In: Das wissenschaftliche Buch. Hrsg. Peter Meyer-Dohm, Hamburg 1969, S. 85-92; Carl A. Holtbecker: Der Buchhändler - Mittler zwischen Literatur und Nation. In: Börsenblatt für den Deutschen Buchhandel 28. Jahrg., Frankfurt/M. 1972, Sp. 756-765 u. ders.: Fr. Chr. Perthes - Literatur - an ihrem Ursprung aufgesucht, in: Börsenblatt f. d. dtschn. Buchhandel, Frankfurt/M., Nr. 52, v. 2.7.1974, S. B129-B136.

Wolfgang Martens Die Geburt des Journalisten in der Aufklärung

Ich darf zunächst bemerken, daß die Formulierung meines Themas nicht von mir stammt und mir bei ihr nicht so ganz behaglich ist, sowohl was die hier angewandte organische Metaphorik anlangt, als auch überhaupt im Hinblick auf die damit implizit gegebene These, der Journalist *sei* ein Produkt der Aufklärung. - Tritt der Schriftstellertyp des Journalisten tatsächlich in der Aufklärung zum ersten Mal in Erscheinung?

Wenn ein Journalist jemand ist, der Zeitungen schreibt, Nachrichten vermittelt, periodisch das Neueste vom Tage serviert, dann hat es diesen Typ schon geraume Zeit vor dem Einsetzen der Aufklärung gegeben. Wir wissen, und nicht zuletzt gerade hier in Wolfenbüttel, von den Avisen und Relationen, den Merkuren und Wöchentlichen Post=Zeitungen, den Postillionen, Famen, Novellen=Courieren und Correspondenten und wie die gedruckten oder auch noch handgeschriebenen Blätter alle hießen: Sie befriedigten einmal oder mehrmals in der Woche Informationsbedürfnis oder Wunderlust und Neugier bestimmter Leserschaften. Ihre Schreiber waren Agenten an Höfen, waren Postmeister, Botenmeister, Sekretäre, Studenten, Drucker, Buchführer, die im Nebenberuf das Nachrichtengeschäft besorgten, einige auch schon hauptberuflich als Korrespondenten.

Oder ist ein Journalist eine Gestalt, wie sie Gustav Freytag in seiner Komödie auf die Bühne gestellt hat: hochgebildeter Redakteur, politisch engagiert, in Artikeln bewußt öffentliche Meinung leitend - sein Gegenbild Schmock, der alles schreibt, rechts oder links, tief oder brilliant, je nachdem, auf Bestellung? Dann wäre die Aufklärung *noch nicht* die Epoche, in der dieser Typ anzutreffen wäre. - Und gewiß ist die Aufklärung noch nicht die Ära der Leitartikler, Feuilletonchefs, Sport- oder Wirtschaftsredakteure und rasenden Reporter des 20. Jahrhunderts.

Welchen Typ also, und so darf ich mein Thema für mich präzisieren, welchen Typ des Journalisten hat die Aufklärung hervorgebracht? Was ist seine Eigenart, was sein Anliegen und was seine Leistung?

Ich erlaube mir, beim Versuch einer Charakteristik des Journalisten der Aufklärung auf eine kleine Schrift zurückzugreifen, die 1784, also bereits in der späteren Aufklärung, in Berlin erschienen ist mit dem Titel »Ideal einer vollkommenen Zeitung«(1). Der Verfasser ist Karl Philipp Moritz, bekannt als Autor des autobiographischen Romans »Anton Reiser«, als philosophischer, pädagogischer, ästhetischer und Reiseschriftsteller sowie als Begründer der wissenschaftlichen Psychologie. Moritz war damals Redakteur an der »Vossischen Zeitung«. Sein Manifest läßt die Ziele erkennen, um die es dem Aufklärer geht, wenn er sich der Zeitungen und Zeitschriften als Medien bedient, - Ziele, die hier in der späten Aufklärung ein bißchen ideal gefaßt sind, die aber faktisch bereits die publizistischen Bemühungen der frühen Aufklärung bestimmt haben. - Freilich, die ideale vollkommene Zeitung soll ein »Blatt für das Volk« sein, wie Moritz gleich zu Anfang erklärt, und das »Volk« ist zur Zeit des Thomasius, zur Zeit des jungen Bodmer, Weichmanns, Hamanns des Älteren, des jungen Gottsched oder Lamprechts noch nicht eigentlich der Adressat des aufklärerischen Journalisten. Mit seinen volkspädagogischen Ambitionen zeigt sich Moritz als rechter Zeitgenosse der Eberhard von Rochow, Johann Caspar Hirzel, Rudolf Zacharias Becker oder Christian Gottlieb Salzmann, die ihr Augenmerk am Ende des 18. Jahrhunderts mit Vorzug auf den gemeinen Mann richteten. Der frühe Aufklärer wendet sich, wenn auch meist nicht ausgesprochen, so doch faktisch, den höheren Ständen zu, und zwar im Wesentlichen durch das Medium der Zeitschrift. Die Absichten aber, die Moritz 1784 allen und namentlich den unteren Ständen, dem »Volke«, gegenüber mit seiner Zeitung hat, sind prinzipiell die gleichen, denen sich auch die Publizisten der frühen Aufklärung ihrem Zeitschriftenpublikum gegenüber verpflichtet fühlen.

Moritzens Idealvorstellungen von einer vollkommenen Zeitung lassen sich in einige Hauptforderungen zusammenfassen. Die Zeitung als das, wie Moritz sagt, »beste Vehikel. . ., wodurch nützliche Wahrheiten unter das Volk gebracht werden könnten«, muß zunächst eine Art moralischer Anstalt sein, wo Tugenden und Laster geprüft, gelobt bzw. getadelt werden. Sie hat ferner die Ergebnisse der Wissenschaften und nützliche Erfindungen bekanntzumachen. Sie hat Literatur und Kunst unparteiisch zu bewerten und auch über gesellschaftliche Dinge, namentlich die Erziehung, kritisch zu urteilen. Sie hat Armut und Elend aufzudecken und die Abhilfe zu befördern. Sie soll den Blick von spektakulären Geschehnissen abkehren und auf das wahrhaft Menschliche richten, und schließlich soll sie sich dabei nicht auf gesellschaftliche Abstraktionen, sondern auf den Einzelnen, auf das Individium, beziehen.

Das ist insgesamt ein Programm, das, wenn auch versetzt mit einigen Moritz'schen Spezialanliegen, deutlich den humanitären Geist der Aufklärung verspüren läßt, - ein Programm zugleich, das wenig mit der Journalistik der vorhergehenden Ära gemein hat. Die Mentalität der Relationen aus der großen politischen Welt der Potentaten und ihrer Höfe, der Feldzüge und Staatssachen ist hier genauso abgetan wie der Geist der »Newen Zeitungen«, die von Mordtat und Hinrichtung, dreiköpfigen Kälbern, blutigen Himmelszeichen oder Hahnreiaffären zu berichten wußten (2). Es charakterisiert den Aufklärer als Journalisten, daß er den Menschen zunächst als Menschen, als vernünftiges moralisches Wesen mit bestimmten gesellschaftlichen Funktionen in den Mittelpunkt zu stellen sucht unter Abweisung des Interesses am kruden Stoff, an der spektakulären Begebenheit auch der politischen Welt. Die Zeitung, sagt Moritz, müßte aus der »immerwährenden Ebbe und Flut von Begebenheiten dasjenige herausheben, das die Menschheit interessiert; den Blick für das wirklich Große und Bewundernswürdige, das Gefühl für alles Edle und Gute schärfen und den Schein von der Wahrheit unterscheiden lehren« (3). Und was das Große und Bewundernswürdige angeht, so fährt er fort: »Auch sind das nicht immer die größten Begebenheiten, wobei die meisten Menschen beschäftigt sind, sondern diejenigen, wo sich irgend eine menschliche Kraft am meisten entwickelt. Dergleichen suche man unter dem Schwall von Kriegsrüstungen, Fürstenreisen und politischen Unterhandlungen herauszuheben. . .«(4). Mit anderen Worten: Die Ebene der Staatsbegebenheiten, der Aktionen der großen Welt, kann vollkommen unergiebig sein, ohne wahres menschliches Interesse, und erst recht der Bereich der Sensationen und curieusen Wundergeschichten.

Einer solchen, dem äußeren Ereignis und dem Geschehen auf der politischen Bühne distanziert gegenüberstehenden Haltung, wie sie Moritz für die Zeitung fordert, entspricht es, wenn die wichtigste periodisch-publizistische Gattung, die die Aufklärung in Deutschland (bereits lange zuvor) gezeitigt hat, die Moralische Wochenschrift, sich durch einen Verzicht auf überhaupt alle spezielle Aktualität auszeichnet. Der Journalist, der Moralische Wochenschriften schrieb, hat keinerlei Nachrichten gebracht. Seine wöchentlichen Stücke weisen keinen Bezug zu irgendwelchen Tagesereignissen auf. Vielfach wurden sie im Voraus, sozusagen auf Vorrat, geschrieben und dann nach und nach, Woche für Woche, herausgebracht. Ihre Aktualität ist eine allgemeine, ihr eigentliches Studium war der Mensch, der sich gleich bleibt als ein Wesen, das vernünftig oder unvernünftig handeln kann.

Dementsprechend konnten Wochenschriftenschreiber gegen das stoffliche Interesse der Journalisten alten Schlages polemisieren. Bereits die erste deutschsprachige Moralische Wochenschrift, Johann Matthesons »Vernünfftler« von 1713-14, erklärt, es sei dem menschlichen Geschlecht durchgehends zuträglicher, »in Weisheit und Tugend als in Staats-Streichen unterrichtet zu werden, sintemal es unaussprechlich besser, einen guten Hauß-Vater, guten Ehe-Mann, gehorsamen Sohn, und dergleichen abzugeben, als einen Geheimen Raht und Politicum zu präsentiren« (5). Der ebenfalls in Hamburg erscheinende »Patriot« geht 1724 gegen die gängigen Gazetten mit ihren »curieusen Novitäten« vor, indem er Stil und Inhalt parodistisch lächerlich macht. Ich gebe eine Probe: »Des curieusen Nieder-Elbischen Staats-Bothen Erste Relation. - Poppenbüttel, den 13. April. Auff hiesiger Pulver-Mühle ist in den abgewichenen Oster-Ferien alles gantz stille gewesen. Die erfahrensten Politici glauben davon die Raison zu seyn, daß man zu Friedens-Zeiten des Pulvers so nothwendig eben nicht gebrauche.« - »Rahlstedt, den 16. April. Der vorm Jahr auf unserm Kirch-Dache logirt-gewesene Storch ist aus der Fremde hierselbst wieder retourniret und wird, dem Vernehmen nach, wenigstens diesen Sommer über, seine Residentz bey uns nehmen.« - »Zilck, vom vorigen Dato. Den allerneuesten Briefen zufolge, hat sich daselbst seit wenig Wochen ein gewaltiges changement in der Lufft, und in Verlängerung der Tage, geäußert, welches zu vielen Promenaden und Divertissements auff den dortigen Wällen, und der Alster dürffte Gelegenheit geben.« »Eppendorff, den 23. April. Heute bey einbrechender Nacht langte eine wohl-gekleidete Frauens-Person, in Compagnie eines vornehmen Cavalliers, hieselbst an, und nahm ihr Logis bey dem Kätner Hans Haberdasch; wird sich aber, wie man sagt, nicht über sechs Wochen lang bey uns arretiren« (6).

Auf solche Weise wird die alberne Belanglosigkeit und Aufgeblasenheit der Meldungen aus der Welt der Politici, der hohen Standespersonen (ein Storch wird »Residentz« bei uns nehmen), der drohenden Wunderzeichen (»ein gewaltiges changement in der Lufft« läßt die Leute an der Alster promenieren) und der galanten Gesellschaft dargetan. Der Journalist der Aufklärung hat mit anderem zu tun: mit Weisheit und Tugend des Menschen, mit seinen Vorstellungen von Gott, der Welt und sich selber, mit seinen Aufgaben und Pflichten in Familie und Gesellschaft. Die Moralischen Wochenschriften haben diese Gegenstände mit Hingabe und Ausdauer traktiert. Und nicht nur der Wochenschriftenschreiber, sondern eben auch der Zeitungsschreiber der Aufklärung steht unter solcher Forderung. Ich zitiere wieder Moritz: Sie, die öffentliche Zeitung, ist, sagt er, der »Mund, wodurch zu dem Volke gepredigt und die Stimme der Wahrheit so wohl in die Palläste der Großen als in die Hütten der Niedrigen dringen kann. Sie könnte das unbestechliche Tribunal seyn, wo Tugend und Laster unpartheiisch geprüft, edle Handlungen der Mäßigkeit, Gerechtigkeit und Uneigennützigkeit gepriesen, und Unterdrückung, Bosheit, Ungerechtigkeit, Weichlichkeit und Üppigkeit mit Verachtung und Schande gebrandmarkt würden.« (7) Mit anderen Worten: Das Material geben ihm wohl die Tagesereignisse an die Hand, aber die eigentliche Aufgabe des Zeitungsschreibers ist moralisierende Lehre, ist Verkündigung der Wahrheit, Besserung, Veredelung des Menschen. So wie das Theater in der Aufklärung zuweilen als ein Ort der Predigt, als eine weltliche Kanzel zur Besserung der Menschen verstanden werden konnte, so hier beim Aufklärer Moritz die Zeitung.

Es ist unnötig zu betonen, daß Moritzens Forderungen an die Zeitung ideale Forderungen sind, die in der publizistischen Wirklichkeit schwer durchzusetzen waren. Seine Absichten erscheinen dem verschwisterten Medium der Zeitschrift, wie das Beispiel der Moralischen Wochenschriften zeigt, viel eher angemessen. Dort auch sind, wie bereits bemerkt, einige von diesen Absichten lange vorher bereits bis zu einem gewissen Grade realisiert worden. Daß Moritz solche Absichten auf die Zeitung überträgt, ist kennzeichnend für sein aufklärerisches Engagement. Ebenso kennzeichnend freilich für die Lage ist es, daß es Moritz als Redakteur der »Vossischen Zeitung« mit solchen Konzeptionen nur auf wenige Monate gebracht hat. Die Zeitung war nicht völlig in den Dienst idealer Pläne zu stellen, ohne daß sie ihre durch die Lesererwartung mitbestimmte Eigengesetzlichkeit als pragmatische Vermittlerin von Nachrichten eingebüßt hätte.

Doch zurück zu Moritz. Seine Forderung nach Verbreitung der Ergebnisse der Wissenschaften und Bekanntmachung der nützlichen Erfindungen durch die Zeitung erweist sich ebenfalls als ein Anliegen, das bereits den frühen aufklärerischen Journalisten, und zwar wiederum vor allem den Zeitschriftenschreiber, bewegt hat. Ich zitiere Moritz: »Aus dem ungeheuren Umfang der Wissenschaften sollte sie (sc. die Zeitung) dasjenige herausheben, was nicht bloß den Gelehrten, oder gar nur eine besondere Klasse der Gelehrten, sondern die ganze Menschheit interessiert. Was nicht bloß hinzugetragene Materialien zu dem großen Gebäude irgend einer

Wissenschaft, sondern etwas Vollendetes, von Schlacken Gesäubertes, und durch den ächten Stempel der Wahrheit ausgeprägtes Gold ist, das nun unter dem Volke, unbeschadet der Ruhe und Glückseligkeit desselben, in Umlauf kommen kann.« (8)

Hinter diesen Formulierungen steht eine Grundmaxime der Aufklärung: Wissenschaft muß nützlich sein, sie darf nicht um ihrer selbst willen, in exklusiven gelehrten Zirkeln, getrieben werden, sie muß dem Wohle aller dienen. Die Polemik gegen den nichtsnutzigen Pedanten, den gelehrten antiquarischen Quisquiliensammler, den akademischen Schulfuchs, den trockenen, ruhmsüchtigen Foliantenschreiber, wie er zum Betrieb humanistischer Gelehrsamkeit im 16. und 17. Jahrhundert gehört, - diese Polemik durchzieht die Literatur der ganzen ersten Hälfte des Aufklärungsjahrhunderts; Lessings Komödie vom jungen Gelehrten gehört zu ihr. - Folianten kann kein normaler Mensch lesen, zumal nicht lateinische; Wissenschaft, soll sie nützlich sein, muß gefällig, verständlich, in kleinen Portionen ausgegeben werden. Periodisch erscheinende Blätter bieten sich dafür an. - Und es versteht sich, nicht die mühsame gelehrte Arbeit, der Prozeß des Erkennens und der Wissensgewinnung, ist vor dem Leser auszubreiten, sondern das Vollendete, von Schlacken Befreite, das Gold, - die Ergebnisse, tunlichst in nützliche Wahrheiten umgemünzt. Dieser Zug zur Popularisierung der Wissenschaften, wie er hier bei Moritz im Hinblick auf das Volksblatt zu Tage tritt, ist bei jedem Aufklärer auszumachen. Moritz' Konzept erinnert übrigens stark an die Frauenzimmerbildung, wie sie die Moralischen Wochenschriften der ersten Jahrhunderthälfte im Sinne haben: Der weibliche Leser (gedacht ist an das gutbürgerliche Frauenzimmer) soll nur die Früchte der Gelehrsamkeit genießen, nur eine liebliche, ungefährliche Essenz empfangen, ohne selbst kopfbrechenden unweiblichen Studien obliegen zu müssen (9).

Die genannten lehrhaften Tendenzen sind im Bereich der Zeitschriften seit den »Monatsgesprächen« des Thomasius in die Praxis umgesetzt worden. Der Journalist tritt auf als Vermittler zwischen den Wissenschaften und einem nichtgelehrten größeren Publikum, - eine Funktion, die den Avisenschreibern und Zeitungsleuten des 17. Jahrhunderts noch nicht gemäß war, die aber auch von den Autoren der gelehrten Zeitschriften vom Schlage der »Acta Eruditorum« oder der »Neuen Zeitungen von gelehrten Sachen« nicht erfüllt wurde: Diese Zeitschriften hatten lediglich den gelehrten Fachgenossen im Auge. Und auch die einem größeren Publikum einen enzyklopädischen Stoff liefernden wöchentlichen Blätter des Barock wie Eberhard Werner Happels »Größeste Denkwürdigkeiten der Welt oder sogenannte Relationes Curiosae« (1683 ff) sind nicht unter dem Gebot aufklärerischer Wissensvermittlung angetreten. »Die Merkwürdigsten Seltzamkeiten/ so da in Historien, natürlichen Wundern/ am Himmel/ auff und in der Erden/ wie auch in und unter dem Meer zu finden seyn«, sind bei Happel »einem jedem curieusen Liebhaber zu Gut« »dargestellet, außgeführet und erklähret« (10), ganze Bände mit »Lesens- Betracht- und Verwunderungs-würdigen cusiosis Materialibus« angefüllt (11), - bedenkenlos zusammengeschrieben zur Befriedigung von Neugier und Stoffhunger. Aufklären, Belehren, Teilhabenlassen am Fortschritt der Wissenschaften sind Funktionen, denen diese Art des Journalismus noch nicht obliegt.

Die »Monatsgespräche« des Thomasius, wie gesagt, machen damit einen Anfang. Sie haben, vor allem in ihren ersten Monaten, mit ihrer Weise nichtfachgelehrter, unterhaltsamer Wissensvermittlung eine frühe Marke gesetzt. - Auf die »Monatsgespräche« folgen dann in den ersten Jahrzehnten des 18. Jahrhunderts namentlich die Moralischen Wochenschriften, die man als popular-philosophische Zeitschriften bezeichnen könnte, als Medien zur ansprechenden Verbreitung der praktischen Vernunft, der praktischen Weltweisheit. Und auf diese wiederum folgen, teilweise ihre Formen, ihre Gattungseigenschaften imitierend, populärwissenschaftliche Periodika wie der »Patriotische Medicus«, der bereits 1724-27 in Nürnberg mit medizinischer Belehrung und Ratschlägen wöchentlich für den Bürger aufwartet. Johann August Unzers »Der Arzt«, 1759-64 in 12 Bänden als Wochenschrift erschienen, ist das bekannteste Beispiel dieser Spielart aufklärerischer Journalistik. Zu nennen wäre hier neben mancherlei »physikalischen Belustigungen« und »Magazinen zum Unterricht und Vergnügen aus der Naturforschung und den angenehmen Wissenschaften überhaupt« (ich zitiere Titel) auch die von Christlob Mylius herausgegebene Zeitschrift »Der Naturforscher« (1747-48), die den »physikalischen Laien« über die Zoologie und die Mineralogie, die Meteorologie und die Botanik unterhaltsam ins Bild setzte (der junge Lessing hat mit einigen Anakreontica zur Unterhaltsamkeit beigetragen). Aber auch auf ökonomischem Gebiet etwa hat der Journalist der Aufklärung wissenschaftliche Erkenntnisse schmackhaft zu machen gesucht, Grundbegriffe und Fakten »zur Beförderung der Haushaltungswissenschaft, Künste, Manufakturen und Fabriken« eingängig vermittelt. Der Journalist ist Lehrer, Umsetzer, Distributeur, Popularisator. Er spendet emsig aus zweiter Hand.

Und er weiß sich besonders nützlich, wenn seine Lehren unmittelbar im täglichen Leben angewendet werden können, - das gilt vor allem für den späteren Aufklärer. Dem entspricht es, daß Moritz in seiner Abhandlung neben der Ausbreitung der Ergebnisse der Wissenschaften durch die Zeitung auch die Unterrichtung über Erfindungen verlangt: »Jede nützliche Erfindung, sie sey so klein wie sie wolle, müßte ein Hauptgegenstand der Aufmerksamkeit werden.«(12)

Auch diesem Verlangen sind die Zeitschriftenjournalisten bereits nachgekommen. Die zweite Hälfte des 18. Jahrhunderts ist die Zeit der gemeinnützigen Magazine, der Beiträge zum Nutzen und Vergnügen, wie die menschenfreundliche Formel immer wieder lautet. Hier liefert der Journalist neben Unterhaltung, allgemeiner Belehrung und Moral praktische Anweisungen, Ratschläge, Winke, Rezepte, die dem gemeinen Besten dienen. Ich referiere aus der Berliner Zeitschrift »Neue Mannigfaltigkeiten«, aus dem ersten Jahrgang von 1774 (es ist das »Werther«-Jahr!). Da gibt es Artikel »Von der Polenta, einer Speise aus türkischem Weizen«, »Leichtes Mittel, alle Arten von thierischen Theilen aufzubewahren«, »Von einem neuerfundenen Meilenmesser«, »Ratschläge wider die Zahnschmerzen«, »Nachricht von der Glasmalerei«, »Von Krankheiten der Europäer in fremden Erdtheilen«, »Wie Frauenzimmer, die selbst nicht stillen, die Milch ohne Schaden vertheilen können«, »Beobachtungen von der Bienenzucht«, - das alles neben allgemeinen Belehrungen, etwa: »Über Sitten und Gebräuche der Kamtschadalen«, »Ähnlichkeit zwischen der gewitterelektrischen und magnetischen Materie« oder »Brief von den Herkulanischen Entdeckungen« und natürlich untermengt mit Oden, Liedern, Fabeln, Anekdoten, Epigrammen, moralischen Erzählungen und moralischen Charakteren. Der Journalist ist hier der Ratgeber, der redliche Nachbar, die praktische Tante, ein Menschenfreund und Helfer, und zwar stets unter dem aufklärerischen Ethos der Beförderung der allgemeinen Wohlfahrt, wie es der Bestimmung des Menschen nach der göttlichen Vorsehung entspricht, die ihn in der besten aller möglichen Welten durch seinen Vernunftgebrauch in gemeinsamer Bemühung glücklich werden lassen möchte. Moritz ist bestrebt, auch den Zeitungsmann, den Volksblattschreiber, in diese Pflicht zu nehmen.

Die Distanz zur Journalistik der voraufklärerischen Ära ist auch hier erkennbar. Nützliche Bemerkungen zur Bienenzucht oder Ratschläge zum Fleischeinpökeln waren für die Avisen, Nouvellen-Couriere und Oberpostamts-Zeitungen noch kaum ein Gegenstand, und noch weniger für die gelehrten Periodika oder auch Happels »Relationes Curiosae«. Erst der Aufklärer engagiert sich zu menschenfreundlicher Unterweisung seiner Leser im Sinne der Förderung des gemeinsamen Besten.

Verhältnismäßig kurz verweilt Moritz beim Thema der ästhetischen Kritik als Aufgabe der Zeitung. »Sie sollte die Werke des Geschmacks in der Baukunst, Musik, Malerey, Schauspielen usw. vor ihren unpartheyischen Richterstuhl ziehen und sie vorzüglich in Rücksicht ihres Einflusses auf die Bildung und den Charakter der Nation und nicht bloß als Gegenstände der Belustigung, betrachten.« (13) Moritz berührt mit diesem Satz eine Domäne journalistischer Aktivität, die ebenfalls erst in der Aufklärung erschlossen worden ist. Das Aufkommen literarischer und allgemein ästhetischer oder auch wissenschaftlicher Kritik in der periodischen Presse und damit in der Sphäre der Öffentlichkeit ist ein Kriterium einsetzender Aufklärung. Die voraufgehende Ära kennt eine solche Kritik noch nicht. Auch die gelehrten Zeitschriften hatten sich zu ihr nicht vorgewagt. Die universal- oder fachgelehrten Organe im Gefolge der »Acta Eruditorum« referierten, zeigten an, gaben Auszüge, teilten gelehrte Neuigkeiten mit, - ihre Rezensionen waren Berichte ohne eigentliche räsonierende Distanz. Die wertende Information, das über Vorzüge und Schwächen orientierende Referat, abwägende Reflexion, urteilender Kommentar, mit einem Wort: Kritik, - das bildet sich allmählich erst in der periodischen Publizistik heraus, in Frankreich im Zusammenhang mit der sog. Querelle des Anciens et des Modernes, in Deutschland wiederum bei dem einzigartigen Phänomen der Thomasiusschen »Monatsgespräche«. Thomasius, der im Gespräch fingierter Personen das Für und Wider, die Vorzüge und Mängel literarischer Neuerscheinungen vor seinem Publikum debattieren läßt, ist der Ahnherr einer journalistischen Literaturkritik, die in den Auseinandersetzungen Gottscheds mit den Schweizern zum ersten Mal in Deutschland öffentliches Aufsehen macht und in Lessing einen Meister findet. Zeitschriften werden zum Schauplatz ästhetischer Diskussionen, der Journalist wird Diskutant, Räsonneur, Bewerter, Richter im Prozeß ästhetischer oder allgemein geistiger Urteilsfindung, - eine Rolle, der sich ein Journalist des 17. Jahrhunderts nicht versehen hätte.

Moritz will diese Kritik auch in der Zeitung verwirklicht sehen, nicht so sehr übrigens um der ästhetischen Erkenntnis willen als, gut volkspädagogisch, im Hinblick auf die Bildung der Nation. Seine Zumutung an die Zeitung aber kann sich in diesem Fall auf bereits erprobte Einrichtungen berufen. Im sogenannten gelehrten Artikel hatte sich der Journalist schon recht früh im 18. Jahrhundert einen Platz für literarische Kritik auch in der Zeitung geschaffen.

Wenig bekannt ist, daß schon 1722 ein junger Aufklärer als Verfasser eines solchen gelehrten Artikels zur Frage journalistischer Kritik Wesentliches gesagt hat, nämlich der Hamburger Christian Friedrich Weichmann, später Herausgeber der »Poesie der Niedersachsen« und Hauptmitarbeiter am »Patrioten«. Ich gehe kurz darauf ein, weil hier das journalistische Ethos des Aufklärers sozusagen jugendfrisch zu Tage tritt. Weichmann hatte die Rubrik »Von gelehrten Sachen« im »Hollsteinischen Correspondenten« redigiert und bei der Anzeige neuer Bücher nicht nur referiert, sondern gelegentlich auch geurteilt, was zu entrüsteten Reaktionen im Publikum ob solcher unerhörter Anmaßung eines Zeitungsschreibers geführt hatte. Weichmann antwortete nun mit einer Schrift »Kurze Nachricht/ wie es künftig mit dem gelehrten Artikel der Holsteinischen Zeitung wird gehalten werden/ nebst andern diesen Artikel betreffenden Erinnerungen«. (14) Er erklärt darin offen, was er als Aufgabe von gelehrten Nachrichten ansehe: »Gelehrte Zeitungen werden zu dem Ende ausgefertiget, daß man nicht allein von verschiedenen hier und dar herausgekommenen oder unter Händen habenden Schriften die Titel erzähle; sondern daß auch dem Leser einiger Vorschmack von dem Wehrte und Tüchtigkeit derselben gemacht werde.« Bloße Titel könne man auch im Meßkatalog finden, mögliche Käufer aber hätten nicht immer Gelegenheit, sich im Buchladen selbst ein Bild von der Sache zu machen. »Was würde doch im übrigen dem Leser mit Hinschreibung der bloßen Titel von diesem und jenem Buch oder mit einer durchgängigen Lob-Erhebung aller so wol schlechten als guten Schriften gedienet seyn? « Er, Weichmann, werde fortfahren, in »freymüthigen Bekenntnissen« sein Urteil abzugeben, auch wenn er sich damit Feinde mache und Schmähschriften auf sich ziehe. »Ich sage es hieselbst öffentlich, und gereuet mich auch noch diesen Tag nicht, daß ich bißhero im gemeldeten gelehrten Artikel von den Holsteinischen Zeitungen, bey Gelegenheit einiger vorgekommenen abgeschmackten Werke, mein Urteil mehrentheils frey entdecket, und jedwede Sache bey ihrem Namen zu nennen gesuchet. . . Die Feindschaft der Pedanten und Possenreißer ist mir eine Ehre; ja ich wollte nicht um vieles, daß sie meine Sätze allezeit billigten. Ihr vergeblicher Zorn gibt auch nichts anders zu verstehen, als daß sie durch die Wahrheit selbst am rechten Orte getroffen worden, weil doch nichts schärfer, als diese, bey dergleichen Leuten durchbeisset. Mögten doch meine ohnmächtigen Gegner wissen, mit was für Kaltsinnigkeit ich ihre Kinder-Possen gelesen, und wie wenig sie mich bewegen werden, von dem geraden Wege der Wahrheit abzuweichen. Ich gebe es ihnen hiermit gedruckt, daß ich, nach meinem einmal gemachten Anfange, in diesem Stücke beständig fortfahren, und eine schlechte Schrift, die ich zu sehen bekomme, platterdings schlecht nennen will.« Er wolle niemand unrecht tun und sich korrigieren, wo er eines anderen belehrt werde. Im übrigen sei er, auch wenn, wie beim gelehrten Artikel üblich, sein Name nicht darunter stehe, kein Pasquillant. Er habe seinen Namen sonst in keiner Weise verhehlt, »bekenne mich auch hiezu, wie sonst verschiedene Male so itzund ebenfalls, vor jedermann, und nenne mich öffentlich eines gescheiden Lesers verpflichtesten Diener, Weichmann.«

In diesen Sätzen vibriert schon etwas von dem, was eine Generation später das Kritikertum Lessings auszeichnet (der eine Zeit lang ebenfalls Mitarbeiter an einem gelehrten Artikel war): Das Engagement zu öffentlicher Wahrheitsfindung, das furchtlose Vertreten der eigenen Meinung, Streitlust gegenüber Dummköpfen und Dunkelmännern. Der Journalist erscheint hier als Vorkämpfer und Bekenner der Wahrheit, - in einer Funktion, die fortan idealiter zum Kriterium seines Berufes werden wird.

Man hat mit Recht auf die große Bedeutung des Aufkommens von literarisch-ästhetischer Kritik in den Zeitschriften und Zeitungen hingewiesen. Hier bildet sich eine Sphäre öffentlichen Räsonnements heraus, in der keine Autorität mehr ungeprüft gelten gelassen wird, - ein Freiraum, in dem ein kritisches Publikum »gescheider Leser« (um Weichmanns Formulierung zu gebrauchen) sich selbst verständigt. Es entsteht ein Bereich öffentlicher Meinungsäußerung, der eines Tages sich auch auf allgemein gesellschaftliche und schließlich politische Angelegenheiten erstrecken könnte. Literarisch formiert sich sozusagen die Vorform einer Öffentlichkeit, vor der politische Autorität verantwortlich ist. - Der Schritt zu einer solchen auch politisch relevanten Kritik ist in Deutschland verhältnismäßig spät gemacht worden. Erst im letzten Drittel des 18. Jahrhunderts, in der Zeit der Spätaufklärung, übt der Journalist in Deutschland hier und da, und keineswegs ungefährdet, politisches Räsonnement. Schlözer, Weckherlin, Schubart, Rebmann, Wieland wären hier zu nennen. Erst das Zeitalter der Französischen Revolution läßt erkennen, welche Möglichkeiten dem Journalisten als Wortführer einer öffentlichen *politischen* Meinung gegeben sind. Moritz faßt derartiges noch nicht ins Auge.

Allerdings denkt er bereits an die kritische Untersuchung gesellschaftlicher Zustände. »Sie (sc. die Zeitung) sollte in alle Fugen der menschlichen Verbindungen einzudringen, und aufzudecken suchen, was in jedem Zweige derselben Lobens- oder tadelnswerthes, Verachtungs- oder nachahmungswürdiges sey. Ihr sollte kein Gewerbe, kein Stand, selbst der Stand des verachteten und größtentheils unterdrückten und tyrannisch behandelten Lehrburschen des gemeinen Handwerkers nicht unwichtig seyn. - Weder die Privaterziehung noch die öffentliche in den Schulen, und die Belehrung der Erwachsenen in den Kirchen müßte dem spähenden Blick entgehen. Sie müßte die Mängel derselben rügen, wo sie nur irgend dürfte und könnte.« (15) Der Journalist ist hier zum Richter bestellt in Fragen des gesellschaftlichen Miteinanderlebens und namentlich im Hinblick auf die Erziehung, wobei auch eine im 17. Jahrhundert noch absolute Autorität, nämlich die Kirche in ihrer Predigt, der Kritik unterworfen sein soll. Diese letzte Forderung ist, allgemein gesehen, für deutsche Verhältnisse wohl noch ein bißchen kühn, für Berliner Verhältnisse freilich, wo man nach Lessings Wort gegen die Religion damals bereits soviel Sottisen zu Markte bringen konnte wie man wollte, schon wiederum weniger kühn. Die zur gleichen Zeit erscheinende »Berlinische Monatsschrift« von Gedike und Biester brauchte sich in diesem Punkte z.B. wenig zu genieren. Jedenfalls aber ist das öffentliche Räsonnement hier, wenigstens in der Forderung Moritzens, bereits weit über den Bereich des Literarisch-Ästhetischen ausgedehnt. Ein, wie man damals sagte, »freier Untersuchungsgeist« beginnt, von Journalisten geführt, in Deutschland viele Bereiche des menschlichen Zusammenlebens zu überprüfen.

Moritz fordert nun auch, das ist ein weiterer Punkt, als Officium der Zeitung Aufmerksamkeit für soziale Not. »Auch das Elend und die Armuth in den verborgenen Winkeln muß aufgedeckt, und nicht aus einer falschen Empfindsamkeit vor unserm Blick ins Dunkel eingehüllt werden. Das Elend, wenns einmal da ist, muß unter uns zur Sprache kommen, und auf Mittel gedacht werden, wie man demselben abhelfen kann«. (16) - Diese Forderung Moritzens ist bemerkenswert. Sie scheint mir, auch für die *Zeitschriften* in Deutschland, bislang so profiliert nicht erhoben worden zu sein. Armut und Elend passen dem optimistischen Aufklärer ohnehin nicht recht ins Konzept; er interessiert sich mehr für Unvernunft und Lasterhaftigkeit und sieht gern im moralischen Defekt die Ursache für Elend. Zudem gehörte die Linderung von Armut und Not weitgehend zum Aufgabenbereich der geistlichen und weltlichen Obrigkeiten.

Nur gelegentlich haben Zeitschriften, etwa Moralische Wochenschriften, zuvor bereits auf unverschuldete Not, auf das Los der »Wirklicharmen« im Gegensatz zu den »Mutwilligarmen« sowie auf die Lage der Bauern hingewiesen und an die Hilfsbereitschaft des Mitbürgers appelliert. Moritz, der am eigenen Leibe erfahren und in seinem »Anton Reiser« dargestellt hat, wie menschliche Not ohne eigenes Verschulden durch soziale Umstände (und psychische Disposition) bedingt sein kann, verläßt hier die aufklärerisch-moralische Reserve. In seinen Sätzen steckt die Aufforderung zur Entwicklung sozialer Verantwortung in der Öffentlichkeit, die eine allgemeine, nicht etwa noch kirchlich bestimmte ist. Die Sphäre solcher allgemeinen sozialen Verantwortung wird fortan ein wesentliches Arbeitsfeld des Journalisten sein. - Müßig zu sagen, daß sie der periodischen Literatur vor den philanthropischen Anliegen der Aufklärung unvertraut ist.

Zu betonen ist, daß das für die Zeitung geforderte soziale Engagement bei Moritz nicht in grundsätzliche Kritik an der Gesellschaft münden soll. Die Gesellschaftsordnung selbst, die ständische Strukturierung, ist für Moritz offenbar kein Gegenstand der Kritik, und sie ist es für den deutschen Journalisten bis zur sogenannten Spätaufklärung nicht gewesen. Man kann, wie es bei Moritz hieß, »Unterdrückung, Bosheit, Ungerechtigkeit« brandmarken, so wie »Mäßigkeit, Gerechtigkeit und Uneigennützigkeit« zu preisen sind, - aber das sind Laster bzw. Tugenden von Einzelnen. Die Unvernunft, die Lasterhaftigkeit bestimmter Personen in bestimmten Funktionen, ist zu kritisieren, nicht die Ordnung, von der diese Funktionen sowie bestimmte Privilegien abhängen. Der Einzelne soll gebessert werden, das System bleibt aus dem Spiel. Moritz bemerkt in diesem Zusammenhang: ». . .In einer Gesellschaft von Menschen, sie sey, welche sie wolle, handeln doch nur immer einzelne Menschen, und diese sind es nur, welche unsere Teilnehmung erwecken, nicht die ganze Gesellschaft. Diese ist höchstens ein abstrakter Begriff, dessen wir uns aus Noth bedienen müssen, der uns aber nicht mitdenken, empfinden, und handeln läßt. Da wir selbst nur einzelne und nicht aus mehrern zusammengesetzte Wesen sind, so können wir auch mit einem so vielköpfigten zusammengesetzten Dinge, als irgend eine menschliche Gesellschaft ist, sie heiße nun Staat oder wie sie wolle, im eigentlichen Verstande nicht sympathisiren, wenn wir sie nicht wieder bis auf das Individuum vereinzeln. Abstrakte Begriffe können ja die Seele nicht erwärmen« (17). - An anderer Stelle heißt es ähnlich: »Nur das Einzelne ist wirklich, das Zusammengefasste besteht größtentheils in der Einbildung« (18).

Ich glaube nicht, daß diese Sätze Moritzens nur ein Reflex seines ausgeprägten persönlichen Individualismus sind. Sie entsprechen zutiefst den Tendenzen der Aufklärung in Deutschland, hinter denen, wie u.a. Herbert Schöffler gezeigt hat, ein ursprünglich religiöser Besserungsimpuls am einzelnen Menschen steht. Das eigentliche Studium der Menschheit ist - nach Pope - der Mensch; er ist zu befreien aus selbstverschuldeter Unmündigkeit im Geistigen, um wahrer Mensch werden zu können. Der Einzelne muß zu besseren Einsichten geführt werden, muß eine vernünftige Metanoia vollziehen, nur so wird das gesellschaftliche Miteinander sich harmonisieren und die allgemeine Glückseligkeit erreichbar werden. (Unter dieser Erwartung ist vor allem die Gattung der Moralischen Wochenschrift im 18. Jahrhundert angetreten.) Die naturrechtliche und die staats- und verfassungsrechtliche Perspektive bleibt den meisten deutschen Aufklärern in ihrem unmittelbaren Erziehungseifer am Einzelnen fremd.

Moralisches Bemühen um den Menschen, Belehren und Bessern, freimütige Kritik im ästhetischen Bereich, Sorge für ein harmonisches gesellschaftliches Leben zur Beförderung der Glückseligkeit, - all das unter Abweisung des Interesses am rohen Stoff und an den spektakulären Begebenheiten der großen Welt, bezogen immer wieder auf die Belange des Einzelnen: das ist das Geschäft des aufklärerischen Journalisten, wie es uns in Moritz' Forderungen entgegentritt und in den verschiedenen periodischen Gattungen des Aufklärungsjahrhunderts verwirklicht wurde. Es kann nicht wunder nehmen, daß der Journalist, der sich solcher Aufgaben angenommen hat, sehr oft zugleich, sozusagen in Personalunion, ein Dichter oder ein philosophischer Schriftsteller gewesen ist. Man hat (Baumert) mit Recht von der Periode des »schriftstellerischen« Journalismus in unserem Zeitraum gesprochen. Die Beschäftigung mit dem Menschen, mit den Problemen des Einzelnen, das Bessern, Bilden, Entwickeln und Formen des Mitbürgers ist das beherrschende Anliegen der Dichter und Schriftsteller in der Aufklärungszeit gewesen. So sind es nicht mehr die Agenten, Postmeister, Botenmeister, Korrespondenten oder Drucker, die das journalistische Metier prägen, und es sind noch nicht die vornehmlich politisch engagierten Redakteure, sondern es sind Leute wie Gottsched, Weichmann, Mylius, Lessing, S.G. Lange, G.F. Meier, Weiße, Möser, Wieland, Nicolai, Sonnenfels, Claudius nicht zu vergessen, und eben auch Moritz gewesen, die Wesentliches in Zeitschriften und Zeitungen geleistet haben. Zu keiner Zeit ist der Literat, der Dichter, in so gewichtigem Maße zugleich Journalist gewesen. Ich zögerte eingangs, von der Geburt des Journalisten in der Aufklärung zu sprechen; aber soviel kann man sagen: Dieser Typ des Literaten-Journalisten ist in der Tat ein Phänomen der Aufklärung. Er ist durch sie hervorgebracht, sie ist zugleich durch ihn wesentlich bestimmt. Beides ist historisch nicht zu trennen.

1 Abgedruckt in: Die Zeitung. Deutsche Urteile und Dokumente von den Anfängen bis zur Gegenwart, ausgewählt und erläutert von Elger Blühm und Rolf Engelsing, Bremen 1967 (Sammlung Dieterich Bd. 319), S. 124-131.

2 Vgl. Eberhard Buchner, Das Neueste von gestern. Kulturgeschichtlich interessante Dokumente aus alten deutschen Zeitungen. 1. Band: Das 16. und 17. Jahrhundert, München o.J. (1911).

3 Moritz, a.a.O. S.127.

4 a.a.O. S.127 f.

5 101. Stück, Ex. der StB. Hamburg.

6 Der Patriot, nach der Originalausgabe Hamburg 1724-26 in drei Textbänden und einem Kommentarband kritisch hrsg. von Wolfgang Martens, Bd. 1, Berlin 1969, S. 145 f.

7 Moritz, a.a.O. S.125.

8 a.a.O. S.126.

9 Vgl. W.Martens, Die Botschaft der Tugend. Die Aufklärung im Spiegel der deutschen Moralischen Wochenschriften, Stuttgart 1968, bes. S. 520 ff.

10 E.G. Happelii grössester Denkwürdigkeiten der Welt oder so genandte Relationes Curiosae. . . Andrer Theil, Hamburg 1685, Titelblatt.

11 ebda. Einleitung.

12 Moritz, a.a.O. S.126.

13 a.a.O. S.125 f.

14 Abgedruckt in: Die Zeitung (vgl. Anm. 1) S. 84-93. - Zu Weichmann und seiner Schrift, s. Elger Blühm, Christian Friedrich Weichmann, Redakteur des Schiffbeker »Correspondenten«, in: Zeitschrift des Vereins für Hamburgische Geschichte 53/1967, S. 69-78.

15 Moritz, a.a.O. S.126.

16 a.a.O. S.127.

17 a.a.O. S.128.

18 a.a.O. S.129.

Paul Raabe Die Zeitschrift als Medium der Aufklärung

»Die Zeitschriften sind die Vorratskammern des menschlichen Verstandes geworden, in ihnen liegen die größten Schätze des menschlichen Geistes zum allgemeinen Gebrauch; jeder der über irgend eine Materie sich zu belehren wünscht, darf nur getrost zu diesem Magazin der Wissenschaften seine Zuflucht nehmen, und er kommt gewiß nicht unbereichert und unbefriedigt zurück«. (1) Dies schrieben zwei Schnepfentaler Lehrer, Johann Heinrich Christoph Beutler und Johann Christoph Friedrich Guthsmuths im Jahre 1790, auf der Höhe der Aufklärungsbewegung in Deutschland, im Vorwort ihres »Allgemeinen Sachregisters über die wichtigsten deutschen Zeit- und Wochenschriften«, das »ein raisonnirendes litterarisches Verzeichnis aller in diesem Jahrhundert bis jetzt erschienenen periodischen Blätter« als Einleitung enthielt. Die beiden Autoren zogen das Fazit aus der Entwicklung im Publikationswesen des 18. Jahrhunderts: sie zeigten zum erstenmal, wie unentbehrlich die Zeitschrift als Medium der Aufklärung geworden war. Die wichtigsten Artikel von Aberglaube und Aufklärung, über Bienen und Pocken bis Witwenkassen und Zinsen wurden im Alphabet der Schlagworte verzeichnet und spiegeln die Vielfalt dessen, was man im 18. Jahrhundert zur Kenntnis nahm und propagierte (2). Wie sehr man sich des gemeinnützigen Zwecks der Zeitschrift bewußt geworden war, stellten die Herausgeber im Vorwort dar. Es heißt:

»Durch die Zeitschriften wurden die Kenntnisse, welche sonst nur das Eigenthum der Gelehrten waren, und in Büchern aufbewahrt wurden, die der größre Theil der Nation nicht verstand, nicht lesen konnte, und nicht lesen mochte, diese Kenntnisse der Gelehrten wurden durch die Zeitschriften allgemein in Umlauf gebracht, gereinigt, und in die allgemeine Volkssprache übergetragen, und giengen nun gleich einer bequemen Scheidemünze durch aller Hände. Alle Entdeckungen, Versuche und Berichtigungen, welche sonst nur Gelehrten bekannt wurden, die oft gerade den wenigsten Gebrauch davon machen konnten, wurden nun allen Volksklassen mitgetheilt, man lernte solche überall kennen, sie wurden nachgemacht, verbessert, beibehalten oder verworfen. Und endlich die öffentlichen Rügen so mancher Sünden wider Recht, Menschenliebe, Wissenschaft und gesunden Menschenverstand hatten auf die niedern Volksklassen den wohlthätigsten Einfluß; sie lernten die Rechte der Menschheit kennen, wurden auf manche Misbräuche aufmerksam gemacht, lernten einsehen, daß vieles, was sie für nützlich und anständig gehalten hatten, thöricht, nachtheilig, und unanständig sey, und wurden dadurch geneigt gemacht, es abzuändern. Ein beliebtes und gelesenes Wochenblatt konnte mehr ausrichten, als alle Bücher und alle Gesetze; es kam Leuten von allen Ständen in die Hände, wurde denen bekannt, die sonst ohne alle Lektüre waren, und war also das bequemste Vehikel, ihre Meynungen zu berichtigen und zweckmäßig zu leiten. Die Zeitschriften dienten aber auch den Niedern und Geringern zu einer Vormauer und zum Schutz gegen die Bedrückungen der Großen und die Gewaltthätigkeiten geistlicher und weltlicher Despoten. So mancher unter dem Druck seines Tyrannen Seufzende fand hier Gelegenheit, seine Sache zur Sprache zu bringen, Gehör und Recht zu erlangen, und mancher Despot, der sonst ungestraft den Schwächern drücken und mishandeln konnte, fand an dem Publiko einen strengen und unerbittlichen Richter, und sein Beispiel schreckte andere von ähnlichen Handlungen zurück. Endlich verschaften sie manchem Dürftigen und Verlaßnen eine bequeme Gelegenheit, ungekannt seine Bedürfnisse, seine Noth dem Mitbürger zu entdecken, und Unterstützung zu erhalten; so wie sie manchen Reichen erst wahrhaft wohlthätig machten. Und wäre nur dieß der Nutzen der Zeitschriften gewesen; wären nur durch sie die schon vorhandenen gelehrten Kenntnisse mehr bearbeitet, geläutert, und gleichsam klein und bequem ausgemünzt mehr in Umlauf gebracht, unter allen Menschenklassen verbreitet und ins geschäftige Leben übertragen worden; wären die Freuden der erwerbenden Volksklasse dadurch vermehrt, und ihre Leiden und Lasten vermindert und erleichtert worden: so würde dieß schon die Zeitschriften wohlthätig machen, und ihnen in den Augen des Menschenfreundes einen nicht geringen Werth geben.« (3)

In der Tat: die Betrachtung der Mittel, die der Aufklärung zur Verbreitung von Wissen und Kenntnissen, von Ideen und moralischen Grundsätzen, zur Belehrung und Unterhaltung der verschiedenen sozialen Schichten zu Gebote standen, wird die Rolle der Zeitschrift im 18. Jahrhundert hervorzuheben haben, denn sie war das mobilste Medium, das die Zeit vor der industriellen Revolution kannte. Sie war für die Schriftsteller ein willkommener Ort vielseitigen Wirkens, und im Buchhandel der Zeit hatte sie, mehr als die Buchveröffentlichung, die Chance, von weiten Kreisen gelesen zu werden.

Die Diskussion über die Frage, »Was ist Aufklärung?« wurde, von Moses Mendelssohn und Immanuel Kant ausgelöst, in den Zeitschriften geführt (4). Ihre Stellung im literarischen Gefüge des 18. Jahrhunderts wird durch die Möglichkeit enger Kommunikation unter den Schriftstellern und in der Auseinandersetzung mit dem Leser charakterisiert.

Wenn man diese allgemeinen Feststellungen präzisieren will, hat man zunächst den zeitlichen, sachlichen und regionalen Rahmen der Untersuchung abzustecken und die spezifische Form der Aufklärungszeitschrift zu charakterisieren, ehe man die Besonderheiten der Zeitschrift als Medium der Aufklärung darstellt.

Es ist bekannt, daß das »Journal des Sçavans«, seit 1665 erschienen, die früheste Publikation ist, die man als Zeitschrift zu definieren hat: periodisches Erscheinen, eine größere Anzahl von Verfassern, Vielfalt der Themen, leitende Funktion eines Herausgebers, Engagement eines Verlegers. Die Vorteile, einen Leserkreis durch die regelmäßige Fortführung einer Schrift zu fesseln, erkannten die Gelehrten des 17. Jahrhunderts sofort: Die »Philosophical Transactions« in London (seit 1665), das »Giornale de 'Letterati« in Rom (seit 1668) und die »Acta Eruditorum« in Leipzig (seit 1682) dienten der laufenden Unterrichtung eines Gelehrten-Kreises, während das »Journal des Sçavans« den Kavalieren und Damen des französischen Hofs Anregungen zur Konversation gab. In beiden Fällen also waren es bestimmte Zielgruppen, die die Herausgeber mit ihren Zeitschriften erreichten. Von einer Aufklärung, die auf eine breite Öffentlichkeit gerichtet ist, kann also noch nicht die Rede sein. Das gilt auch von den »Schertz- und Ernsthafften Vernünfftigen und Einfältigen Gedanken über allerhand Lustige und Nützliche Bücher und Fragen«, die Christian Thomasius 1688 herausgab. Wenngleich dieser unter gewandelten Wissenschaftsvorstellungen zur Volkssprache überging, so blieben doch die Leser dieser sogenannten »Monatsgespräche« auf den Kreis der Gelehrten beschränkt. In Europa entstand so am Ende des 17. Jahrhunderts die »Gelehrte Zeitung« als eine Frühform wissenschaftlicher Information: man unterrichtete einen begrenzten Kreis von Universalgelehrten oder auch allmählich von Fachgelehrten über Neuerscheinungen wissenschaftlicher Werke und vermittelte Nachrichten aus dem gelehrten Leben der Zeit. Man nutzte endlich den Buchdruck zur gegenseitigen Unterrichtung in der Form periodischer Schriften: man war auf dem Wege zur Verbesserung der Bedingungen wissenschaftlichen Arbeitens. Aus diesem Gebrauch entwickelte sich unter universalen Aspekten die allgemeine Literaturzeitung: als Beispiel kann man die »Göttingischen Zeitungen von gelehrten Sachen« nennen, die seit 1739 erschienen und noch heute als »Göttingische gelehrte Anzeigen« die Tradition des 18. Jahrhunderts fortführen (5).

Auf der anderen Seite setzte schon um 1700 die Spezialisierung in den Zeitschriften ein: man redigierte medizinische und juristische, theologische und historische Journale und leitete so die Entwicklung der Fachzeitschrift ein, die zweifellos an der Konsolidierung der Fachwissenschaften im 18. Jahrhundert Anteil hatte. Die Möglichkeit, mit Hilfe der Zeitschriften einen bestimmten Kreis von Wissenschaftlern in einer bestimmten Disziplin zu unterrichten, wird auch heute unverändert genutzt. Die fachwissenschaftliche Zeitschrift ist eine unentbehrliche Institution der Information über fachwissenschaftliche Probleme und Erkenntnisse geblieben.

Daß von diesem frühen Typus der Fachzeitschrift auch Impulse auf die allgemeinen Zeitschriften der Aufklärung ausgingen, ist ergänzend am Beispiel von Johann Christian Gottsched aufzuzeigen: seine »Beyträge zur Kritischen Historie der Deutschen Sprache, Poesie und Beredsamkeit« (1732-1744) und sein »Neuer Büchersaal der schönen Wissenschaften und freyen Künste« (1745-1751) sind Zeitschriften, die die Geschichte der deutschen Sprache und Literatur vornehmlich des 17. Jahrhunderts rezipierten - Opitz wurde als Vorbild gesehen - und die zeitgenössische Dichtung kritisch prüften. Gottscheds Bestreben, »die Aufnahme der deutschen Literatur und die Läuterung des Geschmackes ihrer Landsleute zu befördern« galt später auch für die Zeitschriften der Aufklärung, in denen die gemeinnützigen Artikel mit poetischen Beiträgen versetzt waren. Die frühesten germanistischen Zeitschriften - so kann man Gottscheds Unternehmungen durchaus bezeichnen - wurden so Vorbilder für die Journale, die dann ganz im Dienst einer allgemeinen Aufklärung der Menschen standen.

Eine andere Abgrenzung zielt auf die moralischen Wochenschriften mit ihrem Anspruch, Nutzen zu stiften und Moral zu fördern, auf einen Typus, dessen Blüte in die Jahrzehnte zwischen 1720 und 1760 fiel, dessen Gestalt und Wandlung Wolfgang Martens so überzeugend und fast erschöpfend dargestellt hat (6). Die Abgrenzung läßt sich von der äußeren

Erscheinungsform her ziehen: die Zeitschrift war im allgemeinen eine Monatsschrift oder aber ein Journal, das in unregelmäßigem Turnus mehrmals im Jahr erschien. Sie stand in Format, Druck und Anspruch den Büchern näher als den Zeitungen, mit denen die moralischen Wochenschriften die Tendenz zum Ephemeren teilten.

Das gleiche Kriterium gilt auch für die Abgrenzung der Zeitschriften von den Intelligenzblättern, den Beilagen zu den Zeitungen, die ebenfalls nützliche Kenntnisse verbreiteten: auch sie waren journalistische Formen der Tagespresse und können hier außer acht gelassen werden. Doch die Tatsache, daß manche Themen in den moralischen Wochenschriften und in den Intelligenzblättern, auch in den Zeitschriften behandelt wurden, zeigt die enge Nachbarschaft und gegenseitige Beeinflussung dieser verschiedenen journalistischen Formen (7).

Vor dem Hintergrund der einzelnen Arten periodischer Schriften in der ersten Hälfte des 18. Jahrhunderts hat man die Entwicklung der allgemeinen Zeitschrift als Medium der Aufklärung zu sehen. Sie setzte um 1750 in Deutschland ein, hatte in den achtziger Jahren ihre stärkste Ausprägung und wich am Ende des 18. Jahrhunderts allmählich neuen Formen. Es waren die Jahrzehnte, in denen sich die Schriftsteller, die den neuen Typus eines nach außen wirkenden Gelehrten verkörperten, (8) als Herausgeber von Zeitschriften bewährten: Lessing und Nicolai, Jacobi und Wieland, Boie und Lichtenberg, Gedicke und Biester. Es waren die Jahrzehnte, in denen das allgemeine Streben nach Aufklärung die Schriftsteller zur Unterstützung der Zeitschriften anregte: sie lieferten nun als Mitarbeiter Beiträge und Kritiken. Die Autoren sahen sich vor ungewohnte Aufgaben gestellt, und mit der Entfaltung der Aufklärung ging die Differenzierung des schriftstellerischen Berufes einher. Auch die Verleger sahen zu Recht im Journalwesen eine geschäftliche Chance, wie auch die Buchhändler an den einzelnen Orten. Schließlich kamen die Journale - das ergibt sich schon aus dem Zitat am Anfang - den Lesern entgegen, die diese Publikationen beifällig aufnahmen.

Dank der Bibliographien von Carl Diesch und vor allem von Joachim Kirchner sind wir über die Titel der Zeitschriften und ihren Umfang gut unterrichtet (9): es waren einige Tausende, die in der zweiten Hälfte des 18. Jahrhunderts erschienen und die Berechtigung von Schillers Ausruf vom »tintenklecksenden Säkulum« bestätigten. Freilich sind wir von einer Sichtung dieser periodischen Literatur der Aufklärung noch weit entfernt. Die Zuweisung Kirchners zu einzelnen Fachgruppen ist fragwürdig und oft irreführend. Nur für wenige Journale liegen wissenschaftliche Studien vor (10). Der Inhalt der Zeitschriften ist, aufs Ganze gesehen, so gut wie verschollen. Das »Sachregister« von 1790 blieb nur ein Entwurf. Die vollständige Erschließung des in den Zeitschriften Mitgeteilten ist ein ebenso unaufschiebbares Desideratum wie auch die Untersuchung einzelner Zeitschriften nach regionalen oder sachlichen Zusammengehörigkeiten.

Bekannt sind selbstverständlich die schon in der Zeit einflußreichsten periodischen Hauptwerke geblieben, deren Anteil an der Verbreitung der Aufklärung dagegen im einzelnen neu untersucht werden müßte. Es sind im wesentlichen zwei Gruppen, die in verschiedener Weise an der Ausfüllung des Aufklärungsprogramms im 18. Jahrhundert beteiligt waren. Zunächst ist ein Wort über die literarischen Rezensionszeitschriften zu sagen, die dank der wachsenden Lesefreudigkeit eines breiten Publikums Schlüsselwerke der Aufklärung wurden: die »Bibliothek der schönen Wissenschaften und freyen Künste«, von Friedrich Nicolai und Moses Mendelssohn begründet und ab 1765 über vier Jahrzehnte von Christian Felix Weisse herausgegeben, Friedrich Nicolais gleichzeitige »Allgemeine deutsche Bibliothek« und seit 1785 dazu als Konkurrenz die »Allgemeine Litteraturzeitung«, von Christian Gottfried Schütz in Jena bis 1804 redigiert. Was in diesen Zeitschriften an Aufklärungsliteratur vermittelt wurde, wie die Rezensenten durch die Literaturkritik aufklärend wirkten, wie bedeutend überhaupt der Anteil der Rezensionszeitschriften an der Blüte der Aufklärungsliteratur war, - das sind Fragen, die hier zu stellen, aber nicht zu beantworten sind. Wenn man sich mit der Frage beschäftigt, wieweit das Buch als Medium der Aufklärung gewirkt hat, wird dies ohne die Einbeziehung solcher Rezensionsorgane nicht möglich sein.

Die Zahl der Zeitschriften, die direkt in Artikeln und Aufsätzen aufklärend wirkten, ist Legion. Die berühmtesten sind hier aus Verständigungsgründen zu nennen. Leitbild war der »Teutsche Merkur« von Christoph Martin Wieland und bald danach das »Deutsche Museum« von Heinrich Christian Boie. Weitere wichtige Organe sind in die Literaturgeschichte eingegangen: die »Berlinische Monatsschrift«, das »Journal von und für Deutschland«, das »Journal des Luxus und der Moden«, die »Deutsche Monatsschrift«, das »Berlinische Archiv der Zeit und ihres Geschmacks«, das »Braunschweiger Journal«, der »Genius der Zeit«, die »Urania für Kopf und Herz«, die Zeitschrift »Deutschland« und manche andere. Auch ist auf die Frauenzeitschriften hinzuweisen: am Anfang steht Jacobis »Iris« und am Ende die »Flora«. An den kleineren Orten entstand zum Nutzen der Bürger, oft ohne literarischen Anspruch, eine ganze Fülle von Monatsschriften, die ihre Wirkung im regionalen Bereich hatten. Viele nannten sich »Archiv« oder »Museum«.

Nach der Aufklärungsdebatte in der »Berlinischen Monatsschrift« gab es übrigens nach 1785 eine ganze Reihe von Zeitschriften, die den Zweck der Aufklärung im Titel mitführten. Einige Beispiele: Volksschrift zur Aufklärung in den K. und K. Staaten (1784); Der Freund der Aufklärung und Menschenglückseeligkeit (1785); Wissenschaftliches Magazin für Aufklärung (1785); Beyträge zur Aufklärung der Landleute (1785 - 1786); Schwäbisches Magazin zur Beförderung der Aufklärung (1786 - 1787); Berlinisches Journal für Aufklärung (1788 - 1790); Archiv der Schwärmerei und Aufklärung (1787 - 1791) und andere.

Die Zeitschrift als Medium der Aufklärung: - man kann die einzelnen Aspekte darstellen an Hand eines Aufsatzes des Braunschweiger Pädagogen Johann Heinrich Campe, der 1788 einen »Einwurf wider die Nützlichkeit periodischer Schriften« von Christian Garve im »Braunschweigischen Journal« beantwortete (11). Er konnte bereits davon ausgehen, daß die Zeitschriften, worunter er monatlich periodisch erscheinende Schriften verstand, »die Hauptlektüre des Publikums« seien, daß »der Strom der gemeinnützigsten Schriften und Belehrungen aus so vielen, zum Teil vortrefflichen Köpfen, sich in das Bett der periodischen Schriften drängt.« Campe stellte fest, daß der Schriftsteller mehr nach »Gemeinnützigkeit« strebte, daß dieser »mehr auf seine Zeitgenossen, deren wichtigste sittliche Bedürfnisse er kennt, als auf die Nachwelt« zu wirken wünschte. Er konnte sich in seinen Darlegungen auf Wieland und Mendelssohn, auf Möser und Kant berufen, die an den Zeitschriften mitarbeiteten oder sie herausgaben. Für ihn war das »Journalwesen« eine inzwischen fest institutionalisierte »gemeinnützige schriftstellerische Unternehmung«. Campe verteidigte die Funktion und den Nutzen der Zeitschriften gegen den Einwurf Garves, der sich durch die Mitarbeit an Zeitschriften eingeengt sah. Campe schreibt: »Sie sind ein wohlausgesonnenes und zweckmäßiges Mittel, nützliche Kenntnisse jeder Art aus den Köpfen und Schulen der Gelehrten durch alle Stände zu verbreiten. Sie sind die Münze, wo die harten Thaler und Goldstücke aus den Schatzkammers der Wissenschaften, welche nie oder selten in die Hand der Armen kamen, zu Groschen und Dreiern geprägt werden, um als solche durchs ganze Land zu rouliren und zuletzt wol gar in den Hut des Bettlers zu fallen.« Diese Tätigkeit der Popularisierung verstand die Zeit als eine für das Wohl der Menschen notwendige Aufgabe.

Die Zeitschriften waren also der gegebene Ort, um diese neuen Ideen zu verbreiten. Man liest: »Wie manche interessante und gemeinnüzzige Idee, die in dem denkenden Kopfe oft beiläufig hervorspringt, und sich nicht grade an diejenige Gedankenreihe anschließt, die er eben jetzt im Begriff ist, zu irgend einem größern Werk zusammenzuketten, würde für die Wissenschaften, würde für den menschlichen Verstand vielleicht unwiederbringlich verloren gehn, wenn der denkende Kopf, bevor er sie mittheilte, erst jedesmal auf eine, vielleicht nimmer erscheinende Gelegenheit warten sollte, sie in eins oder das andere seiner größern Werke einzuschieben.« Auf diese Weise gingen die großen Ideen nicht verloren, sondern würden vielmehr in Umlauf gesetzt. »Ich bin versichert«, schreibt Campe, »daß die Journale, trotz ihrer ephemerischen Existenz, auch dadurch zur Erweiterung und Aufklärung des öffentlichen Ideenkreises, mehr geleistet haben, als manches vortrefliche litterarische Kunstwerk, welches vielleicht noch dann in Bibliotheken prangen wird, wann die Journale schon längst den Weg alles Makulaturs werden gegangen seyn.«

Außerdem bot die Zeitschrift einem Schriftsteller die Chance, sich freimütig äußern und vor allem gemeinsam mit anderen wirken zu können. »Einsamkeit macht mutlos«, meint unser Gewährsmann, »gesellschaftliche Verbindung kühn«. Denn: »Nur wenigen Erzhelden ist es gegeben, wie Lessings Windmühle auf ihrem einsamen Hügel, immer allein und immer ruhig da zu stehn, und nie aus ihrer Fassung gebracht zu werden, es mögen Knaben ihren Muthwillen an ihnen üben wollen, oder verkappte Ritter von der traurigen Gestalt mit aufgepflanztem Speer oder entblößtem Schwerte gegen sie anrennen.« In den Zeitschriften des 18. Jahrhunderts wurden die meisten Artikel ohne Nennung des Verfassers veröffentlicht; in einer Zeit, da der Schriftsteller meist ein öffentliches Amt, sei es als Prediger oder als Lehrer, als Beamter oder als Offizier bekleidete, war dies eine günstige Möglichkeit, seine Gedanken ungehindert zu äußern.

Ein Weiteres hob Campe hervor, nämlich die Einstellung des Autors auf sein Publikum: dieser habe gemeinverständlich zu schreiben. »Zeitschriften,« schreibt er, »müssen auch deswegen seyn, theils weil der Geschmack unsers Publicums sich nun einmal dafür erklärt hat, theils weil die ganze geistige Verfassung unserer verfeinerten Lesewelt uns fast kein anderes Mittel mehr übrig läßt, Sachen, die keine leichte und ergötzende Unterhaltung gewähren, sondern mit einigem Nachdenken gelesen seyn wollen, so zu behandeln und zuzurichten, daß sie auch hier gelesen, verstanden und genutzt werden mögen.«

Die Zeitschrift war also ein Mittel für den Leser, sich mühelos und vielfach auch ungewollt über neue Ideen zu unterrichten. Die Zeitschrift konnte so zur Aufklärung am meisten beitragen. Dazu schreibt Campe: »Man blättert das Büchlein noch einmal durch, stößt auf einen Aufsatz, der zwar ernsthaften und bloß belehrenden Inhalts, aber doch auch so kurz ist, daß man das Bischen Kraft, welches zum Durchlesen desselben erfordert wird, sich wol allenfalls noch zutrauen darf. Man wagt sich daran; und siehe! das Abentheuer wird glücklich bestanden; und siehe! es bleiben wol gar ein Paar Ideen kleben, die auf eine oder die andere Weise, früh oder spät, zur Aufklärung und Veredelung auch dieser Seele ihre guten Dienste thun.«

Die Zeitschrift stellt sich also auf die Leser ein, und zwar auf die verschiedensten Leserschichten. »Wie mancher starkbesetzte Geschäftsmann«, fährt Campe fort, »wie mancher schwerbelastete Hausvater, wie manche edle Hausmutter, welche ihre ganze Tageszeit der Erziehung ihrer Kinder und der Sorge für ihr Hauswesen widmet - also wie viel gute und achtungswürdige Menschen, die keine Zeit haben, größere Werke, die im Zusammenhange gelesen seyn wollen, für sich und ihren Geist zu nützen, finden etwan am Abend eines in rastloser Thätigkeit verlebten Tages in einem Journalaufsatze von etlichen Bogen Erholung, Vergnügen und Nutzen; werden dadurch über wichtige Angelegenheiten der Menschheit, die auch die ihrigen sind, aufgeklärt und zum eigenen Nachdenken gereizt; werden dadurch auf herrschende Modekrankheiten des Geistes und des Herzens und auf die Mittel aufmerksam gemacht, wodurch man sich davor verwahren kann; lernen daraus den Geist ihres Zeitalters mit seinen schönen und häßlichen Characterzügen kennen, und fangen überhaupt manchen wohlthatigen Lichtstral von der fortschreitenden Aufklärung und Veredelung der Menschheit auf.«

Campe ist es wichtig, daß die besten Autoren an diesem gemeinnützigen Werk mitwirken. Im Sinne der Aufklärungsphilosophie sollte die Zeitschrift sowohl Unterhaltung als Belehrung, Vergnügen als Nutzen bereiten. Dadurch sollte sie »zur Beförderung des eigenen Denkens«, und dies bedeutete für das 18. Jahrhundert auch »zur Beförderung der öffentlichen Aufklärung«, wirken. Der Begriff »Aufklärung« wurde also im pragmatischen Sinn verstanden. Campe schreibt von dem »endlosen Streben und Suchen des menschlichen Geistes nach neuer Vervollkommnung« und fügt hinzu, daß es die »Pflicht eines jeden gemeinnützigen Schriftstellers überhaupt« sei, »das Tun und Lassen der innerhalb seines Gesichtskreises ihr

Wesen treibenden Zeitgenossen ruhig, unbefangen und scharf zu beobachten«. (12) Wenn man die Programme einzelner Zeitschriften des 18. Jahrhunderts durchnimmt, so kehren diese Vorstellungen immer wieder.

Grundregel für die Zeitschriftenherausgeber war, durch die Mannigfaltigkeit des Inhalts auf die verschiedenen Leserschichten zu wirken. So schreibt Heinrich Christian Boie in der Vorerinnerung zum 2. Jahrgang des »Deutschen Museums« 1777: »Diejenigen, die Untersuchungen über den 24 und 20 Guldenfuß oder die Inokulation der Hornviehseuche überschlagen, müssen so gerecht seyn, sich an ihre Mitleser zu erinnern, die vielleicht auch das meisterhafteste Gedicht nicht zu Ende lesen. Wer kein Liebhaber von Wittwenkassen, oder dem moralischen Gefühl ist, halte sich an Lenzens Zerbin, oder Nachrichten aus Amerika, wie sie Sprickmann gibt. Es ist eine eigne Sache mit Journalen, über die wir in diesem Jahre manche Erfahrungen gemacht haben. Die Forderungen, die man an sie macht, sind so mannigfach und so heterogen, daß die Herausgeber nie aufhören dürfen, sie gegen einander zu wägen, um das suum cuique gegen die verschiedenen Klassen ihres Publikums gehörig zu beobachten. Die Eine dieser Klassen will bloß unterhalten, die andre bloß unterrichtet seyn.« (13)

Also auch hier ergänzen sich Unterhaltung und Belehrung. Die Herausgeber der »Berlinischen Monatsschrift« gingen ebenfalls davon aus: »Unser Plan ist die höchste Mannigfaltigkeit, insoweit diese mit angenehmer Belehrung und nützlicher Unterhaltung bestehen kann«. Worin diese Mannigfaltigkeit bestand, wird dann von Gedike und Biester ausgeführt: »1) Nachrichten aus dem gesamten Reiche der Wissenschaften, vorzüglich von neuern Entdekkungen, in so fern sie allgemein merkwürdig und auch dem Nichtkenner interessant sind; 2) Beschreibungen von Völkern und deren Sitten und Einrichtungen, am liebsten aus den uns nähern Ländern; 3) Beobachtungen über alles, was den Menschen betrifft, und uns weiter in der Kenntniß unsrer selbst und unsrer Brüder bringen kann; 4) Biographische Nachrichten von merkwürdigen, vorzüglich noch nicht nach Verdienst bekannten Menschen; 5) Beiträge zur Ausbildung und Kenntniß deutscher Sprache und Litteratur in ältern und neuern Zeiten; 6) Uebersetzungen wichtiger, noch zu wenig genutzter, Meisterstükke des Alterthums; 7) Auszüge aus seltnen merkwürdigen Schriften des Auslandes; 8) Abhandlungen vermischter Art und mannichfachen Inhalts, die in den Ton unsers Planes stimmen. -« (14)

Wenn man die Fülle der Artikel in den Aufklärungszeitschriften des 18. Jahrhunderts überblickt, so stellt man in der Tat die Vielfalt der Themen, die abgehandelt werden, fest. Es gelingt, eine breite Leserschicht über alle Vorgänge des täglichen Lebens in Handel und Wirtschaft, im Staatswesen und in den Wissenschaften zu informieren, die aktuellen Probleme des politischen, ökonomischen und sozialen Lebens zur Sprache zu bringen, den Sinn für geschichtliche Vorgänge und das Interesse für fremde Länder, neue Erfindungen und Entdeckungen zu wecken und so auf eine umfassende Weise aufklärend zu wirken.

Man wählte nicht nur die Form der Abhandlung oder des Aufsatzes. Auch der Essay kommt vor. Man führte kleine Formen ein: Skizze, Miszelle, Anekdote. Man schätzte die Gattung des Gesprächs und die Einkleidung in Briefform, übte sich in verschiedenen Arten von Reiseberichten und biographischen Versuchen.

Man stellte sich auf den Leser ein, vielfach entstand zwischen den Zeitschriften eine Diskussion, die polemisch oder sachlich über ein bestimmtes Thema geführt wurde. Dieses wurde in den verschiedenen Journalen unter verschiedenen Gesichtspunkten betrachtet und »ausdiskutiert«. Dann traten andere Probleme in den Vordergrund. Wir sind heute noch weit davon entfernt, diesen Gesprächsstoff der Aufklärung im einzelnen zu kennen, der vielfach nur in den Zeitschriften überliefert ist. Die Diskussion über Erziehung oder über Frauenzimmer, über geheime Gesellschaften oder Pressefreiheit, über Todesstrafe oder Toleranz läßt sich durch viele Zeitschriften hindurch verfolgen.

Auch in poetischen Beiträgen versuchten die Herausgeber aufklärend zu wirken, dadurch waren die Zeitschriften entscheidend an der Verbreitung literarischer Kenntnisse im 18. Jahrhundert beteiligt. Man rückte Gedichte und Erzählungen ein, druckte Proben klassischer Texte in Übersetzungen, teilte Auszüge aus Theaterstücken und Romanen mit, und so wurde die Dichtung in der Aufklärung propagiert. Zweifellos wurde dadurch gleichzeitig das klassische Programm der ästhetischen Erziehung des Menschen vorbereitet. Für den Bürger des 18. Jahrhunderts verstand es sich von selbst, daß Dichtung ein integrierter Teil menschlicher Aufklärung war. Man weckte auch das Interesse an fremden Literaturen, und in eigenen Zeitschriften versuchte man, überhaupt die einzelnen Nationalliteraturen bekannt zu machen im Zusammenhang mit dem intensiven Versuch, den Sinn für die deutsche Literatur zu vertiefen.

Wenn man sich vergegenwärtigt, daß in den Zeitschriften der Klassik und Romantik diese poetischen und philosophischen Beiträge ganz in den Mittelpunkt traten, so darf das nicht darüber hinwegtäuschen, daß die

Zeitschriften ein Medium der Aufklärung blieben. Wenngleich Schillers »Horen« als eine Gegenschrift gegen die Aufklärung verstanden wurden, wirkten sie letzten Endes im höheren Sinn aufklärend. Nachdem die einfachsten Grundlagen der Aufklärung gegeben waren, war es möglich, Zeitschriften herauszugeben, die Fragen der Staatsreligion und politischen Verfassung ebenso ausschlossen wie alles, was der direkten Belehrung nutzte. So kam es zu Schillers weltentrückter Ankündigung mit den berühmten Eingangssätzen: »In der That scheinen die Zeitumstände einer Schrift wenig Glück zu versprechen, die sich über das Lieblingsthema des Tages ein strenges Stillschweigen auferlegen, und ihren Ruhm darinn suchen wird, durch etwas anders zu gefallen, als wodurch jetzt alles gefällt. Aber jemehr das beschränkte Interesse der Gegenwart die Gemüther in Spannung setzt, einengt und unterjocht, desto dringender wird das Bedürfniß, durch ein allgemeines und höheres Interesse an dem, was rein menschlich und über allen Einfluß der Zeiten erhaben ist, sie wieder in Freyheit zu setzen, und die politisch getheilte Welt unter der Fahne der Wahrheit und Schönheit wieder zu vereinigen.« (15)

Die romantischen Zeitschriften haben dieses Programm ausgefüllt und vollendet. Daneben aber blieb die Verbreitung nützlicher Kenntnisse und Erfahrungen eine ganz selbstverständliche Funktion der Zeitschrift: sie wurde freilich in einem größeren geistigen Zusammenhang verstanden. Die Zeitschrift »Hesperus« erschien 1813 unter dem bezeichnenden Motto: »Mittheilung der Erfindungen, Künste, Wissenschaften, Verbreitung der Aufklärung, Geistesbildung, der Vernunft, der Einsichten und des Frohsinns ist Weltbürgerpflicht. Achtung und Vertheidigung der Regierung, der Gesetze, des Eigenthums ist Staatsbürgerpflicht.«

Dank der technischen Fortschritte konnte man im 19. Jahrhundert die Zeitschriften zu immer beliebteren, ein breites Publikum erfreuenden Kommunikationsmitteln ausgestalten. Es entstanden die illustrierten Zeitungen, und es entwickelten sich die Familienzeitschriften. Man verstand es, in einer Zeit großer technischer Erfindungen alle Bevölkerungsschichten zu informieren und an den Problemen der Zeit zu beteiligen. Dazu am Schluß ein Beispiel: seit 1833 gab die »Gesellschaft zur Verbreitung gemeinnütziger Kenntnisse« das »Pfennigmagazin« nach dem englischen Vorbild heraus. Hier wurde Aufklärung ebenfalls in kleine Münze umgesetzt. Im Vorwort liest man: »Unermeßlich ist das Reich des Wissens; es umfaßt die ganze Welt; Vergangenheit und Gegenwart, Himmel und Erde, Land und Meer. Unser Streben soll dahin gehen, aus allen diesen Regionen, aus allen diesen Zweigen das Nützlichste und Neueste auszulesen und es auf eine möglichst gefällige Weise, welche Verstand und Phantasie zugleich angenehm beschäftigt, dem freundlichen Leser vorzuführen. Die wichtigsten Entdeckungen und Erfindungen, merkwürdige Naturerscheinungen, große Begebenheiten, interessante Ereignisse, Lebensbeschreibungen berühmter Männer, treffende Lebensregeln, wichtige Erfahrungen, sollen wechselsweise unsere Aufmerksamkeit beschäftigen, und dem Leser wie in einer freundlichen, würdigen Unterhaltung vorgetragen werden.«

Die Zeitschrift blieb also ein Medium der Aufklärung. Freilich, in der Zeit des Biedermeier wurde diese Tendenz ins Behutsame und Bedachtsame gewendet. Wenn allerdings in der Gegenwart heute die Zeitschrift nicht mehr die Rolle spielt, die sie einst innehatte, so liegt es vor allem daran, daß andere Medien, die unserem technischen Zeitalter adäquat sind, an ihre Stelle getreten sind: Rundfunk und Fernsehen. Diese Art von Aufklärung mit jener des 18. Jahrhunderts zu vergleichen, kann hier nicht mehr unsere Aufgabe sein. Die Zeitschrift als Medium der Aufklärung - diese Funktion wirkte über zwei Jahrhunderte fort.

1 [Beutler, J.H.C. und J.C.F. Guts-Muths] Allgemeines Sachregister über die wichtigsten deutschen Zeit- und Wochenschriften. Leipzig 1790. S. VI.

2 Fast gleichzeitig mit dem »Beutler-Guts-Muths« erschien Johann Samuel Ersch, Repertorium über die allgemeinen deutschen Journale und andere periodische Sammlungen. Bd 1-3. Lemgo 1790-1792. - Über die beiden Werke vgl. P. Raabe, Zur Bibliographie der Goethezeit. In: Euphorion 48 (1954), S. 216-219 (hier S. 218).

3 Beutler-Guts-Muths, S. II-IV.

4 Die Aufklärungsdiskussion, mit Mendelssohns und Kants Aufsätzen in der »Berlinischen Monatsschrift«, 1784 begonnen, wurde in den Zeitschriften bis 1795 sehr lebhaft geführt. Die Artikel werden vom Verfasser vorliegenden Aufsatzes gesammelt und für eine Veröffentlichung vorbereitet.

5 Über die Geschichte der Zeitschriften vgl. vor allem Joachim Kirchner, Das deutsche Zeitschriftenwesen. Seine Geschichte und seine Probleme. 2. Aufl. Bd 1-2. Wiesbaden 1962.

6 Wolfgang Martens, Die Botschaft der Tugend. Die Aufklärung im Spiegel der deutschen Moralischen Wochenschriften. Stuttgart 1968.

7 Die Erforschung der Intelligenzblätter steht noch aus. Von einigen lokalgeschichtlichen Arbeiten abgesehen, ist dieser Zeitschriftentypus bisher noch nicht untersucht worden.

8 Vgl. Hans Jürgen Haferkorn, Der freie Schriftsteller. In: Archiv für Geschichte des Buchwesens 5 (1964), Sp. 523-711.

9 Carl Diesch, Bibliographie der germanistischen Zeitschriften. Leipzig 1927; Joachim Kirchner, Bibliographie der Zeitschriften des deutschen Sprachgebietes bis 1900. Bd 1. Stuttgart 1969.

10 Vgl. die freilich nicht mehr vollständige Bibliographie von Eva D. Becker und Manfred Dehn, Literarisches Leben. Hamburg 1968.

11 Christian Garves Brief. In: Braunschweigisches Journal 1 (1788), S. 16-19; Campes »Beantwortung dieses Entwurfs«. Ebda. S. 19-44.

12 Einige weitere zeitgenössische Artikel über Journale und Journallektüre seien hier zitiert: N.N., Von der Journalsucht in Deutschland. In: Hanauisches Magazin. Bd 6 (1783), S. 432-436. - J.W. von Archenholtz, Gedanken über die Journallektüre. In: Neue Literatur und Völkerkunde. Jg. 2, Bd 2 (1788), S. 3-9. - Wigand, Ist angehenden Studirenden das Lesen der Zeitschriften zu empfehlen? In: Braunschweigisches Journal. Bd 3 (1790), S. 398-432. - J.A. Bergk, Die Kunst, Bücher zu lesen. Jena 1799. S. 383-389: Warum liest man periodische Schriften, und wie muß man sie lesen?

13 Deutsches Museum. 1777. S. 1-2.

14 Berlinische Monatsschrift 1783. S. 1-2. Vgl. auch das folgende Gedicht von Friedrich Gedicke: Die neue Monatsschrift. Eine Allegorie. In: Berlinische Monatsschrift. 1783. S. 3-4.

15 Die Horen. Jg. 1795. S. III-IV. - Vgl. Günter Schulz, Schillers Horen. Heidelberg 1960; Paul Raabe, Die Horen. Einführung zur Faksimileausgabe. Stuttgart 1959.

Beigabe:
Dokumente über Zeitschriften und Zeitschriftenlektüre. 1783 - 1799

1

X., Von der Journalensucht in Deutschland. In: Haunauisches Magazin 1783, S. 432 - 436.

»Seitdem es in unserm lieben Vaterlande beginnt Mode zu werden, entweder ein Erziehungsinstitut oder ein Journal anzufangen, und beides zuweilen ziemlich fabrikmäßig nach merkantilischen Grundsätzen und Absichten zu tractiren, so giebt es ein Gedränge, daß man sich vor Erziehern mit und ohne Institut - denn es giebt auch blos schreibende - und vor unendlichen Journalmachern kaum mehr retten kann. Bei dieser Seuche geht freilich mancher Schwächliche unter ihnen schlafen; mancher siecht doch aber noch mit Hülfe seiner Aerzte glücklich durch, und läßt noch immer fortdrucken, damit es an seinem Beitrag zur Makulatur künftiger Zeiten ja nicht fehlen möge. Ich ehre die guten darunter, die ich meinen Lesern nicht erst zu nennen brauche, da sie nicht blos Recensentenstimme, sondern die Stimme des Publikums für sich haben. Aber man erlaube mir dennoch zu sagen, daß ihrer zu viele sind. Wer kann sie alle lesen? Der

Mann von Geschäften, der bei seinen Arbeiten und Zerstreuungen eine starke Correspondenz auf dem Halse hat, und auch seine eigentliche Wissenschaft noch dabei fortstudieren will, der unter den unendlichen gelehrten und politischen Zeitungen nur die vornehmsten liest - Wo hat er so viel Zeit? Auch die uninteressanten, worinnen doch einige Abhandlungen stehen können, die ihm nützlich sind, muß er nicht ganz wegwerfen; es können immer noch einige gute Tropfen Wein in einer Tonne Wasser stecken. Denn gemeiniglich sehen sich unsre Journalfabrikanten von gemeinem Schlage in ihren Clubbs noch darinn vor, daß einige wenigstens darunter sind, die man gern hören mag, weil sie sonst bald fertig wären. - Aber sie alle anzuschaffen, da ihr Preis gewiß nicht wohlfeil ist? besonders an Orten, wo man keine öffentliche Leih- oder Lesebibliotheken hat? - Wer die jetzigen, die nun einmal im Gange sind, kaufen wollte, auch nur die, welche für keine eigentliche Fakultätswissenschaft geschrieben werden, der müste sich für diesen Preis eine kleine wohlgewählte Bibliothek von Hauptbüchern anschaffen können. - Es ist unstreitig, daß übereilte Nachahmung und Compilation, womit immer einer dem andern auf dem Fuße nachgeht und ausschreibt, auch in diesem Fache viel gute Institute in Deutschland verderben. Wie viel muß man doppelt lesen? doppelt bezahlen? - Es sollten meines Erachtens

1) nur einige allgemeinere Hauptjournale seyn, wie in England und Frankreich, die der deutschen Nation Ehre machen. Die meisten, die jetzt an der Spitze eines eigenen Journals stehen oder gute Mitarbeiter desselben sind, sollten sich damit verbinden, und ihre Beiträge dazu liefern. Es würde dann mehr *Auswahl* mit mehr *Vollständigkeit* vereinigt werden können. Man simplifizirt die Materien zu besondern Journalen zu viel, und was soll endlich herauskommen, wenn es einmal noch jemand einfallen dürfte, auch ein Journal für Nachtwächter zu schreiben?

2) Jede Wissenschaft kann allerdings mit Nutzen ihr eigenes Journal haben, das aber auch in den Grenzen derselben Wissenschaft bleiben müste. Z. B. Theologie, Rechts- und Arzneigelehrsamkeit, Philosophie, Geschichte, die schönen Wissenschaften und Künste etc. wobei ich aber ebenfalls wünschte, daß ihrer nicht zu viele existiren möchten, weil unausbleiblich Wiederholungen und Einerleiheit mit unterlaufen müssen. Die guten Recensenten und Schriftsteller sollten sich in Einem Fache zusammen mit einander verbinden. Nützliche Verschiedenheit des Urteils über einerlei Materien und Gegenstände ließe sich ja doch wohl bei dieser Einrichtung auch anbringen.

3) Localjournale, was man auch dagegen sagen mag, wo jede Provinz ihre innere Verfassung und Geschichte genau untersucht, ihre Merkwürdigkeiten, besondere Gewohnheiten beschreibt, Litteratur, Produkte und Handlungszweige so vollständig, als möglich, bekannt macht, sollte man immer mit Dank annehmen, und sich dadurch nicht abschrecken lassen, daß viele über der Grenze, die freilich lieber einen Roman in die Hände nehmen, sie nicht lesen mögen. Freunde einer gründlichern und nahrhaftern Lecture, die gern Welt- und Menschenkenntnis suchen, werden sie schon lesen, wenn sie die Nachrichten zweckmäßig und gut geschrieben finden. Und in der That ist diese Zirkulation von Kenntnissen auch das beste Mittel, einen Begriff von der ganzen Nation und von dem ganzen Vaterlande zu verschaffen. Es sind Spezialkarten, daraus die Generalkarte vervollkommt und berichtiget werden kann.

4) Auszüge aus den besten Journalen der Ausländer mit guter Wahl gemacht sind immer empfehlungswerth. Es ist sehr gut, daß man Geschichte und Geistesprodukte der aufgeklärtesten Völker neben einander stellen und vergleichen kann. Ohne sich alle Schriften der Ausländer oder ihre Uebersetzungen selbst anzuschaffen, die manchmal durch ihre Titel oder unzuverlässige Recensionen blenden, hätte man da ein Magazin, worinn man von den Werken des Geistes und der Kunst einer jeden Nation einen gewissen Ueberblik finden könnte. Es versteht sich ohne mein Erinnern, daß Ein Mann nicht wohl im Stande wäre, so ein Werk allein zu schreiben, alles selbst zu lesen und zu prüfen, ohne sich blos auf fremde Rezensionen zu verlassen, wo Lob und Tadel nach Gunst oder Abgunst eben sowohl, wie in Deutschland, oft ausgetheilt wird.

5) Sammlungen aus der Menge deutscher periodischer Blätter, mit Verstand und Geschmack gemacht, wo noch manches in der Dunkelheit oft durch eine üble Nachbarschaft verkannt und verborgen steckt, das wieder hervorgezogen zu werden verdient, oder auch solche meisterhafte Aufsätze, die hin und wieder in neuern Werken zerstreut vorkommen, die darum nicht genug gelesen werden, weil man die ganze Gesellschaft nicht mitnehmen will - solche Aufsätze zusammen zu suchen, und in ihr rechtes Licht zu stellen, ist eine schätzbare und verdienstliche Compilation. Denn sie richtig zu treffen, zu beurtheilen und herauszusuchen, erfordert fast nicht weniger Talent, als der Autor selbst hatte, sie zu schreiben. Auch hier gehört vereinter Fleis und Geschmack von mehrern dazu. Und so alle unsre Journale auf diesen Fuß gesetzt, ohne ihre Anzahl ins Unendliche zu vermehren, würde wahrer Vortheil seyn. Denn diejenigen, die erst Farben

reiben müssen, sollten nicht gleich Maler seyn wollen, und diejenigen, die noch gut mit andern mitfahren können, sollten nicht gleich ihren eigenen Postwagen anlegen.«

2

Christian Garve, Ein Einwurf wider die Nützlichkeit periodischer Schriften, von Herrn Prof. Garve; aus einem Briefe desselben an den R.C. - Johann Heinrich Campe, Beantwortung dieses Einwurfs. In: Braunschweigisches Journal, Bd 1, 1788, S. 16 - 44.

»Es ist seit einiger Zeit unter uns gewöhnlich geworden, daß mehrere Gelehrte ihre Aufsätze in periodischen Schriften vereinigen; und es ist allerdings die gemeinschaftliche Arbeit vieler nothwendig, wenn das Publicum zu gewissen bestimmten Zeiten ununterbrochen mit Unterricht oder mit Unterhaltung versorgt werden soll. Aber ist an und für sich diese Art von Schriften so vorzüglich? Entsteht aus dieser Verbindung mehrerer Gelehrten zur Bearbeitung desselben Gegenstandes ein so merklicher Nutzen? - Man sagt, daß vereinte Kräfte mehr ausrichten, als einzelne. Dies ist in Absicht litterarischer Arbeiten wol am wenigsten richtig. Oder vielmehr diese Vereinigung der Arbeiten geschieht besser in den Köpfen und Gemüthern der Leser, als in den Büchern der Schriftsteller. Es ist wahr, es hat einen sehr blendenden Schein, wenn sich mehrere Autoren von bekanntem Namen und Rufe zusammen thun, um gewisse Materien zu versuchen. Aber sagen Sie mir, werden im Grunde die Gedanken derselben dadurch, daß sie in einem Bande zusammengedruckt sind, besser mit einander verbunden, zielen sie genauer zu einem gemeinschaftlichen Zwecke ab, als wenn jeder ein eignes Buch geschrieben hätte, in welchem eben dieser Gegenstand wäre behandelt worden? - Was entsteht für Vortheil für das Publicum, wenn Gelehrte, die an Fähigkeiten, Denkungsart und Absichten einander gleich, immer als gemeinschaftliche und verbundene Arbeiter im Reiche der Wahrheit angesehen werden können, ihre Aufsätze neben einander drucken lassen?

Doch diese Betrachtung würde nur zeigen, daß diese Form der litterarischen Werke in Absicht des dadurch gesuchten Endzwecks gleichgültig wäre. Aber ich gestehe, ich halte sie sogar für schädlich. So lange die Menschen bleiben, wie sie sind, werden sie bei ihren gemeinnützigsten und löblichsten Unternehmungen immer durch die Ehrbegierde und durch die Begierde nach Vortheil gereizt werden. Wenig Schriftsteller werden also

Aufsätze, die für eine solche Sammlung bestimmt sind, mit der Sorgfalt und der Geistesanstrengung ausarbeiten, welche sie auf Schriften wenden, denen sie ihren Nahmen ganz allein vorsetzen, für deren Fehler sie ganz allein zu stehen haben, so wie sie den Ruhm für deren Vortreflichkeit ganz allein einärndten. Daraus entsteht also, daß selbst die guten Köpfe, die sich zu solchen periodischen Schriften vereinigen, für dieselben nur die flüchtiger gearbeiteten Aufsätze bestimmen, die vielleicht eben so gut dem Publico ganz entzogen werden konnten. Es entsteht zuweilen noch etwas schlimmers, daß sie sich nach und nach an diese leichtere und gemächlichere Art zu arbeiten gewöhnen, die sie sich nicht würden erlaubt haben, wenn sie ganz allein auf eigene Hofnung und Gefahr hätten schreiben müssen. - Jene Sammlungen enthalten also selten die besten Producte des Geistes, selbst von den Männern, die viel Geist haben; und die Gewohnheit oder Verbindlichkeit, viele solche Beiträge zu liefern, schwächt endlich wirklich die Kraft, so wie sie auch die Zeit wegnimmt, eigene größere Arbeiten zu verfertigen.

Ob ich nun also gleich weit entfernt bin, meine Denkungsart für das an sich Richtige und Gute zu halten; ob ich gleich aus dem Succeß vieler solcher periodischen Schriften, welche Sammlungen von den Aufsätzen mehrerer Autoren sind, sehe, daß der Geschmack des Publicums hierin von dem meinigen abgeht, und eben deswegen ein Mistrauen in den letztern setze: so ist es mir doch erlaubt, einem Freunde meine Meinung über diese Puncte aufrichtig mitzutheilen. Ich werde Schriften von einem C. St. u.s.w. ganz allein unternommen, mit noch weit mehr Verlangen erwarten, gewiß, wenn sie erscheinen, mit noch größerem Interesse lesen, als eine Sammlung, in welcher Aufsätze von C. St. T. und mehreren mit einander vereiniget sind. Je größer die Zahl der Mitarbeiter wird: desto unvollkommner, oder wenigstens desto ungewisser wird der Erfolg des Werks.

Beantwortung dieses Einwurfs.

Ich danke Ihnen, würdiger Mann, daß Sie meinen Mitarbeitern und mir durch eine scharfsinnige Einwendung Veranlassung geben wollten, über die geglaubte Nützlichkeit unserer Unternehmung noch einmal nachzudenken. Wenn ein *Garve* sich *für* oder *wider* eine Sache erklärt, wer wird da nicht von neuem aufmerksam darauf werden? Und wenn die Sache vollends unsere eigene Sache ist; wenn seine Erklärung vollends in einer Einwendung gegen die Zweckmäßigkeit und den Nutzen einer Unternehmung besteht, der man so eben einen beträchtlichen Theil seiner Zeit und seiner

Kräfte widmen wollte: wer wird da nicht ganz Ohr seyn, und die Gründe, die er uns giebt, zum Gegenstande der sorgfältigsten Erwägung machen?

Ich habe dies mit aller Unpartheilichkeit und zugleich mit aller der Achtsamkeit gethan, deren ich fähig bin. Hier haben Sie die Resultate meiner Beherzigung! Würdigen Sie dieselben Ihrer Prüfung; und sagen Sie uns und dem Publico, zu unserer Ermunterung oder Zurechtweisung, ob Sie dieselben gegründet finden oder nicht? Zu einer Zeit, wo die Hauptlectüre des Publicums in Journalen besteht, und wo der Strom der gemeinnützigsten Ideen und Belehrungen aus so vielen guten, zum Theil vortreflichen Köpfen, sich in das Bett der periodischen Schriften drängt: zu einer solchen Zeit kann ein prüfender Gedankenwechsel über den Nutzen oder die Schädlichkeit dieser Art von Schriften, nicht anders als interessant, und für ein Journal, wie das unsrige ist, nicht anders als zweckmäßig seyn.

Ich könnte Ihrem Einwurfe zuvörderst und im Allgemeinen entgegensetzen, daß der moralische Arzt, wie der physische, wenn er es mit verzärtelten und eigensinnigen Kranken zu thun hat, sich in Ansehung des Vehikels seiner Heilmittel, der Wirksamkeit derselben und seiner eigenen Würde unbeschadet, gar wol nach dem Geschmacke oder den Launen seines Patienten bequemen *dürfe*, und in Fällen, wo sich nichts ertrotzen läßt, sich darnach bequemen *müsse*. Ich könnte hinzufügen, daß dem zufolge ein nach Gemeinnützigkeit strebender Schriftsteller, der mehr auf seine Zeitgenossen, deren wirkliche sittliche Bedürfnisse er kennt, als auf die Nachwelt, deren mögliche Bedürfnisse er nur vermuthen kann, zu wirken wünscht, keine von dem jedesmaligen herrschenden Geschmacke seines Publicums ihm vorgeschriebene *Form* und *Einkleidungsart* seiner moralischen Recepte verschmähen dürfe; und daß man daher, wenn dieses sein Publicum einmal auf die sonderbare Grille verfiele, nichts als Frachtzettel lesen zu wollen, es ihm zur Weisheit anrechnen müßte, wenn er sich auch dazu bereitwillig finden ließe, ihm seinen Rath, seine Vorschläge und Belehrungen im Geleite Gottes durch Fuhrmann N. N. zu senden. Denn was ist Weisheit, wenn sie nicht Wahl der besten und wirksamsten Mittel zu guten Zwecken ist?

Aber Sie würden auf diese Bemerkung mit Recht erwiedern können, daß ihre Gegengründe dadurch nicht umgestoßen, sondern unberührt vorbeigegangen würden. Wir müssen also diese Gegengründe selbst erwägen.

Sie läugnen zuerst, daß die Vereinigung mehrerer Kräfte zu litterarischen Arbeiten von irgend einem begreiflichen Nutzen sey; und Sie fragen mich: ob die Gedanken mehrerer zu einem gemeinschaftlichen Werke verbundener Schriftsteller dadurch, daß man sie in einem Bande zusammendrucken läßt, besser mit einander verbunden werden, und nun genauer und richtiger auf einen gemeinschaftlichen Zweck abzielen, als wenn Jeder ein eigenes Buch geschrieben, und den nemlichen Gegenstand für sich allein behandelt hätte? Wenn ich nicht ganz irre, so dachten Sie, vortreflicher Mann, bei dieser uns nicht treffenden Frage, nicht an ein periodisches Werk vermischten Inhalts, wie das unsrige ist; sondern bloß an solche Werke des Geistes, welche eine genau bestimmte Einheit des Plans, Einheit der Manier und des Tons, feste Verbindung und wohl abgemessene Symmetrie zwischen den einzelnen Theilen erfordern, wie das z.B. bei jedem guten Gedichte, bei jedem drammatischen Stücke, bei jedem wissenschaftlichen Systeme und bei jeder als ein besonderes Ganze bearbeiteten Geschichte mehr oder weniger der Fall ist. Und da pflichte ich Ihnen gern und völlig bei, daß das Mitarbeiten mehrerer Schriftsteller zu einem *solchen* Werke, nicht nur gar keinen Nutzen bringen, sondern vielmehr offenbar eben den Schaden mit sich führen würde, der aus dem gemeinschaftlichen Arbeiten mehrerer Mahler an einem und eben demselben Gemählde entstehen müßte. Aber dies paßt denn doch, wie es scheint, keinesweges auf eine periodische Unterhaltungsschrift, welche, ihrer Natur und Absicht nach, von den eben erwähnten Fesseln der Kunst auch nicht eine anerkennt, sondern im Gegentheil, bei einem nur im Allgemeinen, nemlich in Ansehung der Gegenstände und der Zwecke, bestimmten Plane, es recht eigentlich und geflissentlich darauf anlegt, durch öftere Abwechslung in Ton und Manieren, und durch eine große Mannigfaltigkeit und Verschiedenheit in Materien und Form, ein sehr vermischtes Publicum zu unterhalten, und durch dieses Mittel gewisse unsern Zeitbedürfnissen entsprechende Ideen in sehr verschiedenen Köpfen aus sehr verschiedenen Ständen anzuregen und in Umlauf zu bringen. Ob dieser Zweck an sich weise und menschenfreundlich sey, davon nachher; für jetzt begnüge ich mich, nur auf den einzigen Punct zu drücken, daß ein solches Werk überhaupt, besonders aber, wenn es in Zeiten geschrieben wird, wo das Publicum durchaus monatlich unterhalten seyn will, wo man sich also gezwungen sieht, entweder mit dem Monde zu laufen oder sich ein Publicum in dem Monde zu suchen, wol unmöglich ohne ein Zusammentreten mehrerer Schriftsteller ins Daseyn kommen oder sein Daseyn lange behaupten könne. Dies wäre also offenbar einer von den Fällen - ich werde nachher mehr dergleichen anführen - wo die Verbindung mehrerer Schriftsteller zu gemeinschaftlichen Zwecken, nicht bloß nützlich, sondern auch durchaus nöthig ist, wofern Werke dieser Art überall zu Stande kommen sollen.

»Aber warum müssen sie zu Stande kommen? Könnte nicht jeder der verbundenen Schriftsteller das, was er dem Publico zu sagen hat, in einem eigenen Buche sagen? Wozu ist es gut oder gar nöthig, daß sie ihre Aufsätze zusammendrucken lassen?« Damit wären wir denn auf den eigentlichen Fleck gekommen, wo die Verschiedenheit unserer beiderseitigen Meinungen in diesem Puncte ihren Ursprung nimmt, und wo wir also untersuchen müssen, durch wessen Versehen die eine dieser beiden Meinungen dahin, die andre dorthin läuft.

Alles nemlich kömmt nunmehr auf die Frage an: ob periodische Schriften vermischten Inhalts, so wie unser Publicum sie nun einmal haben will, zu den nützlichen oder unnützlichen, oder gar zu den schädlichen litterarischen Unternehmungen gehören? Sie, edler Freund, sind geneigt, für das Letztere zu stimmen; ich hingegen bejahe mit völliger Überzeugung das Erstere. Lassen Sie uns sehen, auf welcher Seite, nicht die meisten, sondern die bündigsten Gründe sind.

Es hat Ihnen gefallen, mir nur Einen anzugeben; ob Sie deren mehrere in Bereitschaft hatten, aber den Einen für stark genug hielten, die ganze Sache allein auf sich zu nehmen, das lasse ich dahin gestellt seyn. Dieser Eine lautet so:

»So lange die Menschen bleiben, wie sie sind, sagen Sie, so werden sie bei ihren gemeinnützigsten und löblichsten Unternehmungen immer durch die Ehrbegierde und die Begierde nach Vortheil gereizt werden. Wenig Schriftsteller werden also Aufsätze, die für eine solche Sammlung bestimmt sind, mit *der* Sorgfalt und *der* Geistesanstrengung ausarbeiten, welche sie auf Schriften wenden, denen Sie ihren Nahmen ganz allein vorsetzen, für deren Fehler sie ganz allein zu stehen haben, so wie sie den Ruhm von deren Vortreflichkeit auch ganz allein einärndten. Daraus entsteht also, daß selbst die guten Köpfe, die sich zu solchen periodischen Schriften vereinigen, für dieselben nur die flüchtiger gearbeiteten Aufsätze bestimmen, die vielleicht eben so gut dem Publico ganz entzogen werden konnten. Es entsteht zuweilen noch etwas Schlimmeres, daß sie sich nach und nach an diese leichtere und gemächlichere Art zu arbeiten gewöhnen, die sie sich nicht würden erlaubt haben, wenn sie ganz allein, auf eigne Hofnung und Gefahr, hätten schreiben müssen. Jene Sammlungen enthalten also selten die besten Producte des Geistes selbst von den Männern, die viel Geist haben; - und die Gewohnheit oder die Verbindlichkeit viele solche Beiträge zu liefern, schwächt endlich wirklich die Kraft, so wie sie auch die Zeit wegnimmt, eigne größre Arbeiten zu verfertigen.«

Erlauben Sie mir hierbei zu fragen: sind diese von Ihnen besorgten nachtheiligen Folgen denn nun wirklich in der Natur einer solchen gemeinschaftlichen litterarischen Beschäftigung gegründet, so daß sie nothwendig und allemal daraus entstehen *müssen*, oder sind es nur *zufällige* Folgen, die, wenn man will, auch eben so gut vermieden werden können? Die Erfahrung beantwortet die erste Hälfte dieser Frage mit einem entscheidenden Nein! die andere hingegen mit einem eben so ausmachenden Ja! Denn hat nicht eben der *Wieland*, der den *deutschen Merkur* besorgt, während der Herausgabe dieses periodischen Werks, und unter der fleißigsten eignen Mitarbeit an demselben, seinen *Oberon* und, was mir noch schätzbarer ist, seine *horazischen Briefe* und *Satiren* ausgearbeitet? Hat nicht eben der *Moses Mendelssohn*, der ein Mitarbeiter an den *Litteraturbriefen* und an der *allgemeinen Bibliothek* war, auch die *philosophischen Schriften*, auch den *Phädon*, auch die *Morgenstunden*, und so viel andere unserer Litteratur zur Ehre gereichende Schriften verfertiget? Hat nicht *Möser* sogar aus Aufsätzen, für ein periodisches Werk gemacht, seine gemeinnützigen *patriotischen Phantasien* gesammelt? War nicht eben der *Lambert*, der das *Organon* schrieb, vor und bei der Ausarbeitung dieses Werks ein fleißiger Mitarbeiter an der *allgemeinen Bibliothek*? Hat nicht eben der alles zermalmende *Kant*, der, wie ein metaphysischer Vulkan, ein allgemeines philosophisches Systembeben verursachte, auch an den *gelehrten Zeitungen* in Königsberg und in neuern Zeiten an der *berlinischen Monatsschrift* mitgearbeitet? Und - denn was bedarf es mehrerer Beispiele? - haben nicht auch Sie, weiser Denker, Sie selbst, theils vor, theils bei der Ausarbeitung Ihrer allgemein geschätzten *philosophischen Werke*, an der *Bibliothek der schönen Wissenschaften* Antheil genommen?

Nothwendig also und unvermeidlich ist es denn doch wol nicht, daß derjenige, welcher an einem periodischen Werke arbeitet, sich um deswillen nun schlechterdings vernachlässigen, verschlimmern und zu größern Werken unfähig machen müsse. Aber vielleicht ist es wahrscheinlich, daß er durch diese Arbeiten sich nach und nach verschlimmern und unfähig machen werde? Wir wollen sehen.

»Die Menschen, sagen Sie, werden, so lange sie bleiben was sie sind, auch bei ihren gemeinnützigsten Unternehmungen immer durch Ehrtrieb und durch Begierde nach Vortheil gereizt werden,« Richtig! Aber haben diese beiden Triebe bei der Mitarbeit an einem periodischen Werke einen eingeschränkteren Spielraum, als bei Arbeiten, welche Jeder für sich unternimmt? Hat man bei jener etwa weniger Gelegenheit sich auszuzeichnen, als bei diesen? Werden interessante, einer Zeitschrift einverleibte Aufsätze weniger gelesen, oder kärglicher honorirt, als wenn ihr Verfasser sie besonders drucken ließe? So weit ich selbst das Journalwesen kenne, glaube ich von allen diesem grade das Gegentheil bemerkt zu haben. Oder wird etwa derjenige, der einem *Wieland, Boje, Gedike* oder *Biester* etwas zum Einrücken senden will, weniger Sorgfalt darauf verwenden, als wenn er es einem ungelehrten Buchhändler verkaufen wollte? Ich wüßte doch in der That nicht, woher diese größere Fahrlässigkeit rühren könnte. Man pflegt doch ordentlicher Weise bei Arbeiten, die man zunächst dem Urtheile sachverständiger Männer unterwirft, um so viel sorgfältiger und ängstlicher zu seyn, als das Urtheil und die gute Meinung solcher Männer uns wichtig ist. »Aber die gewöhnliche Nahmenlosigkeit solcher Aufsätze?« Die gewöhnliche? Gute Schriftsteller, die ihrer Fähigkeit, ihrer gemeinnützigen Absichten und ihres graden Ganges sich bewust sind, pflegen, besondere Fälle abgerechnet, überall, auch in Journalen, auch da, wo sie mit vorzüglicher Freimüthigkeit reden, aus ihrem Nahmen kein Geheimniß zu machen; denn eben dasselbe Bewustseyn reiner und guter Absichten, welches ihnen den Muth giebt, freimüthig zu schreiben, giebt ihnen auch den, sich zu dem Geschriebenen zu bekennen und, wenn es seyn muß, dafür zu leiden. Andere können ihr Machwerk eben so gut in besondern Schriften, als in Journalen, anonymisch drucken lassen.

»Aber man hat doch von seiner Mitarbeit an periodischen Schriften Ehre oder Schande nicht für sich allein zu hoffen oder zu besorgen; man theilt beide mit den zu einem solchen Werke Verbundenen; beide können also hier unmöglich eben so starke Motive zur höchsten Geistesanstrengung seyn, als wenn Jeder die eine oder die andere am Ziele seiner Bestrebung nur für sich allein erblickte!« Dies mag bei Werken, wo die sämtlichen Mitarbeiter das Incognito beobachten, z.B. bei gelehrten Zeitungen u.s.w. häufig genug der Fall seyn: aber auch bei Journalen, wo, wenn gleich nicht alle, doch die besten Verfasser sich zu nennen pflegen? Welchen Antheil nimmt denn hier der eine an dem, was eines andern ist? So viel ich sehe, gar keinen. Der edle Schriftsteller darf hier nicht besorgen, dadurch, daß er vielleicht mit einem genannten oder ungenannten Duns zusammengestellt wird, in der Achtung des Publicums auch nur das mindeste zu verlieren; und der genannte oder ungenannte Duns darf sich mit nichten schmeicheln, dadurch, daß er die Unverschämtheit hat, dem edeln Schriftsteller an die Seite zu treten, in der Achtung des Publicums auch nur das mindeste zu gewinnen. Umgekehrt wird vielmehr der auffallende Abstich zwischen beiden die Ehre des einen und die Schande des andern nur um so viel sichtbarer und anschaulicher machen.

Dies wäre denn nun, was ich auf ihren Gegengrund zu erwiedern hatte; jetzt erlauben Sie mir, diejenigen Gründe anzugeben, welche *für* die Notwendigkeit und den Nutzen einer gesellschaftlichen Vereinigung mehrerer Gelehrten zu gemeinschaftlichen Zwecken stark zu reden scheinen.

Lassen Sie uns zuvörderst uns erinnern, daß es sehr gemeinnützige schriftstellerische Unternehmungen giebt, die einen so großen Umfang haben, daß nothwendig viele Gelehrte von verschiedenen Kräften, Fähigkeiten und Kenntnissen zusammentreten müssen, wenn sie ausgeführt werden sollen. Ich will hier nur der *allgemeinen deutschen Bibliothek* erwähnen; eines Werks, dem niemand, so unzufrieden er übrigens auch mit mancher einzelnen darin enthaltenen Recension seyn mag, das Verdienst absprechen wird, daß es auf die Verbesserung unsers wissenschaftlichen Zustandes einen beträchtlichen Einfluß gehabt habe. Dieses und so viel andere vielumfassende, theils einheimische, theils ausländische Werke, deren großen Nutzen jedermann anerkennt, hätten doch, wenn keine Vereinigung mehrerer Köpfe zu gemeinschaftlichen Arbeiten statt gefunden hätte, offenbar ungeschrieben bleiben müssen. Also, darf ich schließen, ist eine solche Vereinigung, *in einigen Fällen wenigstens*, keinesweges zu verwerfen.

Lassen Sie uns jetzt derjenigen Gattung von periodischen Schriften näher treten, die Sie bei Ihrem Einwurfe vermuthlich ganz besonders im Sinne hatten, und die in monatlichen Lieferungen vermischter Aufsätze mehrerer Schriftsteller bestehen. Auch diese scheinen mir einen vielfachen unerkennbaren Nutzen zu haben, um den es mir leid thun sollte, wenn wir Verzicht darauf thun müßten. Denn

1. sind sie ein wohlausgesonnenes und zweckmäßiges Mittel, nützliche Kenntnisse jeder Art aus den Köpfen und Schulen der Gelehrten durch alle Stände zu verbreiten. Sie sind die Münze, wo die harten Thaler und Goldstücke aus den Schatzkammern der Wissenschaften, welche nie oder selten in die Hand der Armen kamen, zu Groschen und Dreiern geprägt werden, um als solche durchs ganze Land zu rouliren und zuletzt wol gar in den Hut des Bettlers zu fallen. Oder meinen Sie, reicher Mann! Sie, durch den das Kapital unserer wissenschaftlichen Nationalbank selbst vergrößert worden ist; meinen Sie, daß es gut seyn würde, wenn jenes Kapital

immer und ewig nur in harten Thalern und Goldstücken bestände, nie zu Scheidemünze ausgeprägt würde? Für das Kapital! selbst - vielleicht! Für Sie und andere Schatzmeister und Banquiers, besonders im Puncte der eigenen Bequemlichkeit - vielleicht! Aber auch fürs Publicum? Aber auch für uns andere, die wir oft nur ein Zweigroschenstück zu erwerben wissen, und gleichwol auch dieses Zweigroschenstück gar zu gern in die öffentlichen Fonds zum öffentlichen Nutzen legen mögten? Aber auch für Kreti und Pleti, welche nichts erwerben, und doch auch leben wollen, und doch auch an dem Nationalreichthum des Geistes, wäre es auch nur zur Leibes Nahrung und Nothdurft, Antheil nehmen mögten? Nimmermehr! Für alle diese wird es stets gut und wünschenswürdig bleiben, wenn das, was ein *Kant*, was ein *Garve* u.s.w. für Vaterland und Menschheit lucrirten und in großen Stücken, also nur für Reiche, niederlegten, durch kleine Wechsler in kleinere Münzsorten umgesetzt, und so durchs ganze Publicum in wohlthätigen Umlauf gebracht wird. - Sehen Sie da den ersten ausgemachten Nutzen, den unsere Journale haben! Hier ist ein zweiter:

2. Wie manche interessante und gemeinnützige Idee, die in dem denkenden Kopfe oft beiläufig hervorspringt, und sich nicht grade an diejenige Gedankenreihe anschließt, die er eben jetzt im Begriff ist, zu irgend einem größern Werke zusammenzuketten, würde für die Wissenschaften, würde für den menschlichen Verstand vielleicht unwiederbringlich verloren gehn, wenn der denkende Kopf, bevor er sie mittheilte, erst jedesmal auf eine, vielleicht nimmer erscheinende Gelegenheit warten sollte, sie in eins oder das andere seiner größern Werke einzuschieben! Man kann doch nicht aus jeder zufälligen Bemerkung, auf die man im Vorbeigehn stößt, nicht aus jeder wahrscheinlichen Vermuthung, die uns mitten unter andern, ganz heterogenen Beschäftigungen einfällt, nicht aus jeder kleinen Entdeckung, die uns vielleicht, ohne geflissentliches Suchen in einem Fache gelingt, welches nicht grade das unsrige ist, sogleich ein Buch machen und sie so in die Welt ausgehen lassen; aber man kann dergleichen beiläufige Kinder des Geistes rein und warm, so wie sie der Denkkraft eben jetzt entschlüpften, auf besondere Blätter werfen und, statt des Leibnitzischen Schubladens, woraus man nach seinem Tode das Otium Hannoveraneum zusammenstoppelte, die Journale dazu brauchen, sie vor dem Verpoltern und Umkommen zu sichern, sie der öffentlichen Pflege und weitern Ausbildung derer zu übergeben, welche vielleicht mehr Zeit und mehr Sorgfalt darauf verwenden können. Auch dieser Vortheil scheint mir in der That nicht unbeträchtlich zu seyn; und ich bin versichert, daß

die Journale, trotz ihrer ephemerischen Existenz, auch dadurch zur Erweiterung und Aufklärung des öffentlichen Ideenkreises, mehr geleistet haben, als manches vortrefliche litterarische Kunstwerk, welches vielleicht noch dann in Bibliotheken prangen wird, wann die Journale schon längst den Weg alles Makulaturs werden gegangen seyn.

3. Ein neuer Nutzen. Was der Kriegesmann erfährt, je nachdem er dem Feinde allein, oder in Reihe und Glied entgegen tritt, das erfährt auch der Schriftsteller, je nachdem er allein oder in Verbindung mit mehreren sich des Kampfs mit eingewurzelten Vorurtheilen und Irthümern erkühnt. Einsamkeit macht muthlos; gesellschaftliche Verbindung kühn. Mancher ist an der Seite braver Kriegskameraden in einen zehnmal überlegenen Feind beherzt gedrungen und siegreich zurückgekehrt, der, wäre er allein gewesen, vielleicht beim Anblicke eines einzigen bewafneten Knaben schon die Flucht ergriffen hätte. Dieses Stützen und Vertrauen auf verbundene Kräfte, dieses Anschwellen der Herzhaftigkeit beim Anblicke mehrerer, welche eine und eben dieselbe Gefahr mit uns theilen, liegen tief in unserer Natur und zeigen sich bei jeder Gelegenheit. Nur wenigen Erzhelden ist es gegeben, wie *Lessings* Windmühle auf ihrem einsamen Hügel, immer allein und immer ruhig da zu stehn, und nie aus ihrer Fassung gebracht zu werden, es mögen Knaben ihren Muthwillen an ihnen üben wollen, oder verkappte Ritter von der traurigen Gestalt mit aufgepflanztem Speer oder entblößtem Schwerte gegen sie anrennen.

Man sehe die bisherigen Jahrgänge unserer besten Zeitschriften - die des *Museums*, des *deutschen Merkurs* und der *Berlinischen Monatsschrift* - nach; und man wird auf viele Aufsätze von genannten und ungenannten Verfassern stoßen, die in eben dem Grade von Freimüthigkeit wol nie geschrieben seyn würden, wenn die nemlichen Verfasser sie mit oder ohne ihre Nahmen, jeder für sich besonders, hätten sollen drucken lassen. Ist es aber nicht gut und wünschenswürdig, daß wir der freimüthigen Schriftsteller viele haben, und ihrer immer mehr bekommen mögen? Also auch dazu müssen Journale seyn, um den Geist einer edlen Freimüthigkeit und den Muth unter uns zu erhalten, im Dienst der Wahrheit und der Menschheit keine Schmach und keine Verfolgung zu scheuen. - Sie müssen

4. auch deswegen seyn, theils weil der Geschmack unsers Publicums sich nun einmal dafür erklärt hat, theils weil die ganze geistige Verfassung unserer verfeinerten Lesewelt uns fast kein anderes Mittel mehr übrig läßt, Sachen, die keine leichte und ergötzende Unterhaltung gewähren, sondern mit einigem Nachdenken gelesen seyn wollen, so zu behandeln und zuzu-

richten, daß sie auch hier gelesen, verstanden und genutzt werden mögen. Unsere verfeinerten Menschen sind nemlich - versteht sich, mit Ausnahmen - auch zugleich unstäte, weichliche, jede Art von Anstrengung fliehende, nur nach Vergnügungen der Sinne und der Einbildungskraft rastlos haschende, an Leib und Seele verzärtelte Menschen, die sich schwerlich bequemen würden, ein Buch von dem Umfange und von dem tiefgedachten ernsten Inhalte *Ihres Cicero's* zur Hand zu nehmen, noch weniger, ein solches Buch vom Anfange bis zu Ende nachdenkend durchzulesen. Aber alle diese guten Leute wollen denn doch auch einen gewissen Anstrich von Litteratur haben; wollen denn doch auch ein Wörtchen mitschwatzen, wenn in Gesellschaften von Litteratur geschwatzt wird; wollen denn doch auch die langweiligen Zwischenräume zwischen ihren eigentlichen Berufsgeschäften - den Toilettenoperationen, den zu gebenden und anzunehmenden Besuchen, den Assembleen, den Spieltischen, den Spectakeln und Prachtmahlzeiten, - mit irgend etwas ausfüllen, welches das, was sie, mit *Wieland* zu reden, spaßhaft genug ihren Geist zu nennen belieben, verhindern kann, sich in sich selbst, d.i. ins Vacuum zu versenken. Da sehen sie nun, wenn nicht grade ein neuer Roman oder etwas Aehnliches zur Hand liegt, begierig nach einem Büchlein mit gefärbtem Umschlage aus, weil sie zum voraus wissen oder ahnden, daß sie darin wenigstens etwas finden werden, welches ihrem gegenwärtigen, der Vernichtung nahen Zustande angemessen ist. Dieses Etwas wird ausgesucht, und verschlungen. Jetzt ist es hinunter; aber die lange schwerfällige Stunde ist noch nicht zur Hälfte vorbeigekrochen. Was ist zu thun? Man blättert das Büchlein noch einmal durch; stößt auf einen Aufsatz, der zwar ernsthaften und bloß belehrenden Inhalts, aber doch auch so kurz ist, daß man das Bischen Kraft, welches zum Durchlesen desselben erfordert wird, sich wol allenfalls noch zutrauen darf. Man wagt sich daran; und siehe! das Abentheuer wird glücklich bestanden; und siehe! es bleiben wol gar ein Paar Ideen kleben, die auf eine oder die andere Weise, früh oder spät, zur Aufklärung und Veredelung auch *dieser* Seele ihre guten Dienste thun. Der Dank dafür gebührt dem Journalisten; ohne ihn, ohne sein *Zumachen wissen* (Savoir faire) würden diese Ideen dieser Seele wol niemals zugespielt worden seyn. Und das Journalwesen sollte nicht zu den gemeinnützigen Erfindungen gehören?

Ich habe mit Fleiß ein Extrem zum Beispiele gewählt, um nun fragen zu dürfen: geschieht das am dürren Holze, was wirds am grünen seyn? Wie mancher starkbesetzte Geschäftsmann, wie mancher schwerbelastete Hausvater, wie manche edle Hausmutter, welche ihre ganze Tageszeit der Erziehung ihrer Kinder und der Sorge für ihr Hauswesen widmet - also wie viel gute und achtungswürdige Menschen, die keine Zeit haben, größere Werke, die im Zusammenhange gelesen seyn wollen, für sich und ihren Geist zu nützen, finden etwan am Abend eines in rastloser Thätigkeit verlebten Tages in einem Journalaufsatze von etlichen Bogen Erholung, Vergnügen und Nutzen; werden dadurch über wichtige Angelegenheiten der Menschheit, die auch die ihrigen sind, aufgeklärt und zum eigenen Nachdenken gereizt; werden dadurch auf herrschende Modekrankheiten des Geistes und des Herzens und auf die Mittel aufmerksam gemacht, wodurch man sich davor verwahren kann; lernen daraus den Geist ihres Zeitalters mit seinen schönen und häßlichen Characterzügen kennen, und fangen überhaupt manchen wohlthätigen Lichtstral von der fortschreitenden Aufklärung und Veredelung der Menschheit auf! Lauter Vortheile, welche für diese schätzbare Classe von Menschen größtentheils verloren gehen würden, wenn die Zeitschriften nicht das Mittel gefunden hätten, sich überall beliebt zu machen, sich in alle, nur einigermaßen gebildete Stände einzuschleichen.

5. Ganz besonders, und zwar vorzüglich in Rücksicht auf die Zwecke *unsers* eigenen Journals, verdient auch dieser Nutzen erwogen zu werden, daß wol nicht leicht eine bequemere Anstalt erdacht werden konnte, die verschiedenen Stimmen denkender Köpfe über wichtige, aber noch streitige Puncte, zu sammeln; sie so zu sammeln, daß sie einem und eben demselben Publico hörbar würden. Hier kann jeder über jede historische oder Vernunftwahrheit seine Meinung sagen; hier kann ihr jeder die seinige entgegensetzen; und wohlgemerkt, durch eben denselben Cirkel, durch welchen jene sich verbreitete, verbreitet sich nun auch diese. Dies - oder ich wüßte nicht, was sonst - muß nothwendig den öffentlichen Untersuchungsgeist reizen; muß nothwendig gewisse Fragen, deren Beantwortung für die Menschheit wichtig ist, der Entscheidung näher bringen. Dieser Erfolg würde bei weitem nicht so wahrscheinlich seyn, wenn jeder unserer Herrn Mitarbeiter das, was er dem Publico zu sagen hat, ihm in einem besondern Buche sagen wollte. Da würde Vorliebe oder Zufall dem einen Leser dieses, dem andern jenes Buch in die Hände spielen; der Eine würde das *Für*, der Andere das *Wider* in Ansehung mancher problematischen Meinung allein zu lesen bekommen; nur wenigen würde beides in die Hände fallen, noch wenigere beides lesen wollen. Aber das Journal will man doch nun einmal nicht umsonst mithalten; was darin gegeben wird,

das muß nun auch gelesen werden, wäre es auch nur aus dem haushälterischen Bewegungsgrunde, um für sein Geld genug zu haben. Auch wird dafür gesorgt, daß hier alles weit kürzer und gedrungener vorgetragen wird, als es zu geschehen pflegt, wenn ein Schriftsteller seine Materie zu einem ganzen Buche ausspinnen muß; und der Zweck eines Journals, Unterhaltung und Belehrung, Vergnügen und Nutzen mit einander zu verbinden, gestattet zugleich einen etwas picantern Ton, als mancher Schriftsteller in einem besondern Werke sich erlauben würde. Durch dies alles zusammengenommen können also die Journale zur Beförderung des eigenen Denkens, also auch zur Beförderung der öffentlichen Aufklärung, offenbar weit mehr, als jedes besondre Buch wirken, so vortreflich dieses übrigens auch immer geschrieben seyn mag.

6. Noch ein sechster gleichfalls beträchtlicher Nutzen, den diese Art von Schriften, wenn sie das sind, was sie seyn sollen, vor allen andern Büchern stiften kann, verdient hier besonders ausgezeichnet zu werden; der nemlich, daß darin mehr, als in andern Werken, Rücksicht auf die jedesmaligen Bedürfnisse der Zeit genommen wird.

Der Werth einer jeden Art von Aufklärung und Belehrung ist, wie der Werth aller andern Dinge in der Welt, relativ d.i. er steigt oder fällt in Beziehung auf unser jedesmaliges größeres oder geringeres Bedürfniß oder in Beziehung auf den größern oder geringern Nutzen, den wir davon haben. Wer in einem ganz vorzüglich mückenreichen Sommer uns ein Mittel lehrte, diese Insecten uns vom Leibe zu halten, der würde sich zuverläßig weit verdienter um uns machen, als ein anderer, der uns zu eben der Zeit mit einem Arcanum an die Hand gehen wollte, wie man Tiger, Löwen, Flußpferde und Elephanten bändigen könne. Und doch ist die Mücke nur ein erbärmlich kleines Object, der Elephant ein ungleich größeres! Also nicht das Object einer Belehrung an sich, sondern die Beziehung, die dasselbe auf unser Wohlseyn oder auf unser Uebelbefinden hat, bestimmt allein den verhältnißmäßigen Werth derselben.

Nun bleiben zwar viele geistige und sittliche Bedürfnisse der Menschen von Jahrhundert zu Jahrhundert fast immer die nemlichen, und werden die nemlichen bleiben, so lange die Menschen Menschen sind. Aber andere wechseln wie die Moden; entstehen und verschwinden oft eben so schnell als diese. Das endlose Streben und Suchen des menschlichen Geistes nach neuer Vervollkommnung und nach neuem Vergnügen hat, außer vielen guten Folgen, auch die nachtheilige, daß er darüber den einzig richtigen Pfad zur Vollkommenheit und Glückseligkeit nicht selten verläßt, und bald zur Linken, bald zur Rechten auf gefährlichen Abwege geräth. Heute ist es daher diese, morgen jene Grille, von der er sich irre leiten läßt; heute entsteht dadurch diese, morgen jene Modethorheit, Modeverblendung! Da ist es nun zwar die Pflicht eines jeden gemeinnützigen Schriftstellers überhaupt, aber doch ganz besonders und recht eigentlich die eines Journalisten, der dem würdigsten Theile seines Berufs ein Genüge thun will, von seinem Standorte aus rund um sich her zu blicken; das Thun und Lassen der innerhalb seines Gesichtskreises ihr Wesen treibenden Zeitgenossen ruhig, unbefangen und scharf zu beobachten; zu bemerken, wann und wie sie von Zeit zu Zeit, ohne daß es ihnen ahndet, auf neue Irrwege gerathen oder alte, beinahe schon begrasete, von neuem wieder aufzutreten beginnen; ihnen dann sofort wohlwollend zuzurufen, sie über ihre Verirrung zu belehren, vor den Folgen derselben zu warnen, und sie so auf den Weg der Vernunft noch zu rechter Zeit zurückzuführen. - Und nun muß ich abermals fragen, ob das ein Beruf ist, dessen ein edler Schriftsteller sich zu schämen hat? Und ob, wenn die Journale diesem Berufe entsprechen, das Daseyn und die Vermehrung derselben selbst zu den Modethorheiten der Zeit, oder vielmehr zu den zweckmäßigen und wünschenswürdigen Mitteln gehört, den Modethorheiten Einhalt zu thun? Unser philosophischer Warner mag entscheiden.

Ob nun aber der Journale, wie manches andern Guten, nicht nach und nach auch zu viel werden könne, nicht vielleicht wirklich schon zu viel geworden sey? Das ist eine andre Frage, die gradezu, wie es das Ansehn hat, weder bejaht, noch verneint werden kann. Es scheint, es verhalte sich hiermit, wie mit der Vermehrung der Bücher überhaupt. Der schlechten haben wir schon lange viel zu viel, der guten noch immer viel zu wenig, und der vortreflichen können wir nie genug bekommen. Ob unser eigenes Journal, sich zu den *viel zu vielen* hinunter, oder zu den *viel zu wenigen* hinaufarbeiten werde, darüber erwarten wir zu seiner Zeit den Ausspruch unsers Richters - des erleuchteten Publicums.«

3

Heinrich Wilhelm von Archenholtz, Gedanken über die Journallectüre. In: Neue Literatur und Völkerkunde, Jg. 2, Bd 2, 1788, S. 3 - 9.

»Die Journallectüre macht Epoke nicht allein in der Litterargeschichte, sondern auch in der Geschichte des menschlichen Verstandes und der Cultur der aufgeklärtesten Völker unsers Welttheils. Nur bey sehr wenigen

Nationen ist die Begierde sich nach Nahrung des Geistes zu sehnen so groß, daß sie periodisch gestillt werden muß. Es ist wahr, die Italiener, die Dänen, die Schweden, die Holländer, jetzt auch die Spanier und Russen, alle haben Journale in ihrer Nationalsprache; allein verhältnißmäßig werden sie bey diesen Völkern sehr wenig gelesen. Die Franzosen zählen deren viel, und lesen sie mit Begierde, die Engländer haben eine noch größere Anzahl, lesen sie hingegen weniger; die meisten Journale aber haben die Deutschen. Wie viel läßt sich nicht über diesen Gegenstand sagen! Meißner, der noch vor zwey Jahren bekanntlich Herausgeber eines Journals war, hatte einen schönen Aufsatz über diese Materie geschrieben, dessen Druck dieser berühmte Gelehrte der Lesewelt nicht vorenthalten solte, wozu ich ihn hiermit öffentlich auffordere. Der Titel war: Was ist der Herausgeber eines Journals dem Publico schuldig? und was ist das Publicum dem Journalisten schuldig? Diese Fragen waren in seinem Manuscript vortreflich beantwortet. Es ist sonderbar, daß man bey der großen Schreibseligkeit in Deutschland und bey der so allgemeinen Journallectüre so wenig über die Sache selbst geschrieben hat.

Diejenigen Journale, die blos für eine Wissenschaft geschrieben werden, sind vielleicht die lehrreichsten. Die Arbeiten alle auf einen Punct gerichtet, und von einem in diesem Fache erfahrnen Herausgeber mit Einsicht und Auswahl geordnet, müßen die Aufmerksamkeit derjenigen erregen, die mit der nehmlichen Wissenschaft bekannt sind, und in Ansehung ihrer Fortschritte Belehrung wünschen. Die andern Journalisten aber befinden sich in einer ganz verschiedenen Lage. Da ihre periodischen Schriften von allen Volksclassen gelesen werden, so verlangt man Mannigfältigkeit und Interesse. Man will nicht belehrt seyn, sondern nur zum Vergnügen lesen. Diejenigen Journalisten, die vorzüglich Belehrung zum Augenmerk haben, so löblich auch ihr Zweck ist, müßen ihn verfehlen; man liest solche Aufsätze fast gar nicht. Erst wirft man die Hefte, und dann die Journale selbst weg. Ein großer Künstler that dieses vor einiger Zeit mit einem berühmten periodischen Werke, dessen Subscribent er mehrere Jahre gewesen war; ich hörte es ungerne, und bezog mich auf manchen darin befindlichen lehrreichen Aufsatz. Diesen Gründen setzte er ein unwiderlegbares Argument entgegen: »Ich gebe alles zu, allein es intereßirt mich nicht.« Er suchte in Journalen Zerstreuung, und wenn er Unterricht wünschte, so ergrif er die absichtlich für ein gewisses Fach geschriebene Bücher. Man ist nicht immer gestimmt dergleichen zu studieren; dagegen zur flüchtigen Lectüre eines Journalhefts alle Stunden bequem sind. Interesse für den großen Haufen der Leser muß daher das Motto des Journalisten seyn. Hieraus entsteht natürlich die Frage: Was intereßirt denn? Die Antwort ist nicht schwer für jemand, der auf Menschen und Bücher einige Aufmerksamkeit gewandt hat. Die allerwenigsten Leser finden Vergnügen am Denken, folglich die vortreflichsten Aufsätze, die blos den Verstand beschäftigen, sind für sie verlohren, und nur eine kleine Anzahl Menschen liest sie. Eine weit größere will ihre Einbildungskraft oder ihre Neugierde beschäftigt haben; die größte Menge aber sucht Nahrung fürs Herz, weil das Empfinden so leicht ist. Selbst diejenigen, die vorzüglich auf die Vervollkommung ihres Verstandes sehen, sind gegen das Interesse des Herzens nicht gleichgültig. Eine beständige Rücksicht auf diese Regel, und eine glückliche Mischung solcher Dinge, die wechselsweise bald den Verstand, bald die Einbildungskraft, bald das Herz auf eine ausserordentliche Art beschäftigen, ist daher der Grundsatz großer Schriftsteller, die nicht für einzelne Menschenclassen, sondern für ein ganzes Volk schreiben.

Wenn diese Maxime auf Wahrheit gegründet ist, - und um sich davon zu überzeugen, so annalysire man die unsterblichen Geistesproducte aller Nationen, - so solte man denken, daß die Mittel, Interesse zu erzeugen, für die Journalisten eben nicht so schwer zu finden wären. Allein das Gute ist selten, und das Vortrefliche noch weit seltener. Ueberdem, wie wenig Menschen haben für das Letztere einen Sinn! Und kann man wohl dergleichen zumal gehäuft in Journalen suchen, die Ephemeriden des Tages sind, die von den meisten Menschen nicht gelesen, sondern nur durchblättert werden, die bey andern nur die müßigen Augenblicke bey der Toilette, oder zwischen dem Schauspiel und der Abendmahlzeit ausfüllen? Wer nimmt gerne ein verjährtes Journalheft in die Hände? Und doch findet man in den ältern Jahrgängen des deutschen Mercurs, des Museums, der Schlözerschen Journale u.a. manchen vortreflichen Aufsatz, würdig wiederholt gelesen, aufbehalten, und der Nachwelt überliefert zu werden. Niemand aber ließt sie mehr; sie sind so gut als ob sie nie geschrieben wären. Ich habe deren in französischen und englischen Journalen übersetzt gefunden, und obgleich verstümmelt, so erregten sie doch Aufmerksamkeit. Die Quellen waren nicht genannt; sie galten also für Originalproducte, die ihren unbekannten Verfassern Ehre machten.

Die Nachdrucker haben neue gute Bücher in Deutschland selten gemacht; die beßten Köpfe der Nation, die nicht allein auf ihren Ruhm, sondern auch auf ihre Küche Rücksicht nehmen müßen, und nicht zur Beförderung *Allerhöchster Aufklärungsabsichten* die Rolle des Sancho

Pansa auf der Insel Barataria spielen wollen, geben die Lust zu gelehrten Arbeiten auf, um Brodgeschäfte aufzusuchen; und wenn sie schreiben, so sind es nicht Bücher, sondern Aufsätze und Fragmente, die irgend einem Journale einverleibt werden. Ich zweifle, daß sich in Deutschland ein Gelehrter von irgend einem Ansehn befindet, der sich nicht dieses wohlthätigen Vehiculums bedient haben solte. Wozu also die verächtlichen Blicke, die Herr Schlosser bey seinem Streit mit den Herausgebern der berliner Monatsschrift auf Journale und Journalisten wirft? Dieses ist von ihm destomehr befremdend, da er selbst Journale wählt, um seine Meynungen der Welt mitzutheilen. Wie hätte man sonst die große Hochachtung erfahren, die er, als ein Mann von Einsicht und Gelehrsamkeit, für einen Cagliostro, einen Betrüger der allerniedrigsten Classe hegt?

Gewiß ist es, daß ohne diese periodischen Schriften, bey dem verheerenden Nachdruck, den einige Fürsten zu ihrer Schande schützen, und andre Fürsten zum Schaden ihrer Unterthanen gelassen zusehn, die deutsche Nation in ihrer Cultur Rückschritte gemacht haben würde. Unsere beßten Journale so wie sie sind, haben doch unleugbare Vorzüge vor den beßten französischen und englischen. Die erstern werden durch Frivolitäten und die letztern durch schöne Kupferstiche aufgestutzt, und ohne die Fragmente aus den neuesten Büchern, und den Erzählungen mancher Auftritte in beyden ganz Europa so sehr intereßirenden Hauptstädten, wären sie wegen des vielen Localen und Trivialen kaum lesbar. Ich habe seit einigen Monaten sechs und zwanzig verschiedene Gattungen der neuesten englischen Magazine durchgesehn, die diese Behauptung bestätigen. Dennoch ist der Debit der letztern stark, zumal bey einem wohlfeilen Preise, wobey man blos die Kupferstiche bezahlt, und alles übrige als Zugabe bekommt. Mit solchen Verzierungen muß der deutsche Journalist sparsam seyn. Der Mangel an einer Hauptstadt, die so wenig beschützte deutsche Litteratur, der Nachdruck, die große Verschiedenheit des Geschmacks und der Aufklärung in den Provinzen, und andre Dinge, setzen dem Debit der deutschen Journale Gränzen, deren eigentliche Beschützer die Lesegesellschaften sind. Man sey daher billig in seinen Forderungen, besonders da, wo man die Bemühungen der Journalisten ihr Publicum nicht zu vernachläßigen, nicht verkennen kann.

Bey einem wohl erwogenen und durch Erfahrung geprüften Plan, muß man sich durch die Urtheile andrer nicht irre machen lassen. So z.B. haben mich manche Leser des *british Mercury* gebeten, die Parlamentsverhandlungen, das heißt: die enthüllte geheime Geschichte eines mächtigen republicanischen Senats, der auf die entferntesten Nationen wirkt, wegzulassen; andre haben sich gewundert manches im *Mercury* zu finden, das man auch in den deutschen Zeitungen ließt, als ob von der Geschichte des Mondes die Rede wäre, und man lauter nie gehörte Dinge erwarten müsse. Ein jeder Herausgeber eines periodischen Werks wird interessante Fragmente *noch nicht gedruckter* Bücher wie einen Fund ansehen. Der Gebrauch dergleichen in Journalen aufzunehmen ist so alt, als die Journallectüre selbst. Franzosen, Engländer und Deutsche haben dieses mit allgemeinem Beyfall gethan. Man bekömmt eine Idee von einem noch nicht erschienenen Werk; das Vergnügen oder die Belehrung, wenn es dergleichen gewähren kann, wird anticipirt, und kommt in größern Umlauf. Ueberdem wie wenig Journalleser bekommen ein solches Buch gleich nach der Erscheinung in die Hände? Viele bekommen es gar nicht zu sehn, und geschieht es, wer wird nicht ohne Bedenken das Fragment eines guten Buchs in Verbindung mit dem Ganzen noch einmal lesen? denn bey einem schlechten hat man ja am ersten gelesenen Bruchstück genug. Man solte glauben, die Meynungen darüber könnten nicht getheilt seyn, und doch giebt es Personen, die diesen Gebrauch tadeln. So unmöglich sind die Versuche es allen Recht zu machen.

Ich wünsche daher meinen Herrn Collegen den Journalisten und mir, was nicht auf allen Straßen und Marktplätzen des heiligen römischen Reichs deutscher Nation gefunden wird, einsichthabende, und was noch seltner zu finden ist, billige Leser.«

4

J.A. Bergk, Warum liest man periodische Schriften, und wie muß man sie lesen? In: Bergk, Die Kunst, Bücher zu lesen. Jena 1799, Kapitel 35, S. 383 - 389.

»Man hat den Journalen und Zeitungen Schuld gegeben, sie verhinderten gründliche Gelehrsamkeit. Allein ist denn Wort- und Thatenkenntniß wirklich gründliche Gelehrsamkeit, oder thut der Mensch seine Pflicht, und erreicht derjenige seinen Lebenszweck, der sein Gedächtniß mit einer rohen, unverarbeiteten Masse von Materialien angefüllt hat, oder erfodert die Bestimmung des Menschen und der Zweck alles Studirens ganz andere Kenntnisse, als solche, die man oft ganz allein für Gelehrsamkeit hält? Alles Studiren muß auf die Beförderung des Selbstdenkens und auf den

Erwerb von Selbstständigkeit des Charakters abzielen. Wer durch sein Studiren weder im Denken geübter noch fester von Charakter worden ist, hat Mühe und Zeit unnüz verschwendet. Er soll alle seine Kräfte ausbilden und selbstthätig machen, und er hat sie entweder unterdrückt, oder nie gebraucht. Hat ein solcher Mensch wohl je eine Ahndung von dem gehabt, was er seiner Menschheit schuldig ist? - Der Mensch kann seine Anlagen an jedem Stoffe üben, warum sollten nun periodische Schriften allein ein Hinderniß der Gelehrsamkeit und Kultur seyn? Sie enthalten eine große Mannichfaltigkeit von Aufsäzzen, schwächen also weder die Lust, noch die Kraft zum Denken, weil das Mannichfaltige unsern Geist nicht ermüdet, sondern seine Neugier reizt, und ihn daher immer zu neuen Anstrengungen aufmuntert. Es werden in periodischen Schriften Gegenstände abgehandelt, die man nicht leicht anderswo berührt findet. Es werden nützliche Untersuchungen angeregt, die vielleicht nie angestellt worden wären. Es werden Gedanken und Vorschläge in ihnen niedergelegt, die man entweder gänzlich übersehen hatte, oder die doch nicht so bekannt waren, als es zu wünschen gewesen wäre. Mancher junge Schriftsteller eröfnet durch Journale seine Laufbahn, und benuzt oft die Beurtheilung erfahrner und sachkundiger Männer über seine Arbeit. Mancher Geschäftsmann hat weder Zeit noch Lust, weitläuftige Werke zu lesen, allein Journale und Zeitungen kann er lesen, weil er hier nach seinem Geschmacke und nach seiner Lust wählen kann, indem sie kurze Aufsäzze enthalten, deren Lektüre nicht zu viel Zeit kostet, und wodurch er gleichwohl eine Menge nüzlicher Wahrheiten und Vorschläge kennen lernt.

Die Journale und Zeitungen sind dazu da, das Neueste aus der literarischen und politischen Welt zu verbreiten. Sie sollten aber nicht bloß erzählen, was gethan worden ist, sondern sie sollten auch Vorschläge zu demjenigen enthalten, was gethan werden sollte. Unsere Journale sollten oft auf die Lücken in den Wissenschaften, auf das Unhaltbare gewisser Behauptungen, auf allgemein schädliche Mißbräuche, auf den Aberglauben in vielen Handlungen der Menschen, auf den Charakter des Zeitalters, auf den Zweck unsers Daseyns in dieser Welt, auf unsere Pflichten und Rechte, auf die verborgenen Schlupfwinkel im menschlichen Herzen, auf bisher verkannte Wahrheiten u.s.w. aufmerksam machen, und sie sollten es sich zu ihrem Hauptgeschäfte machen, eine größere Kenntniß von der Natur und von dem Menschen zu verbreiten, und die Geheimnisse von beiden immer mehr ans Licht zu ziehen zu suchen. Sie sollten Lebensweisheit lehren, und den Menschen zeigen, wie sie ihr Leben einrichten, wie sie sich selbst kennen lernen, und wie sie mit einander umgehen sollten. Die neuesten Entdeckungen im Reiche der Wahrheit sollten durch eine populäre Einkleidung gemeinnüzziger gemacht werden, und wo fände man mehr Gelegenheit, dies zu thun, als in Journalen? Diese sollten dahin arbeiten, den literarischen und politischen Despotismus zu untergraben, und sie sollten es sich zu ihrer heiligsten Pflicht machen, dem verkannten Denker Recht zu verschaffen, und dem Gedrückten Linderung zu gewähren: kurz, sie sollten die Menschen weiser, klüger, einsichtsvoller und gerechter zu machen suchen. Ob unsere jezzigen periodischen Schriften diesen Foderungen ein Gnüge thun, wird jeder leicht ausmachen können, der mit ihrem Inhalte und mit ihrem Geiste bekannt ist.

Warum liest man denn periodische Schriften? Der Zweck, den man bei der Lektüre derselben hat, ist nicht allein, die Neuigkeiten in der gelehrten und politischen Welt, sondern auch den Geist und die Bedürfnisse des Zeitalters kennen zu lernen: denn man kann es nicht leugnen, daß sich der Genius eines Zeitalters weit mehr in periodischen, als in andern Schriften offenbart. Er tritt in ihnen mit seinen Ansprüchen und mit seinen Aeußerungen unverhüllter auf, als anderwärts: in großen Büchern arbeitet man mehr und öfterer für die Wissenschaften, in Journalen mehr für die Welt. Wer daher das Streben und die Meinungen seiner Zeitgenossen studiren will, muß periodische Schriften lesen, und wer in die dringendsten Angelegenheiten der Menschheit eingeweihet seyn will, muß seine Zuflucht zur Lektüre von Journalen nehmen: hier hört man die Wünsche, sieht die Bedürfnisse, und vernimmt den Zustand unserer Mitmenschen. Durch die Lektüre von periodischen Schriften lernen wir den Grad von Kultur, auf welchen die Menschen jetzt stehen, die Schicksale der Wissenschaften und der Reiche früher kennen, als anderwärts. Es kommen durch sie Sachen zu unserer Kenntniß, wovon wir vorher keine Ahndung hatten. Die gelehrten Zeitungen machen uns auf die Mängel und Unvollkommenheiten in den Wissenschaften, auf gute und schlechte Bücher aufmerksam. Durch politische Zeitungen erfahren wir den Zustand und das Drängen und Treiben eines großen Theiles der Erdbewohner, und in den Journalen werden Fakta und Erfahrungen niedergelegt, und Gegenstände verhandelt, die uns zu wissen sehr nüzlich sind.

Wie müssen wir aber periodische Schriften lesen? Wir müssen eine große Auswahl unter den Aufsäzzen eines Journales treffen, und alle diejenigen übergehen, die weder zur Vermehrung unsrer Kenntnisse, noch zur Bildung irgend einer von unsern Anlagen, noch zu unserer Besserung etwas beitragen. Wir müssen daher nur solche lesen, die sich entweder durch Gedankenreichthum, oder durch eine geschmackvolle Darstellung, oder durch neue Entdeckungen, oder durch nüzliche Rathschläge, oder durch lehrreiche und vortrefliche Bemerkungen, oder durch Bekanntmachung von wichtigen Thatsachen u.s.w. auszeichnen. Und wer eine Uibung im Lesen erlangt hat, kann bald errathen, ob der Verfasser eines Aufsazzes ein Mann ist, von welchem man etwas lernen kann.

Da wir alle Lektüre auf die Kultur unserer Anlagen beziehen müssen, so müssen wir sowohl die mitgetheilten Thatsachen, als auch die Erfahrungen, Bemerkungen und Entdeckungen genau prüfen. Vorzüglich ist diese Prüfung in keinem Zeitalter nöthiger gewesen, als in dem unsrigen, wo der Parteigeist die Stimme des Gewissens und die freie Selbstthätigkeit des Verstandes fast gänzlich unterdrückt. Man entstellt alle Thatsachen, erdichtet Unwahrheiten, verschreiet die unschuldigsten Worte und Handlungen als Majestätsverbrechen, wirft ein gehässiges Licht auf Männer, die nicht zu unserer Parteifahne geschworen haben, verläumdet und verspottet das Heiligste der Menschen. Wie vorsichtig muß man also bei der Lektüre periodischer Schriften verfahren, um Wahrheiten einzuerndten, und nicht seinen Kopf und sein Herz zu verderben! Unsere periodischen Schriftsteller haben größtentheils zu einer einzigen Partei geschworen, und sehen daher alles aus dem Lichte ihrer Wünsche, Meinungen und Leidenschaften an. Ein Mann, der bloß der Vernunft und der Gerechtigkeit huldigt, wird selten angehört, weil er sich nicht so unsinnig gebährdet, als man es wünscht.

Bei der Lektüre von periodischen Schriften müssen wir immer die Feder bei der Hand haben, um dasjenige aufzuzeichnen, was man entweder noch nicht weiß, oder was zu unserm Wohle dient. Man muß sich die nüzlichsten Bemerkungen, die lehrreichsten Beobachtungen, die folgenreichsten Entdeckungen, die besten Bücher, die merkwürdigsten Thatsachen aufzeichnen, um bei Gelegenheit von ihnen Gebrauch machen zu können. Man muß gedankenreiche und wichtige Aufsäzze nach der Lektüre wieder durchdenken, und es versuchen, den abgehandelten Gegenstand selbst darzustellen, um sich sowohl im Denken, als in der Darstellung zu üben: denn da die meisten Aufsäzze in periodischen Schriften klein sind, so geht dies bei ihnen weit leichter an, als bei großen weitläuftigen Werken.

Der mannichfaltige Inhalt der periodischen Schriften gewährt uns Nahrung für alle unsere Anlagen und Kräfte; sie können daher als eine Schule unserer vollständigen Bildung angesehen werden.

Die Lektüre periodischer Schriften muß aber uns nicht alle unsere zum Lesen bestimmte Zeit rauben; wir müssen mit dieser haushälterisch umgehen, um auch wichtige Werke studiren zu können, um eine vollständige Kenntniß der Welt, der Menschen, und der Natur zu erlangen, und um mit dem Selbstdenken auch reichlichen und mannichfaltigen Stof einzusammeln. Wir müssen Selbstdenker und Gelehrte zugleich zu werden trachten, und haben wir in dem Selbstdenken eine Vollkommenheit erreicht, so werden wir durch Fleiß und Anstrengung in der Gelehrsamkeit bald große Fortschritte machen. Vorzüglich müssen wir uns in der Jugend hüten, nicht zu viel Zeit auf die Lektüre von periodischen Schriften zu verwenden, weil uns sonst das Studium von weitläuftigen Werken anekelt, und weil wir alsdann Vortheile verliehren, die nie wieder ersezt werden können. Wir müssen erst Berge zu übersteigen gewöhnt worden seyn, ehe wir auf anmuthigen Auen ausruhen wollen, und wir müssen erst kämpfen gelernt haben, ehe wir Lorbeern einzuerndten verlangen.«

Werner Schütz Die Kanzel als Katheder der Aufklärung

Als der Prediger Zöllner im Jahr 1783 in einem Aufsatz der »Berlinischen Monatsschrift« über das Thema, ob man das Ehebündnis auch weiterhin noch durch die Religion sanktionieren solle, statt der alten Pilatusfrage: »Was ist Wahrheit? « die moderne Frage seiner Zeit stellte: »Was ist Aufklärung? «, hat Kant die berühmte Antwort gegeben: »Aufklärung ist der Ausgang des Menschen aus seiner selbstverschuldeten Unmündigkeit... Sapere aude! Habe Mut, dich deines eigenen Verstandes zu bedienen! ist der Wahlspruch der Aufklärung.« (1) Aufklärung bedeutet, »von seiner Vernunft in allen Stücken *öffentlich* Gebrauch zu machen«. (2) In einem anderen Aufsatz Kants: »Was heißt sich im Denken orientieren? « lautet es präziser noch und knapper: »Die Maxime, jederzeit selbst zu denken, ist die Aufklärung.« (3)

Nicht anders haben auch die Theologen der Zeit gedacht. Der ziemlich radikale Aufklärer Andreas Riem, der 1787 unter dem Pseudonym C.A.E. Schmidt aus einer Abschrift die von Lessing nicht herausgegebenen Teile der Wolfenbütteler Fragmente veröffentlich hat, definiert in der kleinen, anonym herausgegebenen, in wenigen Wochen viermal aufgelegten Schrift »Über Aufklärung, ob sie dem Staat, der Religion, ihren Aussichten gefährlich sei oder werden könne«: Aufklärung »sei nichts anderes als die Bemühung des menschlichen Geistes, alle Gegenstände der Ideenwelt, alle menschlichen Meinungen und ihre Resultate, alles, was auf die Menschheit Einfluß hat, nach den Prinzipien einer reinen Vernunftlehre zur Beförderung des Nützlichen ins Licht zu setzen.« (4) Der sehr viel konservativere Supranaturalist Franz Volkmar Reinhard betrachtet im »System der christlichen Moral« als das entscheidende Charakteristikum der Aufklärung die grundsätzliche Prüfung alles Bestehenden und Überlieferten durch die Vernunft jedes einzelnen Mitbürgers. »Wo wahre Aufklärung ist, herrscht das Bestreben, alles selbst zu prüfen, sich von allem deutliche Begriffe zu bilden, seine Vernunft überall anzuwenden und ihrer Erklärung zu folgen.« (5)

Verstehen wir unter Aufklärung selbständiges, begründendes und kritisches Denken, so stehen wir auch heute in einem Zeitalter der Aufklärung, der Vernunft und Wissenschaft, der Anwendung kritischer Reflexion auf alle Gebiete des Lebens. Wir haben nicht die Aufklärung wiederentdeckt; wir haben wieder entdeckt, daß wir noch mitten in ihr leben. Mündigkeit, Autonomie, Selbständigkeit und Selbstverantwortlichkeit bestimmen Ziel- und Wertvorstellungen der modernen Zeit. Pädagogik will Mündigkeit des heranwachsenden Menschen, Respekt vor den Leitlinien seiner werdenden Persönlichkeit. Die moderne psychologische Beratung und die neue Seelsorge verstehen sich als Hilfe zur Selbsthilfe für den Menschen, der sich selbst aus eigener Einsicht verwirklichen soll. Demokratie will Selbstverantwortung und Selbstbestimmung auf allen Gebieten des gemeinsamen Lebens. Der modernen Theologie geht es um Verwirklichung der Existenz in wagender Entscheidung eines selbstverantworteten Glaubens, der bei aller geschichtlichen Vermitteltheit eigener und nicht fremder Glaube sein soll. Die Aufklärung ist nicht durch Romantik, Sturm und Drang, den deutschen Idealismus, durch Historismus und Relativismus abgelöst worden; abgelöst worden sind bestimmte überholte Erscheinungsformen der Aufklärung, geblieben ist, durchgehalten hat sich die von der modernen Wissenschaft gestellte Aufgabe der Bewältigung aller Lebensfragen durch kritisches Denken in der Verantwortung vor dem Forum von Vernunft und Wissenschaft.

Wilhelm Dilthey hat die Aufklärung gegen die »genialitätsstolze Kritik ihrer romantischen Gegner« (6) verteidigt, und Ernst Cassirer hat die Revision des großen Prozesses gefordert, den die Romantik gegen die Aufklärung angestrengt habe, und sich gegen die Rede von der »flachen Aufklärung« gewandt, die noch immer bei uns umgehe. (7) Auch die Theologie sollte wieder ein unbefangeneres Verhältnis zur Aufklärung gewinnen; sie braucht sich wahrlich dieses Abschnitts ihrer Geschichte nicht zu schämen. Wollen wir von der Kanzel als einem Katheder der Aufklärung sprechen, dann dürfen wir die Predigten dieser Zeit nicht auf Merkwürdigkeiten, Kuriositäten und Platituden hin durchstöbern - natürlich hat es sie auch gegeben, wann hätte es sie nicht gegeben!, sondern wir müssen die Predigt der Aufklärung als eine der Formen der Begegnung der Theologie mit der modernen wissenschaftlichen Welt würdigen.

1. Wir fragen zunächst allgemein, welche Bedeutung kommt der Kanzel überhaupt als einem Katheder der Aufklärung zu? Man wird geneigt sein, der wissenschaftlichen philosophischen und theologischen Literatur ein größeres Gewicht für die Verbreitung der Ideen der Aufklärung zuzumessen als ausgerechnet der christlichen Predigt. Im Jahr 1775 ist der

Anteil der in lateinischer Sprache gedruckten, nur den Gelehrten zugänglichen Werke gegenüber den in deutscher Sprache veröffentlichten Bücher auf bloße 5% zurückgegangen, während er sich knapp ein halbes Jahrhundert früher noch auf 30% belief. Trotzdem darf die Bedeutung der wissenschaftlichen Literatur für die Ausbreitung und Popularisierung der Aufklärung in dieser Zeit nicht überschätzt werden. Daß Montesquieus »De l'esprit des lois« allein 22 Auflagen in acht Monaten mit 35 000 verkauften Exemplaren aufgewiesen hat, ist eben doch eine sehr seltene Ausnahme. (8) Die Wirkung der radikalen freigeistigen Literatur auf das allgemeine Denken des Volkes ist selbst in Frankreich nicht allzu groß. Neben ihr gibt es auch in dieser Zeit eine weitverbreitete Literatur zur Verteidigung des Christentums. Allein 1770, dem Erscheinungsjahr von D. von Holbachs »Système de la nature«, sind in Frankreich 90 Bücher apologetischer Art erschienen; David Hume soll als Gast Holbachs gesagt haben, er glaube nicht an das Vorhandensein von Atheisten, und Samuel Johnson hat gemeint, daß es nur wenige Ungläubige gäbe, er habe von einem früheren Quäker, jetzt fürchte er, einem Deisten, gehört, daß es in ganz England kaum mehr als 200 seien. (9) Nun, wir können das dahingestellt sein lassen! Wichtiger als solche Schlaglichter ist die Tatsache, daß der Wirkung wissenschaftlicher Bücher auf weite Kreise des Volkes ihre enormen Kosten im Wege stehen, in erhöhtem Maß gilt das von den von der Zensur verbotenen Schriften. Die freigeistigen Salons und Zirkel an den größeren und kleineren Höfen wirken kaum über ihren eigenen Kreis hinaus. Der Einfluß der Akademien und wissenschaftlichen Gesellschaften (10) beschränkt sich auf die schmale Elite, die an dieser Form geistigen Lebens teilnehmen kann. Noch immer sind die Zahlen derer sehr groß, die nicht einmal lesen und schreiben können. Man hat in Frankreich an Matrikel und Trauurkunden festgestellt, wer diese Urkunden selbst unterschrieben hat, und ist so zu der Schätzung gekommen, daß von 1685 bis 1785 die Zahl der Analphabeten von 79% auf 63% der Bevölkerung zurückgegangen sei, wobei die eigenhändige Unterschrift bei der Trauung nicht gerade als ein Befähigungsnachweis für das Lesen wissenschaftlicher Werke gelten kann. Geschäftsleute, Handwerker, Bauern, überhaupt die Bewohner ländlicher Gegenden und kleinerer Städte waren weithin von den wissenschaftlichen und literarischen Medien zur Verbreitung der Aufklärung ausgeschlossen.

In den Kreisen des höheren, gebildeten Bürgertums spielt die in diesem Jahrhundert entstehende neue Form der Journalistik eine wichtige Rolle.

(11) Fast 4 000 Journale hat man bis 1790 registriert, von denen freilich viele nur ein kurzes Leben hatten. Man kennt in Deutschland mehr als 500 moralische Wochenschriften wie den Hamburger »Patrioten« (1724), die »Diskurse der Mahlern« (1722), in denen Bodmer und Breitinger ihren Kampf mit Gottsched ausgefochten haben, Gottscheds »Vernünftige Tadlerinnen« (1725/26), ein Journal für die Damenwelt, seinen »Biedermann« (1727/28), um nur einige der frühesten und wichtigsten Erscheinungen dieser Art zu nennen. (12) Diese Wochen- und Monatsschriften moralischen Inhalts haben viel mehr als die in Deutschland entstehenden lokalen Zeitungen zur Verbreitung der Ideen der Aufklärung beigetragen. Sie stehen unter dem Vorzeichen der Volkstümlichkeit und Popularisierung; unterhalten und belehren wollen sie, sie erreichen vor allem die gebildeten Schichten des Bürgertums, auch wenn die Auflagenziffer oft gering, die Dauer des Erscheinens nur kurz ist.

Natürlich haben die 268 Bände der von 1765-1805 erschienenen »Allgemeinen deutschen Bibliothek« mit ihren Auszügen, Berichten und Rezensionen der in Deutschland herausgekommenen Bücher eine große Ausstrahlungskraft bei Gelehrten und Gebildeten gehabt. (13) Auch Romane, Novellen und Erzählungen dienen der Verbreitung der Ideen der Aufklärung, um von der zweideutigen »Untergrundliteratur« ganz zu schweigen. Neben Nicolais berühmtem Roman »Sebaldus Nothanker« (14), der in vier Auflagen mit 12 000 Exemplaren gedruckt wurde, haben auch Theologen und Pfarrer sich an dem Romaneschreiben beteiligt. Der Oberkonsistorialrat Christian Friedrich Sintenis hat sich erst nach 1800 zu seinen zahlreichen, schon seit einem Vierteljahrhundert erschienenen Romanen bekannt. Der Altenburger Superintendent Gottfried Demme ließ seinen Roman »Der Pächter Martin und sein Vater« in der ersten Auflage noch anonym erscheinen. Der Theologieprofessor Johann Timotheus Hermes, einer der vielgelesenen Romanschriftsteller seiner Zeit, Verfasser zahlreicher Familienromane, schrieb einen sechsbändigen psychologischen Roman »Sofiens Reise von Memel nach Sachsen« (1769-73). Der Philanthrop Salzmann hat unter seinen hundert Büchern zahlreiche in Erzählform geschaffen, nicht nur das sechsbändige Romanwerk in Briefform »Carl von Carlsberg« (1783-88). (15) Auch volkstümliche Andachtsbücher spielen am Ende der Aufklärungszeit eine Rolle. Der Philanthrop Rudolf Zacharias Becker (16), ein Zeitungsverleger, verfaßte ein »Not- und Hilfsbüchlein für Bauersleute« (1787/88) im Stil der religiösen Erbauungsliteratur, ein Volksbuch mit vielen Anekdoten, praktischen Lebensregeln und

Geschichten aus dem Dorf Mildheim, das in 11 Jahren in 16 Auflagen mit 150 000 Exemplaren abgesetzt wurde, ja einschließlich der Übersetzungen eine Auflage von fast 1 Million Exemplaren erreicht hat. Johann Heinrich Daniel Zschockes »Stunden der Andacht« brachte es in der ersten Hälfte des 18. Jahrhunderts auf 36 Auflagen.

Trotzdem hat nichts so stark zur Popularisierung und Ausbreitung der Aufklärung in Deutschland beigetragen wie gerade die Predigt auf der deutschen Kanzel. Sie kann mit Recht ein Katheder der Aufklärung genannt werden. Christian Gotthilf Salzmann weist in einer Vorrede zu seiner Predigtsammlung (17) darauf hin, daß das Volk nicht lese und schreibe, daß die Prediger die einzigen seien, die mit den Leuten wichtige Angelegenheiten des täglichen Lebens besprechen. Johann Friedrich Krause sagt am Ende des Jahrhunderts in der Vorrede zu seinen Predigten über einige Landesgesetze, die uns noch beschäftigen werden, »daß die Neigung zu lesen bei weitem noch nicht so allgemein ist als man weithin glaubt. In manchen Städten sind unter hundert Bürgern immer noch vielleicht kaum zehn, die außer ihren gewohnten erbaulichen Büchern etwas anderes zu lesen Lust haben, und in manchen Dörfern ist wohl noch gar keine andere Schrift anzutreffen.« Neben dem Lesenkönnen spielen auch die Lesegewohnheiten und die Lesemöglichkeiten eine wichtige Rolle.

Der Einfluß der Kanzel darf nicht unterschätzt werden. Friedrich Nicolai berichtet in der berühmten Beschreibung einer im Jahr 1781 zurückgelegten Reise, daß in einer Stadt mit 14 protestantischen Geistlichen in den sechs vorhandenen Kirchen 1599 Predigten in einem Jahr gehalten wurden. (18) Im Zeitalter der Orthodoxie hat man die 1640 in Rostock gehaltenen Predigten auch auf 1500 berechnet. (19) Kein Dorf und keine Siedlung hat es ohne Gottesdienst gegeben. Natürlich waren die Teilnehmerzahlen auch damals schon unterschiedlich. Reinhard predigte in Dresden als Hofprediger sonntäglich vor 3-4000 Hörern, Teller als Oberkonsistorialrat in Berlin vor 10 Hörern über das Thema, daß der Besuch des Gottesdienstes zum Heil nicht notwendig sei. In Hamburg, das Mitte des 18. Jahrhunderts ungefähr 90 000 Einwohner hatte, betrug die Zahl der Kommunikanten im Jahr 1753 etwa 82 000 und noch 1774 etwa 75 000.

Unübersehbar ist nicht allein die Zahl der gehaltenen, sondern auch die der im Druck verbreiteten Predigten in deutscher Sprache. Sieben Bände »Heilige Reden« haben wir von Mosheim, sechs Bände »Wahrheiten der Gottseligkeit« von August Friedrich Wilhelm Sack, dem Hofprediger

Friedrichs II., von denen die beiden ersten Bände in 6 Auflagen erschienen sind, 20 Predigtbände von Johann Andreas Cramer, der mit Gellert und Klopstock befreundet war und nicht nur als Kanzelredner, sondern auch als Dichter und Kritiker der schönen Literatur bekannt ist. Die Predigten von Georg Joachim Zollikofer, von Goethe im siebten Buch von »Dichtung und Wahrheit« anerkennend erwähnt (20), sind z.T. nach seinem Tode in 15 Bänden gesammelt und gedruckt worden. Franz Volkmar Reinhards Predigten erschienen noch einmal nach seinem Tode in einer Gesamtausgabe von 39 Bänden, um nur einige Beispiele zu nennen. Auch die katholische Predigt steht nicht dahinter zurück. Ein 18 Seiten umfassendes Verzeichnis katholischer Predigten in der Zeit der Aufklärung in Deutschland bietet Schneyer in seiner Geschichte der katholischen Predigt. (21) Zu diesen Predigtsammlungen kommen, freilich nicht für Laien bestimmt, die zahlreichen Magazine wie das »Hallesche Journal für Prediger«, 1770 ff.; Beyers »Allgemeines Magazin für Prediger«, 1789 ff.; Tellers »Neues Magazin für Prediger«, 1792 ff. usw.

Der Ausstrahlungsbereich der Kanzel ist für das 18. Jahrhundert nicht zu unterschätzen, er ist mit Sicherheit um ein Vielfaches größer als heute. Man kann sagen, daß neben dem Einfluß von Christian Wolff und seiner Philosophie, die die Katheder und Hörsäle der deutschen Universitäten erobert hat, es vor allem auf die Predigt dieser Zeit zurückzuführen ist, daß die deutsche Aufklärung nur in einem geringen Maß radikalen Strömungen anheimgefallen ist, daß ihre relativ einheitliche Weltanschauung ein tiefes religiöses Gepräge aufweist, daß Theologie und Christentum so stark auf die Gestaltung und Ausprägung der Aufklärung in Deutschland eingewirkt haben.

Zur Bedeutung der Kanzel als einem Katheder der Aufklärung hat die Tatsache beigetragen, daß die Predigtsprache dieser Zeit schlicht und volkstümlich, klar und verständlich, sachlich und nüchtern ist gegenüber der schwerfälligen Sprache der Orthodoxie und der verworrenen frommen Sprache des Pietismus. Sie ist lehrhaft und trocken, ihr haftet auch etwas Schwerfälliges und Pedantisches an, sie ist von jener »steifen Pedanterie und Ernsthaftigkeit« (22), die Hegel an der Aufklärung getadelt hat, seltener gemütsbetont und empfindsam, immer aber wortreich und weitschweifig. Die Predigtsprache hat der Popularphilosophie erst das Instrument für eine schlichte, verständliche Darlegung schwieriger Gedankengänge in deutscher Sprache geboten. Johann Lorenz von Mosheim, bei dessen Gottesdiensten Schildwachen den Zustrom der Hörer regeln mußten und der sich oft nur mühsam den Weg zur Kanzel erkämpfen konnte, bildet einen Markstein in der Geschichte der Predigt. Er hat die Kanzelrede »unter die Jurisdiktion des guten Geschmacks« gestellt. (23) Er hat den schwerfälligen traditionellen Kanzelstil der Zeit überwunden. Argumentieren und begründen, beweisen und überzeugen ist seine Stärke, lebendig und anschaulich weiß er zu schildern. Wer malen könne, könne die Herzen bewegen, meint er. Christian Wolff hat zuerst Klarheit und Deutlichkeit der Gedanken und Begriffe gefordert, Mosheim hat diese Forderung in die Predigtpraxis überführt. Es würde zu weit führen, die prinzipiellen und methodischen Besinnungen auf Funktion und Gestaltung der Sprache in den Homiletiken der Zeit und in den Vorreden zu den Predigtsammlungen hier auszuführen. Das ist ein weites Feld, eine wahre Fundgrube! Die Kanzel ist wirklich in Deutschland zu einem Katheder der Aufklärung geworden.

2. Wir fragen nach dem Selbstverständnis des Predigers in dieser Zeit. Er versteht sich als »Lehrer des Volkes«, als »Lehrer der Religion«, der den Menschen aufklären und zur Tugend anleiten soll. Nie wieder hat das Wort Lehrer einen so hohen Rang bekommen wie in dieser Zeit. »Religionslehrer« wird die eigentliche Berufsbezeichnung für den Pfarrer. (24) Der Prediger ist der »verordnete Ausleger und Erklärer des göttlichen Gesetzes«, »Lehrer der Weisheit und der Tugend«, »bestellter Lehrer der Sittlichkeit« (Spalding) (25), er ist Lehrer der Religion, »dazu berufen, sich mit den höheren gesitteten Ständen zu unterhalten und die Lehren der Vernunft und des Christentums dem gebildeten Teil der Menschheit vorzutragen« (Marezoll). (26) Das Predigtamt gilt als »wahre, allgemeine Schule der Menschheit« (Jerusalem). (27) »Endzweck des Christentums und der Predigt« sind »Beruhigung und Besserung der Menschen«, »die Menschen durch den Vortrag des Christentums zur wahren Weisheit und Tugend und auf diesem Wege zum Genuß der Zufriedenheit und des Glückes zu führen« (Marezoll) (28), die Predigt ist »die Mitteilung klarer und gewisser religiöser Erkenntnisse, die jede Prüfung übersteht«, sie soll »tätige und gute Gesinnung« schaffen (Spalding). (29)

So werden Aufklärung und Predigt geradezu identische Begriffe. Christus selbst wird »das erhabenste Muster aller weisen und guten Menschen« genannt (Zollikofer). (30) Von Wilhelm Abraham Teller stammt der Satz: »Man muß den Menschen in der Religion aufklären, er kann nicht genug aufgeklärt werden.«(31) Jerusalem spricht von dem »Grundunterricht in der Religion« und von der Predigt »als dem großen Mittel der Aufklärung«, »die Menschen zur Aufklärung und zur Moralität zu führen«. (32) Jesus gilt als der »Aufklärer aller Menschen«. (33) Die Predigt tritt weithin in den Dienst der Aufklärung. Belehrung und Erziehung sind ihre eigentlichen Funktionen. Die Kirche wird zum Schulsaal für Erwachsene.

Im Denkstil der Zeit, aber mit Entschiedenheit werden aus dem wissenschaftlichen Wandel der Zeit die Folgerungen gezogen, dem Christentum eine neue Deutung, neue Impulse, eine andere Gestalt gegeben, ohne die Kontinuität mit der Vergangenheit aufzugeben, freilich - wer wollte es leugnen! - eine verwandelte Gestalt, die sich selbst und die eigenen Ideen des Zeitalters für das »reine« Christentum schlechthin, für die letzte und unbedingte Wahrheit gehalten hat, ohne das Vermögen, zu sehen, daß sie selbst auch nur eine geschichtlich bedingte, relative Ausformung der Wahrheit bildet.

Darüber brauchen wir heute gewiß nicht mit der Aufklärung zu rechten, daß mit der Kategorie der Vernunft allein das Wesen der Religion nicht zu fassen ist, daß die Aufklärung die Geschichtlichkeit des Menschen und das geschichtliche Vermitteltsein der Religion verkannt hat, daß die Reduktion des Dogmas auf die Grundideen des eigenen aufgeklärten Zeitalters nicht eine Lösung des Problems der Konfrontation mit der modernen Wissenschaft ist. Die natürliche Religion und die allgemeine Sittlichkeit dieses Zeitalters sind für uns als geschichtlich denkende Menschen selbst wieder ein historisches Phänomen.

Darin aber hat die Aufklärung recht, daß auch der Glaube in der Reflexion über sich selbst denkend durchdacht und verantwortet werden muß, daß er sich auch im Gegenüber zur wissenschaftlichen Erkenntnis artikulieren und zur Sprache bringen muß. Er muß sich der Frage nach seiner Legitimität stellen und sich in jeder Zeit mit den Mitteln des gegenwärtigen Denkens und der modernen Begrifflichkeit neu aussagen lassen. Daß die Predigt auch argumentieren, aufweisen, dialogisch und dialektisch verfahren muß, daß sie einsichtig machen, begründen und überzeugen, daß sie sich kritisch mit überkommenen Traditionen auseinandersetzen, daß sie anknüpfen und mit dem Hörer in seiner Sprache und Vorstellungswelt reden muß, das ist eine Erkenntnis der Aufklärung, die heute wieder zu einem aktuellen Thema der Homiletik geworden ist.

Nicht auf die einzelnen Lösungsversuche der Aufklärung kommt es uns an, sondern auf ihre Fragestellung. Manche der sicherlich flachen und fragwürdigen Resultate der Aufklärung dürfen uns nicht zum Alibi dafür werden, daß Theologie und Kirche heute die notwendige Konfrontation mit der Wissenschaft unserer Zeit und mit unserem modernen Weltbild eben nicht hinreichend geleistet haben. Aber gerade das wäre Aufklärung heute und nicht die Konservierung einzelner übriggebliebener und veralteter Resultate, wie sie als Residuen in einem großen Teil der bürgerlichen Religion, in der Privatreligion vieler Gebildeter, in der modernen Kultur- und Diesseitsfrömmigkeit, im unbewußten Christentum noch immer ein rätselhaftes Dasein führen.

Die herkömmliche Kritik an den theologischen Ergebnissen der Aufklärung können wir uns sparen, wir brauchen sie nicht noch einmal zu wiederholen. Keiner hat das so grundsätzlich getan wie Herder schon 1774 in den »Fünfzehn Provinzialblättern an Prediger«, die sich leidenschaftlich, ironisch, sarkastisch mit Spalding auseinandersetzen. »Lehrer der Weisheit und Tugend, warum steigt ihr nicht, um euch zu rechtfertigen, von den Kanzeln, die so unbehilfliche Lehrstühle sind, hernieder! Werft das feierliche Vehiculum, das doch einmal nicht nach dem Geschmack des Jahrhunderts ist und euch nur an Weisheit und Tugend hindert, lieber ganz weg!« »Wozu ein gotisches Gebäude mit Altar etcetera wie Kirche gestaltet!« Offenbarung ist für Herder mehr als »ein Aufgehänge zur Moral«, die Bibel kein »Nebengerüst« für einen moralischen Tugendunterricht; dann sollte man doch lieber gleich Epiktet, Marc Aurel, Stücke von Sokrates, die Voltaireepiktete unserer Zeit nehmen! Herder hält nichts von dem »moralischen Modeprediger«, er will statt dessen den »Redner Gottes«, nicht blaue Enten soll er predigen, wie es mit einer Anspielung auf Luthers Deutsche Messe heißt, nicht leeres Stroh dreschen, nicht die Mohntüten allgemeiner Redensarten ausstreuen. Ja, was denn? »Das einzige Prinzipium des Glaubens ist Gottes Wort«. »Ist Moral die Hauptsache des Predigers und etwa die Bibel und Reden Jesu nur Citatum, - was von Gott kommt, wie alle Wahrheit von Gott kommt -, lebe wohl, Christentum, Religion und Offenbarung - die Namen werden höfliche Maske und das ist alles.« (34) Und dabei ist Herder selbst Vertreter eines weitherzigen Humanismus, einer durch Gutsein und Frömmigkeit verklärten Menschlichkeit.

3. Wir wenden uns jetzt der Hermeneutik als einem der wichtigsten praktischen und wissenschaftlichen Anliegen der Theologie der Aufklärung zu, dem Problem der Übersetzung, des »Transfers« der biblischen Begriffe in Sprache und Vorstellungsart des modernen Denkens, ihrem Bemühen, im

Akt des Verstehens den Horizont des alten Weltbilds der biblischen Aussage mit dem Horizont des wissenschaftlichen Weltbildes der eigenen Zeit zu verschmelzen. Für die Aufklärung war das eine Sache der praktischen Verkündigung auf der Kanzel. Es ging ihr um die Redlichkeit der Predigt. Zum ersten Mal wurde das Problem der Entmythologisierung entschieden in Angriff genommen. Es wurde nicht in theologischer Fachliteratur begraben, sondern auf der Kanzel und vor der Gemeinde angefaßt. Johann Salomo Semler ist der Begründer der modernen historisch-kritischen Methode in der Exegese der Bibel, das Kanonproblem hat er zum Gegenstand einer kritischen Untersuchung gemacht. (35)

Die Aufklärung hielt die »orientalische« Ausdrucksweise der Bibel für das zeitgeschichtlich bedingte Gewand ihrer Aussagen. Theologische Hermeneutik sollte zwischen der eigentlichen Substanz und der bloßen Ausdrucksform, zwischen Sache und Lehrart, zwischen der allgemeinen Wahrheit und dem »Vehikel« der Überlieferung, zwischen Kern und Hülse unterscheiden. Als hermeneutisches Instrument diente die Akkomodationstheorie, über die allein es in dieser Zeit mehr als 50 theologische Veröffentlichungen gegeben hat. Die »Akkomodation«, die missionarische und pädagogische Anpassung Jesu und der Apostel an ihre Zeit, machte dem Prediger der Aufklärung die Anerkennung der modernen Wissenschaft möglich. Es fiel die orthodoxe Inspirationslehre, der Semler als einem historischen Vorgang eine kritische Untersuchung gewidmet hat. Die Vorstellungswelt der jüdischen und orientalischen Mythologie sollte in eine moderne, zeitgemäße Begrifflichkeit übersetzt werden. Dazu gehören, nicht anders als bei Bultmann, Himmel und Hölle, Teufel und Dämonen, die kosmische und endzeitliche Eschatologie, Wunder, Mirakel, Mythen, Fabeln und Legenden. Exegese wird zur wissenschaftlichen historisch-kritischen Interpretation, sie fragt nach dem, was die Verfasser der Texte selbst mit ihnen haben aussagen wollen; sie lehnt alle mystische, allegorische, spiritualistische Auslegung ab, aber sie liest die Bibel durch die Brille der Vorstellungswelt der eigenen Zeit. Tellers Wörterbuch zum Neuen Testament hat von 1772-1805 sechs Auflagen erlebt; es will ein Instrument sein, das Orientalisch-Jüdische von dem Allgemein-Christlichen zu trennen, will das Christentum so den Gebildeten annehmbarer machen. Noch radikaler hat Marezoll die Akkomodationstheorie formuliert. In seiner Schrift »Über die Bestimmung des Kanzelredners« (36) läßt er das eigentlich Christliche nicht nur das sein, was Jesus und seine Gesandten vorgetragen und gelehrt haben. »Christlich heißt auch dasjenige, was Jesus und seine Gesandten ihren Absichten und Grundsätzen gemäß ganz gewiß lehren und vortragen, befehlen oder vertreten würden, wenn sie unter uns lebten, wenn sie unsere Sinnes- und Denkart beobachteten und unsere Lebensweise sähen.«

Natürlich ist hier auch manches über die Ufer gebrandet! Der Prediger Schulz aus Gielsdorf, berühmt, weil er als erster den Zopf statt der ehrwürdigen Perücke auf der Kanzel getragen hat, was für manche schlimmer als seine Häresie gewesen ist, hat von Gott nur im Rahmen einer Lehre vom zureichenden Grund als dem »Woher« alles Seienden geredet (37), ohne daß man sonst etwas von Gott aussagen könne, er wurde als offenbarer »Gottesleugner« zur Untersuchung gezogen. Bahrdt, der »theologische Wildfang« der Aufklärung, den sein Lebensweg von der Kanzel über das Katheder des Theologieprofessors schließlich als Gastwirt an den Schanktisch einer Kneipe geführt hat (38), wurde nach einer Unterredung mit dem Sokratesverehrer Eberhard auch an der Unvergleichlichkeit der christlichen Moral irre. Er hat zugegeben, als Gießener Professor seine wahre Ansicht über die Dreieinigkeit verborgen zu haben. Aber das sind Ausnahmen. Weithin ist man bereit gewesen, aus der Wahrhaftigkeit und um der Redlichkeit willen auch Konsequenzen zu ziehen. Teller hat nach dem Wöllnerschen Edikt die letzten 15 Jahre seines Lebens um dieses Ediktes willen die Kanzel nicht mehr betreten. Für den »Zopfschulz«, dessen Ansichten er nicht teilte, ist er mit Erfolg vor dem Kammergericht eingetreten, auch wenn ihm das als Disziplinarmaßnahme drei Monate Suspension vom Amt und Einbehaltung des Gehalts einbrachte. In der Hermeneutik, der Frage der Entmythologisierung, im Mühen um Wahrhaftigkeit und Redlichkeit der Predigt hat die Aufklärung einen entscheidenden theologischen Anstoß gegeben, der noch immer unser theologisches Denken bestimmt.

4. Eine der schönsten und bleibenden Auswirkungen der Aufklärung ist der wachsende Sinn für religiöse Toleranz. In beiden Konfessionen hören mit einem Mal die Kontrovers- und Streitpredigten fast ganz auf. Die Kanzel selbst tritt in den Dienst der Toleranz. Von Jerusalem stammen die Worte: »Intoleranz ist Ausrottung der Vernunft.« »Intoleranz ist das höchste Verbrechen, das gegen die Sozietät begangen werden kann.« »Die Wahrheit zu denken ist das erste Vorrecht meiner vernünftigen Natur.« (39) Reinhard bestimmt die Denkfreiheit »als ein Recht auf alle unsere Vorurteile in Gegenständen der Erkenntnis und der Wahl«, als »Ent-

scheidungsfreiheit allein aus von uns selbst eingesehenen Gründen, die keine menschliche Gewalt nehmen und einschränken darf«. (40) Eine besonders sorgfältige, minutiöse und umständliche Erklärung, wie sie gerade die Aufklärung liebte, findet sich bei Friedrich Seiler. Er hält es für eine allgemeine Pflicht der Religion und der Menschlichkeit, »daß wir niemand um seiner Irrtümer willen hassen oder verachten, daß wir keinen Menschen, der in Sachen der Religion verschieden von uns denkt, verdammen und im Gewissen beunruhigen, daß wir keiner Art der gottesdienstlichen Handlungen anderer spotten, keinem Menschen seiner Religion willen unsere Liebe und Dienste versagen, alle Menschen, und seien es Christen, Juden, Muhammedaner oder Freidenker, als Geschöpfe unseres guten Gottes betrachten, sie lieben, sie zu erfreuen und ihre Wohlfahrt zu befördern suchen.« (41) Deutlichkeit und Faßlichkeit werden damals leicht zu Wortreichtum und Weitschweifigkeit. Auch der katholische Prediger Benedict Marie Werkmeister spricht vor der Hofgemeinde in Stuttgart gegen die »Ausschweifungen des Glaubensstolzes«, nimmt Juden, Neger, Indianer »gegen die christlichen Unmenschlichkeiten der Gegenwart« in Schutz, predigt über das Thema »Religionsirrtümer können mit Redlichkeit bestehen« oder auch »Religionsirrtümer können mit Tugend bestehen«. (42) Scharf pointiert ist sein Satz: »Außer der Kirche kein Heil. Das ist das Losungswort aller Sekten, dadurch bevölkern sie die Hölle.« (43)

In diese Toleranz der Prediger auf der Kanzel waren auch die Juden eingeschlossen. An judenfeindlichen Strömungen ist die Kirche nicht immer schuldlos gewesen. In der Karfreitagsfrömmigkeit läßt sich mehr als das berühmte Gebet »pro Judaeis infidelibus« in den »orationes sollemnes« an antijüdischem Ressentiment nachweisen. (44) Johann Rudolf Gottlieb Beyer predigt über das Thema »Wie wir die Nachkommen der jüdischen Religion nach christlichen Grundsätzen beurteilen und behandeln sollen«. (45) Nächstenliebe und Tugend muß das Verhalten den Juden gegenüber bestimmen, die, unter Christen lebend, wie kein anderes Volk verachtet, gehaßt und unterdrückt worden sind. Der Berliner Pfarrer Friedrich Hermann Lüdke hat über Toleranz und Gewissensfreiheit geschrieben (1774), und Christoph Wilhelm von Dohm, der in seiner Schrift »Über die bürgerliche Verbesserung der Juden« (1781) die Anwendung der Menschenrechte auf die Juden gefordert hat, ist Sohn eines Predigers und hat anfangs selbst Theologie studiert. 600 Exemplare dieses ins Französische übersetzten Buchs sind übrigens auf der Bastille verbrannt worden. (46)

5. Mit der neuen religiösen Würdigung der Toleranz hängt auch die Aufgeschlossenheit der Aufklärung für den Gedanken der Wiedervereinigung der Kirchen zusammen. Schon Samuel Werenfels, Verteter einer humanistisch geprägten Orthodoxie, fordert über die konfessionellen Grenzen hinweg, die die evangelischen Christen trennen, sie sollen vor allem »zu einer Kommunion streben und das Heilige Abendmahl, welches der genauen Gemeinschaft der Christen vornehmstes Zeichen ist, mit- und nebeneinander empfangen«. (47) Jerusalem hat aus einem aktuellen Anlaß ein vertrauliches Gutachten »Über die Vereinigung der römischen und protestantischen Kirche« abgegeben, das gegen seinen Willen veröffentlicht wurde und sich in einer von ihm selbst gebilligten Fassung in seinen »Nachgelassenen Schriften« befindet. Leicht sind die Trennungen nicht aufzuheben, aber Toleranz kann man üben und dem Gewissen die natürlichen Rechte lassen, so wird die nähere Vereinigung sich von selbst ergeben«. (48) In einem anschließenden Brief »an einen Freund im Münsterischen« über die Vereinigung der römischen und der protestantischen Kirche lautet einer der Schlußsätze: »Gottlob ist der glückliche Zeitpunkt schon da, daß Toleranz nicht mehr nur bei den christlichen Kirchen das große Favoritlosungswort ist, sondern zur Ehre der Menschheit und des Christentums dieselbe auch schon mit so glücklichem Erfolge und wahrer tätiger Liebe an so vielen Orten ausgeübt wird.« (49) Spalding predigt über die Einigkeit in der Religion und läßt diese Predigt dann in erweiterter Form als Buch drucken. (50) Übereinstimmung der Gesinnung im Herzen hält er für erreichbar, nicht Übereinstimmung in Verstandesmeinungen. Er will kein organisatorisches »Zusammenkoppeln mit losen Stricken«, keine Einheit »durch Zwang und Formeln«, sondern Vereinigung in dem großen einfachen Ziel der Religionen, in der Liebe zum Guten, der Hoffnung auf Gott, der »Beruhigung der Seelen«. Andere Predigten befassen sich mit der Einigung der Protestanten. Sack, der Hofprediger Friedrichs des Großen, bekennt sich in seiner »Weissagung« (51) zur Aufhebung des Gegensatzes von Lutheranern und Reformierten, zur Bibel als einzigem Maßstab der Konfessionen, zu einer kritischen Überprüfung der Bekenntnisschriften und zum Unterlassen allen theologischen Schulgezänks; er meint, hinge es von verständigen Laien statt von eigennützigen Geistlichen ab, so wäre die brüderliche Vereinigung beider Kirchen bald zu erhoffen. (52) Es wurde nicht nur in dieser Zeit über die Vereinigung der Kirchen gepredigt, gelegentlich wurde sie auch einmal vorausgenommen und über die Kirchengrenzen hinweg praktiziert.

6. Eine der tiefsten Kräfte der Aufklärungspredigt liegt in ihrem christlich begründeten Verständnis für Humanität, in ihrem religiösen Respekt vor dem Menschsein des Menschen, in ihrer Achtung vor menschlicher Würde, Freiheit, Vernunft und Verantwortlichkeit, vor der sittlichen Entscheidungsfähigkeit des Menschen und seiner Möglichkeit der Vervollkommnung. »Der Geist der Humanität und Menschenwürde« sind »die Losungen des Christentums«, sagt Jenisch oder »Menschenliebe und Menschenwürde mit dem Geist der Humanität zu verbreiten ist die Eigentümlichkeit der Religion des Christentums«. (53) Mit dem »schwarzgalligen« Augustin ist die Aufklärung nur schwer fertig geworden. Es kann im Rahmen dieses Vortrags nicht ausgeführt werden, wie jeder theologische Satz im Denken der Aufklärung auch eine anthropologische Aussage enthält, einen wesensmäßigen Bezug auf den Menschen, seine Bedürfnisse, seine Existenz. Es soll nur Spaldings 1748 zum ersten Mal erschienene Schrift »Von der Bestimmung des Menschen« genannt werden, die 13 Auflagen bis 1793 erlebt hat, von der es drei Übersetzungen ins Französische gibt, eine darunter von der Gemahlin Friedrichs II. Selbst eine Übersetzung ins Lateinische ist nicht ausgeblieben. Noch deutlicher wird der Mensch zum Ausgangspunkt des theologischen Denkens in Spaldings Schrift mit dem bezeichnenden Titel »Religion eine Angelegenheit des Menschen«. (54) Ausgangspunkt und Kriterium der religiösen Frage ist in dieser Schrift, »was uns unbedingt angeht«. (55) Humanität wird in diesen Predigten religiös in der von Gott dem Menschen verliehenen Würde begründet, theologisch ausgedrückt, in seiner Gottesebenbildlichkeit. So predigt Zollikofer über das Thema: »Worin besteht die Würde des Menschen? « Der Mensch gilt ihm als »Stellvertreter seines Schöpfers«, er ist Mandatar Gottes. (56) »Jede edle Menschentat ist Gottes Tat, jeder edle Menschensinn Gottes Sinn«, sagt Ewald in seinen »Predigten über Naturtexte«, der Mensch ist der »deklarierte Herr der Erde«. (57) Jerusalem widmet eine seiner Betrachtungen (58) der »Moralität des Menschen«, sie ist ein einziger Hymnus auf den Menschen. Marezoll predigt, daß der Mensch zum Menschen erzogen werden soll. »Erziehung soll den Menschen zum Menschen bilden.« (59) »Der Mensch ist erst Mensch, ehe er etwas anderes wird und zu werden vermag; er ist Mensch, ehe er Bürger des Staates sein kann; er ist Mensch, ehe er die Pflichten eines besonderen Standes übernimmt.« (60) Menschlichkeit und Christlichkeit werden in dieser Predigt eins. Alle Theologie ist eine Theologie für den Menschen; sie antwortet auf die offene Frage der menschlichen Existenz, sie dient der Menschwerdung des Menschen.

7. Weil in der Aufklärung Religion und Moral so eng zusammenhängen, ist der Predigt dieser Zeit eine Tendenz zum Moralisieren eigen, eine Richtung auf Verwirklichung im Leben. Diese Neigung zum Praktizieren ist vielleicht die bedeutsamste Eigenart der ganzen Aufklärungspredigt. Von den zahlreichen Predigttheorien der Zeit ist keine so einflußreich gewesen wie Spaldings homiletisches Werk »Über die Nutzbarkeit des Predigtamts und deren Beförderung«. (61) Freilich hat das Wort »Nutzbarkeit« für uns einen unschönen utilitaristischen und pragmatischen Nebensinn, bei Spalding hat das Wort eine etwas andere Bedeutung, es meint »die christliche moralische Besserung der Gemeinde« (62), Verwirklichung im alltäglichen und praktischen Leben. Für ihn hat es die Predigt mit den konkreten Formen des menschlichen Zusammenlebens im profanen Alltag zu tun. Mosheim hat seine Predigthörer noch auf ihre Neugier und Schaulust hin angesprochen, die Weltleute auf ihre religiöse Interesselosigkeit und die Hochgebildeten auf ihr geringes Wissen in Sachen der Religion, er predigt eben vor einer Hofgesellschaft, es fehlt seiner Predigt die pralle Fülle des wirklichen, tätigen Lebens. Ein wenig deklamatorisch wirkt der Satz bei ihm: »Ich bewundere den Glauben und die Liebe jedes Tagelöhners, der von der ersten Kindheit an täglich hat schwitzen müssen und der an die Reinigung und Ausbildung seines Geistes nicht hat denken können.« (63)

Mit der Nützlichkeit ist es freilich als Begründung der Religion eine zweischneidige Sache. Religion, um des bloßen Zwecks willen geschätzt und gerechtfertigt, wird gerade bei einer Krise eben dieses Zwecks, dem sie dienen soll, in diese Krise hineingezogen und wird das nicht ausrichten können, wozu sie dasein soll, - es sei denn, daß sie ganz aus ihren eigenen Wurzeln lebte und nicht allein vom Zweckgedanken her. Das hat Spalding und ein großer Teil der Aufklärung wohl gewußt. Neben die Nutzbarkeit, ihr übergeordnet, sie umgreifend, stellt er den eigentlichen christlichen Sinn der Predigt, die Bereitung der Seelen für die ewige Wohlfahrt. (64) Christentum bedeutet für ihn auch Weltverantwortung, ohne mit ihr identisch zu sein. Es »nimmt auf seinem Wege alles das mit, was sich binnen desselben befindet und was mit ihrem Hauptobjekt zusammenhängt«. (65)

Beim Praktizieren und Verwirklichen liegt der Nachdruck auf dem »Einfluß in dem übrigen gewöhnlichen Leben«, »den ganz ordentlichen gewöhnlichen Geschäften, die der äußere Beruf und die Lebensart im Zeitlichen mit sich bringen«, auf den »gewöhnlichen Verrichtungen«, auf der »beständigen Verbindung der Religion mit dem wirklichen Leben«. (66) In einer Predigt »Von der christlichen Redlichkeit im gesellschaftlichen Leben« heißt es, die Sittenlehre Jesu ziele darauf ab, »die Christen zu guten, rechtschaffenen Gliedern der menschlichen Gesellschaft zu machen«. (67) In einer Einführungspredigt, die der Helmstedter Theologieprofessor H.Ph. K. Henke, der Jesus für einen Lehrer der natürlichen Gotteserkenntnis gehalten hat, im Jahr 1780 für den neuen Propst des Klosters Riddagshausen hielt, sagt er - und das klingt modern genug -: Laßt uns hoffen, »daß die unglückliche Scheidewand zwischen Welt und Kirche, Berufsarbeit und Gottesdienst, gemeinem Leben und Religion noch weiter, als schon geschehen, abgetragen und endlich ganz unbemerkbar werde«. (68)

Wenn neben der Nutzbarkeit auch Glückseligkeit, Zufriedenheit, Beruhigung und Genügsamkeit als Ziel und Zweck begegnen, so bedarf auch das für uns einer Übersetzung. Das ist nicht so platt, seicht eudämonistisch gemeint, wie es für unsere an Kant geschulte Ohren klingen mag. Glückseligkeit ist nicht das gefühlsmäßige Erleben eines besonderen Glückszustandes; es ist das Fertigwerden und Zurandekommen des Menschen mit seiner Bestimmung, die Selbstverwirklichung seines eigentlichen eigenen Wesens. Beruhigung, Ruhe und Zufriedenheit meint das Zum- Ziel-Kommen, die Sinnfindung menschlichen Daseins. »Diese Beruhigung aufs Gegenwärtige und Zukünftige ist gebesserter Sinn und beruhigendes Vertrauen.« (69) Dabei klingen, wie so oft in der Predigt der Aufklärung, Geborgenheit, Zuversicht, Mut zum Sein, Sinnerfülltheit des Lebens als Grundhaltung der Frömmigkeit mit.

Raum in der Predigt der Aufklärung hat nur, was praktische Auswirkung hat und zur Bewältigung und Erfüllung des Lebens beiträgt. Darum werden Religion und Theologie scharf unterschieden. Mag die Umdeutung der traditionellen dogmatischen Begriffe und die Amalgamierung der Theologie mit der Weltanschauung und den Idealen des eigenen Zeitalters oft auch seltsame Wege gehen, so bleibt es doch die Stärke dieser Predigt, daß sie so sehr auf Praktizieren und Verwirklichen im Alltag, auf Folgerungen im profanen und säkularen Bereich gedrungen hat. Immer ist diese Predigt konkret, lebensnah, praktisch. Modern klingt es auch noch für uns, wenn Spalding sein homiletisches Hauptwerk mit den Sätzen schließt: »Wenn indessen unser Amt und Geschäft nicht bei dem allen noch immer einen großen Teil seiner Nutzbarkeit verlieren soll, so ist es nötig, daß wir mit unserem Unterricht die Religion zu einer Führerin des gewöhnlichen, wirklichen Lebens machen, daß wir sie gleichsam in die Häuser, in den Umgang, in das tägliche Gewerbe des Menschen herabbringen und sie lehren, ihr Christentum mit den Pflichten ihres Berufs und ihrer verschiedenen Verbindungen auf Erden zusammenzuknüpfen.« Zu weit ist der Schade verbreitet, »daß Gottesdienst, Andacht und Frömmigkeit lediglich in die Kirche oder höchstens in die häusliche Betstunde eingesperrt werden«. (70)

Das beharrliche Verlangen nach Verwirklichung und Konkretion ist in bezug auf Kirche und Verkündigung heute wieder das Anliegen der jungen Generation. Ohne Lebensbezug ist die Predigt nie gewesen, selbst in der Orthodoxie nicht. Carpzow hat über »Tugendsprüche« gepredigt, das zuchtlose Leben der Studierenden an den Pranger gestellt, die französischen Modetorheiten, die Streit- und Zanksucht der Theologen, die Mißstände in der Gemeinde und bei den Bürgern, den Luxus mit Wohnungen und Kleidern, die Ziergärten und den kostbaren Tafelschmuck getadelt, ja, daß der Fürst eines kleinen deutschen Territoriums in einem Vierteljahr mehr verpraßt als der türkische Sultan in einem ganzen Jahr verbraucht. (71) Das alles ist zeitkritisch; aber in der Aufklärung ist Verwirklichung auf positive Gestaltung des Lebens hin ausgerichtet. Nie zuvor und niemals später ist in der Predigt das Praktizieren, Verwirklichen, Konkretisieren oder, wie man es damals nannte, das Individualisieren so nachdrücklich betont worden wie in der Zeit der Aufklärung. So hat sie eine tiefe volkserzieherische Wirkung ausüben können. Es sei an Lessings Wort erinnert: Der Mensch ward zum Tun und nicht zum Vernünfteln geschaffen.

8. Wir wenden uns der Beziehung dieser Predigten zum gesellschaftlichen Leben zu, auch das ist ein uns heute modern anmutender Aspekt. Praktizieren im profanen Leben des Alltags kann sich auf vielen Verwirklichungsfeldern vollziehen, auch im Bereich der individuellen und persönlichen Frömmigkeit des einzelnen, den die Aufklärung nie übersehen hat, erst recht im Bezirk des liturgischen und gottesdienstlichen Lebens, auf den sie immer Wert gelegt hat, aber auch in den häuslichen und familiären Verrichtungen und Verpflichtungen, über die Teller einen ganzen Band von Predigten veröffentlicht hat (72), immer sehr praktisch und konkret bis hin zu den Fragen der Kindererziehung im Hause und der Verträglichkeit und Harmonie in der Ehe, und schließlich auch auf dem Feld der gesellschaftlichen Verhältnisse in den Fragen des Besitzes, von reich und arm. Das Wort Gesellschaft und gesellschaftlich wird geradezu zum Modewort in den Predigten der Aufklärung. Das Politische wird dabei nicht ausgeklammert. Da kann ein Hofprediger den Machthabern in seiner Zeit

zurufen: »Ihr seid nichts als Menschen, und ihr wollt mit den Gütern, mit der Ruhe, mit der Freiheit, mit der Pflicht, mit dem Leben anderer Menschen spielen, als wenn sie nur für euch erschaffen wären.« (73) Die Grundhaltung der deutschen Predigt im Zeitalter der Aufklärung bleibt in den Fragen des gesellschaftlichen Lebens patriarchalisch, nicht auf Umsturz und Revolution ist sie bedacht, sondern ausgerichtet auf Besserung und Vervollkommnung der Verhältnisse. Die Ordnungen gelten als vorgegeben, nicht als aufgegeben; in ihnen soll der Mensch arbeiten, nicht an ihnen.

Natürlich kann dieser Vortrag nicht das ganze Gebiet der Konkretisierung auf dem Felde des gesellschaftlichen Lebens behandeln. (74) Eins sei herausgegriffen. Zum ersten Mal taucht in dieser Zeit das Stichwort »Politische Predigt« auf. Der Leipziger Hahn meint mit Recht in der Vorrede zu seinen Politischen Predigten (75), sie müßten die Zuhörer »mit denjenigen Verhältnissen gehörig bekanntmachen, in welchen sie leben, in denen sie täglich und stündlich pflichtgemäß und pflichtwidrig handeln können, und sie anleiten, wie sie dergleichen Verhältnisse anzusehen und sich darinnen zu verhalten haben«. (76) Er fordert, daß die öffentlichen Lehrer freimütig Irrtümer, Torheiten und Laster angreifen sollen. Solche Mahnungen »besonders den Reichen und Vornehmen, den Mächtigen und Gewaltigen gegeben, sind unstreitig wesentliche Geschäfte des christlichen Lehramts«. (77) Seit Zwinglis »Der Hirt« hat man solche Klänge so nicht wieder vernommen! Immer bleibt das Politische in der Predigt mit dem Religiösen und Moralischen verbunden. Durch »öffentliches Handeln« nach dem Geist des Christentums sollen wir es auch wirksam in der Öffentlichkeit bezeugen. (78) Die politischen Grundideen kommen in der Predigt Hahns »Über die Pflicht, die bürgerliche Gesellschaft in Ehren zu halten« zum Ausdruck. Aufgabe der bürgerlichen Gesellschaft ist es, »die Menschenwürde zu schützen und die Angelegenheiten der Menschheit desto leichter und glücklicher zu besorgen« (79), der Regent ist »der Bevollmächtigte der Gesellschaft«, völlige Gleichheit aller würde freilich »Ungleichheit des Gebrauchs der Menschenrechte« bedeuten. (80)

Wie steht es mit Vaterlandsliebe und Patriotismus in der politischen Predigt der Aufklärung? Nach Lucy Levy-Bruhl (81) ist den meisten Deutschen des 18. Jahrhunderts der Standpunkt selbstverständlich: »Ich betrachte die ganze Welt als mein Vaterland wie eine einzige Stadt, und ich betrachte mich wie einen Verwandten und Mitbürger aller Menschen.« Patriotismus und das Patriotische gehören zum Sprachschatz der Zeit, vom

Vaterland wird oft und gerne gesprochen. Reinhard definiert sehr nüchtern und sachlich, christliche Vaterlandsliebe ist nichts anderes als »die auf die bürgerliche Gesellschaft, deren Mitglied man ist, angewandte christliche Menschenliebe«. (82) Sie besteht »in dem vernünftigen Eifer, das Beste seiner Mitbürger auf alle nur mögliche Art zu befördern«. (83) Der sittliche Gehalt ist in diesem Wort das Entscheidende, alle Emotionalität fehlt ihm, aller falsche Nationalismus wird bekämpft, Vaterlandsliebe fordert »aufmerksame Beobachtung und damit vernünftige Schätzung der beobachteten Mängel und Vorzüge« der »Wohnländer«. Solche recht verstandene Vaterlandsliebe ist notwendig. »Ein Christ mag in einer Staatsverfassung leben, in welcher er will, so kann er doch nicht ein gedankenloser Zuschauer dessen sein, was das Wohl seines Vaterlandes befördert oder verhindert.« (84) Pflicht eines Christen ist es, den »Flor«, wie der Ausdruck lautet, des Vaterlandes zu heben. »Der Flor eines Staates aber ist derjenige Zustand, wo er Überfluß an allem hat, was zu einem frohen und vernünftigen Genuß eines Lebens erforderlich ist.« Das Materielle ist dabei durchaus nicht gleichgültig. Die Aufklärung behauptet, »daß die sittliche und gesellige Bildung der Bürger eines Staats nicht mehr gewinnen kann als durch einen allgemein verbreiteten Wohlstand«. Das ist nüchternes, realistisches und praktisches Denken.

So predigt C.A. Härter, Pfarrer in Burgtonna, »Über einige wichtige Pflichten, welche gutgesinnte Christen zu beobachten haben gegenüber dem Vaterland und ihren Mitbürgern«. (85) Auch hier heißt Vaterlandsliebe: »nach allen Kräften den Flor und den Wohlstand des Vaterlandes zu befördern«. »Das Vaterland gleicht einer großen Familie, wo alle Mitglieder derselben stets auf ihrem Posten stehen und ihre Pflicht erfullen müssen, wenn der Wohlstand des Hauswesens wachsen soll.« (86) »Untätige oder geschäftslose Bürger« sollen mit Gewalt zur Arbeit eingeladen oder »aus der Gesellschaft entfernt« werden. (87) Gute Christen werden mit guten Patrioten in dieser Predigt gleichgesetzt; sie begünstigen jede Anstalt, »welche dahin abzweckt, die ganze Gesellschaft sowohl als alle einzelnen Glieder gegen Schaden und Gefahr zu sichern.« (88)

Nicht anders ist der Titel der Hamburger Zeitschrift »Der Patriot« zu verstehen. Patriotismus ist der sittliche Wille, tätig die Wohlfahrt des Ganzen zu befördern; Patriotismus bedeutet moralische und politische Verantwortung für das Gedeihen der bürgerlichen Gesellschaft, für das »Wohnland« und die Menschheit. Wir sind heute in der Lage, diese Worte übersetzen zu müssen. Wir können die Begriffe Patriotismus und Vaterlandsliebe wegen der für uns damit verknüpften nationalistischen Reminiszenzen kaum wieder zum Leben erwecken, wir haben kein volkstümliches und gefühlsbetontes Wort mehr für diese Sache, aber Pflicht der Verantwortung für das Ganze des gemeinsamen Lebens ist auch für uns ein unabdingbares Anliegen.

Auf eine spezielle, heute besonders interessierende Frage soll noch eingegangen werden, auf die Frage nach Krieg und Frieden in der Predigt der Aufklärung. In einem Sendschreiben von Jenisch an den Propst Spalding heißt es, daß kein einziger Lehrer des Christentums es wagen könne, Haß und Krieg als eine erste, unverletzliche Pflicht zu predigen. (89) »Nicht Krieg führen! Dies müßte das oberste, unverletzliche Staatengesetz der zur Verehrung Christi verbundenen Völkerschaften werden.« Es gilt den Krieg abzustellen, ihn gänzlich abzustellen. Dann werden die Bürger imstande sein, »gleich einer von nutzlosen und lästigen Ausgaben befreiten Haushaltung den ungeheuern Kostenaufwand der Verbesserung ihrer Verhältnisse zu widmen, den sie jetzt für den Schutz gegen kriegerische Angriffe verschwenden müssen.« Versöhnung in der Religion bedeutet zugleich, daß »die durch Jesum Christum mit Gott versöhnte Menschheit durch einen allgemeinen Volksfrieden mit sich selbst versöhnt« würde. (90) Noch ein letztes scharf pointiertes Wort sei hier wiedergegeben: »Nur einen wahren heiligen Krieg gibt es, es ist der Krieg für die Vertilgung des Krieges aus der Mitte der Menschheit, es ist der um Eroberung . . . des Landes des Friedens.« (91) Hahn predigt in seinen politischen Predigten Weihnachten über Jesus als Friedensstifter, der Frieden in politischer, religiöser und bürgerlicher Hinsicht bedeutet. (92) »Fürsten dürfen nicht andere diebisch überfallen und mutwillig einen Krieg vom Zaun brechen. Eine christliche Nation muß ihren Regenten dies Gesetz des Christentums vor Augen halten, oder sie muß aufhören, eine christliche Nation zu sein. Und christliche Regenten müssen es billigen, oder sie müssen aufhören, Regenten zu sein.« (93)

Eine besonders scharfe Kritik am Militärwesen und jeglichem Soldatentum übt Christian Gotthilf Salzmann in seinen Erzählungen. In seinem Buch »Über die Erlösung des Menschen durch Jesum« (94) fragt er mit schneidender Schärfe: »Fürsten des 18. Jahrhunderts, sagt, wie ist es möglich, daß ihr Krieg anfangen könnt! Ihr seid so aufgeklärt, daß euch die Hand zittert, wenn ihr das Todesurteil für einen Mordbrenner oder Straßenräuber unterschreiben sollt; aber unschuldige, rechtschaffene Bürger könnt ihr mit kaltem Blut zu Tausenden auf die Schlachtbank führen. . . Was gehen uns denn eure Zwistigkeiten an? « Umfassende Friedenspläne kennt die Aufklärung, Pläne für ein internationales Recht, Kant schreibt vom ewigen Frieden, die Kanzel hat sich aus religiösen Gründen für den Frieden unter den Völkern eingesetzt, auch wenn das alles aus begreiflichen Gründen immer nur erste Anfänge gewesen sind (95).

9. Eng und arm ist die Predigt der Aufklärung gewiß nicht. Neben dem alltäglichen und profanen Leben und den bürgerlichen und gesellschaftlichen Verhältnissen hat sie auch Natur und Geschichte in ihren Problemkreis einbezogen. Ein individueller, persönlich erfahrener und akzentuierter Glaube enthält implizit immer schon auch eine Aussage über den Gott, der in Natur, Welt und Geschichte handelt, er hat immer auch eine methaphysische Dimension. Religion bleibt in der Aufklärung durchaus nicht individualistisch auf die Innerlichkeit und Gesinnung des einzelnen in seiner privaten Existenz beschränkt. Daß Türen und Fenster der Kirchen weit nach draußen aufgemacht werden, gehört zu den Vorzügen dieser Predigt; daß dabei die »Naturreligion«, losgelöst von der geschichtlichen Offenbarung zur selbstständigen Thematik wird, die Natur zu einem neuen, lesbaren Religionsbuch, daß die Entzifferung und Dechiffrierung dieses Buchs oft banal, trivial und naiv wirkt, gehört zur offensichtlichen Gefahr und Grenze dieser Predigten. Eigentlich müßte als Hintergrund ein Bild der großen physikotheologischen Bewegung gezeichnet werden, die, über die Aufklärung hinausgreifend, eine ihrer geschichtlichen Wurzeln darstellt. (96) Die ungezählten Sammelwerke können auch nicht andeutungsweise genannt werden, in denen die Wunder der Tierwelt vom Seidenwurm, Fröschen, Heuschrecken und Spinnen angefangen, aber auch die Pflanzenwelt und das Mineralreich zu Zeugen für Gottes Offenbarung werden und zu einer vielstimmigen Doxologie des Lobpreises Gottes führen.

Schon Valentin Andreas Löscher, der letzte große Vertreter der orthodoxen Theologie, verfaßte ein fast 1000 Seiten umfassendes Buch mit Predigten, die 1722 gehalten worden sind, in dem solche Themen behandelt werden wie »Die Werke des Herrn am Himmel«, »Quellen und Brunnen«, »Die Geburt des Menschen«, »Die menschliche Hand«, »Das Auge«, »Wohlergehen und Wachstum der Kinder«, aber auch »Allerhand sehenswerte Dinge«, »Merkwürdige Reisen«, das alles und noch sehr viel mehr in bunter Fülle und ohne erkennbare Ordnung an den einzelnen Sonntagen eines ganzen Kirchenjahres. (97)

Über die Beliebtheit, Verbreitung und Volkstümlichkeit solcher Werke kann uns die Tatsache ein Bild geben, daß James Herveys »Meditations and contemplations« im Jahr 1753 in neun Monaten mit 10 000 Exemplaren, das sind 30 000 Bände, verkauft worden sind. Auch eine Übersetzung ins Deutsche war schnell vergriffen. (98) In dem ersten Band dieses Bestsellers finden wir Betrachtungen über die Herrlichkeit der Schöpfung in Gärten und Feldern, in den beiden anderen 19 physikotheologische Gespräche des bibel- und naturkundigen Aspasio mit seinem Freunde, einem reichen Gutsbesitzer, der aus einem Spötter zum theistisch-teleologischen Glauben bekehrt wird.

Im Jahr 1750-1782 ist eine sechzehnbändige Physikotheologie erschienen, die von dem Königsberger Theologieprofessor und Domprediger Lilienthal (99) stammt. Er hat regelmäßig alle zwei Jahre wie auf Bestellung einen neuen Band verfaßt. Kant hat sich auf diesen Königsberger Kollegen mit dem Vers bezogen: »Dem kann wie Lilienthal kein Tod die Hoffnung rauben, der glaubt recht zu tun, recht tut, um froh zu glauben.« (100)

Von Christian Samuel Ulber, poeta laureatus, einem Hamburger Scholarchen und Prediger an St.Jacob dort, stammt »Der rechtschaffene Naturalist« (101), in dem, auf die einzelnen Sonntage des Kirchenjahres verteilt, Themen behandelt werden wie Mond und Sterne, Rohr und Schilf, Flüsse und Bäche, über ein neu gebornes Kind wird gepredigt, an anderen Sonntagen über die Gluckhenne, die Schafe und den Hund, über Wasser, Blut und Steine, über Essen, Trinken und die Kleider usw. Noch am Ende des Jahrhunderts hat der Philanthrop Franz Heinrich Ziegenhagen 1799 die physikotheologische Kirche der Zukunft gezeichnet, die Wände um den Orgelprospekt mit naturwissenschaftlichen Darstellungen ausgeschmückt, im Schiff die gottesfürchtige Menge, zu der Kaiser und Kurfürsten, der protestantische Pfarrer, der Rabbiner und der islamische Mullah hinzutreten; der Prediger aber predigt über das Thema »Lehre vom richtigen Verhältnis in Gottes Schöpfung, Weg zum wahren Glück«. (102)

Kein Wunder, daß die Naturpredigten auf der Kanzel der Aufklärung solche Rolle spielen. Weiter als Zollikofer (103) mit seinen Naturpredigten geht J.L. Ewald (104), er zieht die Konsequenz, daß die Natur selbst der eigentliche »Text« dieser Predigten ist und nicht ein Bibelwort. Vor jeder Predigt steht ein moralisches oder religiöses Thema, dann unter dem Stichwort »Text« statt des Bibelworts ein Gegenstand der Natur oder der Erfahrung, menschlicher Zustände oder Schicksale, aus denen dann die Analogien für die religiöse Welt hergeleitet werden. Diese Predigten über »Naturtexte« sollen Freigeisterei und Deismus bekämpfen, die Gebildeten, die sich noch einen Sinn für die Schönheit der Natur bewahrt haben, sollen wieder zur Religion geführt werden.

Wenn freilich der Philanthrop und Pädagoge Salzmann in seinen »Predigten für hypochondrische Christen« am zweiten Ostertag den Gang der Jünger nach Emmaus zum Ausgangspunkt für das Thema »Vom Nutzen des Spazierengehens« nimmt, das durch Jesus selbst geheiligt sei, so klaffen doch Textaussage und Anwendung weit auseinander (105). H.J. Zerrenner will in seinen »Natur- und Ackerbaupredigten« (106) die Bauern aus ihrem stumpfen Dasein heraus zu Höherem erheben. An Tätigkeiten des Landmanns werden christliche Gesinnungen und Tugenden dargestellt. Das Pflügen wird etwa zum Sinnbild für das Umbrechen und Bekehren der Herzen. Den Predigten ist eine Abhandlung vorangestellt: »Vom Mangel der Bekanntschaft des mitten in der Natur lebenden Landmannes mit der Natur«. So findet sich auch unbefangen physikalischer, astronomischer und landwirtschaftlicher Unterricht in diesen 25 Predigten, die nicht alle von Zerrenner selbst stammen. C.G.B. Mosche (107) will die Naturpredigen christozentrisch vertiefen, wenn er z.B. vom Segen Gottes im Wasser ausgeht und dann zu dem lebendigen Wasser Joh. 4 führt. Karl Heinrich Sack hat in seiner »Geschichte der Predigt« gemeint, daß Mosches Predigt »Über die Geburt des Menschen« das Thema mit einer zu seiner Zeit unmöglichen Offenheit behandelt habe, was wohl mehr für als gegen den Prediger spricht. (108)

Freilich hat die Anknüpfung, die ein echtes Problem der Predigt darstellt, manchmal auch die merkwürdigsten Blüten getrieben, sie kann leicht zur bloßen Angleichung und Anpassung ausarten. Das Thema selbst aber, Gottes Macht und Herrlichkeit in der Natur, ist legitim für die christliche Predigt, auch wenn es allzuoft in der Aufklärung banal und trivial, schwülstig und sentimental behandelt worden ist.

10. Neben die Naturpredigten treten in der Aufklärung auch die Geschichtspredigten. Der Mensch ist ein geschichtliches Wesen, in der Geschichte hat er sein Leben. Auch individueller und persönlicher Glaube schließt immer implizit ein Urteil über Gottes Handeln in der Geschichte ein. Das hat die Aufklärung gemeint, wenn sie von Gottes Vorsehung gesprochen hat. Alle Betrachtungen und Predigten dieser Zeit zeigen eine optimistische Grundhaltung gegenüber dem Leben und einen religiös be-

gründeten Fortschrittsglauben. Ich möchte das nicht so gerne Optimismus nennen, es bedeutet eine tiefe Geborgenheit, herzliche Zuversicht, echte Frömmigkeit, die es sich nicht immer leicht gemacht hat, mit dem Problem des Bösen und des Übels in der Welt sich herumzuschlagen.

Auf einen bedenklichen Weg gerät freilich diese Predigt, wenn sie konkrete Geschichtsvorgänge theologisch deuten will, um unmittelbar Lehren und Erkenntnisse aus der Geschichte zu gewinnen. C.H. Härter hält Predigten über Gleichheit und Freiheit als Themen, »über welche seither soviel gesprochen und geschrieben worden ist«. (109) Veranlaßt sind sie durch eine Unruhe in der Gemeinde, die durch Ideen der französischen Revolution, »die mißverstandenen Worte Freiheit und Gleichheit« hervorgerufen ist. Die politisch eher konservativen Predigten Härters dämpfen nicht die Unruhe, sondern vermehren sie. Nun will er sich durch die drei ersten seiner gedruckten Predigten über Freiheit und Gleichheit rechtfertigen. »Es kann der Satz nicht oft genug wiederholt werden, daß der Mensch in den meisten Fällen der Beförderer, aber auch der Störer seiner irdischen Ruhe und Zufriedenheit sein könne.« (110) Härter tritt für die Freiheit ein im Blick auf die Vernunft des Menschen, seine inneren Überzeugungen, sein Gewissen, die Freiheit zu denken als ein unveräußerliches Recht des Menschen, im Blick auf seinen Glauben, aber auch sein Eigentum. »Es muß jedem Menschen auch die Freiheit zugestanden werden, seine Meinung und seine Gedanken öffentlich zu äußern«. Grenze ist allein, daß nicht »die allgemeine Ruhe und Sicherheit der ganzen Gesellschaft« gestört wird oder »die Rechte und Freiheiten des einzelnen Bürgers untergraben werden«. (111)

Frei soll der Mensch als Welt- und Staatsbürger sein, ohne daß Freiheit Zügellosigkeit und Aufhebung aller Standesunterschiede bedeuten dürfe. »Kein Mensch soll also der Tyrann oder Unterdrücker seiner Mitmenschen sein.« (112) »Auch der Ärmste darf nicht in seiner Ehre, welche er einmal erlangt hat, angegriffen werden.« (113) »Gleichheit ist nicht die Abschaffung aller Stände, ist nicht Gleichheit der Güter und des Vermögens aller Bürger.« (114) In der Predigt »Über einige wirksame Mittel, wodurch Staatsbürger sich in dem Besitz wahrer Freiheit erhalten können«, wird vor allem ihre Wurzel in der wahren Religion betont. Sie ist die »Grundsäule« für Ruhe, Sicherheit, Wohlstand und die wahre Freiheit der Völker und Länder und jedes einzelnen Bürgers. (115) Sie schafft die Achtung des Menschen vor dem Menschen, Menschen- und Bruderliebe »als sicherstes Mittel, Ordnung und Ruhe und die Wohlfahrt aller Bürger in einem Lande zu befördern und aufrechtzuerhalten«. (116) Ähnlich sind in Ton und Haltung die meisten politischen Predigten dieser Zeit. Immer versuchen sie, Regierte und Regierende zugleich anzureden und zu mahnen. Ein Jakobiner ist Härter gewiß nicht auf der Kanzel gewesen.

Selbstverständlich haben die Ereignisse der französischen Revolution die ganze Welt erregt. Hahn deutet sie als »Folgen größerer Fortschritte der Menschheit« (117), als Übergangserscheinungen einer freien Selbstvervollkommnung der Menschheit. Niemand kann den Gang der Geschichte aufhalten. »Bequemt euch also weise in die Fortschritte der Menschheit und helft sie befördern!« (118) J.G. Rosenmüller predigt »Über merkwürdige Begebenheiten des 18. Jahrhunderts« (119) und der Bremer Pfarrer Johann Jakob Stolz »über die Merkwürdigkeiten des 18. Jahrhunderts« (120), wobei in einer dieser Predigten Friedrich II. als »nordischer Salomo« gepriesen wird, der trotz seiner Kriege und »der vielen tausend unglücklichen Opfer seines Ehrgeizes« durch seine Verachtung der Prachtliebe, durch Sparsamkeit, durch Ordnung und Gerechtigkeit, durch Leistungen in Musik, Dichtkunst und Geschichtsschreibung diesen Namen verdient habe. (121) Von seiner Verkennung der göttlichen Lehre des Christentums heißt es lakonisch: »Er kannte nicht, was er verkannte.« Nun, es hat schon schlimmere Formen des Byzantinismus in der Geschichte der christlichen Predigt gegeben! Weitgespannt ist der Rahmen der Predigtthemen bei Stolz. Predigt versteht sich nicht mehr allein als Auslegung des Bibelworts. Da spricht Stolz über die Gesellschaft Jesu, über das Oberhaupt der katholischen Kirche, über die politischen Revolutionen, über den Gemeingeist, über das Schicksal der Schweiz, die verderbten Höfe, sogar über die Schiffahrt, über die Preßfreiheit und die Publizität, auch über Zinzendorf und Joseph II. Soweit wird der Horizont der Predigt, daß sie anfängt, darüber ihre Mitte zu verlieren.

11. In einem letzten Abschnitt soll noch auf Predigten hingewiesen werden, in denen das Gefälle der Spaldingschen »Nutzbarkeit« zu einem offensichtlich platten und seichten Utilitarismus geführt hat, was manchmal ganz zu Unrecht als die Hauptsache an der Predigt der Aufklärung gegolten hat. Garve richtete an Zollikofer 1772 die Frage: »Sollte nicht das gemeine Volk noch einen anderen Unterricht brauchen als einen bloßen Religionsunterricht? Und sollten nicht zuletzt die Prediger die Lehrer aller gemeinnützigen Wissenschaften werden können? « (122) Nach Tellers Meinung sollte der Prediger sich auch der Schule annehmen, das

Heimatgefühl pflegen, die Geselligkeit heben, naturwissenschaftliche Vorträge halten, dem Arzt zur Hand gehen, alle sozialen Gegensätze überbrücken. (123) Gelegentlich verlangt man, daß der Theologe auch Chemie und Naturwissenschaft studieren solle, um als Volkslehrer nützlich zu sein. (124) Ewald forderte selbst von den Bauern Kenntnisse der Naturkunde, Landwirtschaft, Maschinenkunde und des Gesundheitswesens außer der Bibelkenntnis. (125) Bei den oft so hart kritisierten utilitaristischen Predigten dieser Zeit sollte man den damaligen Bildungsnotstand auf dem Lande nicht vergessen, die einsame Stellung des Pfarrers als Volkserzieher in seinem abgeschnittenen Dorf, daß Liebe und Fürsorge auch fremde Aufgaben mitübernehmen können, eben weil sie sonst niemand wahrnimmt. Als Hintergrund eines solchen pfarramtlichen Tuns muß auch das damalige Entstehen einer neuen wissenschaftlichen Landwirtschaftslehre und die »Dorfregulierung« als Erneuerung des Bauerntums gesehen werden. (126) Neben den immer wieder mit Sarkasmus angegriffenen utilitaristischen Predigten finden sich immer auch solche mit religiösen und sittlichen Themen. Über manchen Kuriositäten und Seltsamkeiten sollte der Ernst und die Wärme wirklicher Frömmigkeit und die Sorge und Hilfe gegenüber denen nicht übersehen werden, die ohne ihre Schuld soweit zurückgeblieben waren.

So erklären sich manche der uns flach erscheinenden utilitaristischen Predigten, in denen ein ökonomisches Interesse überwiegt. Auch ein Theologe wie Reinhard redet in seinem »System der christlichen Moral« durchaus »von der erfinderischen Betriebsamkeit und Industrie als einer Pflicht der Christenheit«. (127) »Wer in seinem Gewerbe, in seiner Hantierung, in seiner Kunst, sie mag Namen haben, wie sie will, ein Stümper ist, wer nicht unaufhörlich arbeitet, in seinem Fach immer brauchbarer und fähiger zu werden, besitzt weder wahre Liebe zum Vaterland noch wahre christliche Tugend.« (128)

So kommen auch Wirtschaftsprobleme auf die Kanzel. Nutzbarkeit wird gelegentlich zum ökonomischen Nutzen. Der katholische Pfarrer Fridolin Huber bringt wirtschaftliche Fragen in seiner Predigt, die Ablösung der Lasten auf dem Grundbesitz, die Frohnleistungen, Gespanndienste, die Naturallieferungen, alles Fragen, die den Bauern buchstäblich auf den Nägeln brennen. (129)

Vom katholischen Hofprediger Werkmeister wird berichtet, daß er in der Zeit seines Pfarramts in Steinbach die erste Kuhpockenimpfung im Dorf an einem zweijährigen Mädchen im Pfarrhaus vornehmen ließ, daß er förmlich in der Gemeinde um die Kinder für die Impfung gebettelt habe. (130) In den Landwirtschaftspredigten von F. Schlez finden sich allein in einer einzigen Predigt Vorschläge für die gemeinsame Verbesserung der Wege und Fuhrstraßen, für die Aufteilung von Ödland und Viehweiden zugunsten der ärmeren Bevölkerung, für Aufforstung ungenutzter Gebiete, für eine gemeinsame Vorsorge für die Zukunft, für bessere Erziehung der Schulkinder. In anderen Predigten ist von Felddiebstahl und Baumfrevel die Rede, von der Beseitigung der Brache, der Einführung des Klee- und Kartoffelanbaus, Abschaffung der altmodischen Dreifelderwirtschaft usw.

Nicht ganz ungeschickt wird die Behandlung der weltlichen Dinge auf der Kanzel gerechtfertigt: »Der Landmann, der bei seinem Pflügen ein geistlich Lied singt, begeht nach meiner Meinung gar keinen Fehler, wenn er darüber seinen Feldbau nicht vernachlässigt; ein Prediger. . . tut ein gutes Werk, wenn er zuweilen seine Zuhörer auch auf ihren irdischen Vorteil aufmerksam macht, wofern nur nicht darüber der Unterricht in den Religionswahrheiten, um dessen willen er eigentlich angestellt ist, versäumt wird.« (131) Ich denke, daß dieses »sofernnur« und das »zuweilen« im allgemeinen von der Predigt der Aufklärung eingehalten wurde. Predigten werden in dieser Zeit über manche Themen gehalten, über Schuldner und Schuldenmachen, über falsche Sparsamkeit, über Betrug in Handel und Wandel, den Nutzen der Ordnung und der Reinlichkeit, gewiß praktikable und nützliche Themen, auch wenn sie auf der Kanzel schon damals seltsam und ungewöhnlich waren.

Auch die politische Predigt konnte zu radikaler Verweltlichung führen. So predigt Johann Friedrich Krause »über einige Landesgesetze«. (132) Reinhard ist diese Predigtsammlung gewidmet. Krause beruft sich selbst auf den Aufsatz eines Juristen im Reichsanzeiger von 1795 (133), das Recht möchte doch von den Kanzeln erklärt werden, um unnötige, langwierige und teure Prozesse zu vermeiden und die praktische Volksmoralität zu stärken. »Sollte denn die Kanzel bloß für theologische Lehrer dasein? « »Im Grunde sind doch Kirchen und Gemeindehäuser bestimmt, daß darin gelehrt und unterrichtet werde. Könnte dieses allgemeine Auditorium nicht ebensowohl zu einem Vortrag dienen als dem theologischen Prediger? « (134) Damit wird freilich die Kanzel nun ganz zum Katheder, die Kirche zum Vortragssaal, die Gemeinde zum Publikum.

So hat Krause Landesgesetze auf der Kanzel in der Predigt erklärt. Das Band zur Religion bildet nur noch einen dünnen Faden. »Ich bin zufrieden, wenn ich nur bei manchen meiner Zuhörer befestigt habe, daß vernünftige Landesgesetze mit den Gesetzen der Religion in der genauesten Verbindung stehen«. (135) So lautet das Thema der ersten Predigt: »Vernünftige Landesgesetze sind als Gottes Gesetze zu betrachten.« Aber ein anderes Licht gewinnt dieses Unternehmen, wenn in dieser Predigt von der Abschaffung der Folter und der Tortur, von dem Aufhören der Landesverweisungen geredet wird, von Strafen, die den menschlichen Körper verstümmeln, der Abschaffung des Bettelns, der Versorgung der Armen, von der Einführung der Brand- und Assekuranzkasse, von Vormundschaftsgesetzen und der Fürsorge für »Wahnwitzige und Melancholische«. Ausführlich wird in einer eigenen Predigt das Landesgesetz zur Feier des Sonntags behandelt und dabei auf eine kurfürstliche Anordnung von 1749 bezug genommen, wo neben dem Verbot der Sonntagsarbeit auch die »Abwartung der öffentlichen Gottesdienste« und die Erlaubnis »unschuldiger Vergnügungen« geordnet wird. »Es soll ein jeder, sowie es seine Christenpflicht erfordert, am Sonntag den Gottesdienst fleißig besuchen und denselben ganz oder doch, bis der Prediger von der Kanzel gegangen ist, wenn keine Kommunion gehalten wird, bis nach dem gesprochenen Segen abwarten.« Lachen und Plaudern ist in der Kirche verboten oder, während der Predigt vor der Kirchtüre zu stehen und spazieren zu gehen. (136) Freilich wird in der Predigt über solche Gesetze nicht die religiöse Verkündigung in bezug auf dringliche öffentliche Mißstände und ihre Abschaffung aktualisiert, sondern nachträglich werden bürgerliche Gesetze religiös legitimiert und sanktioniert.

Eine dieser Predigten befaßt sich auch mit der neuen sächsischen Gesindeordnung vom 16.11.1769, die sich mit der »Sittenverderbnis der dienenden Volksklasse« befaßt und ein reichlich patriarchalisches Gepräge zeigt. (137) Heilsam ist gewiß auch das Thema »Von der Würde rechtschaffener Schullehrer«, die zur gewissenhaften Erfüllung der Pflichten mahnt, die das Christentum, unsere Vernunft und insbesondere die landesherrlichen Schulgesetze uns vorschreiben. Der Undank, den die Lehrer erfahren, sogar ihre schlechte Besoldung wird zur Sprache gebracht. Eine der Predigten handelt von dem landesherrlichen Mandat über die Behandlung der Leichen, das damals so beliebte und gefürchtete Thema von der Beerdigung von Scheintoten. Da kann man schauerliche Geschichten hören, aus den Zeitungen entnommen.

So fangen die Predigten an, aus der Theologie auszuwandern. Die berühmten Beispiele können wir uns sparen, wenn am ersten Weihnachtstag vor dem Gebrauch von Pelzen gewarnt oder über den Nutzen der Stallfütterung gepredigt wird, beim Speisungswunder über Ordnung und Reinlichkeit, Ostern über die Gefahr des Lebendigbegrabenwerdens und über Gespensterfurcht, da predigt einer gar über die Kunst, nach Hufelandschen Grundsätzen das Leben zu verlängern, Joachim Grot über die Blatternimpfung (1781/82) und Gottlieb Merkel über die »Einpropfung der Blattern« (1777), und wiederum ein anderer, was in einer Predigt besonders aktuell ist, über den Nutzen des Schlafes.

Übersieht man das ganze Prisma der Aufklärungspredigt, so ist das Gefälle von ihren ernsthaften Predigten bis hin zu solchen Karikaturen nicht so sehr viel größer als auch sonst in der Geschichte der Predigt. Natürlich müssen wir heute anders predigen, wir predigen ja nicht für die Schiffbrüchigen aus dem 18. Jahrhundert, sondern für Menschen der Gegenwart. Wenn unsere Predigt so auf Klarheit des Denkens, Durchsichtigkeit der Argumente, auf vernünftige und kritische Reflexion bedacht wäre, wenn sie statt des Theologischen warme Frömmigkeit so wieder entdecken würde wie in der Aufklärung, wenn sie so praktisch, konkret und lebensnah würde, solchen sittlichen Ernst aufwiese, sich der modernen Wissenschaft so aufrichtig zum Gespräch stellen würde, würde sicherlich vieles besser um die Kirche stehen.

Die Lösungen der Aufklärung lassen sich nicht wiederholen. Schon Herder hat die Grenzen der Theologie der Aufklärung deutlich aufgewiesen. Trotzdem dürfte es historisch nicht zu verantworten sein, sie für einen »Sündenfall des Christentums« zu erklären, statt sie geschichtlich in ihren Wurzeln, ihrer Bedeutung und ihren Folgen für uns zu verstehn. Sie ist ein notwendiger und auch respektabler Versuch der Auseinandersetzung der Tradition mit dem Geist der modernen Wissenschaft im Rahmen der damals zur Verfügung stehenden Mittel des geistigen Lebens. Man braucht es wohl nicht zu sagen, daß die Predigt der Aufklärung nicht identisch ist mit der aufklärerischen Popularphilosophie der Zeit, ihren deistischen und radikalen Strömungen. Gerade die Besonderheit und die eigene Prägung der Kanzel als Katheder der Aufklärung sollte ja gezeigt und herausgehoben werden. Auch innerhalb der gesamten Aufklärung hat eben die Predigt ihre eigene Gestalt, ihr besonderes Gesicht.

Ist dieses Bild idealisiert? Die mündliche, die eigentlich gehaltene Predigt ist für uns einfach unerreichbar. Wir haben als Quelle nur die gedruckten Predigten, die immer schon höheren Ansprüchen genügen, aber es sind auch Predigten darunter von Dorf- und Kleinstadtpfarrern und nicht nur von Professoren und Konsistorialräten. Zu kurz kommt in solcher Zeichnung das historische und landschaftliche Relief, das in eine solche systematische Darstellung nicht eingehen kann. Hier liegen Aufgaben der wissenschaftlichen Forschung, die noch nicht gelöst sind. Die Kanzel als Katheder der Aufklärung zu zeichnen, ist etwas anderes, als eine Geschichte der Predigt des 18. Jahrhunderts schreiben. In Norddeutschland hat erst in der ersten Hälfte des 19. Jahrhunderts die Aufklärung die Kanzeln wirklich erobert, im süddeutschen und im katholischen Raum ist der Widerstand gegen das Vordringen der Aufklärung auf die Kanzel größer gewesen, überall lebt auch noch die traditionelle, pietistische und orthodoxe Predigt auf der Kanzel dieser Zeit weiter fort. Niemand wird die zeitbedingten Grenzen der Theologie der Aufklärung übersehen, übersehen wird sehr leicht, was sie in diesem Rahmen Bedeutsames und Respektables geleistet hat. Abgesehen von den theologischen Erkenntnissen, die nicht stehengeblieben sind, ist eins vor allem anders: Aufklärung heute ist nicht mehr getragen von der Fortschrittsgläubigkeit und der Vervollkommnungsideologie des 18. Jahrhunderts, sie ist gerade auf dem Höhepunkt einer Verwissenschaftlichung der Welt umdunkelt von dem tragischen Bewußtsein, daß eben dieser wissenschaftliche und technische Fortschritt die eigentliche Gefährdung unserer Welt und ihrer Zukunft bedeutet. »Aber die vollends aufgeklärte Erde strahlt im Zeichen triumphalen Unheils«, heißt es bei Horkheimer (138). Die Aufklärung fängt an, sich kritisch selbst in Frage zu stellen, sie mündet aus in die unüberhörbare Frage nach der Verantwortung des Menschen für seine Zukunft und nach dem Forum und nach der Instanz, vor denen sie wahrgenommen werden kann, sie mündet aus in ein neues Fragen des Menschen nach der Religion.

1 I. Kant, Werke, Ausgabe von W. Weischedel, 1964, Bd VI, S. 53.

2 ebd. Bd VI, S. 55.

3 ebd. Bd III, S. 283.

4 Der Prediger Andreas Riem über Aufklärung und Gewissensfreiheit, in: Bibliothek der Aufklärer des 18. Jahrhunderts, hrsg. von Martin Geismar, 1847, S. 315.

5 Franz Volkmar Reinhard, System der christlichen Moral, 3. Aufl., 1804, Bd III, S. 578.

6 Wilhelm Dilthey, Studien zur Geschichte des deutschen Geistes, Ges. Schriften, 1927, Bd III, S. 142.

7 Ernst Cassirer, Die Philosophie der Aufklärung, 1932, S. XV.

8 Norman Hampson, A cultural history of the enlightenment, 1969, S. 128.

9 ebd. S. 131.

10 Jürgen Mittelstraß, Neuzeit und Aufklärung, Studien zur Entstehung der neuzeitlichen Wissenschaft und Philosophie, 1970, S. 99 ff.

11 J. Kirchner, Das deutsche Zeitungswesen, Bd I, 1942.

12 Hans M. Wolff, Die Weltanschauung der deutschen Aufklärung in geschichtlicher Entwicklung, 2. Aufl. 1963, S. 61-74; Frederick Hertz, The development of the German political sentiments, aspirations and ideas, 1962, S. 236 ff.

13 Karl Aner, Der Aufklärer Friedrich Nicolai, 1912, S. 161 ff.

14 Friedrich Nicolai, Das Leben und die Meinungen des Herrn Magister Sebaldus Nothanker, 1773-76.

15 Christian Gotthilf Salzmann, Carl von Carlsberg oder über das menschliche Elend, Roman in sechs Bänden, 1783/88; Ilse Breddin, Volkskunde und Volksideal bei Christian Gotthilf Salzmann, 1937, S. 76.

16 F. Burbach, Rudolf Zacharias Becker. Ein Beitrag zur Bildungsgeschichte unseres Volkes, 1895, S. 40.

17 Christian Gotthilf Salzmann, Beiträge zur Aufklärung des menschlichen Verstandes in Predigten, 1770, S. VI f.

18 Christoph Friedrich Nicolai, Beschreibung einer Reise durch Deutschland und die Schweiz im Jahre 1781, 1786/87; Franz Herre, Das Augsburger Bürgertum im Zeitalter der Aufklärung, 1951, S. 24.

19 Werner Schütz, Geschichte der christlichen Predigt, 1972, S. 118.

20 »Männer, die wie Jerusalem, Zollikofer, Spalding in Predigten und Abhandlungen durch einen guten und reinen Stil der Religion und der ihr so nahe verwandten Sittenlehre Beifall und Anhänglichkeit zu erwerben suchten.«

21 J.B. Schneyer, Geschichte der katholischen Predigt, 1968, S. 307-324.

22 Georg Friedrich Wilhelm Hegel, Werke, Jubiläumsausgabe, Bd XIX, S. 529.

23 Werner Schütz, a.a.O., S. 160 ff.

24 Johann Otto Thieß, Anleitung zur Amtsberedsamkeit der öffentlichen Religionslehrer des 19. Jahrhunderts, 1801, S. 50 ff.

25 Johann Joachim Spalding, Über die Nutzbarkeit des Predigtamts und deren Beförderung, 3. Aufl. 1791, S. 5, 75 ff.

26 Johann Gottlieb Marezoll, Predigten in der Universitätskirche zu Göttingen gehalten, 1793, S. 69. Cf. die Predigt: »Worin besteht die Aufklärung? « S. 327 ff.

27 Johann Friedrich Wilhelm Jerusalem, Nachgelassene Schriften, 1793, Bd II, S. 148 ff.

28 Johann Gottlieb Marezoll, Über die Bestimmung des Kanzelredners, 1793, S. 108.

29 Johann Joachim Spalding, Neue Predigten, 1769, Vorrede.

30 Cf. W. Schütz, a.a.O., S. 165.

31 Wilhelm Abraham Teller, Wörterbuch des Neuen Testaments zur Erklärung der christlichen Lehre, 3. Aufl., 1780, S. XXIII.

32 Johann Friedrich Wilhelm Jerusalem, a.a.O., Bd II, S. 148 ff.

33 C.A. Härter, Predigten über Freiheit und Gleichheit, 1794, S. 7.

34 Johann Gottfried Herder, Sämtliche Werke, 1829, Bd X, S. 358 ff, 385.

35 Johann Salomo Semler, Von der freien Untersuchung des Kanons, 1772-75; ferner seine Vorrede zu Baumgartens »Evangelischer Glaubenslehre«: »Eine historische Einleitung über die dogmatische Gottesgelehrsamkeit«, 1759.

36 Johann Gottlieb Marezoll, Über die Bestimmung des Kanzelredners, 1793, S. 15.

37 Johann Heinrich Schulz, Versuch einer Anleitung zu einer Sittenlehre für alle Menschen ohne Unterschied der Religion, 1783; ferner: Erweis des himmelweiten Unterschieds zwischen der Moral und der Religion, 1788, S. 18 f, 65 f.

38 Karl Friedrich Bahrdt, Geschichte seines Lebens, seiner Meinungen und Schicksale, 4 Bde. 1790, Bd II, S. 188 f.

39 Johann Friedrich Wilhelm Jerusalem, Nachgelassene Schriften, 1792, Bd I, S. 301, 304.

40 Franz Volkmar Reinhard, System der christlichen Moral, a.a.O., Bd III, S. 592.

41 Friedrich Seiler, Über die Gottheit Christi, beide für Gläubige und Zweifler, 1775, S. 336.

42 Benedict Marie Werkmeister, Predigten in den Jahren 1784-91, gehalten zu Stuttgart und Hohenheim, 3 Bde, 1812-15, Bd I, S. 22 f; Bd II, S. 157 ff, 187 ff.

43 ebd. Bd II, S. 160.

44 Werner Schütz, »Was habe ich dir getan, mein Volk?«, die Wurzeln der Karfreitagsimproperien in der alten Kirche, in: Jahrbuch für Liturgie und Hymnologie, 1969, S. 1 ff.

45 Johann Gottlieb Rudolf Beyer, Zur Aufklärung der Volksreligion, ein Beitrag in Predigten, 1782.

46 Georges Gusdorf, Les principes de la pensée du siècle des lumières, 1971, S. 393.

47 Samuel Werenfels, Predigten über einige Hauptlehren der christlichen Religion, in französischer Sprache gehalten, auf Begehren ins Deutsche übersetzt. Dazu kommen des Autors allgemeine Gedanken von der Vereinigung der Evangelischen, 1717, S. 421.

48 Johann Friedrich Wilhelm Jerusalem, a.a.O., Bd II, S. 137.

49 ebd. Bd. II, S. 142.

50 Johann Joachim Spalding, Von der Einigkeit in der Religion, eine erweiterte Predigt, 1786, S. 21, 25, 62 ff.

51 Franz Volkmar Reinhard, An ihren Früchten sollt ihr sie erkennen. Eine Predigt gehalten in Dresden nebst einer Weissagung von A.W.F. Sack: Gedanken über den Zustand der protestantischen Kirche, 1786.

52 ebd. S. 32 ff.

53 D. Jenisch, Sollte Religion dem Menschen jemals entbehrlich sein? Ein theologisches Sendschreiben an Propst Spalding, 1797, S. 96, 101.

54 Johann Joachim Spalding, Religion eine Angelegenheit des Menschen, 1797, S. 2-6, 96.

55 ebd. S. 5.

56 Hans Joachim Zollikofer, Sämtliche Predigten, 1789, Bd IV, S. 1.

57 Johann Ludwig Ewald, Predigten über Naturtexte, Acht Hefte, 1787-92, 1. Heft, S. 38 ff, 50 ff.

58 Johann Friedrich Wilhelm Jerusalem, Betrachtungen über die vornehmsten Wahrheiten der Religion, 3 Bde, 1768, Bd I, S. 308 ff.

59 Johann Gottlieb Marezoll, Predigten auf alle Festtage des Jahres, 1821, in: Bibliothek deutscher Kanzelberedsamkeit, Bd VI, S. 1 ff.

60 ebd. S. 12, 15.

61 1772 anonym erschienen, benutzt die 3. Aufl., 1791.

62 Vorrede S. VIII.

63 Johann Lorenz von Mosheim, Sittenlehre der Heiligen Schrift, 1743, Bd III, S. 113.

64 Spalding, Nutzbarkeit, a.a.O., S. 162 ff.

65 ebd. S. 108 ff.

66 Johann Heinrich Spalding, Neue Predigten, 1787, Bd II, S. 230-41.

67 ebd.

68 Heinrich Philipp Konrad Henke, Einführungspredigt für August Christian Bartels als Abt von Riddagshausen, 1790, S. 33 f: »Frohe Aussichten für die Religion in die Zukunft.«

69 Johann Joachim Spalding, Predigten, 1786, S. 36 ff: »Über die Glückseligkeit eines beruhigten Gewissens.«

70 Johann Joachim Spalding, Nutzbarkeit, a.a.O., S. 368.

71 Werner Schütz, Geschichte der Predigt, a.a.O., S. 125.

72 Abraham Teller, Predigten von der häuslichen Frömmigkeit, 1772, vermehrte Auflage, 1773.

73 J.F.W. Jerusalem, Sammlung einiger Predigten vor den Durchlauchtigsten Herrschaften zu Braunschweig-Lüneburg-Wolfenbüttel gehalten, neueste Auflage, 1788, S. 215 ff.

74 Alexandra Schlingensiepen - Pogge, Die Sozialethik der lutherischen Aufklärungstheologie am Vorabend der industriellen Revolution, 1967; Fritz Valjavec, Geschichte der abendländischen Aufklärung, 1961, S. 197 ff; Lotte Koch, Wandlungen der Wohlfahrtspflege im Zeitalter der Aufklärung, 1933.

75 Johann Zacharias Hermann Hahn, Politische Predigten, Bd I, 1797; ferner: »Das gesellschaftliche Leben als Erziehungsmittel zu einem höheren Leben nach dem Tode.«, 1775.

76 ebd. S. IV.

77 ebd. S. V, VIII, XI f.

78 ebd. S. 143 ff.

79 ebd. S. 147 ff, 160.

80 ebd. S. 170.

81 Lucy Leyy-Bruhl, L'Allemagne depuis Leibnitz, 1890, S. 48.

82 Franz Volkmar Reinhard, Ethik, a.a.O., Bd III, S. 496.

83 ebd. S. 496 f.

84 ebd. S. 498.

85 C.A. Härter, Predigten über Freiheit und Gleichheit, 1794, S. 50 ff.

86 ebd. S. 57.

87 ebd.

88 ebd. S. 63.

89 D. Jenisch, Sollte Religion den Menschen jemals entbehrlich werden? Sendschreiben an Propst Spalding, 1797, S. 100 f.

90 ebd. S. 102.

91 ebd. S. 104.

92 Hahn, Politische Predigten, a.a.O., S. 80 ff.

93 ebd. S. 101.

94 Christian Gotthilf Salzmann, Über die Erlösung des Menschen vom Elende durch Jesum, 2 Bde, 1789/90, Bd II, Vorbericht S. XII.

95 Frederick Hertz, The development, a.a.O., S. 117; Fritz Valjavec, a.a.O., S. 305.

96 Wolfgang Philipp, Das Werden der Aufklärung in theologiegeschichtlicher Sicht, 1957, S. 16, 73.

97 Valentin Andreas Löscher, Denkwürdige Werke Gottes in den Reichen der Natur, der Kunst und des Glücks als eine nützliche Einleitung durch die Vorhöfe in das Heilige, Verherrlichung des göttlichen Namens und gemeine Besserung, damals im Jahr 1722 gepredigt, 1753.

98 W. Philipp, a.a.O., S. 27.

99 Th. Christoph Lilienthal, Die gute Sache der in der Heiligen Schrift Alten und Neuen Testaments enthaltenen göttlichen Offenbarungen wider die Feinde derselben erwiesen und gerettet, I-XVI, 1750-82.

100 W. Philipp, a.a.O., S. 30.

101 Christian Samuel Ulber, Der rechtschaffene Naturalist mit seinem christlichen Auge und Herzen bei natürlichen und weltlichen Dingen in 80 erbaulichen Betrachtungen, 3. Aufl., 1807, erstmals 1765.

102 W. Philipp, a.a.O., S. 30.

103 Georg Joachim Zollikofer, Sämtliche Predigten, 1798, Bd 12.

104 J.L. Ewald, Predigten über Naturtexte, Acht Hefte, 1787-1792, 1. Heft.

105 Christian Gotthilf Salzmann, Predigten für hypochondrische Christen, 2. Aufl., 1804, S. 22 ff.

106 Heinrich Gottlieb Zerrenner, Natur- und Ackerbaupredigten oder Natur und Ackerbau als eine Anleitung zur Gottseligkeit ganz für Landleute, 1783.

107 Gabriel Christoph Benjamin Mosche, Sammlung einiger Predigten über die Herrlichkeit Gottes in der Natur, 1774.

108 Karl Heinrich Sack, Geschichte der Predigt in der deutschen evangelischen Kirche von Mosheim bis auf die letzten Jahre von Schleiermacher und Menken, 1866, S. 235.

109 C.A. Härter, Pfarrer zu Burgtonna, Predigten über die Freiheit und Gleichheit und über einige Gegenstände des häuslichen und bürgerlichen Lebens, 1794.

110 ebd. S. X.

111 ebd. S. 5/6, 11.

112 ebd. S. 12.

113 ebd. S. 25.

114 ebd. S. 26.

115 ebd. S. 33.

116 ebd. S. 44.

117 Johann Zacharias Hahn, a.a.O., S. 54.

118 ebd. S. 72.

119 Johann Georg Rosenmüller, Betrachtungen über merkwürdige Begebenheiten des 18. Jahrhunderts in Rücksicht auf Religion und Sittlichkeit in Predigten, 1801, 2. Aufl. 1804.

120 Johann Jakob Stolz, Predigten über merkwürdige Begebenheiten des 18. Jahrhunderts, 2 Bde, 1801.

121 ebd. S. 53.

122 Reinhard Krause, Die Predigt der späten deutschen Aufklärung, 1965, S. 116.

123 Paul Gabriel, Die Theologie W.A. Tellers, 1914, S. 72.

124 Chr. Bastholm, Kurze Gedanken zum weiteren Nachdenken über den geistlichen Stand, 1797, S. 10.

125 Johann Ludwig Ewald, Über Volksaufklärung, ihre Grenzen und Vorteile, 1790, S. 39 ff.

126 Fritz Valjavec, a.a.O., S. 202 f, 206 f.

127 Franz Volkmar Reinhard, a.a.O., S. 573, 575.

128 ebd. S. 577.

129 August Hagen, Die kirchliche Aufklärung in der Diözese Rottenburg. Bildnisse aus einem Zeitalter des Übergangs, 1953, S. 226.

130 ebd. S. 66.

131 F. Schlez, Landwirtschaftspredigten, ein Beitrag zur Beförderung der wirtschaftlichen Wohlfahrt armer Landleute, 2 Bde, 2. Aufl. 1794, Bd II, S. 21.

132 Johann Friedrich Krause, Predigten über einige Landesgesetze nebst verschiedenen anderen Kanzelvorträgen meistens bei besonderen Veranlassungen, 1797.

133 ebd. S. 284, 288 f.

134 ebd. S. X.

135 ebd. S. XIII.

136 ebd. S. 31.

137 ebd. S. 34 ff.

138 Max Horkheimer und Theodor W. Adorno, Dialektik der Aufklärung. Philosophische Fragmente. Neuausgabe 1969, S. 9.

Zwi Batscha Ludwig Heinrich Jakobs frühbürgerliches Widerstandsrecht

I Jakob als Kantianer gegen Kant.

»Es steht dahin, ob Jakob, der sich bisher nur als *Nachbeter* Kants gezeigt hat, je *Selbstdenker* werden dürfte«, (1) schrieb Karl Leonhard Reinhold an Jens Baggesen. So ist auch Schillers Xenie »Kant und seine Ausleger« zu verstehen: »Wie doch ein einziger Reicher so viele Bettler in Nahrung setzt! Wenn die Könige bauen, haben die Kärrner zu thun«. (2)

Tatsächlich war Ludwig Heinrich Jakob (1759 - 1827) ein orthodoxer Kantianer, der seine erste Aufgabe bis zur Jahrhundertwende in der Verbreitung, Interpretation und Popularisierung von Kants Schriften und Lehre sah, während Reinhold mit seinem Versuch, Kant zu korrigieren, ein Wegbereiter der metaphysischen Systeme wurde, die in der Philosophie Hegels kulminierten.

Gerade in einem für die politische Philosophie der damaligen Zeit wichtigen Problem, dem des Widerstandsrechts, erwies sich jedoch Ludwig Heinrich Jakob in jenen 14 Jahren (1786 - 1800) seiner literarischen Tätigkeit als »Selbstdenker«, während Reinhold als bloßer »Nachbeter« Kants erscheint (3). Denn, obgleich Reinhold gegen Kants offene Ablehnung des Widerstandsrechts Einwände erhob, setzte er sich doch nicht deutlich gegen Kant ab. Er befürwortete das Widerstandsrecht nur unter der Bedingung, daß es nicht gegen die Erhaltung des Staates gerichtet sein dürfe. Diese Klausel aber macht es unbrauchbar, sie würde zur Konservierung des status quo führen. So sieht es auch Jakob: »Gerade so wie einige neuere Machiavels dadurch den Schein des Machiavelismus zu vermeiden suchen, daß sie zugeben, es sey zwar ein Recht zum Widerstande da, aber es könne der Fall nie eintreten, wo das Recht angewandt werden könne, und wenn er auch vorkäme; so dürfe man es doch nicht ausüben, und wenn man es doch ausübte, so thäte man doch unrecht. O, der elenden Sophistereyen! Da lobe ich mir doch lieber den wahren *Machiavel*, und den mit ihm in Ansehung dieses Princips völlig gleich denkenden *Spinoza*, die ohne Scham und Scheu, mit wahrer Consequenz, den Unterthanen alles und jedes Recht gegen den Souverain absprechen.« (4)

Jakobs Antimachiavel war gegen die Unbestimmtheiten und Unklarheiten aller jener Denker gerichtet, die sich nach der französischen Revolution mit den Problemen des Naturrechts und einem daraus abgeleiteten Widerstandsrecht zu beschäftigen begannen (5). Er warf ihnen vor, daß sie wegen des Mangels rigoroser Grundsätze in Hinsicht auf das Widerstandsrecht »die Unterthanen zu ungerechtem Widerstande und den Souverain zu ungerechten Befehlen verleiten.« (6) Ein Widerstandsrecht würde dem Volk zwar »in größter Not« zugestanden, doch bei der Anwendung dieses vagen Begriffes käme es dann zu tätlichen Obstruktionen, die der Souverän wiederum zu unterdrücken versuche. So sah Jakob die von seinen Zeitgenossen nicht exakt bestimmte Widerstandsrechtslehre mit als eine Ursache für unrechtliche Herrschaft an und formulierte ihre Quintessenz: »So bleibts immer bey dem unsinnigen Satze des Hobbes und Spinoza, oder bey dem Rechte des Stärkern: Wer die stärksten Fäuste hat, der ist der Souverain von Rechtswegen: wer unten liegt, ist die Canaille!« (7)

Das Ziel des Antimachiavel ist daher, Rechtsunsicherheiten zu beseitigen und klare Rechtsnormen zu fordern, damit »sich ein jeder, der sich gegen die Obrigkeit auflehnt, sein Urtheil selber sprechen kann« (8) und damit auch unrechtliches Verhalten des Souveräns verhindert werde. Dahingestellt bleibt, ob Jakob in der Titelwahl seines Buches glücklich war. Er hätte es besser »Anti - Hobbes« nennen sollen, wie es der Reinhold-Schüler P.J.A. Feuerbach in seiner Schrift über das Widerstandsrecht tat (9). Beide Autoren fordern in ihren Werken ein normatives Recht auf Widerstand, das Hobbes stärker abgelehnt hatte als Machiavelli (10).

Genau genommen waren sowohl der Antimachiavel als auch der Anti-Hobbes ein Anti-Kant. Wenn auch die beiden Kant so ergebenen Philosophen es vermieden, ihn als direktes Objekt ihres literarischen Angriffs zu benutzen, so waren doch nach Jakobs eigener Aussage die Aufsätze von Kant und Genz in der Berlinischen Monatsschrift vom September 1793 die direkte Veranlassung zu seiner Schrift. Der tiefere Grund für den Antimachiavel war der seit Ende 1792 erstarkende Konservativismus und seine Unterstützung von Thron und Altar. Durch die beiden Aufsätze von Kant und Genz (11) erhielt dieser Konservativismus eine unerwartete Schützenhilfe, obgleich dies freilich nicht in diesem Sinne beabsichtigt gewesen war. Jakobs Kampf richtete sich also gegen die offenen und verborgenen Anhänger des Despotismus.

Es ist hier nicht der Platz, die das Widerstandsrecht betreffenden Gedanken von Kant und Genz kritisch darzustellen. Doch sei auf zwei Irrtümer Jakobs hingewiesen: Er behauptet, daß der von Kant geforderte unbedingte Gehorsam der Untertanen gegenüber dem Staatsoberhaupt mit dem Moralsystem kollidieren müsse. Dieser unbedingte Gehorsam, so sagt Jakob, »heißt aber den Willen des Souverains zum unbedingten Prinzip für den Unterthan, d.h. zum unbedingten Sittengesetze zu machen; der Mensch müßte im Bürgervertrage das unveräußerlichste unter allen Rechten, nämlich das Recht selbst zu bestimmen, was seine Pflicht sey, aufopfern, welches der *Kantischen*, so wie aller gesunden Moral- und Rechts-Philosophie widerspricht.« (12) Jakob dachte noch in früheren Staats- und Rechtsbegriffen, die keine Differenzierung zwischen Moralität und Legalität kannten. Dagegen trennt Kant in Fortsetzung der lutherisch-protestantischen Denkrichtung diese beiden Bereiche (13).

Nach Kant ist es die Pflicht des Menschen, in den Staat, der ja doch besser ist als Anarchie, mit allen Verbindlichkeiten, die daraus erwachsen, einzutreten. Diese Pflicht schließt ein, dem Staatsoberhaupt als dem Repräsentanten des allgemeinen Willens zu gehorchen, auch wenn dieser in seinen Anordnungen gegen Rechtsprinzipien verstößt. Schließlich ist der Staat allein die Basis, von der aus Reformen und eine Evolution vom Machtstaat zum Rechtsstaat möglich sind (14). Dieser Gehorsam gegenüber den Gesetzen widerspricht nicht der in einer ganz anderen Sphäre liegenden inneren Freiheit des Menschen, seine Handlungen nach autonomen, selbstauferlegten, apriorischen Gesetzen zu vollziehen. Auch in einem zum summum jus fortgeschrittenen Staat, in welchem die Bürger, durch verschiedene Motive veranlaßt, ihre pflichtmäßigen Handlungen durchführen werden, sind ihre moralischen Gesinnungen noch nicht garantiert.

Ludwig Heinrich Jakob wirft Kant ferner vor, er spräche den Bürgern sämtliche Rechte gegenüber dem Souverän ab: »Beyde Aufsätze reden offenbar dem leidenden Gehorsam das Wort.« (15) Dieser Begriff des »leidenden Gehorsams«, auf den Jakob seine Interpretation des Kantischen Beitrags zusammenzieht, bedarf einer Klärung. Was bedeutet dieser Ausdruck? Ist Kants Theorie tatsächlich auf diese Formel zu bringen?

Die Idee des leidenden oder des duldenden Gehorsams entstand in der besonderen historischen Situation des kaiserlichen Roms der ersten Jahrhunderte, als »mit dem Absinken der republikanischen Gesinnung und Staatsform auch der Widerstandsgedanke verebbte« (16) und die Frühchristen vor den Antagonismus zwischen Herrscher- und Gottesgesetz gestellt wurden. Hier entwickelte sich jene geistige Haltung, die, ohne Gesinnungs- und Gewissensänderung, eine strenge Befolgung aller sekulären Gesetze empfahl. Sie gipfelte im Märtyrertum. »Der Kaiserkult als Bürgerpflicht erweckte die »Märtyrer« als Blutzeugen der Ungehorsamspflicht. Dem Urchristentum war andererseits nichts tiefer eingepflanzt als die Lehre vom duldenden Gehorsam, das Verbot tätlicher Auflehnung gegen die Obrigkeit.« (17) Mit der Schaffung des christlichen Staates und der aktiven Teilnahme der christlichen Bürger am politischen Geschehen verschwand auch der duldende Gehorsam, der »in der individuellen Ethik allein begründet« (18) war und deshalb auch keine soziale Bewegung erwecken konnte. Andererseits war es der duldende Gehorsam in seiner säkularen Form, der die Basis für jede absolute Herrschaft bildete und deren Fortbestand unterstützte.

Jakob sieht im leidenden Gehorsam, als einer unbedingten Pflicht der Untertanen gegenüber dem Herrscher, das ärgste Übel, (19) da der unbedingte Gehorsam »den Unterthanen alle Zwangsrechte gegen den Souverain, folglich dem letzteren alle Zwangspflichten« (20) abspricht. Um zu beweisen, daß die Forderung nach leidendem Gehorsam sich selbst ad absurdum führen würde, weist Jakob darauf hin, daß der Herrscher den Zweck des Staates auch völlig mißachten und statt Sicherheit und Schutz gegenseitiges Morden befehlen könnte. »So ist der Moralischbeste unter allen gerade derjenige, welcher auf seines Souverains Befehl die mehresten mordet.... Alles dieses folgt aus der Idee des leidenden Gehorsams, als Pflicht gedacht!« (21)

Mit diesen Ausführungen geht Jakob jedoch an den Intentionen Kants wesentlich vorbei. Es ist zwar richtig, daß das Schlußkapitel in Kants Aufsatz auf eine streng staatserhaltende und konservative Einstellung schließen läßt, doch war Kant keineswegs ein Verfechter des leidenden und unbedingten Gehorsams. Die eigene Meinung des Bürgers wollte er nicht in politisch passive Verinnerlichung abgeschoben wissen. Er sah vielmehr vernünftige Argumente mündiger Staatsbürger gegenüber einem aufgeklärten Herrscher als Antriebskraft zu künftigen Reformen an. So heißt es zum Ende des von Jakob diskutierten Kant-Aufsatzes: »Denn daß das Oberhaupt auch nicht einmal irren, oder einer Sache unkundig sein könne, anzunehmen, würde ihn als mit himmlischen Eingebungen begnadigt und über die Menschheit erhaben vorstellen. Also ist die *Freiheit der Feder* - in den Schranken der Hochachtung und Liebe für die Verfassung worin man lebt, durch die liberale Denkungsart der Unterthanen... - das einzige Palladium der Volksrechte. ... Dem Oberhaupt aber Besorgnis einzuflößen: daß durch Selbst- und Lautdenken Unruhen im Staate erregt werden dürften, heißt so viel, als ihm Mißtrauen gegen seine eigene Macht, oder auch Haß gegen sein Volk erwecken.« (22) Das ist wohl kaum ein Appell für leidenden oder unbedingten Gehorsam. Kant geht vielmehr von der schon in seinem Artikel über die Aufklärung geäußerten Ansicht aus, daß Kritik nur dann gerechtfertigt sei, wenn sie der Reform des bestehenden Staatswesens diene. »Nur wo der Gehorsam gegen die Gesetze von der Zustimmung zu deren Inhalt unterschieden ist, nur dort kann jene Kritik freigegeben werden, die zu deren Verbesserung führen kann.« (23) Wenn auch Jakob die Äußerungen Kants in den genannten Punkten mißversteht, oder jedenfalls entgegen ihren Absichten interpretiert, - Kants strikte Ablehnung des Widerstandsrechts bildet für ihn den Ausgangspunkt zu seinem Antimachiavel.

II Die Rechte des Souveräns und das Volk.

Jakob gibt als Quellen für seinen Antimachiavel die Monarchomachen, Alqueron Sidney, Locke und Rousseau, an (24). Eigentlich aber geht sein Gedankengang auf die aristotelische Zwecktheorie zurück, die durch altgermanische Gepflogenheiten, mittelalterliche Institutionen und Theorien und durch Anschauungen der französischen Protestanten weiterentwickelt wurde. Sie herrscht bis zum Anfang des 19. Jahrhunderts vor (25). Wilhelm Hennis hat gezeigt, daß der Gedanke des bonum commune und des danach strebenden telos die Grundlage ist, aus der das Widerstandsrecht als Folge einer Perversion des Staatsgedankens durch die Tyrannis erwachsen ist (26).

Auch für Ludwig Heinrich Jakob ist das zentrale Kriterium die Frage nach der Erfüllung oder Verkehrung des Staatszweckes durch den Machthaber (27). Doch während in der antiken Polis die Erfüllung des sittlichen »guten Lebens« des Einzelnen im bonum commune per se eingebettet war, verstehen die frühbürgerlichen Theoretiker die Verwirklichung der Rechte des Individuums als ein anzustrebendes Ziel. »Der Zweck des Staates ist Sicherheit und Schutz der Rechte aller. Diesen nicht zu verletzen und ihn an seinem Theile möglichst zu befördern, ist jedes Menschen Pflicht. Was aber durch die Pflicht bestimmt ist, darf kein Mensch ändern.« (28) Des Schutzes ihrer Rechte wegen leben Menschen im Staate, zur Sicherung ihrer Rechte existiert die Staatsmacht. Sie besitzt durch den vermittelnden Zwang die Möglichkeit und die Pflicht des Rechtsschutzes.

Die Theorie des Staates als Schutzmacht der Rechte war schon im Mittelalter Grundlage für das Leben der damaligen Gesellschaft (29). Im »germanischen Rechtszustand« gab es das Gewohnheitsrecht, die »Gesetze der Väter«. Hier war der vorgefundene Rechtszustand ein Zusammenhang unendlich vieler subjektiver Einzelrechte. »Alle wohlerworbenen Privatrechte sind vor willkürlicher Änderung geschützt als Glieder desselben objektiven Rechtsgefüges, dem auch der Herrscher seine Herrscherbefugnisse verdankt. Der Staatszweck . . . liegt in der Bewahrung der bestehenden Ordnung, des guten alten Rechts.« (30)

Seit der Entstehung der modernen Marktgesellschaft ist es aber nicht mehr das altgermanische Gewohnheitsrecht, das zu schützen der Herrscher verpflichtet ist, sondern es sind jene unveräußerlichen Rechte, »ohne welche der Mensch gar nicht seine Bestimmung erreichen kann.« (31) Leben, Güter und Freiheit nennt Jakob diese Rechte. Aus ihrer Klassifizierung werden die verschiedenen Möglichkeiten des Widerstandes abgeleitet. Diese Rechte verkündet er als Staatszweck im Geiste der sich entwickelnden bürgerlichen Gesellschaft. Sie verlangt nicht nur Schutz des Eigentums und des Eigentümers, sondern auch - im Sinne der deutschen Transzendentalphilosophie - den Schutz der Würde des Menschen. Sie fordert ebenso eine Legitimierung des Staates aus den Grundrechten des »Menschen an sich«, also ausgehend von einem »außerbürgerlichen Zustande«. (32)

Hier erkennt Jakob aber auch die Schwierigkeit, die aus dem Widerstreit zwischen dem Recht des Einzelnen und dem Staatszweck entstehen kann. Was soll z.B. geschehen, wenn ein Unschuldiger irrtümlich zum Tode verurteilt wird? Der Unschuldige dürfe sich nicht im Akt möglichen Widerstandes seiner Strafe entziehen, da hierdurch die Anwendung der Gesetze im Staate überhaupt in Frage gestellt werden würde. Jakob zieht einen ähnlichen Schluß wie ihn Sokrates gegenüber Kriton entwickelte, als er die Befolgung der Gesetze der Polis als oberste Maxime des Gemeinwesens bezeichnete (33): »Denn daß sich ein jeder den Staats-Gesetzen unterwerfe, wovon die Bewirkung des Staats-Zwecks abhängt, ist ein weit wichtigerer Zweck, als daß ein jeder einzelne seine Rechte wirklich erhalte. Denn die Gesetze der Gerechtigkeit, welche in dem genannten Falle an einem Menschen vollzogen werden, zielen darauf ab, jedem sein Recht widerfahren zu lassen. *Zufälliger* Weise, d.h. wider die Absicht des Souverains, werden die Gesetze auf eine Person zweckwiedrig durch die Ungeschicklichkeit oder Bosheit der Menschen angewandt.« (34) So muß dieser einzelne Unglückliche den Tod erleiden, da er vom Staat keine Maxime verlangen dürfe, daß ein Beschuldigter, der seine Unschuld nicht beweisen könne, sich dem Gesetz entziehe. Dies würde »alle bürgerliche Gerechtigkeit vernichten.« (35)

Ludwig Heinrich Jakob, der Advokat des Widerstandsrechts, hat auch für einen Justizmord nur staatserhaltende Ideen bereit. Seine Lehre zielt nicht auf die Schaffung einer neuen Gesellschaftsstruktur, sie dient einzig und allein der Erhaltung des bürgerlichen Rechtsstaats. Sein Denken weist jedoch auf die starken Spannungen hin, mit denen die damalige liberale Strömung in Deutschland zu ringen hatte. Noch unter der Führung des merkantilistischen Systems hatten sich allmählich liberale Tendenzen in Form von bürgerlicher Eigeninitiative in der Ökonomie bemerkbar gemacht. Die antagonistischen Kräfte kamen nun auch auf politischer Ebene zum Ausdruck. Die neue Zeit forderte einen »aufgeklärten« Herrscher, der die unveräußerlichen Menschenrechte anerkennt und unter seinen Schutz stellt. Die wirkliche politische Situation aber war schwierig, da gerade dieser Schritt zur Bindung an übergeordnete Werte von den »absoluten« Herrschern verlangt wurde. Die Tranzendental-Philosophen wurden mit diesem Problem in verschiedener Weise fertig. Ludwig Heinrich Jakob entwickelt daraus seine Forderung nach einem Staatsoberhaupt als einer starken Macht, einer »Übermacht«, (36) welche die Zwecke des Staates besorgt. »Kein Unterthan kann den Souverain von diesem Zwecke dispensieren. Denn es ist seine Pflicht, sich ihm wegen dieses Zwecks, und um denselben in sich und anderen zu befördern, zu unterwerfen.« (37)

Nur scheinbar greift Jakob hier Intentionen des modernen rationalistischen Naturrechts auf, er entfernt sich insoweit von ihnen, als es nach Jakob nicht die Einzelnen sind, die ihr Staatsoberhaupt als ihren delegierten Vertreter zur Erhaltung der Staatsordnung nominieren (38). Jakob geht auf einen Grundsatz zurück, der die Beziehungen zwischen Souverän und Untertanen im frühen Mittelalter regelte und unter Einbeziehung kirchen- und römisch-rechtlicher Elemente lautete: »Der Herrscher steht über der Gesamtheit; aber über dem Herrscher steht das Recht.« (39) Dieser Grundsatz blieb in den ständischen Gesellschaften erhalten, insbesondere in den deutschen Kleinstaaten (40).

L. H. Jakob stellt also den Souverän über die positiven Gesetze, (41) er gibt ihm aber keine absolute, sondern eine durch den Staatszweck eingeschränkte Gewalt. »Der Zweck des Staates ist es also, welcher Souverain und Unterthanen einschränkt; durch ihn muß jenem, in Ansehung der

Mittel, welche zum Zwecke des Staates dienen, eine unbeschränkte Freyheit verstattet seyn.« (42) Jakob bemerkt zwar beiläufig, daß es auch möglich wäre, dem Herrscher Beschränkungen inbezug auf die Wahl der Mittel, die der Erhaltung des Staatszweckes dienen sollen, aufzuerlegen; hier konstatiert er jedoch die freie Verfügungsgewalt des Souveräns.

Sein Volksbegriff geht auch auf mittelalterliche Theorien zurück. Nach Kern (43) gibt es in der mittelalterlichen Auffassung vom Staat keine exakt zu bestimmende Verbindung von Herrscher und Volk. Es handelt sich vielmehr um eine gewachsene Einheit, die nicht durch rationalen Beschluß entstanden ist. Ebenso ist auch der Begriff »Volk« nicht durch den Eigenwillen rationaler Individuen bestimmt. Jakob greift auf diese Vorstellung zurück und stemmt sich gegen den neuen Begriff des Volkes und der Volkssouveränität. Er spricht vom Volk als von einem »zerstreuten Haufen« und einem »Pöbel«. »Es kann ferner als allgemein zugestanden angenommen werden, daß das ganze Volk, als zerstreuter Haufen, als Aggregat gedacht, dieser Souverain nicht seyn könne; das Volk muß also organisirt, und die höchste Gewalt entweder einem König, oder den Vornehmen, oder Deputirten aus ihrer Mitte. . . . anvertraut werden, wenn ein Staat zu Stande kommen soll.« (44)

Jakobs Vertragsbegriff erinnert zwar an die frühbürgerlichen Theoretiker des 17. und 18. Jahrhunderts, ist aber aus älteren Quellen abzuleiten. Seine Lehre des Pactum kann nur richtig verstanden werden, wenn man zwischen zwei seiner Vertragsbegriffe unterscheidet. Er sieht in den »positiven Verträgen« den explizit festgelegten Ausdruck eines zwischen Herrscher und Untertanen vereinbarten Verhältnisses und damit die notwendige Basis für ein präventives Widerstandsrecht. Die andere Bedeutung stammt aus dem mittelalterlichen Lehnsverhältnis, nach dem bei einseitiger Aufhebung der Treue das repressive Widerstandsrecht erlaubt ist (45). Dieser zweiten Vertragstheorie liegt die Idee eines rechtlichen Verhältnisses zugrunde, das die Gesamtheit durch Gegenseitigkeit bindet. Sie dient nicht - hypothetisch gesehen - der Staatsbildung privater Rechts- und Eigentumsprätendenten, sondern ist »der rationale Ausdruck einer bereits bestehenden Soziabilität«. (46) Sie ist auch bei den calvinistischen Monarchomachen zu finden, (47) von denen sie sehr wahrscheinlich in den deutschen Idealismus gelangte.

Der Staat, Ausdruck der konstitutiven Rechtmäßigkeit einer bestehenden Sozietät, soll und kann nicht durch einen konstruierten Vertrag entstehen. Jakob ist an ihm nur in seiner traditionellen Form interessiert:

»Die Idee eines ursprünglichen Vertrags muß wenigstens zur Beurtheilung einer jeden bürgerlichen Vereinigung dienen. Dessen Inhalt ist aber nicht willkührlich, sondern durch die Natur des Zwecks des Staats selbst bestimmt; er liegt selbst der Möglichkeit eines Staats zum Grunde, und ist daher in allen Staaten einerley; er darf nicht erst erfunden . . . werden, er ist in der Vernunft eines jeden anzutreffen. . . . Es ist aber ein absolut unbedingter Vertrag völlig undenkbar, und also kann auch der ursprüngliche Bürgervertrag nicht unbedingt seyn. Denn jeder Vertrag hat einen *bestimmten* Zweck, und ist durch diesen Zweck selbst schon bestimmt und eingeschränkt. . .« (48) Ein solcher Vertrag stellt die gegenseitigen, auf den Zweck gerichteten Verbindlichkeiten fest. Aus einem bewiesenen Vertragsbruch kann das Recht und auch die Pflicht zum Widerstand abgeleitet werden.

III Jakob und das ältere Widerstandsrecht.

Das Widerstandsrecht traditioneller Herkunft entstammt dem Gedanken des von Seiten des Herren einseitig gebrochenen Vertrages. Es wird seit dem frühen Mittelalter bis auf den heutigen Tag als Notrecht betrachtet, als letztes Mittel, die geraubten Rechte wiederherzustellen. »Es war das Notrecht, welches da eintrat, wo die Quelle allen Rechts im Gemeinwesen, die Gerechtigkeit des Herrschers, versagte.« (49) Dem entspricht auch Jakobs Interpretation: Alle Staatslehrer, »selbst die heftigsten Gegner der Monarchen-Feinde und eifrigsten Verfechter der Majestäts-Rechte kommen darin überein, daß es *im höchsten Nothfalle*, wenn der Druck der Unterthanen allzu groß würde, erlaubt sey, oder doch entschuldigt werden könnte, Gewalt gegen den Regenten zu brauchen.« (50) Jakob hält die älteren Theorien jedoch in zwei Punkten für lückenhaft und überholt. Er wendet gegen sie ein: Es gibt Fälle, in denen der Widerstand als Pflicht zu gelten hat, und Fälle, für die die Rechtslehrer keine festen Prinzipien für die Durchführung eines von ihnen befürworteten Widerstandsrechts gaben (51). Ein heutiger Interpret wird das Urteil Jakobs über das ältere Widerstandsrecht nicht uneingeschränkt teilen, andererseits ist ihm aber das Bedürfnis Jakobs, sich gegen ältere Theorien und ihre überholten Ausdrucksformen abzusetzen, sehr verständlich.

Gerade die mittelalterlichen Theorien versuchten, über das formlose Einzelrecht der Individuen hinaus, das seit der Völkerwanderung gang und gäbe war, dem Widerstandsrecht feste und rechtliche Grundlagen zu geben. »Hier wurde der Gedanke einer *rechtsförmlichen Verurteilung* des ‚Rex iniquus (tyrannus)' geboren«, (52) in dem die rechtliche Ausführung des Widerstandsrechtes verankert ist. Seit dem 13. Jahrhundert wurde dieser Gedanke auch von Kreisen außerhalb der Kirche angenommen und im Zuge der Entwicklung vom Feudalstaat zum Ständestaat in institutionellen Formen ausgeprägt. »Erst mit der Ausbildung ständischer Körperschaften trat eine feste Repräsentanz der Gesamtheit auch in der Ausübung des Widerstandsrechts auf.« (53) Dies war die gesellschaftliche und politische Basis, auf der Calvin und seine Schüler die Lehre vom Widerstandsrecht weiterentwickeln konnten.

Auch der andere Vorwurf, den Jakob gegenüber der älteren Widerstandslehre erhebt, ist nicht stichhaltig. Schon der Sachsenspiegel spricht von einer *Widerstandspflicht* als Gegengewicht zur Treuepflicht. »Der Mann muß auch wohl seinem König und seinem Richter, (wenn dieser) Unrecht (tut), widerstehen und sogar helfen, (ihm zu) wehren in jeder Weise, selbst wenn (jen)er sein Verwandter oder (Lehns)herr ist. Und damit verletzt er seine Treuepflicht nicht.« (54) Es besteht freilich die Möglichkeit, daß Jakob die historischen mittelalterlichen Quellen des Widerstandsrechts bewußt außer acht gelassen hat.

Um aber Jakobs indirekte Abhängigkeit von mittelalterlichen Vorstellungen des Widerstandsrechts deutlich zu machen, weise ich auf die Begriffe des »Sich-Lossagens« oder »Sich-Losreißens« und des »präventiven Widerstandsrechts« hin, die Jakob mehrfach anwendet. Das Mittelalter kannte darüber hinaus das Recht, den rechtsbrüchigen Herrscher zu töten. Jakob schreibt: »Wenn ein Regent eine Nation, oder den größten Theil derselben, zum Tode verdammt; so muß die ganze Nation aufstehen, und ihn entweder zum Widerrufe zwingen, oder wenn sie zu seinen Versprechungen, vermöge anderer Thatsachen kein Zutrauen haben kann, sich von ihm loßreißen«. (55) Wenn dies auf Herrscher wie Nero oder Caligula anzuwenden war, dann auch in der Tellmythe auf Geßler, in welchem Falle »die Schweizer ... ein Recht und eine Pflicht (hatten), auf seine Absetzung zu dringen, oder sich von so einem Souverain loszureißen. . .« (56)

Ein Beispiel für dieses »Sich-Losreißen« war für Jakob auch die Lossagung der Niederlande von der spanischen Herrschaft. Er spricht von den »Schandtaten« Philipps II. (57); für ihn handelt es sich darum, einer zweckwidrigen Herrschaft die Legitimation zu nehmen. Kant dagegen verweist ironisch auf den »frohen Einzug«, der die rechtliche Begründung für dieses »Sich-Losreißen« der Niederlande darstellte (58).

Die moderne Geschichte kennt im »Abfall der Niederlande« ein Beispiel für den Freiheitskampf eines Volkes gegen Tyrannenherrschaft. Den Vorgang jedoch, einen Herrscher zu verlassen, verbunden mit der Krönung eines Gegenkönigs, kennt schon das Mittelalter. Auch in der germanischen Zeit waren »Herrscherverlassungen« üblich und in der Feudalzeit »hatte der Lehnsmann das Recht der ‚Verlassung' (cessare servitio), wenn der Lehnsherr die Treue brach; er war dann zur Fehde ermächtigt.« (59) Beim Aufstand gegen Ludwig den Frommen (833) wirkten germanisches Gewohnheitsrecht, den Kaiser zu »verlassen«, und das Kirchenrecht, den Kaiser der Regierung zu entsetzen, zusammen. Überhaupt wurde das Verlassungsrecht besonders im Investiturstreit durch das kirchliche Widerstandsrecht gestärkt und weiterentwickelt (60). Auf diesem Hintergrund hatte auch der Abfall der Niederlande eine rechtliche Basis: »Die katholischen Provinzen einigten sich mit den zwei calvinistischen über den Beschluß, falls der Friede nicht zustande käme, den König zu »verlassen« und ihn von allen Herrschaften in den Niederlanden zu entkleiden.« (61) Das »Sich-Losreißen« und das ihm entsprechende »Verlassen« ist Ausdruck eines rechtmäßigen Anspruches auf Widerstand an Ort und Stelle; aus ihm folgt das Einsetzen einer neuen legitimen Herrschaft.

Eine andere Bedeutung haben Jakobs Begriffe des »Entrinnens« und des »Sich-Entziehens«, die einer späteren Tradition zu entstammen scheinen. Sie sind mehr mit dem Mutwillen in Verbindung zu bringen, möge dieser nun innere oder äußere Züge haben. Jakob führt ein Beispiel an: Ein Bürger wird von den Behörden gefaßt, gegen ihn werden falsche Protokolle angefertigt, ihm werden Geständnisse angedichtet und Zeugen bestellt, die keine sind. »Soll er sich unterwerfen? . . . Er ist in eine Mördergrube gefallen; Buben haben sich seiner bemächtiget; er suche ihnen also zu entrinnen. . . . Denn daß sich jeder der höchsten Obrigkeit entziehe, wenn sie ganz offenbar und absichtlich gegen den Zweck handelt, um dessentwillen sie allein da ist, muß allgemein gewollt werden.« (62) Hier handelt es sich also um die letzte Möglichkeit eines Menschen, sich einem absichtlichen Justizmord zu entziehen. Sind alle Beamten auf den ganzen Stufenleiter einer Herrschaftsordnung korrumpiert, so daß ein Bürger nirgends gesetzliche Hilfe erwarten kann, oder wird der Rechtsstaat zu einem »Unrechtsstaat«, so bleibt ihm nur die Wahl der inneren oder äußeren Emigration.

Den Begriff der inneren und äußeren Emigration finden wir in zwei Variationen im frühbürgerlichen Denken. Bei Calvin heißt es: »Der Christ soll dadurch, daß er sich dem Gewalttäter entzieht, auch ihm die Möglichkeit zur Gewalt entziehen.« (63) Diese Forderung bedeutet ein Sich-Zurückziehen aus der politischen Sphäre. Moralisch klingt das schön, politisch bedeutet es, der Anwendung aller unrechtmäßigen Gewalt den Weg zu ebnen. Die Idee der Emigration wurde auch von Pufendorf vertreten, der von dem Menschen, dem Unrecht getan wurde, verlangt, daß er das Land verlasse und nicht zu den Waffen greife (64). Hier gilt dasselbe wie für Calvins Idee.

Ludwig Heinrich Jakobs Lehre vom präventiven Widerstandsrecht läßt sich ebenfalls auf die mittelalterliche Tradition zurückführen. Die Beobachtung von Gewalt und Gegengewalt bei den berechtigten Aufständen der Untertanen gegen ihre Herrscher bringt Jakob dazu, rechtliche Mittel zu suchen, welche die korrumpierten Absichten der Regierenden im Keime ersticken können. »Man würde die Unterthanen nicht sogleich der Empörung beschuldigen, wenn sie nur ihr Recht nicht fahren lassen wollen; der Souverain würde nicht leicht zu weit gehen, wenn er schon vorher wüßte, was er bey jedem unrechtmäßigen Schritte für rechtmäßige Gegenkräfte zu erwarten hätte.« (65) Es geht ihm also darum, Präventivmaßnahmen zu treffen, um den Herrscher von Schritten abzuhalten, die nur mit Gewalt beantwortet werden können, andererseits darum, das Widerstandsrecht institutionell in die Staatsstruktur einzubauen. Wenn Jakob auch behauptet, daß diese Regeln nicht erst in Urkunden zu suchen sind, sondern in der »Natur der Souverainität selbst« liegen, läßt er doch die geschichtliche Erfahrung als Beweis gelten. »Die Erfahrung lehrt aber, daß die Völker mit ihren Souverainen auch besondere Verträge geschlossen, und die Art und Weise der souverainen Gewalt, und die Fälle, wo der Widerstand rechtmäßig seyn soll, in denselben insbesondere bestimmt haben.« (66) Diese Verträge sollen einerseits das Wesentliche der Souveränität vom Willkürlichen und Eigenwilligen unterscheiden, das erste schützen, das zweite als vermeidbar bestimmen; andererseits dem Untertan die Möglichkeit geben, bei einem diesem Vertrage widersprechenden Befehl nicht zu gehorchen und sich da zu widersetzen, wo der Souverän Übertretungen eines solchen Grundvertrags mit Gewalt durchsetzen will. Jakob führt Beispiele für solche Verträge an: aus der Geschichte Spartas, Verträge des deutschen Kaisers mit den Ständen, die »Eide der Könige von Ungarn, Schweden, Pohlen und Böhmen...« (67) Das große Beispiel und Vorbild ist für Jakob die englische Magna Charta von 1215, in der es durch einen Vertrag zwischen dem König Johann ohne Land und den Baronen möglich war, den König an Rechtsnormen zu binden. »Die englischen Könige haben auch dieses Recht der Unterthanen, sich, im Fall der König etwas gegen die Gesetze verordnen sollte, zu widersetzen nie bestritten, und man hat Fälle genug, wo sie selbst ihre Einwilligung geben mußten, daß diejenigen, welche auf ihren Willen gegen das Gesetz gehandelt hatten, auf das härteste bestraft worden sind.« (68) Jakob benutzt Hinweise auf die englische Geschichte, um das legitime Widerstandsrecht gegen jede zu verwerfende Forderung nach »Pöbelherrschaft« abzugrenzen. Der Untertan ist in gewissen Fällen berechtigt, den Wechsel der souveränen Person zu verlangen, aber er ist nicht berechtigt, der Familie das Recht der Nachfolge zu nehmen, »wenn nicht die ganze Familie die Rechte der Unterthanen angreift.« (69) Diese Argumentation orientiert sich am englischen Beispiel, das Jakob nicht müde wird zu erwähnen.

Als Ludwig Heinrich Jakob seine Schrift verfaßte, war England das Staatsmuster sowohl für die konservativen als auch für die liberalen Kreise in Deutschland. Die Konservativen beriefen sich auf die Tradition der herrschenden Landaristokratie in England, auf die Treue zum Königshaus und auf die englische Gegnerschaft zur französischen Revolution. Die Liberalen wiesen auf die Freiheiten hin, die England durch die Magna Charta, die Habeas-Corpus-Akte, die Bill of Rights und die Glorious Revolution gewonnen hatte. Es war nicht zuletzt das Loblied Montesquieus auf die englische Freiheit, das auch in deutschen liberalen Kreisen widerhallte. Montesquieus Vorstellung von der Gewaltenteilung veranlaßte Jakob zu der Forderung, daß bei Meinungsverschiedenheiten zwischen Souverän und Untertanen »ihre Sache durch gemeinschaftlich gewählte Schiedsrichter« entschieden werden soll (70). Souverän und Untertanen werden die gegenseitigen Differenzen zwar nicht nach positiven Gesetzen beurteilen können, aber natürliche Gesetze werden diese Lücke ausfüllen. Jakob war als Zeuge der französischen Revolution daran interessiert, daß eine bürgerkriegsähnliche Situation dadurch vermieden werde, daß jedem Herrschaftsmißbrauch durch rechtliche Maßnahmen vorgebeugt wird.

Wie wir zeigen konnten, stammt Jakobs Gedankengut zum Teil aus dem späten Mittelalter. »Wenn der Ständestaat das Widerstandsrecht auch noch nicht entbehrt hat, so bedeutet sein Aufkommen doch vor allem eine Wendung von den nur repressiven Beschränkungen der Herrschergewalt zu den präventiven.« (71) Jakob ging es letzten Endes darum, der absoluten Herrschaft konstitutionelle Schranken zu setzen. Die Stände hatten sich als Gegenkraft gegen den absoluten Staat durchgesetzt. Zur Macht gelangt, sollten sie nun die Idee eines möglichen Widerstandsrechts weiterentwickeln. Auch die calvinistische Staatslehre nahm diese Gedanken auf.

IV Jakob und Johann Calvin.

Schon im Ständestaat war die Staatsgewalt in vertragsähnlicher Weise zwischen dem Landesherren und den Ständen aufgeteilt. Die Stände waren mit juristischer Persönlichkeit ausgestattete Körperschaften, in denen Adel, Geistlichkeit und Städte zusammengefaßt waren. Sie stellten eine Art mittelbarer Vertretung des ganzen Volkes dar. Verletzte der Fürst das Recht der Stände oder des Volkes, so hatten die Stände das Widerstandsrecht (72). Calvin und seine Schüler, deren Widerstandslehre religiös fundiert war, bauten ihre Theorie auf diesen Gegebenheiten auf.

Calvins Lehren gehen freilich noch auf andere Ursprünge zurück. Sie wurden vom deutschen Protestantismus beeinflußt, dessen sozialer Rückhalt aber ebenfalls der Ständestaat war. In diesem Zusammenhang ist vor allem auf Melanchthon (1497 - 1560) hinzuweisen, der in seine Widerstandslehre die Stände und Ephoren einführte, sie aber mit den Begriffen des Naturrechts und der Volkssouveränität verband. Diese letztere Verbindung schnitt Calvin, der Theoretiker der aristokratischen Prädestinationslehre wieder ab; er wollte seine Lehre positiv-rechtlich verankern. Ludwig Heinrich Jakob ist zwar weit davon entfernt, das Widerstandsrecht mit der Volkssouveränität zu verbinden, die Verbindung des Widerstandsrechts mit den Ständen als seinen privilegierten Trägern wird von ihm jedoch aufgenommen und mit naturrechtlichem Gedankengut vermischt (73).

Bis ins 14. Jahrhundert galt die traditionelle Unterscheidung zwischen dem Usurpator-Tyrannen (tyrannus quod titulum), der seine Macht auf unrechtmäßige Weise erreicht, und dem tyrannus regiminis (tyrannus quod executionem), der die rechtmäßig erreichte Herrschaft pervertiert. Johannes Parvus hatte inbezug auf eine Auseinandersetzung zwischen dem Hause Orléans und dem Hause Burgund eine dritte Art der Tyrannis unterschieden: die des Hochverräters und Majestätsverbrechers. Luther nahm wiederum diesen Begriff der Tyrannis auf (74).

Wenn auch die Forschung sich über Luthers Theorie des Widerstandsrechts noch nicht einig ist, so gibt sie doch Klarheit darüber, was Luther als das »apokalyptische Tier« oder das »Monstrum« bezeichnet hat (75). Dieses »Ungeheuer« will sich die politische und geistige Welt durch die von ihm geschaffenen Gebote auf einmal unterwerfen. Dagegen fordert Luther den aktivsten Widerstand.

Jakob bezieht sich nur auf die Art der Tyrannis, in der die legitime Herrschaft pervertiert ist. Er nennt diese ebenfalls »Ungeheuer«, »Monstrum«, »moralisches Ungeheuer«, dem gegenüber die Bürger eine Grenze ihrer Gehorsamspflicht beachten müssen. »Sind sie verpflichet, wenn der Souverain ruft: zerstört den Staat, mordet euch untereinander selbst, bis keiner mehr übrig ist! sind die Unterthanen verbunden zu gehorchen, sind sie bloß zu entschuldigen, wenn sie dem Ungeheuer Widerstand leisten? « Dem Herrscher, der die Zwecke des Staates völlig verkehrt, ist Widerstand zu leisten eine Pflicht. Jakob zieht allerdings nicht einmal bei einem »Monstrum« den Tyrannenmord in Betracht, auch dann nicht, wenn er den Begriff des »Moralischen Ungeheuers« benutzt (76).

Er stellt sich eindeutig gegen jede Theorie des Tyrannenmordes, wie sie im 17. Jahrhundert von dem Jesuitenpater Juan de Mariana vertreten und von Grotius, Milton und Leibniz fortentwickelt wurde (77). Ludwig Heinrich Jakob sagt: »Die Welt von einem Bösewichte zu befreyen, ist ein Verbrechen, wenn es nicht auf eine rechtmäßige Art geschieht. Denn ein Bösewicht, ein moralisches Ungeheuer, hat so gut ein Recht zur Existenz als der größte Tugendheld. . . Daß böse Regenten durch Gewaltthätigkeiten aus der Welt geschafft werden, ist kein moralischer Zweck. Denn daß moralische Ungeheuer wirklich seyn, gehört mit zur besten Welt; wenn es die Gottheit leiden will und kann; so geht es dich nichts an.« (78) Es ist die der Transzendentalphilosophie eigene Lehre von der Würde der Person, die ihn zu dieser Ansicht geführt hat.

Wann ist Widerstand zu leisten nötig? »Wenn z.B. ein Regent die Einkünfte der Krone ohne Verstand und ohne Überlegung verschwendet; wenn er seine treuesten Diener ohne Grund der Verrätherey beschuldigt, und sie ungerechter Weise bestrafen läßt; wenn er die Richter gezwungen hat, den Gesetzen zuwiderlaufende Urtheile zu sprechen; wenn er Menschen ohne Urthe(i)l und Recht hat umbringen lassen, oder mit eigener Hand ermordet hat; wenn er Verbrechen bestraft, die durch Amnestie aufgehoben sind; wenn er Unterthanen geradezu ihr Eigenthum genommen hat; wenn er Zwangsanleihen für seine Person macht, und weder Zinsen noch Kapitalien wieder bezahlt; wenn er die Richter zwingt, so zu sprechen, wie er es haben will; wenn er allen auswärtigen Kredit verlohren, und sich allenthalben den Namen eines Treulosen erworben hat; wenn er seine Unterthanen tausendmal betrogen und die heiligsten Verträge mit ihnen gebrochen hat; wenn er endlich sich dieser Gesinnungen öffentlich rühmt, und ohne Scheu behauptet, daß er seiner Unterthanen Güter und Leben blos nach seinem Wohlgefallen benutze; wenn dieses alles zusammengenommen, oder das mehreste davon gegen einen Regenten erwiesen ist, wie es gegen *Richard den Zweyten* in England ... wirklich erwiesen war; so ist das Volk verpflichtet, ihn mit vereinigten Kräften die Regierung aus den Händen zu winden.« (79)

Wie aber ist Widerstand zu leisten, wer sind die Akteure, die Organisatoren? Aus Calvins Widerstandslehre und vor allem aus jener charakteristischen Stelle seiner »Institutio«, (80) in der er nur den Magistraten gestattet, »der wilden Ungebundenheit der Könige entgegenzutreten«, leuchtet jener elitäre Charakter hervor, der die Auseinandersetzungen über das Widerstandsrecht bis auf den heutigen Tag begleitet (81).

Bis ins 18. Jahrhundert wurden sowohl der König als auch die Stände mit dem Begriff des Volkes in Verbindung gebracht im Sinne der »Repräsentation«, die aber nicht mit einer modernen Vorstellung von »Vertretung« gleichzusetzen ist. Bei Johann Calvin handeln die Stände oder Magistrate für das ganze Volk, sie konkretisieren die Idee des bonum commune. Die Interessen des Volkes werden durch die Repräsentation der Stände, der Patrone der Societät, zum Ausdruck gebracht. Diese Stände vertreten eine ideelle Einheit, die als Volk bezeichnet wird. Calvin erhob die für den Ständestaat typischen Erscheinungen zur allgemeinen Verfassungsnorm, so daß es nahelag, auch das Widerstandsrecht den Ständen als Körperschaft zuzusprechen.

Diese Auffassung entwickelt Jakob fort. Die körperschaftlichen Organisationen sind für ihn das »organisierte Volk« im Gegensatz zu einem Aggregat von Einzelnen oder einem »rottierten Haufen«. Sie sind der beste Garant für die bedrohten Rechte der Individuen. Jakob schreibt: »Sind organische Staats-Kräfte, Stände, Collegien, Municipalitäten, usw. da, welche dieses thun können; so erreiche ich meinen Zweck sicherer; ich kann gewisser seyn, daß hier alles nach einer Regel gehen, daß man nicht leicht größere Gewalt brauchen wird, als nöthig ist.« (82) Jakob sieht auch in der »Wachsamkeit und Treue der Landes-Collegien« eine gute Bürgschaft für das Vermeiden von Rechtsbrüchen durch den Herrscher. Er will deren Versammlungen im positiven Bürgervertrag anordnen. Genau so, wie er diese in sein präventives System einbaut, verlangt er von den »Justizcollegia«, rechtsbrüchige Gesetze des Souveräns von vornherein nicht anzunehmen.

Das Staatsganze ist nach Jakob ein hierarchisch aufgebautes System. Ein Individuum, das bei den Unteren keine Resonanz auf sein Flehen um Hilfe wegen eines Rechtsbruches des Herrschers findet, kann die ganze hierarchische Leiter hinaufgehen, genau so, wie ungerechte Gesetze von oben an zu vereiteln sind. Bei Versagen der oberen Behörden haben die jeweils unteren deren Aufgabe zu übernehmen. Infolge der Existenz einer solchen »Körperschaftshierarchie« wird die Widersetzung gegen den Souverän ». . .auch viel leichter, weil Stände da sind, welche einen Vereinigungspunkt ausmachen.« (85) Dies können sie aber nur, wenn sie ein echtes, nicht nur ein nominelles Organ sind und es gelingt, auf alle Glieder des Staates Rücksicht zu nehmen (86). Hier sehen wir Jakob kritisch die Fehlentwicklung des Ständestaates seiner Zeit und die Kämpfe zwischen privilegiertem Adel und Bürgertum beobachten. Die gewünschte Homogenität wird mit dem inneren Kampf um Rechte und Vorrechte zerstört. Um zu einem stabilisierenden Gleichgewicht zu kommen, schlägt Jakob vor, »den Bürgern und Bauern selbst ein ständisches Recht *von Bedeutung*« (87) einzuräumen. Er befürwortete also die innere Reform des Ständestaates, ohne zu erkennen, daß die Lösung in einer anderen Richtung lag. Er wußte jedoch selbst um die Schwierigkeiten dieses von ihm befürworteten Sozialmechanismus: »Innerer Kampf zwischen dem Souverain und den Ständen, oder sklavische Unterjochung der nichtständischen Unterthanen von beyden ist meistentheils das alternirende Übel, womit dergleichen Reiche heimgesucht werden. Und dieses ist der Fall allenthalben, wo die Stände sich Privilegien . . . erschlichen haben, welche die übrigen Staats-Glieder allzusehr bevortheilen und . . . Verträge mit den privilegirten Ständen allein abgeschlossen sind.« (88) Wenn auch Jakob die Fortsetzung dieser Kämpfe sehr realistisch beschreibt, gelangt er doch noch nicht zu den Konsequenzen Kants, der das Heil aus dieser Situation nur im Abbau sämtlicher feudaler Privilegien sah.

Trotz einer Tendenz in demokratischer Richtung blieben aber die Monarchomachen der aristokratischen Tradition verpflichtet, die in der Prädestinationslehre ihren Ursprung hat. Um das Widerstandsrecht völlig zu demokratisieren und mit der Lehre von der Volkssouveränität zu verbinden, bedurfte es eines Monarchomachen, der die Staatslehre mit der frühbürgerlichen nationalen Naturrechtslehre durchdrang: Johannes Althusius. »Für die Unverträglichkeit der calvinistischen Prädestinationslehre mit dem Naturrecht gibt kein Geringerer als Johannes Althusius den besten Beweis ab. Das System des Althusius bildet geschichtlich einen Übergang zum Naturrecht des revolutionären bürgerlichen Rationalismus, der in der zweiten Hälfte des 17. Jahrhunderts sich zu entwickeln beginnt. Die Überleitung zu diesem Rationalismus gewinnt Althusius jedoch in Anknüpfung an die Probleme, die die konkrete politische Problematik dem französischen Calvinismus stellt. Denn Althusius ist strenger Calvinist und steht, aufs stärkste beeindruckt von den Bürgerkriegen in Frankreich, auf dem linken Flügel des Calvinismus. So werden die Monarchomachen zu seinen theoretischen Lehrern und Vorläufern.« (89)

V Jakob und John Locke.

Nach L. Delfos ging die Theorie des Widerstandsrechts von Althusius davon aus, daß dem Volk die oberste Gewalt gehört, die absolut und unveräußerlich ist. Daraus folgt, daß das Volk dem König nur bedingt die Verwaltung einräumt, daß der König nur als Beamter des Volkes handelt, »den man im Fall von untreuer Amtsführung absetzen kann.« (90) In ähnlicher Weise wurde diese Theorie hundert Jahre später von John Locke aufgenommen. Locke hat sie der englischen Situation des ausgehenden 18. Jahrhunderts angepaßt. Konkret bedeutet Lockes Postulat der Volkssouveränität die Einverleibung der aufsteigenden neuen bürgerlichen Klasse in das bis dahin ländlich-aristokratische Parlament. Und auch die von Locke befürwortete Prärogative für den König ist der Ausdruck des englischen Kompromisses von 1688. Obwohl John Locke und Ludwig Heinrich Jakob sich in ihren Werken ähnlicher Begriffe und Motive bedienen, - auch Locke war den traditionellen Staatstheorien seiner Zeit verbunden, wie W. Euchner hervorhebt (91) - wirkt sich doch der gesellschaftliche Unterschied der beiden Staaten entsprechend auf die theoretischen Konzepte aus: Lockes Lehre vom Widerstand bewahrt »ein Stück klassischer Politik« (92), wobei der Staat die Rolle des Treuhänders um der besseren Garantie der natürlichen Rechte der Individuen willen spielt; dieses freie »vorstaatliche« Individuum als Basisfaktor eines sich selbst konstruierenden Staates ist bei Jakob nicht vorhanden.

Lockes Vorstellungen vom Rechtsstaat zeigen gegenüber Jakob strengere Konsequenz und entsprechen dem entwickelteren Stand der bürgerlichen Gesellschaft in England. Wird bei J. Locke der Staat errichtet, um den Inhalten des Naturrechts größere Wirksamkeit zu verleihen, so ist er bei Jakob schon ohne den hypothetischen Akt der Staatsgründung durch Einzelne vorausgesetzt. Der Zweck des Staates sei »durch die moralische Natur selbst gegeben«, heißt es bei Jakob (93). Jakob minimalisiert die Funktion des Naturrechts, indem er ihm kein prästaatliches Potential zuweist, das zu entwickeln Sinn des Staates sei. Das Naturrecht steht aber als Norm für positive Gesetze, da der »Naturstand« als jener Zustand erklärt wird, in welchem ein rechtsbrüchiger Herrscher zu beurteilen ist. Das Naturrecht ist zugleich mit dem Gesetz der Vernunft im Einklang: »Es läßt sich also eine Beurtheilung des Rechts nach bloßen reinen Vernunft-Principien denken, denen jedermann, der mit einem andern außer dem Staate lebt, unterworfen ist. Denn die Begriffe von Pflicht und Recht überhaupt, hängen nicht von dem Staate ab, sondern liegen in der Vernunft eines jeden.« (94) Wenn ein Herrscher vor Gericht steht, geht es für die Schiedsrichter nicht um Rache, sondern um das Wahren des Naturrechts. »Diese Schiedsrichter können nicht nach bürgerlichen, sondern nach natürlichen Gesetzen entscheiden.« (95) Auf diese Weise steht Jakobs »Herrscher« wie der mittelalterliche zwar über dem positiven Gesetz, aber unter den Postulaten des Naturrechts (96).

John Locke zufolge versetzen sich die rechtsbrüchigen Herrscher »denjenigen gegenüber in einen Kriegszustand, die sie zu Beschützern und Hütern ihres Friedens machten.« (97) Gleicht bei Locke der Kriegszustand prinzipiell dem prästaatlichen Naturzustand, wird er von Jakob als »Natur-Stand« bezeichnet und dem Staat als Ordnungsfaktor entgegengesetzt. Jakobs »Natur-Stand« ist eher als eine poststaatliche Situation zu verstehen. Da, wo der Staat versagt hat, muß die Stimme der Vernunft gehört werden. Diese soll im »Natur-Stande« eine vernunftsmäßige Norm für den zum Widerstand Berechtigten enthalten. Die Staatsgewalt hört auf, für ihn normativer Faktor zu sein. Der zum Widerstand Berechtigte ist sich bei der Verteidigung seiner Rechte selbst überlassen und darf dabei nur nach Vernunftsgesetzen entscheiden. »Wenn aber kein positives Gesetz, keine Staats-Verfassung ein gesetzliches Mittel übrig gelassen hat, dann tritt der Unterthan . . . aus dem Staat heraus; er kann nicht mehr nach positiven Gesetzen eines Staats, sein Zustand muß bloß nach Vernunftgesetzen überhaupt beurtheilt werden.« (98) Er darf nun nach »eigener Ansicht und Beurtheilung« (99) die Mittel zu seiner Verteidigung nach Maßgabe der Vernunft wählen.

Hier taucht die Frage nach Ausmaß und Art rechtmäßiger Verteidigung und Strafe auf. Locke und Jakob stimmen weitgehend in der Forderung überein, daß willkürliche Mißhandlungen ausgeschlossen bleiben sollen und vorhandene Rechtsnormen so weit wie möglich zu respektieren seien. ». . .von dem Rechtsgesetze kann ich, solange ich ein moralisches Wesen bin, nie frey werden« (100), heißt es bei Jakob. Seine Aussage deutet darauf hin, daß Moralität als Grundlage menschlicher Gegenseitigkeit angesehen wird, auch wenn es sich um den Strafbereich handelt. Nur allgemeine Gesetzmäßigkeit kann der subjektiven Willkür Schranken auferlegen. Das »richtige Maß an Strafe« behandelt auch Locke schon in den ersten Abschnitten (§12) seines »second treatise«. Er hätte vermutlich der Ansicht Jakobs zugestimmt: »Man bedarf aber zweyer Principien, um die Rechtmäßigkeit der Gegengewalt im Naturstande, (welcher dem Staate entgegensteht), zu bestimmen, wovon das eine den *Grad*, das andere die *Art* des rechtmäßigen Widerstandes angeben muß.« (101)

Was das Subjekt des Widerstandes betrifft, bei Jakob ist es öfters der Einzelne, während Locke den Begriff des Volkes hier einsetzt, wenn er auch nicht das ganze Volk im Sinne hat: »Der von Locke gemeinte Träger der Revolution gegen eine willkürliche Obrigkeit war die aufstrebende Klasse der vorwiegend protestantischen und insbesondere puritanischen Bankiers, Unternehmer und Kaufleute. . .« (103) Ein weiterer Unterschied zwischen beiden Denkern betrifft die Formulierung des Staatszwecks. Für Locke ist der Staat eine »Utilitätsveranstaltung«, die zum Schutze der Eigentümer errichtet wurde. Daraus folgt, daß »das gute und gerechte Leben nicht unter die Lockeschen Staatszwecke« fällt (104). Dem gegenüber ist Jakobs Schrift von einem sittlichen Impuls durchdrungen, der auch für Kant charakteristisch ist und bei Kant zu einer eigentümlichen Trennung der Bereiche Moral und Recht geführt hat.

VI Jakob und der Begriff der Öffentlichkeit.

Obwohl Jakob ein begeisterter Kantianer war, kann man beim Studium des Antimachiavel nicht übersehen, daß er jener Tradition verpflichtet ist, die »in der aristotelischen Lehre der Ethik, Ökonomik und Politik (wurzelt), wie sie vom 16. bis 18. Jahrhundert an den protestantischen deutschen Universitäten im Rahmen des moralphilosophischen Unterrichts vorgetragen wurde.« (105) Der Begriff der Staatsräson war dieser Lehre noch fremd, sie sah den Menschen im Gemeinwesen verankert, ihr Ausgangspunkt war individualistisch-ethisch bestimmt, und darum ist die Sorge des Staates für das gute Leben der Bürger Zentralpunkt ihrer Reflexionen. Bei Jakob gilt der Hauptteil seiner Theorie dem Sittlich-Notwendigen, d.h. dem durch Pflicht und Recht bestimmten Widerstand gegen den Souverän, wobei das »bloße Recht auf Widerstand« in seiner Klassifizierung zum »Sittlich-Zufälligen« gehört (106). Die Pflicht zum Widerstand, möge es der aktive oder passive sein, liegt im Moralischen, dem der Mensch als solcher - auch als Staatsbürger - verpflichtet ist. Die Pflicht soll der absolute und letzte Bestimmungsgrund für jeden Menschen sein. Jakobs Theorie macht zwischen Zwecken der Menschheit oder der »moralischen Ordnung« und den Staatszwecken keinen Unterschied. »Ein Souverain, welcher etwas zerstören wollte, was die Unterthanen zu vertheidigen verpflichtet sind, würde in der That dadurch eine Gesinnung zeigen, welche nicht nur dem Staats-Zwecke, sondern dem Zwecke der Menschheit überhaupt widerspricht.« (107)

Ebenso gilt die Bindung der eigentlichen Widerstandshandlung an Grundsätze der Moral: Auch der Beleidigte darf nicht vergessen, daß der »Feind auch ein moralisches Wesen ist«, und als menschliches Wesen, als Person, zu behandeln ist, nicht als Sache. Schließlich muß deswegen auch der Grad und die Art der Gegenwehr nach moralischen Gesichtspunkten bestimmt werden. Die verletzten Zwecke und Rechte dürfen nicht nach der »Identität oder Einerleyheit ihrer Materie, sondern nur überhaupt nach dem moralischen Werthe geschätzt werden.« (108)

Diese moralische Ordnung der Dinge stellt im Gegengewicht zur Denaturierung des Menschen eine Integrationsebene dar, von der aus ein allgemeiner gesetzgebender Wille im Rousseauischen Sinne entfaltet werden kann. Sie hat nichts zu tun mit der Verallgemeinerung theoretischen Wissens, sondern stützt sich auf jene aristotelische phronesis und Ciceros prudentia, die allen Menschen gemeinsam ist. Sie betrifft die Pflicht und setzt keine weitere Einsicht, sondern nur Menschenverstand voraus.

Allgemeingültige Regeln als Maximen für individuelles und gesellschaftliches Handeln zu finden, ist ein Hauptanliegen Jakobs, der sich damit als Repräsentant des neuen bürgerlichen Bewußtseins ausweist. Er zielt auf normative Bestimmung seiner Argumente. Die Zwangsrechte des Regenten einerseits und die rechtmäßige Gegengewalt andererseits sind feste Bezugspunkte seiner Theorie. »Alles, was dem Zwecke des Staats nach einer Regel dient, muß der Regent von den Unterthanen erzwingen dürfen; keiner darf sich ihm also in diesem Stücke widersetzen.« (109) Hier wird uns der moderne Rechtsstaat als Rechtsordnung auf der Basis der allgemeinen Gesetze vorgestellt. In den Begriff des Staatszwecks wird der bürgerliche Begriff der Regel, die für alle gilt, eingebaut. Nur durch Grundsätze, die alle verpflichten, kann das Recht erzwungen werden. Aber auch umgekehrt: »Es kann also keine Gegengewalt rechtmäßig seyn, als eine solche, die sich als Gesetz ganz allgemein denken läßt, die jeder mit der Vernunft rechtheißen kann.« (110) Die Herrschaft, die nicht nach allgemeinen Sätzen handelt und trotzdem Herrschaft bleiben will, ist Willkürherrschaft; der Widerstand, der nicht durch allgemeine naturrechtliche Sätze legitimiert werden kann, ist unrechtmäßiger Aufstand oder Rebellion.

Immanuel Kant hat darauf hingewiesen, daß es notwendig sei, allgemeine Maximen öffentlich zu vertreten (111). Eine Maxime, die ich verheimlichen muß, ist nicht für alle bestimmt, muß die von ihr Ausgeschlossenen gegen mich bestimmen und kann infolgedessen nicht von einem Allgemeinbegriff der öffentlichen Gerechtigkeit ausgehen. Kant entwickelte damit die Idee einer kritischen Öffentlichkeit. Im noch halb feudalistischen Staat des 18. Jahrhunderts waren es die durch Aufklärung und Denkfreiheit zu kritischem Bewußtsein gelangten neuen Eigentümer (112), die Anspruch auf volle ständische Rechte erhoben. Sie verkörpern für Jakob das Publikum, dem sich sowohl der Souverän als auch die zur Gegenwehr Gezwungenen stellen müssen. Wenn im Konfliktfall eine Partei keinen Schiedsrichter akzeptieren will, so ist es nötig, sagt Jakob, daß »die andere ihr Recht mit Gewalt vertheidige, wenn sie kann, und sich dabey vor dem Publikum rechtfertige. Denn jeder, wer Gewalt braucht, ist verbunden, sein Recht zur Gewalt anderen zu beweisen, weil diese verpflichtet sind, oder wenigstens ein Recht haben, seiner Gewalt Einhalt zu thun, wenn die Gerechtigkeit derselben nicht offenbar ist.« (113)

Die Öffentlichkeit gehört also mit zu den Voraussetzungen, die ein Widerstandsrecht ermöglichen; und umgekehrt, das Fehlen gerade dieser Grundlage nimmt dem Widerstande seine Rechtmäßigkeit: »Jeder unumschränkte Souverain kann thun und befehlen, was er will; der Unterthan muß gehorchen; außer wenn der Wille des Regenten den Zweck des Staates *offenbar* selbst vernichten würde.« (114) So ist auch das oben erwähnte »Sich-Entziehen« davon abhängig, ob die Obrigkeit offenbar und absichtlich gegen den Zweck handelt. Schließlich wird das ganze Widerstandsrecht von der Offenbarheit der verletzenden Akte der Herrschaft abhängig gemacht. In diesem Fall verletzt »der Unterthan. . . auch durch einen solchen Widerstand gegen ein offenbares Unrecht gar nicht den Staat.« (115) Das Kriterium der Öffentlichkeit gilt auch für den Akt der Gegengewalt: »Beleidigt dich also der Tyrann, so magst du ihm widerstehen, aber dein Widerstand muß *öffentlich* seyn, heimlicher Betrug, Vergiftung und Meuchelmord sind keine rechtmäßigen Waffen.« (116) So bleibt die Öffentlichkeit konstitutiv für die rechtmäßig benutzte Gegengewalt, auch da, wo sich deren Subjekt mit anderen verbinden will, um den Widerstand effektiv zu machen.

Die Theorie, die davon ausgeht, daß die rechtsstaatlichen Reformen des Bürgertums im Normalfall mit Hilfe des aufgeklärten Fürsten von oben bewirkt werden sollen, muß allerdings vor einem Dilemma stehen, wenn der Fürst ihr Postulat nicht verwirklichen will, oder wenn der berechtigte Kampf des Bürgertums die ganze feudale Ordnung zerschlägt, wie dies in Frankreich geschah. Die Dichotomie, vor der dann die liberale Theorie steht, heißt in ihrer Sprache: Despotismus oder Anarchie (117).

Die Frage Anarchie oder Despotie wird von Jakob im Zusammenhang mit dem Schiedsrichterproblem behandelt, also da, wo er die Möglichkeit sucht, auch legitimen Widerstand in Form von Gewaltanwendung zu vermeiden. Seiner Ansicht nach wird der direkte Richterspruch nicht praktiziert werden können, »ohne den Staat in den verderblichen Zustand der Anarchie zu stürzen.« (118) Die Befürworter der unrechtmäßigen Herrschaft werden sich nun des Arguments bedienen, daß Anarchie »ein absolutes Übel« (119) sei, und der Untertan eher die ärgsten Übel einer schrecklichen Tyrannei ertragen könne, »als die Greuel eines Zustandes, worin der ganze Staat vernichtet ist.« (120) In einer solchen Weise Anarchie zu verwerfen, birgt die Möglichkeit - meint Jakob -, daß sich auf legalem Wege Konservativismus und Absolutismus zum »moralischen Ungeheuer« entwickeln. Jakob stellt dagegen fest, daß Anarchie nicht die Folge einer rechtlichen, wohlgeordneten Gegenwehr ist, sondern die einer schlecht geordneten, bei der die rechtlichen Grundsätze nicht genau festgelegt sind. Grundsätzlich gelte aber: »Anarchie ist besser als die grausamste Despotie. Denn jene ist doch ein Zustand möglicher Vereinigung der Glieder zu einem Staate; diese aber ist offene Vernichtung des ganzen Staats-Zwecks: jene hat einen besseren Staat zum Zweck; diese aber ist ein Staat zur Vernichtung seines Zwecks.« (121) Der Versuch, einen neuen Staat zu verwirklichen, kann aus der Anarchie entstehen; die Alternative ist Verfall in die Barbarei, in das Unrecht. Deshalb ist Anarchie als Möglichkeit des Neuen und Rechten einer Despotie vorzuziehen. Ludwig Heinrich Jakob steht im Meinungskampf mit seinen Zeitgenossen in diesem Punkt auf der liberalen Seite.

VII Jakob und die Französiche Revolution.

Jakob wäre als Zeitgenosse der Französischen Revolution mit den Ereignissen bis zum 13. Juli 1789 zufrieden gewesen. Bis dahin war lediglich ein Kollegium von Deputierten als Kontrollorgan gegenüber dem König gefordert. Die aktive Rolle des Volkes in der Entwicklung der revolutionären

Ereignisse nach dem 14. Juli ging jedoch über Jakobs Wünsche weit hinaus. Den Gedanken der Volkssouveränität lehnte er entschieden ab. Er erkannte zwar im Fall der Französischen Revolution das Recht auf Widerstand für das unterdrückte Volk an, verstand aber »Pöbelherrschaft« nur als eine andere Form der Tyrannei. In seinen Augen war die Revolution des Volkes - im Gegensatz zum Widerstand des in Ständen organisierten Volkes - die schlechteste Möglichkeit, das Widerstandsrecht auszuüben.

Im Jahre 1794, in dem »Demokratismus« oder »Jakobinismus« am schärfsten verurteil wurden, machte Jakob zwei Abgrenzungsversuche, um nicht unter die Gesellschaft von Revolutionären eingeordnet zu werden. Der eine lief darauf hinaus zu beweisen, daß den bestehenden Thronen in Deutschland keine Gefahr drohe. Es gehe nicht um die Zerstörung der Souveränität selbst (122). Die zweite Einschränkung bezog sich darauf, daß es nicht angehe, bei jedem Herrschaftsmißbrauch gleich zur Waffe des Widerstandes zu greifen (123). Man dürfe die Beurteilung der Wirklichkeit nach der Norm nur bis zu jenem Punkte führen, wo man die Bedingungen nicht aus den Augen verliert, wo das, was man verlange, »unter Menschen, wie sie sind, möglich ist. Nun lehrt aber die Erfahrung, daß Verhütung alles Mißbrauchs der höchsten Gewalt etwas Unmögliches ist und daß, eine Regierung ohne allen Mißbrauch verlangen, eben so viel heißt, als sie alle verwerfen.« (124) Jakob steht mit seiner Widerstandslehre weitgehend auf der individualistischen Ebene. Wenn unveräußerliche Rechte des Einzelnen offenbar verletzt werden, kann Widerstand geleistet werden. Auch wo er die Stände als mögliche Träger des Kampfes gegen den Herrscher vorsieht, entfernt er sich nicht grundsätzlich von diesem theoretischen Ansatz.

Für einen heutigen Interpreten der Schrift Jakobs ist es erstaunlich zu sehen, welche Maßstäbe Jakob bei der Beurteilung gerechten oder ungerechten Handelns anführt. Was wir heute als schweren Eingriff in unveräußerliche Rechte des Volkes oder des Einzelnen ansehen würden, galt ihm und der frühbürgerlichen Gesellschaft noch nicht als Verstoß gegen elementare Freiheitsrechte. Auch bei der Befolgung abstruser Befehle sieht Jakob den Staatszweck noch erhalten. Man sieht: er konnte trotz seiner liberalen Reflexionen die Schranken des durch den Absolutismus geprägten Denkens noch nicht sprengen. Für Jakob ist auch jene berühmte Trias der Begriffe: Leben, Freiheit und Güter noch nicht in vollem, gleichwertigem Maße verbindlich. Man kann das nur daraus erklären, daß in der frühbürgerlichen Gesellschaft die Güterproduktion für den Fortschritt noch wichtiger war als die Freiheit (125).

Auch Ludwig Heinrich Jakobs Ausführungen zu einem passiven Widerstandsrecht wirken nach unseren heutigen Erfahrungen sehr naiv. Ist eine Weigerung, einen Befehl durchzuführen - selbst wenn er mit guter Miene erteilt wurde - in einem absoluten Staat mit pervertierter Herrschaft überhaupt möglich? Ergibt eine solche Reaktion nicht, daß der Herrscher die Atempause gewinnt, die er braucht, um eine Situation herbeizuführen, die selbst aktiven Widerstand unmöglich macht?

1 Jens Baggesens Briefwechsel mit Karl Leonhard Reinhold und Friedrich Heinrich Jacobi. In zwei Teilen. Leipzig 1831, Teil I,S.1.

Ludwig Heinrich Jakob, 1759 in Wettin geboren, besuchte die Gymnasien in Merseburg und später in Halle, wo er auch seine Universitätsstudien aufnahm und 1791 die ordentliche Professur erhielt. Bis 1800 waren seine Schriften hauptsächlich Explikationen der Werke Kants, dessen Lehre er auch in den drei Jahren 1795-1797 in der von ihm herausgegebenen Zeitschrift »Annalen der Philosophie« gegen Fichte und Schelling verteidigte. Um 1800 trieb ihn sein breites Interesse zu neuen wissenschaftlichen Gebieten. Neben zahlreichen Übersetzungen widmete er sich der Nationalökonomie und veröffentlichte 1801 die »Theorie und Praxis der Staatswirtschaft« und 1805 die »Grundsätze der Nationalökonomie«, in welchen er sich stark an Adam Smith anlehnte. Als 1806 die Universität von Halle geschlossen wurde, ging er in den russischen Staatsdienst nach Petersburg, wo er an der Arbeit von verschiedenen Regierungskommissionen teilnahm und auch unter anderem einen »Entwurf eines Criminalgesetzbuches für das russische Reich« ausarbeitete. 1816 setzte er an der Universität Halle seine reiche schriftstellerische Arbeit und Lehrtätigkeit fort. Er starb 1827 in Lauchstädt.

2 Friedrich Schiller: Werke, Bd II, Editions Rencontre Lausanne (o.J.)

3 In einem Brief vom 31.1.1794 schreibt Reinhold: »Der Satz: Der Staat muß mir meine Menschenrechte zusichern, gilt nur unter Ausnahmen, unter denen eine der ersten ist: so weit er dieses ohne seinen Untergang vermag. Ich bin daher Kants und nicht Fichtes Meinung: daß man im Staate gegen das Oberhaupt kein Zwangsrecht habe, weil die Verzichtleistung auf dieses Zwangsrecht, zum Besten der Erhaltung des Staats, in dem bürgerlichen Contract nothwendig mitenthalten sein muß« (s. Anm.1, ebd. S. 318)

Reinhold war nicht nur ein »Anbeter« Kants, in seinen Ansichten über die französische Revolution lehnte er sich an Wieland an, der zwischen den Polen zu lavieren versuchte und schließlich im »Despotismus« das Bollwerk gegen die »Anarchie« sah. Zu Reinholds Stellung zur französischen Revolution: s. Zwi Batscha: Reinhold und die französische Revolution. In: Jahrbuch d. Instituts für Deutsche Geschichte, Universität Tel-Aviv, Bd. 2, 1973; Über Wielands Stellung zur französischen Revolution schrieb zuletzt Bernd Weyergraf: Der skeptische Bürger, Stuttgart 1972.

4 Ludwig Heinrich Jakob: Antimachiavel, oder über die Grenzen des bürgerlichen Gehorsams. Auf Veranlassung zweyer Aufsätze in der Berl. Monatsschrift (Sept. und Dec. 1793) von den Herren Kant und Genz. Halle, in der Rengerschen Buchhandlung. 1794. S. 38/39. Von nun an bezeichnet: Antim.

5 Diese These bestätigt am Anfange jener Dekade (1790-1800) Reinhold, wenn er schreibt: »Insbesondere hat sich an den bisher bekannt gewordenen Meynungen über die *französische Revoluzion*, und vorzüglich den Beurtheilungen der Grundsätze und Maßregeln, welche von der Nationalversammlung der neuen Staatsverfassung zum Grunde gelegt worden sind, ein Grad von Unbestimmtheit und Vieldeutigkeit *unsrer Begriffe vom Naturrechte* geoffenbart, welcher jedem unbefangenen Beobachter durch seine Größe eben so auffallend, als durch seine Folgen wichtig sein muß«. In: K.L. Reinhold: Ehrenrettung des Naturrechts. Der Neue Teutsche Merkur, April 1791; S. 337/338. Gegen Ende dieser Dekade gibt I. Kant einen Hinweis auf die reichlichen Diskussionen über Fragen des Rechts in seiner Vorrede zur Rechtslehre: »Gegen das Ende des Buchs habe ich einige Abschnitte mit minderer Ausführlichkeit bearbeitet, als in Vergleichung mit den vorhergehenden erwartet werden konnte, teils, weil sie mir aus diesen leicht gefolgert zu werden schienen, teils auch, weil die letzten (das öffentliche Recht betreffenden) eben jetzt so vielen Diskussionen unterworfen und dennoch so wichtig sind, daß sie den Aufschub des entscheidenden Urteils auf einige Zeit wohl rechtfertigen können«. In: Immanuel Kant: Metaphysik der Sitten, Königsberg 1797, zit. nach d. Ausg. Hamburg 1959, S. 8.

6 Antim. S. 40.

7 ebd. S. 41.

8 ebd.

9 Paul Johann Anselm Feuerbach: Anti-Hobbes, oder über die Grenzen der höchsten Gewalt und das Zwangsrecht der Bürger gegen den Oberherren. Erfurt 1798.

10 Siehe dazu unter anderem: Peter Calvert: Revolution, London 1970; S. 59: »Part of the reason for this lies in the neutral terms, in which they are stated. Machiavelli is not a quietist, in the sense that most medieval thinkers were, but the emphasis of all his work is on combating revolution, rather than in promoting it. The objective nature of his descriptions of revolutionary events is unsatisfying to the politically committed«.

11 Immanuel Kant: Über den Gemeinspruch: Das mag in der Theorie richtig sein, taugt aber nicht für die Praxis. Berlin. Monatsschrift, Sept. 1793. Friedrich Genz: Nachtrag zu dem Räsonment des Herrn Professor Kant über das Verhältnis zwischen Theorie und Praxis. Berlin. Monatsschrift, Dec. 1793. Eine Neuausgabe beider mit dem Aufsatz von August Wilhelm Rehberg: Über das Verhältnis der Theorie zur Praxis (Berlin. Monatsschrift, Februar 1794) erschien 1967: Kant, Genz, Rehberg: Über Theorie und Praxis. Einleitung von Dieter Heinrich. Frankfurt 1967.

12 Antim. S. XX - XXI.

13 Richard Saage: Besitzindividualistische Perspektiven der politischen Theorie Kants. In: Neue politische Literatur, 2, Wiesbaden 1972, S. 168 ff, besonders: S. 179 ff.

14 Peter Schneider: Widerstandsrecht und Rechtsstaat. In: Widerstandsrecht. Wege der Forschung, Bd. CLXXIII, hrsg. von Arthur Kaufmann in Verb. mit Leonard E. Backmann, Darmstadt 1972, S. 372 (zit.: »Forschungen«).

15 Antim. S. X.

16 J.A. Stüttler: Das Widerstandsrecht und seine Rechtfertigungsversuche im Altertum und im frühen Mittelalter. In: »Forschungen«, S. 30.

17 Fritz Kern: Gottesgnadentum und Widerstandsrecht. Darmstadt 1970, S. 176; vgl. auch: S. 180: »Zwar blieb der *leidende* Widerstand für immer der erhabendste Ausdruck christlich demütigen Bekennermutes«...

18 ebd. S. 186, Anm. 398.

19 Antim. S. 13.

20 ebd. S. IX.

21 ebd. S. 17.

22 Immanuel Kant: Über den Gemeinspruch: Das mag in der Theorie richtig sein, taugt aber nicht für die Praxis. In: I. Kant: Politische Schriften, hrsg. von Otto Heinrich von der Gablenz, Köln u. Opladen 1965, S. 94.

23 Robert Spaemann: Moral und Gewalt. In: Rehabilitierung der praktischen Philosophie, Bd. I, hrsg. von Manfred Riedel, Freiburg 1972, S. 225.

24 Antim. S. 41.

25 Vgl. dazu: Wilhelm Hennis: Politik und praktische Philosophie, Neuwied u. Berlin 1963; Jürgen Habermas: Die klassische Lehre von der Politik in ihrem Verhältnis zur Sozialphilosophie. In: Theorie und Praxis, Neuwied u. Berlin 1963; meine Studie: Die Arbeit in der Sozialphilosophie Fichtes. In: Archiv f. Sozialgeschichte, Bd. XII, Bonn - Bad Godesberg 1972, - hier wird versucht, den Einfluß des aristotelischen Gedankengutes auf verschiedene soziale Ansichten Fichtes darzustellen. Über die Aristotelesrenaissance in der Bundesrepublik und deren Aussichten im Rahmen der praktischen Philosophie siehe: Manfred Riedel: Über einige Aporien in der praktischen Philosophie des Aristoteles. In: M. Riedel (Hrsg.), Rehabilitierung...a.a.O.

26 Wilhelm Hennis: Politik und praktische Philosophie, a.a.O., S. 71 ff.

27 Antim. S. 43.

28 ebd. S. 16.

29 Fritz Kern: Gottesgnadentum und Widerstandsrecht im frühen Mittelalter, Darmstadt 1970, S. 122: »Germanische und kirchliche Auffassung vereinigten sich in dem Satz, der bis zum Jahrhundert Macciavellis keinen Widerspruch gefunden hat: Der Staat ist da zur Verwirklichung des Rechts; die Staatsgewalt ist Mittel, Selbstzweck ist das Recht.«

30 ebd. S. 123.

31 Antim. S. 46.

32 ebd. S. 51: »Denn jeder Mensch hat schon an sich im außerbürgerlichen Zustande die Pflicht den Zweck des Staats oder die Sicherheit der Rechte anderer zu wollen. Er tritt nur in den Staat und ist verpflichtet, in denselben zu treten, weil er das einzige Mittel ist, jenen Zweck zu erreichen.«

33 Platon: Kriton, S. 47 ff. (Stephanos, S. 50a ff.) In: Platon: Sämtliche Werke, Bd. I, Hamburg 1957.

34 Antim. S. 33/34.

35 ebd. S. 34.

36 ebd. S. 1 f: »Jeder muß wollen, daß diese Person, welche nun *Regent* oder *Souverain* heißt, die *höchste* Gewalt oder die *Majestät* besitze, die stärker und mächtiger ist, als die Kräfte aller, welche die Rechte irgend eines verletzen wollen. . .«.

37 ebd. S. 16.

38 ebd. S. 4.

39 Fritz Kern, a.a.O., S. 245, S. 122: »Der Herrscher ist nicht unumschränkt, sondern abhängig vom Recht, welches über ihm steht und auf welchem sein eigenes Dasein beruht.«; vgl. auch: Max S.J. Pribilla: In: »Forschungen« a.a.O., S. 234: »Die naturrechtliche Auffassung, die hier entwickelt wurde, deckt sich also mit der alten deutschen; beiden liegt eine hohe sittliche Idee zugrunde. Es ist der Gedanke, daß über dem Herrscher und den Untertanen das Recht steht,. . . daß obrigkeitliche Gewalt nur durch das Recht und im Recht bestehen kann.«

40 Fritz Kern, a.a.O., S. 125: Schon im späten Mittelalter brachte kirchenrechtliche und römisch-rechtliche Wissenschaft diesen Tatbestand in den Satz: »Der Herrscher stehe zwar unter dem Naturrecht, aber über dem positiven Recht«.

41 Antim. S. 66.

42 ebd. S. 21; vgl. S. 14.

43 Fritz Kern, a.a.O., S. 246; Johannes Spörrel: Gedanken um Widerstandsrecht und Tyrannenmord im Mittelalter. In: »Forschungen«, a.a.O., S. 92: »Das germanische Staatsempfinden fußt auf der Überzeugung von der Gleichheit von Volk und Staat. Der Staat ist nichts anderes als die Gesamtheit seiner Glieder.«

44 Antim. S. 2.

45 Fritz Kern, a.a.O., S. 222: »Im Lehnsrecht hatten ferner die Begriffe Treubruch des Herren und Widerstandsrecht des Mannes eine ausgesprochene Rechtsform auf der Basis des Vertragsgedankens erlangt.«; ebd. S. 152: »Treue ist etwas Gegenseitiges und birgt in sich den Vorbehalt, daß der eine Teil sie dem anderen nur so weit schuldet, als auch der andere Teil seine Treupflicht hält...«

46 Walter Euchner: Naturrecht und Politik bei John Locke, Frankfurt 1969, S. 38.

47 Beza, Brutus, Hotman. Calvinistische Monarchomachen, hrsg. und eingel. von Jürgen Dennert, Köln u. Opladen 1968, S. LXII f: »...der Vertrag wird stets als geschlossen gedacht, zwischen dem Königtum und dem Volk als außerzeitlichen Ganzheit auf Erden.... Durch das »Pactum« der Protestanten im 16. Jahrhundert soll kein Gemeinwesen entstehen, ja es soll dadurch nicht einmal ein Herrscher ins Amt eingeführt werden.«

48 Antim. S. 7.

49 Fritz Kern, a.a.O., S. 7; Hermann Weinkauf: Über das Widerstandsrecht, S. 412; Ernst von Hippel: Zum Problem des Widerstandes gegen rechtswidrige Machtausübung, S. 424; Wilhelm Wertenbruch: Zur Rechtfertigung des Widerstandes, S. 454 ff; Fritz Bauer: Widerstandsrecht und Widerstandspflicht des Staatsbürgers, S. 492; Adolf Arndt: AGRAPHOI NOMOI, S. 530. In: »Forschungen«, a.a.O.

50 Antim. S. 36.

51 ebd. S. 40.

52 Fritz Kern, a.a.O., S. 242 ff.

53 ebd. S. 243.

54 ebd. S. 144; Ernst von Hippel, a.a.O., S. 421 ff bringt dazu hauptsächlich Beispiele aus dem schwedischen und norwegischen Recht des Mittelalters.

55 Antim. S. 84 f.

56 ebd. S. 87. Daß die Handlung der Schweizer ein Akt des Widerstandsrechts und keine Revolution war, bezeugt auch Max Frisch: Wilhelm Tell für die Schule, Frankfurt 1972, S. 63 ff.

57 Antim. S. 86 f.

58 In dem von Jakob erwähnten Kantschen Aufsatz - in der Ausgabe von Otto v. d. Gablenz auf S. 91 - wird dieser »frohe Einzug« erwähnt. Vgl. auch: Leo Delfos: Alte Rechtsformen des Widerstandes gegen Willkürherrschaft. In: »Forschungen«, a.a.O., S. 81 ff.

59 Ernst von Hippel: Zum Problem des Widerstandes gegen rechtswidrige Machtausübung. In: »Forschungen«, a.a.O., S. 422. Zum germanischen »Verlassungsrecht« vgl. auch: Hermann Weinkauf: Über das Widerstandsrecht. In: »Forschungen«, a.a.O., S. 395: »... das Volk oder die Großen konnten bei groben Rechtsverletzungen den König verlassen, ... entsetzen ... im ausbrechenden Kampfe töten.«

60 Johannes Spörl: Gedanken um Widerstandsrecht und Tyrannenmord im Mittelalter. In: »Forschungen«, a.a.O., S. 69.

61 Leo Delfos: Alte Rechtsformen des Widerstandes gegen Willkürherrschaft, a.a.O., S. 82.

62 Antim. S 35.

63 Ernst Wolf: Das Problem des Widerstandsrechts bei Calvin. In: »Forschungen«, a.a.O., S. 158.

64 Walter Euchner: Naturrecht und Politik bei John Locke, Frankfurt 1969, S. 42: »Selbst wenn ein Fürst«, meint Pufendorf, »in feindlicher Absicht mit dem schrecklichsten Unrecht droht, so ist es doch besser, das Land zu verlassen, sich durch Flucht zu schützen, oder um ein Asyl in einem anderen Lande zu bitten« (sc. als zu den Waffen zu greifen).

65 Antim. S. 129.

66 ebd. S. 131.

67 ebd. S. 136.

68 ebd. S. 140.

69 ebd. S. 152.

70 ebd. S. 146.

71 Fritz Kern, a.a.O., S. 226.

72 Hermann Weinkauf, a.a.O., S. 398.

73 Johannes Spörl, a.a.O., S. 107 ff.

74 Ernst Heckel: Widerstand gegen die Obrigkeit. Pflicht und Recht zum Widerstand bei Martin Luther. In: »Forschungen« a.a.O., S. 131 f.

75 Peter Meinhold: Revolution im Namen Christi. Ein Beitrag zur Frage von Kirche und Widerstandsrecht. In: »Forschungen«, a.a.O., S. 270: »Dritte Art des Tyrannen: Es handelt sich um den sogenannten »Großtyrannen« oder, um in den von Luther verwandten Bildern zu bleiben, um jenes »Monstrum«, das Tier aus dem Abgrund, das eine alles umfassende totale Herrschaft in geistlicher und weltlicher Herrschaft aufrichtet. Diesem Ungeheuer muß unter allen Umständen aktiver Widerstand von allen. . . geleistet werden«. – Leo Delfos, a.a.O., S. 63: ». . . in der eine Form ungesetzlicher Regierung beschrieben wird, die noch schlimmer ist als Tyrannei - ein Zustand vollständiger Zerrüttung des Rechts, mit *einem* Wort aus der Offenbarung, die »anomia«: die absolute Gesetzlosigkeit. Angesichts einer solchen Ungeheuerlichkeit (dem apokalyptischen Tier ähnlich, das aus dem Abgrund steigt)«; Fritz Bauer, der den verheerenden Einfluß Luthers auf die Negation des Widerstandsrechts für die deutsche Geschichte zu erkennen glaubt, und diese auf die Lutherische Obrigkeitslehre bezieht, ist gegenüber dem Begriff des »Monstrums« sehr skeptisch: »Offen ist, ob in der Lutherischen Schau des bestialischen Tyrannen, wen immer konkret er sich darunter vorgestellt haben mag, ein der Verallgemeinerung fähiger Gedanke lag.« Fritz Bauer: Widerstandsrecht und Widerstandspflicht des Staatsbürgers. In: »Forschungen«, a.a.O., S. 487.

76 Antim. S. 85 u.a.

77 Johannes Spörl, a.a.O., S. 110.

78 Antim. S. 126 f.

79 ebd. S. 88 f.

80 Johann Calvin: Institutio (1559), IV, 20.31. »Anders steht nun die Sache, wo *Volksbehörden* eingesetzt sind, um die Willkür der Könige zu mäßigen; von dieser Art waren z.B. vorzeiten die »Ephoren«, die den lakädaimonischen Königen, oder die Volkstribunen, die den römischen Konsuln, oder auch die »Demarchen«, die dem Senat der Athener gegenübergestellt waren; diese Gewalt besitzen, wie die Dinge heute liegen, vielleicht auch die drei Stände in den einzelnen Königreichen, wenn sie ihre wichtigsten Versammlungen halten. Wo das also so ist, da verbiete ich diesen Männern nicht etwa, der wilden Ungebundenheit der Könige pflichtmäßig entgegenzutreten, nein ich *behaupte* geradezu: wenn sie Königen, die maßlos wüten und das niedriche Volk quälen, durch die Finger sehen, so ist

solch ihr absichtliches Übersehen nicht frei von schändlicher *Treulosigkeit*; denn sie verraten ja in schnödem Betrug die Freiheit des Volkes, zu deren Hütern sie, wie sie wohl wissen, durch *Gottes Anordnung* eingesetzt sind«.

81 Es ist interessant, wie heutige Denker - hauptsächlich aus religiösen Kreisen - die große Verantwortung, die das Widerstandsrecht mit sich trägt, betonen und es deswegen nur den »Einsichtigen«, oder »Verantwortlichen« zugestehen wollen. Siehe dazu die Beiträge in »Forschungen«, a.a.O.

82 Antim. S. XVIII.

83 ebd. S. 124.

84 ebd. S. 77.

85 ebd. S. 159.

86 ebd.

87 ebd. S. 160.

88 ebd.

89 Vgl.: Leo Kofler: Zur Geschichte der bürgerlichen Gesellschaft, Neuwied und Berlin 1968, S. 324.

90 Leo Delfos, a.a.O., S. 64.

91 Walter Euchner: Naturrecht und Politik bei John Locke, Frankfurt 1969; John Locke: Zwei Abhandlungen über die Regierung, hrsg. u. eingel. von Walter Euchner, Frankfurt 1967.

92 Walter Euchner, a.a.O., S. 209.

93 Antim. S. 4.

94 ebd. S. 112.

95 ebd. S. 147.

96 Fritz Kern, a.a.O., S. 127.

97 John Locke, a.a.O., § 227, S. 354; Über den Kriegszustand siehe auch: § 155, S. 305.

98 Antim. S. 107.

99 ebd. S. 108.

100 ebd.

101 ebd. S. 113; Walter Euchner, a.a.O., S. 209: »In Lockes Kampf gegen die Tyrannis ist, wie Polin und Seliger, im Gegensatz zu Strauß und Cox zu Recht betonen, ein Stück klassischer Politik bewahrt.« Jakob würde sicher mit Lockes Ansicht, wie sie von Euchner dargestellt wird, übereinstimmen: S. 215: »Vor allem darf gegen willkürliche, das heißt nicht von Gesetzen erfolgender Maßnahmen der Exekutive und ihrer Beamter, die sich gegen Leben und Eigentum der Untertanen richten, Widerstand geleistet werden«.

102 John Locke, a.a.O., § 242, S. 365: »Wenn ein Streit zwischen dem Fürsten und einigen aus dem Volke in einer Frage entsteht, wo das Gesetz schweigt oder Zweifel läßt, und die Frage dazu noch von großer Bedeutung ist, so sollte in einem solchen Falle, wie mir scheint, die Gesamtheit des *Volkes*, der geeignete Schiedsrichter sein.« Im Antim. dagegen auf S. 146 heißt es: »Denn es bleibt ihnen der Weg offen, ihre Sache durch gemeinschaftlich gewählte Schiedsrichter entscheiden zu lassen«.

103 Walter Euchner, a.a.O., S. 217.

104 ebd. S. 206.

105 Hans Maier: Ältere deutsche Staatslehre und westliche politische Tradition, Tübingen 1966, S. 18.

106 Antim. S. 90.

107 ebd. S. 43.

108 ebd. S. 117.

109 ebd. S. 19.

110 ebd. S. 106.

111 Immanuel Kant, a.a.O.: Zum ewigen Frieden, S. 145: »Alle auf das Recht anderer Menschen bezogenen Hand-

lungen, deren Maxime sich nicht mit der Maxime der Publizität verträgt, sind unrecht. . . .Denn eine Maxime, die nicht darf *laut werden* lassen, ohne dadurch meine eigene Absicht zu vereiteln, die durchaus *verheimlicht* werden muß, wenn sie gelingen soll, und zu der ich mich nicht *öffentlich bekennen* kann, ohne daß dadurch unausbleiblich der Widerstand aller gegen meinen Vorsatz gereizt werde, kann diese notwendige und allgemeine, mithin a priori einzusehende, Gegenbearbeitung aller gegen mich nirgend wovon anders, als von der Ungerechtigkeit her haben, womit sie jederman bedroht«.

112 Jürgen Habermas: Strukturwandel der Öffentlichkeit, Neuwied u. Berlin 1965.

113 Antim. S. 149.

114 ebd. S. 19.

115 ebd. S. 35.

116 ebd. S. 127.

117 Zwi Batscha: Reinhold und die französische Revolution. In: Jahrbuch des Instituts für Deutsche Geschichte, Universität Tel-Aviv. Herausgegeben und eingeleitet von Walter Grab. Band II. 1973.

118 Antim. S. 149 f.

119 ebd. S. 150.

120 ebd.

121 ebd. S. 152.

122 ebd. S. 132 f.

123 ebd. S. 151: »Der rechtmäßige Zweck des Unterthanen bey seinem Widerstand darf nie seyn, die Souverainität zu zerstören, sondern um sein Recht gegen sie durch Worte oder Thaten zu vertheidigen.«

124 ebd. S. 71.

125 Friedrich Lütge: Deutsche Sozial- und Wirtschaftsgeschichte, Berlin, Heidelberg, New York, 1966, S. 329 ff.

II Quellen

Viktor Link Geschichte in der Literatur: Drei Darstellungen der Schlacht von Minden und Herzog Ferdinands von Braunschweig und Wolfenbüttel in englischen Romanen des 18. Jahrhunderts

I

Prinz Ferdinand von Braunschweig und Wolfenbüttel (12. 1. 1721 - 3. 7. 1792) war in der 2. Hälfte des 18. Jahrhunderts in England eine jedermann bekannte, hochangesehene Persönlichkeit. Seinen Ruhm, der in England zeitweise den Friedrichs des Großen übertraf, erwarb er sich als Oberbefehlshaber der preußischen Westarmee im Siebenjährigen Krieg. Berühmt wurde Ferdinand in England vor allem durch seinen Sieg über die französische Armee in der Schlacht von Minden am 1. 8. 1759; dieser Sieg löste Erleichterung und Jubel aus; mit Freudenfeuern, Glockengeläute und Dankgottesdiensten wurde er in ganz Großbritannien gefeiert; es entstanden Preisgedichte auf Ferdinand (1), man prägte eine Gedenkmedaille (2), König Georg II. verlieh Ferdinand den Hosenbandorden, den höchsten Orden Großbritanniens (3), machte ihm ein Geschenk von 20 000 Pfund Sterling und setzte für Ferdinand eine jährliche Pension von 2 000 Pfund Sterling aus (4). In den Dokumenten der Garnison Gibraltar findet sich der Beleg, daß Ferdinands Geburtstag von den Soldaten gefeiert wurde (5).

Diese Reaktion erklärt sich nicht allein daraus, daß das englische Königshaus aus Hannover stammte und mit Preußen verbündet war. Aus der Sicht Englands war der Siebenjährige Krieg primär keine preußische Angelegenheit, sondern eine Auseinandersetzung Großbritanniens mit Frankreich um die Vormachtstellung in Übersee. Daher verfolgten die Briten das Geschehen an der preußischen Westfront mit größter Aufmerksamkeit; auch kämpfte dort unter Ferdinand ein starkes britisches Kontingent. Seit Jahren hatte England ständig eine französische Invasion befürchten müssen. Britische Verbindungsleute auf dem Kontinent berichteten über den Bau von Landungsbooten in den französischen Werften (6), und die Zeitungen, Magazine und Tendenzschriften malten die zu erwartenden Greueltaten der Franzosen aus (7). Diese Furcht hatte sich nach dem für Großbritannien ungünstigen Verlauf des Krieges auf dem Konti-

Abb. 1 Ferdinand von Braunschweig und Wolfenbüttel: The Universal Magazine, Bd. 25, 1759, S. 88.

nent immer mehr gesteigert. Der Sieg Ferdinands über die zahlenmäßig überlegene französische Armee erschien wie ein Wunder (8). Die Schlacht von Minden wurde zum beherrschenden Thema der Zeitungen und Magazine, immer wieder wurden Schlachtpläne und Schlachtberichte gedruckt und Abbildungen Ferdinands veröffentlicht.

Die literarischen Kreise um die königstreue Whig-Partei, die Englands Engagement auf dem Kontinent zu verantworten hatte, begannen, an einem Mythos von Ferdinand als dem Vater seiner Soldaten, dem guten, einfachen Helden zu arbeiten - ein Bild, das sich z. T. bis heute in England gehalten hat (9). Für die Whigs, die sich für die Thronfolge der Hannoveraner eingesetzt hatten, war der Sieg von Minden von größter politischer Bedeutung. Sie benötigten Siege, die sie ihren Anhängern aus den Londoner Handels-, Finanz- und Wirtschaftskreisen vorweisen konnten, um zu zeigen, daß es gelingen werde, die französische Konkurrenz auf den Märkten Nordamerikas, Westindiens, Indiens und Afrikas auszuschalten.

Währenddessen versuchte die oppositionelle Tory-Partei, die Bedeutung des Sieges bei Minden herunterzuspielen, und betonte die Nachteile des britischen Engagements in Deutschland. Die Tories hatten auf die von Frankreich unterstützten Stuarts gesetzt und betrachteten das Haus Hannover als ihren politischen Gegner. Sie verwiesen darauf, daß die besten Regimenter für eine fremde Sache geopfert würden und daß die Staatskassen leer seien. Die Friedenspolitik der Tories beruhte zum Teil auf wirtschaftlichen Gesichtspunkten; ihre Anhängerschaft, die sich vornehmlich aus Großgrundbesitzern rekrutierte, hatte nach dem geltenden Besteuerungssystem die Hauptlast des Krieges zu tragen.

Zum aufsehenerregendsten Ereignis des Jahres 1759 wurde die Schlacht von Minden jedoch nicht wegen ihrer innen- und außenpolitischen Bedeutung, sondern wegen eines völlig unpolitischen Begleitumstandes der Schlacht selbst. Um dies zu erklären, ist es notwendig, auf die Ereignisse am 1. August 1759 in Thornhausen bei Minden einzugehen. Die alliierte Armee unter Ferdinand hatte sich bis dahin fast ständig auf dem Rückzug vor den Franzosen befunden. Der mangelnde Erfolg war zum Teil auf Kompetenzstreitigkeiten zwischen Ferdinand und dem obersten britischen Offizier, General Lord George Sackville, zurückzuführen. Diese Spannungen hätten in der Schlacht von Minden beinahe verhängnisvolle Folgen gehabt. Die Schlacht war durch ein Mißverständnis bei der Befehlsübermittlung von der britisch-hannoveranischen Seite eröffnet worden, die mit ganzer Kraft angriff. Die französische Armee hatte ein Vorgeplänkel er-

Abb. 2 Eine der zahlreichen Darstellungen der Schlachtordnung: The London Magazine, Bd. 29, 1760, S. 264.

wartet und geriet ins Wanken (10). Ferdinand befahl sofort den Generalangriff, doch Sackville, der am rechten Flügel die britische Reiterei befehligte und eine Schlüsselposition innehielt, griff nicht in den Kampf ein. Er diskutierte über die wiederholten, nach seiner Meinung widersprüchlichen Befehle (11), und schließlich war es zum Kampf zu spät. Die Schlacht war an anderer Stelle gewonnen worden, aber die Verluste waren höher als notwendig und der Sieg nicht so entscheidend, wie es möglich gewesen wäre.

Sackvilles Verhalten rief in England einen Skandal hervor, der die Öffentlichkeit lange beschäftigte. Es wurde viel über die Motive seines Handelns gerätselt. Hatte er insgeheim einen Sieg Ferdinands hintertreiben wollen? War er ein Feigling? Hatte er die Befehle tatsächlich nicht verstanden? Nach England zurückbeordert, erklärte er sich für nicht schuldig, obwohl die Aussagen seiner Untergebenen gegen ihn sprachen (12). Er wurde seiner Ämter enthoben und später für alle Zeit unfähig befunden, »dem König zu dienen«. (13) Seine guten Beziehungen bewahrten ihn vor Schlimmerem.

Diese Episode des Siebenjährigen Krieges wurde in den britischen Zeitungen und Zeitschriften in allen Einzelheiten diskutiert, die Stellungnahme Ferdinands sowie die Aussage der Zeugen über die Eindeutigkeit der Befehle im Wortlaut wiedergegeben. Die Prozeßberichte wurden gesammelt, kommentiert, in Buchform veröffentlicht (14). Man verglich den Fall Sackvilles mit dem des britischen Admirals Byng, der 1757 wegen seiner Unschlüssigkeit vor Minorca verurteilt und erschossen worden war. Man fragte,ob Sackvilles Vergehen nicht ähnlich war, von der Befehlsverweigerung ganz zu schweigen (15).

II

Gegen diesen Hintergrund sind die folgenden drei Darstellungen der Schlacht von Minden zu sehen, die sämtlich satirischen Romanen der Zeit entnommen sind und die in der Reihenfolge ihres Erscheinens besprochen werden. Die erste stammt aus dem Roman »The Life and Adventures of a Cat«, der im März 1760 erschien und unmittelbar nach den Ereignissen entstanden sein muß (16). Eine der beiden Ausgaben des Jahres 1760 nennt als Autor Henry Fielding (17). Der zweite Text ist dem Roman »Chrysal, or the Adventures of a Guinea« (1760 - 1765) von Charles Johnstone entnommen (18), die dritte Quelle ist der Roman »The History and Adventures of an Atom« (1769) von T. G. Smollett (19).

In »The Life and Adventures of a Cat« wird die Schlacht von Minden als eine Auseinandersetzung zwischen zwei Heeren von Katzen beschrieben, wobei für die Franzosen die schwarzen Katzen, für die Alliierten bezeichnenderweise die gefleckten Katzen stehen:
»It was on a moon-light calm night on the glorious first of August, the date of the year I forgot, but the scene of action was on Black-Heath, and *Tom* at the head of an army of two hundred tabbies made his approaches, which he scorned to make in a private manner, but came up to them openly and in the moon-light. Neither did his motions escape their vigilance. He had divided his troops into eight battalions, twenty five in a battalion; and each battalion into five ranks, five in a line. --- Two battalions, he left at some distance, as a corps de reserve, and with the other six, marched up to attack them before they could form in battle array. However, the dispositions of the enemy, were so well made in front by an old experienced general, that Tom, tho' he made several furious attacks to break their front, the better to put those in confusion, who were forming behind, found himself mistaken both in the courage, and the discipline of his enemy. For the wise general of the blacks, had prudently placed a line of veterans in the front, and as our general had never fought a campain before, he found himself foil'd in his first attempt, and thrown into some disorder; but rallying his soldiers and covering them like a shield, by his own personal courage and strength, he again formed his line of battle, and renewed the attack: --- The enemy's right wing seemed to have got an advantage of our left, which *Tom* observing dispatched an Aid du Camp in waiting to desire the general of the Corps de reserve to advance, but whether thro' a misunderstanding of the orders, or that they were not delivered in an explicit manner, a whole battalion of ours was cut to pieces, while that general, was endeavouring to explain the orders: In the mean time, the left wing did wonders, supporting the attack, which was vigorous, with uncommon ardour. --- The enemies [sic] front was repulsed several times, but they rallied so well, and kept such excellent order, that we lost a great many valiant soldiers, with four officers, e'er we could break through, which at last was effected with considerable loss. A second order was sent to the general of the Corps de reserve to pursue, but in this too (20) he is said to have strangely neglected his duty, pleading that he did not know the *roads*. However the enemy retreated in some disorder, and with as considerable a loss.

After having gained as compleat a victory as so stout a resistance could

LORD GEORGE SACKVILLE.

Abb. 3

Lord George Sackville: T.G. Smollett,
Continuation of the Complete History of England,
Bd. 3, (London 1760), S. 367.

admit of, he determined to avail himself of those advantages generally resulting from conquest: He in consequence of this, disposed the troops in such a manner as to secure all the passes, and to prevent surprize. A more compleat and brilliant victory would have undoubtedly [been] (21) gained over the black Cats, had the general complied with his orders, without hesitation, and therefore his case being taken into consideration, he was divested of all his employments and honours, which at that time was for some reasons of that state thought a sufficient disgrace, tho' not an adequate punishment.« (22)

Mit Bezug auf den Befehlshaber des Reservecorps während der Katzenschlacht heißt es etwas später im Roman: »Had a common soldier been guilty of a manifest neglect or break of duty, we are not sure if one like the above-mentioned general would not have ordered the *Cat and nine-tails* to be applied to the offending party, but so it is that,

Little villians [sic] must submit to fate,
That *great ones* may enjoy the world in state.« (23)

Es gibt keinen Hinweis dafür, daß die zitierte Passage je mit der Schlacht von Minden in Verbindung gebracht worden ist. Der Autor des Romans hat es dabei seinen Lesern keineswegs schwer gemacht, die Bedeutung der Episode zu erkennen. Als der Roman erschien (spätestens im April 1760), lief in Sackvilles Prozeß die Berufung, und der Skandal war noch immer Tagesgespräch (24). Das Datum (»the glorious first of August, the date of the year I forgot«) - nach den Angaben über Toms Leben kommt nur 1759 in Frage - muß noch lebhaft in Erinnerung gewesen sein. Auch Ferdinands Schlachordnung in sechs Blöcken, dazu zwei Blöcke Kavallerie am rechten Flügel, die der Roman exakt wiedergibt, war durch die zahlreichen Publikationen über die Schlacht allgemein bekannt. Dasselbe gilt für den Verlauf der Schlacht: die Schwäche am rechten Flügel, das Übergewicht am linken Flügel, das Zögern der Reiterei. Daß der General des Reservecorps im Roman für Sackville steht, bedarf keines Beweises. Außerdem fügt der Autor gegen Ende des Romans eine weitere Verständnishilfe bei: Nach der Schlacht lebt Tom eine Zeitlang auf einem Bauernhof. Als die Bauernfamilie berät, wie der Kater heißen soll, schlägt der Bauer seiner Frau vor, ihn »Prince« zu nennen: »suppose you call him *Prince*, for I love Prince *Ferdinand*, tho' he be a Hanoveranian: Then *Prince* let him be, said old Jane, for sure he is the *prince* of Cats. *Tom*, tho' he knew his own name better, was no way ashamed of this new title of loyalty bestowed on him. . .« (25)

Berücksichtigt man den geringen zeitlichen Abstand des Autors zu den Ereignissen, die er darstellt, so überrascht die Distanz, mit der er sie beurteilt. Bei aller Genugtuung über den Sieg kommt es zu keiner Schmähung des Gegners. Dem berühmten linken Flügel der Armee, an dem viele seiner Landsleute kämpften, versagt er nicht den Tribut, doch erhält der Gegner fast genau so großes Lob. Dabei steht der Autor den Ereignissen nicht unberührt gegenüber. An dieser Stelle des Romans, und zwar nur an dieser Stelle, fällt er auf bezeichnende Weise aus dem erzählerischen Rahmen, wenn er die »tabbies« als »we« bezeichnet. Doch dies geschieht nicht etwa im Überschwang des Sieges, sondern im Zusammenhang mit der Beschreibung der Verluste (»unsere Verluste«).

Auch der Zeichnung Sackvilles fehlt der nationalistische Akzent. Sein Verhalten wird verurteilt, aber nicht als nationale Schande gewertet. Sackville ist als Individuum für den Autor uninteressant. Er versucht nicht, ihn psychologisch zu beschreiben und in seine Motive einzudringen.

Der Standpunkt des Autors ist mit den Begriffen »Whig« oder »Tory« nicht zu fassen. Er bedauert das Verhalten Sackvilles, weil er unnötiges Blutvergießen hervorrief; aus diesem Grund betont er die Größe der Verluste. Gegen Sackville nimmt er nicht persönlich Stellung - etwa aus moralischen Gründen -, sondern weil sich auch an seinem Fall zeigt, daß Strafen nur für den kleinen Mann erfunden worden sind, um die bestehenden Machtverhältnisse zu stabilisieren. Der zitierte Vers: »*Little* villians [sic] must submit to fate, That *great ones* may enjoy the world in state« könnte als Motto für den Roman dienen. Die Ohnmacht der kleinen Leute und die Privilegien der Reichen und Mächtigen sind ein zentrales Thema des Romans.

Trotzdem ist es kein Widerspruch, wenn man in dieser Episode auch eine Huldigung an Ferdinand sieht. Der Kater, Held des Romans, der je nach der satirischen Absicht des Zusammenhangs seine Individualität wechselt, ist im ganzen einheitlich positiv gezeichnet: sorglos, von Glück verwöhnt, etwas gewalttätig und draufgängerisch, aber auch majestätisch. Als Tom erfährt, aus welchen Gründen ihm der Bauer den Namen »Prince« gibt, fühlt er sich durch diesen »neuen Titel der Treue« geehrt. Als historische Gestalt ist Ferdinand, der 1759 über 38 Jahre alt war und als überlegter Feldherr galt, freilich stark verzeichnet. Das lag wohl weniger an der Unkenntnis des Autors über die biographischen Fakten, die in den Magazinen der Zeit leicht zugänglich waren, als an der Gesamtkonzeption des Romans.

Fassen wir zusammen: Trotz des geringen zeitlichen Abstandes zu den Ereignissen gibt uns der erste Text ein distanziertes, leidenschaftsloses Bild. Der Ruhm des Sieges gehört an erster Stelle dem Feldherrn, dann den Soldaten, insbesondere dem linken Flügel der Armee. Von den beiden Hauptakteuren, Ferdinand und Sackville, trägt der letztere keinerlei individuelle Züge. Er ist eine Exempelfigur für die Weisheit, daß nur die Vergehen der kleinen Leute bestraft werden. Die Zeichnung Ferdinands hat zwar zahlreiche individuelle Züge, sie sind aber weniger biographischer, als literarischer Herkunft. Die Züge Toms sind weniger die des preußischen Feldherrn als die des literarischen Vorbilds Tom Jones, mit dem Tom mehr als nur den Namen gemeinsam hat.

III

Anders als »The Life and Adventures of a Cat« war Charles Johnstones Roman »Chrysal, or the Adventures of a Guinea« ein Bestseller. Bis 1800 gab es mindestens dreizehn, bis heute mindestens einundzwanzig englische Ausgaben des Romans (26). Der Roman wurde ins Französische und Deutsche übersetzt (27), und im 20. Jahrhundert wurde durch eine Neuausgabe wieder die Aufmerksamkeit auf ihn gelenkt (28). Im folgenden wird nach der seltenen deutschen Ausgabe des Romans in der Herzog August-Bibliothek zitiert. Erzählt wird der Roman von ca. 600 Seiten Länge von einem Geldstück, einer Guinee, bzw. dem Geist, den es beherbergt und der die Gabe hat, die Gedanken des jeweiligen Besitzers lesen zu können. Bei den Wanderungen des Geldstücks von Hand zu Hand kommt es schließlich zur Zeit des Siebenjährigen Krieges nach Deutschland, und der Erzähler hat Gelegenheit, einen sehr langen Bericht über die politische Lage in Deutschland zu geben. Danach erscheint der Siebenjährige Krieg als ein Kampf zwischen Frankreich und England: Die Franzosen haben Deutschland angegriffen, um England in den Krieg zu ziehen, das sie nach einigen Niederlagen zur See nicht mehr direkt angreifen konnten. Danach kommt Chrysal auf die Situation des alliierten Heeres zu sprechen. Ohne Namen zu nennen, schildert er die ständigen Kompetenzstreitigkeiten zwischen den beiden Anführern. Ferdinand erscheint dabei als vorsichtiger, erfahrener Praktiker, der eher einen Plan durchführen, als ihn erklären kann, Sackville als wortgewandter Theoretiker und Weltmann, der seinen Kollegen als Provinzler verachtet. Der Verachtung Sackvilles begegnet Ferdinand, indem er ihn bei seinen Entscheidungen nicht mehr konsultiert. Chrysal bezeichnet es als schweren Fehler der britischen Regierung, die von den Schwierigkeiten wußte, den streitsüchtigen, hochmütigen und unberechenbaren Sackville nicht entfernt zu haben.

Danach geht der Erzähler auf die Lage des alliierten Heeres unmittelbar vor der Schlacht ein, die defensive Taktik Ferdinands, die hohe französische Übermacht und kommt schließlich zur Schlacht selbst: »Nachdem er [Ferdinand] also diesen Morgen Nachricht erhalten hatte, wie es aus einigen Bewegungen des Feindes zu vermuthen sey, daß derselbe die Absicht habe, ihn anzugreifen, so ließ er ein kleines, aber auserlesenes Corps, so mehrentheils aus Engländern bestand, gegen ihn anrücken, um ihn aufzuhalten, bis er nach Gutbefinden die ganze Armee, entweder in Schlachtordnung stellen, oder sicher zurückziehen könnte; aber das unvergleichliche Betragen dieser wenigen braven Leute gab der Sache gar bald ein ander Ansehen, denn sie schlugen nicht allein die Hauptarmee des Feindes zurück, sondern rückten unerschrocken vorwärts, und griffen sie mit so unwiderstehlicher Tapferkeit an, daß die Franzosen in Verwirrung geriethen, und genöthigt waren das Feld zu räumen.« (29)

Chrysal verzichtet darauf, auf die Ereignisse der Schlacht näher einzugehen und konzentriert sich auf das Geschehen um den englischen General: »Ich habe schon gesagt, daß es bey einer Schlacht so verwirrend zugeht, und alles so durcheinander gemischt ist, daß es mir unmöglich fällt, eine richtige Beschreibung davon zu geben, ich will mich also nicht weiter, als auf das Betragen des englischen Generals einlassen, den ich genau beobachten konnte, da mein Herr sich, nebst seinem Freunde, neben seiner Person aufhielt.« (30)

Es folgt die Beschreibung des wiederholten Befehls an die Reiterei zum Angriff. Jedesmal weiß Chrysal, was in Sackville vorgeht. Nachdem der zweite Bote mit einem leicht verschiedenen Befehl kommt, sieht Sackville die Zeit für seine Rache gekommen: ». . . so beschloß er ganz kaltblütig, selbst zu dem General zu gehen, Erläuterung zu fordern, und dadurch den entscheidenden Augenblick zu verabsäumen. Er hoffte, daß dadurch der im Gefecht begriffene Theil der alliirten Armee, aus Mangel einer gehörigen und zeitigen Unterstützung geschlagen werden würde, und er sich alsdenn den Ruhm zueignen könnte, ihren Rückzug zu decken, und die ganze Armee zu retten: hierdurch dachte er zugleich das Vergnügen zu geniessen, dem Charakter des Generals einen Schandfleck anzuhängen, und alle Schuld darauf zu schreiben, daß er ihn nicht zu Rathe gezogen, noch ihm seine Absichten zur rechten Zeit mitgetheilet hätte.« (31)

Als Sackville bei Ferdinand ankommt, hört er, daß die Schlacht gewonnen ist: »Aus dem kalten Empfange, sah er bald ein, daß ein Sturm über seinem Haupte losbrechen, und sein so listig angelegter Plan, einen Andern zu stürzen, seinen eignen Untergang unvermeidlich nach sich ziehen würde. . .« (32) Vor dem Zorn und der Verachtung der Soldaten flüchtet sich Sackville nach England. Dort wird er aller Ämter enthoben, doch, so meint der Erzähler, nicht zuletzt, um Sackville vor der Todesstrafe zu bewahren, weil dadurch zugleich die Zuständigkeit des Kriegsgerichts aufgehoben ist. Doch Sackville plant bereits eine neue Intrige. Er verlangt, nachdem er sich vor der Todesstrafe sicher weiß, die Verhandlung seiner Sache vor einem unabhängigen Kriegsgericht, von dem er den Freispruch erwartet. Aber wieder kommt alles anders als gedacht. Das Gericht wird zwar bewilligt, aber das Urteil des Königs nur noch verschärft: »Und so ward er zum zweyten Mal ein Opfer seiner Projekte.« (33)

Gegenüber der Darstellung der Schlacht im ersten Beispiel ist in »Chrysal« eine Verlagerung der Akzente eingetreten: von Ferdinand auf Sackville, von der Schlacht bei Minden auf die Sackville-Affäre. Ferdinand ist nicht mehr die strahlende Figur des ersten Romans, sondern ein braver Haudegen, der im Grunde nicht viel für den Sieg tun konnte, und auch die Soldaten sind bei aller Tapferkeit dafür nur bedingt verantwortlich: »Sobald indessen alle Umstände des Sieges . . . bekannt wurden, so verlor der General [Ferdinand] allen Ruhm, damit man ihn in der ersten Bewegung der Freude und Bewunderung überhäuft hatte; und man schrieb ihn, wie billig, einem Ungefähr zu: Denn kein Mensch konnte dergleichen unglaubliches Beyspiel der Tapferkeit voraussehen, noch wahrscheinlicher Weise für dieselbe einen Plan entwerfen.« (34) Obwohl betont worden war, daß es die Tapferkeit der englischen Soldaten war, die die Schlacht entschied, wird nachträglich ihr persönliches Verdienst relativiert, indem der Erzähler sie zu Agenten des Zufalls macht. Der eigentliche Akteur ist der Zufall; er allein ermöglichte den Sieg über eine »zehnfache« (!) Übermacht. Allerdings ist es kein blinder Zufall, der die Schlacht entschied. Er vermag Gut und Böse zu unterscheiden und scheint im Dienst der Vorsehung zu stehen: Der Sieg hat im Heer der Alliierten mit einem Schlag alle Rivalitäten zwischen Deutschen und Briten beseitigt, und die Briten folgen willig ihrem verehrten Befehlshaber (Ferdinand). So hat auch Mephisto Sackville letztlich nur das Gute bewirken können.

Der zeitliche Abstand zwischen der Entstehung des ersten und des zweiten Romans spiegelt sich in der Verlagerung des Akzents von den Er-

Abb. 4 zeigt auf drastische Weise mit Hilfe des Doppelsinnes von »rear« den Kontrast zwischen Sackvilles Feigheit und dem Mut seiner Soldaten.

Abb. 5 stellt Ferdinands wiederholte Aufforderung zum Angriff dar; auf der Fahne ist das Niedersachsen-Roß zu erkennen.

Satirische zeitgenössische Darstellung der Rolle Sackvilles in der Schlacht von Minden: A Political and Satyrical History of the Years 1756, 1757, 1758 and 1759. In a Series of One Hundred Humourous and Entertaining Prints. (London, [s.d.]), S. 89 bzw. S. 100.

eignissen der Schlacht auf den Prozeß Sackvilles wider. Von der ursprünglichen Reaktion auf den Sieg von Minden ist in »Chrysal« nichts mehr zu spüren. Die Ereignisse der Schlacht dienen als Exempelgeschichte für das Thema: Wer andern eine Grube gräbt, fällt selbst hinein. Diese Themenstellung bedingt, daß nicht Ferdinand, sondern Sackville im Vordergrund steht. Wir erfahren nur seine Gedanken und Gefühle, nicht die Ferdinands.

Johnstone spielt hier nicht etwa bewußt die politische Bedeutung der Schlacht herunter, um anti-preußische Tory-Propaganda zu betreiben. Die strahlendste Figur des Romans ist der stark idealisierte Friedrich der Große (»King of Bulgaria«). Die ursprüngliche Begeisterung für Ferdinand scheint in »Chrysal« schon fast vergessen, und geblieben ist lediglich die Erinnerung an den legendären Ruhm der britischen Soldaten in der Schlacht von Minden.

IV

Wie die Tory-Opposition die Ereignisse von Minden wertete, zeigt der dritte Text aus dem Roman »The History and Adventures of an Atom« von T. G. Smollett. Ähnlich wie Johnstone überträgt Smollett die Erzählung der Geschichte einem allwissenden Gegenstand, einem Atom, das über seine Erlebnisse im Königreich Japan berichtet. Japan steht für England; hinter der leichten asiatischen Verkleidung erkennt man verschiedene Ereignisse der Jahre 1754 - 1768. Die Feinde der Japaner, die Chinesen, stehen für die Franzosen. Auch die Schlacht von Minden bildet eine Episode in der Erzählung des Atoms:

»In the neighbourhood of Yesso [= Hannover], Bron-xi-tic [Brunswick = Ferdinand], who commanded the mercenary army of Japan on that continent, had been obliged to retreat before the Chinese from post to pillar, till at length he found it absolutely necessary to maintain his position, even at the risk of being attacked by the enemy, that outnumbered him greatly. He chose an advantageous post, where he thought himself secure, and went to sleep at his usual time of rest. The Chinese general resolving to beat up his quarters in the night, selected a body of horse for that purpose, and put them in motion accordingly (35). It was happy for Bron-xi-tic that this detachment fell upon a quarter where there happened to be a kennel of Japanese dogs, which are as famous as the bull-dogs of England. These animals, ever on the watch, not only gave the alarm, but at the same time fell upon the Chinese horses with such impetuosity, that the enemy were disordered, and had actually fled before Bron-xi-tic could bring up his troops to action. All that he saw of the battle, when he came up, was a small number of killed and wounded and the cavalry of the enemy scampering off in confusion, though at a great distance from the field. No matter; he found means to paint this famous battle of Myn-than in such colours as dazzled the weak eyesight of the Japanese monster (36), which bellowed hoarse applause through all its throats; and in its hymns of triumph equalled Bron-xi-tic even to the unconquerable Brut-an-tiffi [= Friedrich d. Große]«. (37)

Smollett beeinflußte das journalistische und literarische Geschehen der Zeit im offiziellen Auftrag der Tories; als Herausgeber der Tory-Zeitschrift »The Briton« hatte er die Aufgabe, Propaganda für die Partei zu betreiben. Den Roman »The History and Adventures of an Atom« schrieb Smollett allerdings nicht als Auftragswerk. In dieser bitteren und teilweise unflätigen Satire auf die Politik der Whig-Regierung der Jahre 1754 - 1768 vermischen sich oft Parteipropaganda und persönliche Animositäten. Die Darstellung der Schlacht von Minden (Myn-than) aber ist reine Tory-Propaganda. Der Leser spürt die Absicht, den Sieg der Alliierten als ein bloßes Zufallsprodukt erscheinen zu lassen. Der Feldherr Bron-xi-tic (= Brunswick = Ferdinand) erwacht überhaupt erst, als die Schlacht vorüber ist; er hat an dem Sieg nicht den geringsten Anteil. Zugleich nimmt der Autor aber Rücksicht auf den Stolz des nationalbewußten Lesers. Wenn es für jemand in Minden (»Myn-than«) Ruhm zu ernten gab, so gebührt er ohne Einschränkung den englischen Soldaten (»a kennel of Japanese dogs, which are as famous as the bull-dogs of England«). Wie in »Chrysal« entscheiden aber im Grunde nicht Tapferkeit und Plan, sondern der Zufall. Doch während in »Chrysal« dieser Zufall im Dienste der Vorsehung stand, entscheidet bei Smollett ein lächerlicher Zufall, der die Unfähigkeit der alliierten Kriegführung entlarvt. Die Schlacht war im Grunde ein belangloses Ereignis; es gab ein paar Tote und Verwundete. Der faule, verantwortungslose General (Ferdinand) bauschte das Ereignis zum großen Sieg auf und verschuf sich höchst unverdienten Ruhm.

Der Fall Sackville bleibt bei Smollett unerwähnt. Er war Smollett sehr wohl bekannt (38), hätte aber in diesem Zusammenhang nur von Smolletts satirischer Intention abgelenkt, die Unfähigkeit der Whig-Regierung und ihre Taktik bloßzustellen, durch Scheinerfolge den dummen, feigen Pöbel zu manipulieren.

Die Darstellung Prinz Ferdinands in den drei Texten unterscheidet sich stark. Im ersten Text ist er ein strahlender jugendlicher Held und Draufgänger, im zweiten Text ein vorsichtiger, erfahrener Taktiker, im dritten ein feiger, verschlafener Faulpelz. Besonders im dritten Text ist die Darstellung durch die politische Tendenz des Romans zu erklären. Friedrich der Große wird in »The History and Adventures of an Atom« als schurkischer Banditenchef geschildert. Ein völlig anderes Bild zeichnet Smollett in seiner Geschichte Englands, wo er um Objektivität bemüht ist (39).

Es überrascht, daß die Schlacht von Minden, die in der englischen Literatur häufig dargestellt wurde (40), in der deutschen Literatur im Vergleich zu anderen Schlachten des Siebenjährigen Krieges (vgl. z.B. W. Raabe, »Hastenbeck«; »Das Odfeld«) unbeachtet blieb. Noch W. P. Thackeray beschreibt 1859 in seinem Roman »The Virginians« den Sackville-Skandal (41).

* Diese Arbeit wurde gefördert mit Hilfe von Forschungsmitteln des Landes Niedersachsen.

1 Vgl. z. B. The Universal Chronicle or Weekly Gazette, 1759, 11.-18. August; The Critical Review, 1759, S. 246-48; Horace Walpole, Letters, hrsg. von Paget Toynbee, (Oxford, 1903), Bd. 2, S. 286-89 (8. Aug. 1759; an Horace Mann).

2 Vgl. The Universal Chronicle, 1759, 22.-29. Sept.:
»A medal is struck in honour of Prince Ferdinand's glorious victory obtained over the French near Minden, on the first of August; on one side of which is represented the most illustrious Commander Prince Ferdinand on horseback, with the battoon in his hand, pursuing the flying enemy, with these words in the legend, *Regnante Friderico, Pugnante Ferdinando, Piis, Fortibus, Felicibus*. Upon the other side he is represented with the eye of forecast, the city of Minden underneath, and the following Chronographicum, LLIs. Caes.Is. Min Da. Liberatur.«

3 Vgl. Universal Magazine, Bd. 26, 1760, S. 272; The Annual Register, or a View of the History, Politicks, and Literature for the Year 1759, S. 144 f.

4 Vgl. C. W. Elliott, »The Men that fought at Minden«, Journal of the American Military Institute, vol. 3, 1939, S. 80-103. Elliott gibt eine sehr ausführliche Beschreibung der Schlacht und bibliographische Hinweise.

5 Vgl. H. West, Views of Gibraltar, 2 Bde., (London, 1828).

6 Vgl. z.B. The London Chronicle, 1759, 25.-27. Okt. S. 411 f.; 27.-30. Okt., S. 93; Horace Walpole, Letters, a.a.O., Bd. 2, S. 120-22, (26. Juli 1745; an Horace Mann).

7 Vgl. The London Chronicle, 1759, 25.-27. Okt., S. 93; 27.-30. Okt., S. 411 f.; The Universal Chronicle, 1759, 28. Juli-4. Aug.; 22.-29. Sept.; The Monitor, or British Freeholder, 1759/60, No. 182, S. 1100; No. 183, S. 1106; No. 202, S. 1220 ff.; No. 203, S. 1229 ff.; immer wieder in den Bänden 1755 und 1756; The Grand Magazine, Bd. 2, 1759, S. 430 f. Über die allgemein erwarteten Grausamkeiten bei einer frz. Invasion vgl. auch The Life and Adventures of a Cat, (London, 1760), S. 102; T. G. Smollett in Bd. 4 der Continuation of the Complete History of England, S. 114, 143, 151, 176, 178 f., 321.

8 Über die zahlenmäßige Überlegenheit der Franzosen gehen die Angaben auseinander; vgl. Thomas Carlyle, The History of Friedrich II. of Prussia, called Frederick the Great, 6 vols. (London, 1858-65), Buch xix, Kap. iii: 36 000:51 900; C.T. Atkinson, The History of Germany, 1715-1815, (London, 1908), S. 296: »the allies' inferiority was at least 12 000«; Basil Williams, The Whig Supremacy, 2. Ausg., (Oxford, 1962), S. 364: 42 000:54 000.

9 In der Encyclopedia Britannica wird Ferdinand als selbstloser, väterlicher Feldherr dargestellt, der sein Vermögen dazu benutzte, die durch den Krieg geschädigten Bauern zu unterstützen.

10 Vgl. z.B. Encycl. Brit. und Fortescue, a.a.O., S. 488.

11 Die Zahl schwankt zwischen drei (Encycl. Brit.) und sechs (Fortescue); vgl. dazu auch Annual Register [. . .] for the Year 1759, S. 269 f.

12 Vgl. z.B. Universal Magazine, Bd. 26, 1760, S. 216; Annual Register [. . .] for the Year 1759, S. 269 f.; Universal Chronicle, 1759, S. 303 ff., 15.-22. Sept.; The Gentleman's Magazine, 1759, S. 416-19; Horace Walpole, Letters, a.a.O., Bd. 2, S. 293 ff. (14. Aug. 1759; an H.S. Conway).

13 Vgl. z.B. The Gentleman's Magazine, 1759, 10. Sept.; ibd., 1760, 31. Apr. [sic]; T.G. Smollett, Continuation of the Complete History of England, Bd. 3, S. 354-71; London Evening Post, 1760, 1.-3. Mai; Royal Magazine, Bd. 2, S. 189-216.

14 P. J. Klukoff, »Smollett and the Sackville Controversy«, in: Neuphilologische Mitteilungen, 69, 1969, S. 617-628, spricht von 31 Publikationen zwischen Aug. und Dez. 1759, die allein in der Critical Review aufgeführt bzw. rezensiert wurden. Vgl. dazu auch: London Chronicle, 1760, 19.-22. Apr., S. 389; Royal Magazine, Bd. 2, 1760, S. 279.

15 Vgl. Universal Chronicle, 1759, 15.-22. Sept.

16 Der Roman wurde zuerst im London Magazine besprochen, April 1760, S. 224; im Mai 1760 folgten Besprechungen in der Monthly Review, Bd. 22, S. 435 f. und in der Critical Review, Bd. 9, S. 420; die Rezension im Grand Magazine, Bd. 3, Juni 1760, S. 316 ist eine gekürzte Fassung der Rezension in der Monthly Review.

17 The Life and Adventures of a Cat. By the late Mr. Fielding. (London, 1760); es wird hier nach der einen von zwei Ausgaben des Romans aus dem Jahre 1760 zitiert, die anonym erschien. Eine dritte Ausgabe erschien 1781. Eine Neuausgabe des Werks, von dem nur noch ein Exemplar erhalten zu sein scheint, erschien 1973 als Bd. 4 der Reihe Braunschweiger Anglistische Arbeiten.

18 Charles Johnstone, Chrysal, or the Adventures of a Guinea. Wherein are exhibited Views of several striking Scenes with curious and interesting Anecdotes of the most Noted Persons in every Rank of Life, whose Hands it passed through in America, England, Holland, Germany and Portugal. By an Adept. 4 Bde., (London, 1760-65). Die frühesten Besprechungen der Teile I und II des Romans bringen die Critical Review (Mai 1760) und die Monthly Review (August 1760).

19 T. G. Smollett, The History and Adventures of an Atom, 2 Bde., (London, 1769). Hier wird zitiert nach: The Adventures of Sir Launcelot Greaves and The Adventures of an Atom, by Tobias Smollett, (London, 1905).

20 »too« statt »two« (emend. Link).

21 Eingefügt: »been« (emend. Link).

22 The Life and Adventures of a Cat, (London, Printed for Willoughby Mynors, in Middle-Row, Holborn, 1760), S. 164-168.

23 Ibd., S. 170 f.

24 Das Gentleman's Magazine gibt als Ende für das Kriegsgericht über Sackville den 31. Apr. [sic] an (Gentleman's Mag., 1760, S. 198).

25 The Life and Adventures of a Cat, a.a.O., S. 181.

26 Vgl. dazu die Cambridge Bibliography of English Literature; die Einleitung E. A. Bakers in seiner Ausgabe des Romans von 1908; Erich Mühlberg, Tobias Smolletts »History and Adventures of an Atom« und Charles Johnstone's »Chrysal or the Adventures of a Guinea«, zwei politische Satiren des achtzehnten Jahrhunderts. Ein Beitrag zur Geschichte der englischen Satire, (Diss. Halle-Wittenberg, 1924); vgl. außerdem Gentleman's Magazine, Bd. 80, 1810, S. 311 f.

27 Eine frz. Ausgabe des Romans erschien 1768/69. Im folgenden wird zitiert nach der vierbändigen dt. Ausgabe, die 1775 erschien. Ein Exemplar dieser seltenen Ausgabe befindet sich in der Herzog August Bibliothek zu Wolfenbüttel. Sie trägt den Titel: Chrysal oder Begebenheiten einer Guinee nebst verschiedenen unterhaltenden Anekdoten von Personen aus allen Ständen des Lebens, in deren Händen sie in Amerika, England, Holland, Deutschland und Portugal gewesen ist von einem Adepten. Nach der siebenten englischen Ausgabe übersetzt. (Leipzig, in der Weygandschen Buchhandlung, 1775).
In der Herzog August Bibliothek zu Wolfenbüttel befindet sich eine wertvolle Sammlung englischer Zeitschriften und Magazine des 18. Jahrhunderts.

28 Hrsg. E. A. Baker, (London, 1908).

29 Chrysal oder die Begebenheiten einer Guinee, a.a.O., Bd. 4, S. 207.

30 Ibd.

31 Ibd., S. 208 f.

32 Ibd., S. 209.

33 Ibd., S. 213.

34 Ibd., S. 213 f.

35 Die Bemerkung über die chinesische Reiterei spielt darauf an, daß während der Schlacht von Minden die alliierte Infantrie zunächst die frz. Infantrie zurückwarf, worauf die frz. Reiterei eingriff; ihre Niederlage besiegelte den Ausgang der Schlacht.

36 D.h. der engl. Pöbel.

37 Tobias Smollett, The Adventures of Sir Launcelet Greaves and the Adventures of an Atom. (London, Hutchinson&Co., 1905), S. 360 f.

38 Vgl. P. J. Klukoff, »Smollett and the Sackville Controversy«, in: Neuphilologische Mitteilungen, 69, 1969, S. 617-628.

39 Vgl. Bd. 3 von Smolletts Continuation of the Complete History of England, bes. S. 229 ff.; 232 ff.; 354-371.

40 Vgl. E. A. Baker, A Guide to Historical Fiction, (London, 1914), S. 117 ff.

41 Vgl. W. M. Thackeray, The Virginians, 2 Bde., Everyman's Library, repr. 1965, Bd. 2, S. 179 f.

Günter Schulz Christian Garve im Briefwechsel mit Friedrich Nicolai und Elisa von der Recke

In der Bemühung, Lebenszeugnisse und Konflikte der vorkantischen und vorgoethischen Aufklärung in unser wissenschaftliches Bewußtsein zu heben, weil sie eine auffallende Verwandtschaft mit Denkrichtungen der Gegenwart haben, treten uns die eindrucksvollen Briefzeugnisse Christian Garves und Friedrich Nicolais vor das Auge. Beide hatten zu ihrer Zeit einen großen Einfluß auf das öffentliche Leben, - Christian Garve hat den Begriff der Öffentlichen Meinung als erster in Deutschland eingeführt (1). Beide erleben heute ihre Wiederentdeckung.

Nach einem Abstand von nahezu zweihundert Jahren können wir freilich besser erkennen, an welche Leitideen sie sich hielten und woran sie scheiterten, weil wir heute mehr über den Menschen wissen und aus dem Abstand ihre Standpunkte und Überzeugungen tiefer erkennen können.

Die Abwertung und Verwerfung ihrer Ideen dadurch, daß man sie zu Popularphilosophen erklärte, behält freilich ihre Berechtigung, versuchten sie doch, die großen und ungeheuren Welterscheinungen allzu einseitig auf die Ideen der Nützlichkeit, Vernünftigkeit und die Tugendhaftigkeit der Lebensführung zu reduzieren. Sie hatten noch keinen Begriff vom Unbewußten und keinen Sinn für das symbolische Denken. Sie simplifizierten deshalb die Welt. Dennoch ist es notwendig und reizvoll, ihr Denken zu studieren und darzubieten.

Das Zeitalter der Popularphilosophen wollte als Wahrheit und Realität nur gelten lassen, was sich unter vernünftige Begriffe fassen ließ. Es neigte dazu, alle früheren Ausdrucksformen der Psyche, archaische, magische, mythische, die freilich oft ungeläutert und undurchsichtig aus früheren Bewußtseinsverfassungen der Menschheit in ihre Gegenwart hineinragten, als Aberglauben zu verwerfen und zu verdammen. In Wirklichkeit sind sie, verstehend geläutert und durchsichtig gemacht, als Realitäten in der Psyche aufgehoben, weiter wirksam und gehören zur Ganzheit der vereinigten Seelenkräfte. Die früheren Bewußtseinsstufen leben in den großen Religionen fort, freilich oft nur zur Beherrschung einfacher Menschen beibehalten und defizient und unverständlich geworden. Das wurde oft nicht mehr verstanden. Man denke nur an Kants »Träume eines Geistersehers« von 1762 und die darin enthaltene ironische Beurteilung Emanuel Swedenborgs. Mangelndes kritisches Bewußtsein wurde damals freilich oft besonders in Kreisen des Landadels ausgenutzt und ausgebeutet. Auf alchemistischem Wege reines Gold zu gewinnen, durch Zaubersprüche und Zauberformeln zu höheren Einsichten und zur Glückseligkeit zu gelangen, gehörte in vielen Kreisen zum Bestand echten Glaubens. (Vgl. Elisa von der Recke an Christian Garve, 20. Juni 1787, Nr. 17).

Die Popularphilosophen strebten nicht nach Vollkommenheit der Seele, sondern nach Vollständigkeit des Erlebens. Sie wußten nicht, was doch Goethe lehrte, daß jeder Vervollkommnung nach der Seite des Lichts und der Wahrheit unbewußt und gleichzeitig ein Verlust und ein neuer Nachteil entspringt. Sie hatten keinen Begriff von der Gewalt des Unbewußten. Sie verwarfen jeden Begriff der Magie, zu dem doch das ganze Reich des Eros zu rechnen ist, das sich der rationalen Begriffsbildung entzieht und dennoch anerkannt bleiben muß. Sie hielten sich an das Gebot der Vernunft, die Leidenschaften zu bändigen.

Das Ringen dieser Zeit, sich von defizienten magischen Gebärden und Praktiken zu befreien, um sich ganz der Vernunft und der Vernünftigkeit zu verschreiben, spiegelt sich in diesen Briefen wieder. Nicht zuletzt finden wir es in Goethes Faust (Vers 11404-11407) und in Goethes vielschichtigen Versuchen, die Absage an die Magie zu formulieren: (vgl. Weimarer Ausgabe, Bd 15, 2, S.153/154)

»Ich habe längst dem Spuck nicht abgesagt« [1]
»Man wird den Spuck nicht los« [2]
»Doch ist die Welt des Geister Spucks so voll
Daß man nicht weiß wie man ihn meiden soll« [3]
»Ich mühe mich, das magische zu entfernen« [4]

und um endlich seine Sehnsucht auszudrücken:

»Könnt' ich Magie von meinem Pfad entfernen,
Die Zaubersprüche ganz und gar verlernen,
Stünd' ich Natur vor dir, ein Mensch allein,
Da wärs der Mühe wert, ein Mensch zu sein«.

Gerade Goethe war es auch, der die Popularphilosophen milder als Fichte beurteilte und sogar Friedrich Nicolai mit seinen Bemühungen um Nützlichkeit und Verständigkeit gelten ließ, wenn er auch Anlaß genug hatte, darauf hinzuweisen, wie grob und undelikat dieser Herzensangelegenheiten behandeln konnte. Nicolai hatte offenbar große Angst, daß das Unbewußte ihn überwältigen könnte.

Goethe sagte (Hamburger Ausgabe, Bd 9, S. 277):

»Und nun fanden die Philosophen selbst sich genötigt, um popular zu sein, auch deutlich und faßlich zu schreiben. Mendelssohn, Garve traten auf und erregten allgemeine Teilnahme und Bewunderung.

Mit der Bildung der deutschen Sprache und des Stils in jedem Fache wuchs auch die Urteilsfähigkeit, und wir bewundern in jener Zeit Rezensionen von Werken über religiöse und sittliche Gegenstände sowie über ärztliche; wenn wir dagegen bemerken, daß die Beurteilung von Gedichten und was sich sonst auf schöne Literatur beziehen mag, wo nicht erbärmlich, doch wenigstens sehr schwach befunden worden. Dies gilt sogar von den »Literaturbriefen« und von der »Allgemeinen deutschen Bibliothek« und von der »Bibliothek der schönen Wissenschaften«, wovon man gar leicht bedeutende Beispiele anführen könnte«.

Auch Goethes Urteil über Friedrich Nicolai (ebenda, S. 590/91) ist genau genommen milde:

»Die Freuden des jungen Werther«, mit welchen Nicolai sich hervortat, gab uns zu mancherlei Scherzen Gelegenheit. Dieser übrigens brave, verdienst- und kenntnisreiche Mann hatte schon angefangen, alles niederzuhalten und zu beseitigen, was nicht zu seiner Sinnesart paßte, die er, geistig sehr beschränkt, für die echte und einzige hielt«. . .

Doch bleibt es ergreifend, wie tief der junge Goethe von Nicolais »Freuden des jungen Werther« verletzt gewesen ist. Er legte damals der geliebten Lotte die Worte in den Mund: »Sieh, wie er die besten wärmsten Stellen deiner Briefe parodirt, und sie wie ein Zahnarzt die ausgerissene Zähne um seinen stattlichen Hals hängt, mit viel Gründlichkeit zeigt, wie unrecht man gehabt habe, mit solchen Maschinen von Jugend auf zu kauen. Ich wäre ihm Feind geworden, wenn ich das könnte. Es ist so garstig«. (2)

Christian Garves langer Brief an Friedrich Nicolai vom 5. Februar 1775 (Nr. 8) wird deshalb Nicolai gar nicht gefallen haben. Freilich stimmte er mit Nicolai darin überein, »daß nach aller Erfahrung von Anbeginn der Welt her, [die Begierden] gewiß bey ihrem Genuß nicht so groß und nicht so rein sein werden, als wir uns jetzt dieselben einbilden«. Der triebarme und sensible Christian Garve stimmte hier mit dem »vernünftigen« Friedrich Nicolai voll überein.

Im Gegensatz zu den Popularphilosophen suchte Goethe nach Formen in der Natur und entwickelte eine Konzeption der Formen, die es ihm erlaubte, die Naturgestalten und ihre Metamophosen einprägsam zu beschreiben. Er erkannte auch die Grenzen der Sprache und wußte, daß alle begrifflichen Konstruktionen nur »Annahmen« seien und Vorläufigkeitscharakter haben können. Goethe klagte darüber, wie sein Kreis »sich von den Popularphilosophen und von einer andern Art von Philosophen, der ich keinen Namen zu geben weiß», gar unwürdig mußte behandeln lassen«. (3)

In einer milden Art kennzeichnete er endlich den vergeblichen Kampf Friedrich Nicolais und seines Kreises gegen die spätere kritische Philosophie Kants: »Doch steht, indem uns die Ereignisse der neuern Zeit vorschweben, eine Bemerkung hier wohl am rechten Platze, die wir auf unserm Lebenswege machen können, daß kein Gelehrter ungestraft jene große philosophische Bewegung, die durch Kant begonnen, von sich abgewiesen, sich ihr widersetzt, sie verachtet habe, außer etwa die echten Altertumsforscher, welche durch die Eigenheit ihres Studiums vor allen andern Menschen vorzüglich begünstigt zu sein scheinen«. (4)

Strenger freilich und rigoroser urteilte Fichte über die Popularphilosophie, was Friedrich Nicolai dazu veranlaßte, seine Nichtaufnahme in die Berliner Akademie der Wissenschaften zu betreiben. Fichte sagte: »Man bildete sich etwas darauf ein, endlich deutsch schreiben gelernt zu haben; man wollte, daß es auch für Deutsch anerkannt würde und bemühte sich daher, über alle Gegenstände so zu schreiben, daß denn auch in der That nichts weiter zum Verstehen gehöre, als die Kenntniß der deutschen Sprache. Der Vortrag wurde die Hauptsache; das Vorzutragende mochte sich bequemen; was sich nicht so sagen ließ, daß die halbschlummernde Schöne an ihrem Putztische es auch verstände, wurde eben nicht gesagt; - und da man nur um sagen zu können lernte, auch nicht weiter gelernt, - späterhin verachtet, als elende Spitzfündigkeit und Pedanterei: kurz, das elende Popularisiren kam an die TagesOrdnung und von nun an wurde Popularität der Maßstab des Wahren, des Nützlichen und des Wissenswürdigen«. (5)

Wir haben es in Fichtes rigoroser Kritik mit einem Widerstandskämpfer gegen den entstehenden Journalismus zu tun, mit einem Widerstandskämpfer, der unterlag, denn nicht Fichtes sondern Nicolais Lernbegriff hat sich durchgesetzt. Fichte verglich damals Nicolai mit einem bellenden Hund: »Es ist kein Zweifel, daß auch ein Hund, wenn man ihm nur das Vermögen der Sprache und Schrift beibringen könnte, und die Nicolaische Unverschämtheit und das Nicolaische Lebensalter ihm garantiren könnte, mit demselben Erfolge arbeiten würde, als unser Held. Mochte man sich immer anfangs an seiner HundeNatur stoßen, wie man sich eben auch an der NicolaiNatur unsers Helden stieß. Wenn er sich nur nicht irre und schüchtern machen ließe, dieser Hund, wenn er nur das gesagte immer wieder sagte, und fest dabei bliebe, und unermüdet schrie und schriebe, er habe doch Recht, und alle Andern hätten Unrecht; wenn er sich wohl gar noch durch den Gedanken begeistern ließe, und sich damit brüstete, daß er schon als ein bloß unstudirter Hund dies einsähe, wie Nicolai sich auch immer damit gebrüstet, daß er als ein unstudirter BürgersMann alles dies wisse, so wäre uns gar nicht bange, daß nicht dieser Hund sich einen sehr verbreiteten Einfluß schaffen sollte. . .« (6)

Der Ausfall wurde von Friedrich Nicolai nur mit den Worten quittiert: »Ja wohl, ich bin der bellende Hund, der allemal seine warnende Stimme erheben muß, so bald er merkt, daß irgend etwas in der deutschen Literatur nicht in Ordnung ist«. (7)

2

Christian Garve wurde am 7. Januar 1742 in Breslau geboren, hatte in der Zeit von 1769 bis 1772 als Nachfolger Gellerts die a.o. Professur der Philosophie in Leipzig inne und ging danach wieder in seine Heimatstadt Breslau zurück. Seine geistige Haltung war offen und tolerant. Er schrieb gleichzeitig mit Herder eine Kritik über Lessings Laokoon (vgl. Brief 1 und 2), die in der Allgemeinen Deutschen Bibliothek veröffentlicht wurde und gegen die Lessing wenig einzuwenden hatte. Er verfaßte auch die erste Kritik von Kants Kritik der reinen Vernunft (vgl. Brief 9), und er war tapfer genug gewesen, sich zu melden, als Kant die Aufforderung erlassen hatte, daß ihr Verfasser seinen Namen nennen möge. Er entdeckte als erster vor Schiller den Unterschied zwischen naiver und sentimentalischer Dichtung, unterschied also bereits verschiedene Bewußtseinsverfassungen (8). Er beurteilte den jungen Goethe freundlich und nahm Goethes »Werther« gegen die Kritik Friedrich Nicolais in Schutz. Er entwickelte eine Gesellschafts- und Umgangslehre für die verschiedenen Stände seiner Zeit, studierte besonders Bauerntum und Adel und verglich dabei den damaligen Bauernstand und sein Schicksal mit dem der Juden. Viele seiner Schriften sind unbekannt und sollten wieder neu dargeboten werden.

In den nachfolgenden Briefen kam es zwischen Christian Garve und Friedrich Nicolai zu einem leidenschaftlichen Konflikt über die verschiedene Beurteilung der beiden christlichen Konfessionen, in dem Garve durch sein Wissen um die Entwicklungsgeschichte der Seele und des

Bewußtseins Nicolais rigorosem Kampf gegen Magie und Aberglauben Einhalt gebot. Christian Garve bekannte sich in diesem Streit zu dem Grundsatz der Duldsamkeit und Toleranz: »...ich werde glauben, daß unter den mancherley Wegen, welche die Vorsehung mit dem Geiste der Menschen geht, für jetzt auch noch dieser, der katholische Glaube, ob er mir gleich vom Ziele abzuführen scheint, gehören müsse; ich werde über Irrtümer desselben, oder über schädliche Gewohnheiten seiner Anhänger, wenn ich sie nicht zu verbessern vermag, so wenig als über jedes andere von mir unabhängige Übel in der Welt, unwillig werden, überzeugt, daß jene so wie diese, entweder unvermeidlich, oder noch zu guten Endzwecken, mir unbewußt, beförderlich sind. Und das letztre wird mir in Absicht der Religions-Gebrechen desto wahrscheinlicher, da ich Menschen, die bey ihrem Gottesdienste, nach meinen Begriffen, ungereimte Handlungen thun, in anderer Absicht so einsichtsvoll und so schätzbar finde.

Heißt dieß den Katholicismus vertheidigen, so bin ich ebenso wohl ein Schutzredner der Religion Muhameds. Wenn ich in der Türkey gereist wäre, und wüßte, daß Türken meine Beschreibung läsen, so würde ich mich über das Herumdrehen ihrer Derwische bey ihren Gebets-Übungen mit Schonung ausdrücken. - Die Verbindlichkeit ist von einerley Art, nur die gegen die Katholiken ist augenscheinlich größer: erstlich, weil sie überhaupt unsre Mitbürger sind, und unter sich so viele einzelne Glieder haben, die eine besondre Achtung oder Liebe von unsrer Seite verdienen; zum andern, weil sie weit mehr gemeinschaftliche Wahrheiten mit uns erkennen und uns in ihren Vorstellungen und Sitten näher kommen; endlich, weil wir von ihnen selbst die Religionslehren, die wir reinigten, und die Kenntnisse und Wissenschaften, durch deren Hülfe wir sie reinigten, überliefert erhalten haben. Dieß ist mein Glaubensbekenntniß«. (9)

Die Briefe aus den Jahren 1786 und 1787 zeigen doch, liest man sie unbefangen, eine streitsüchtige und pathologische, Parteinahme verlangende Haltung Nicolais, gegen die der humanisierte Ton Garves wohltätig absticht. Daß es überhaupt noch zu einer Versöhnung zwischen den beiden Männern kam, lag wohl eindeutig an der geistigen Überlegenheit und Kultur Garves.

Die letzten Briefe unserer Reihe betreffen den damaligen Streit um die Person Cagliostros. Dieser Streit erregte die ganze gebildete Welt; es war der erneute Streit um das Verhältnis von Magie und Vernunft, der auch, nach Goethes Darstellung, eine politische Wendung nahm. Man schlug sich nach den enttäuschenden Erfahrungen, die Elisa von der Recke mit

Cagliostro gemacht hatte, auf die Seite der Vernunft und der Anerkennung der natürlichen Gesetzlichkeiten. In diesem Zusammenhang konnte Christian Garve durch seine Hinweise auf Jakob Böhme Nicolais abgrundtiefen Haß auf Mystik und Theosophie entgiften helfen; auch hier war er verständiger als der mit Blindheit geschlagene Nicolai (10).

3

Auch wenn wir uns heute darum bemühen, der Persönlichkeit Friedrich Nicolais Gerechtigkeit widerfahren zu lassen, auch wenn wir fragen und prüfen, ob Garves, Goethes und Fichtes Abweisungen berechtigt waren oder nicht, seine Aggressionen lassen vermuten, daß er sein persönliches Unbewußtes nicht aufgearbeitet und durchsichtig gemacht hat, um es zu integrieren und anzunehmen. Vom Standpunkt der modernen Seelenlehre erkennen wir, daß er in seinem unerbittlichen Kampf gegen das symbolische Denken die Wirklichkeit der eigenen Seele verleugnete. Wir wissen heute, daß die alten Superstitionen, die er so heftig bekämpfte, Symbole waren, welche das Unbekannte der Welt und der Seele adäquat auszudrücken versuchten. Seelisch erkrankte Menschen setzen bekanntlich an die Stelle der Wirklichkeit Phantasmen, ähnlich den Auffassungen der Vergangenheit, die aber einmal Realitätsfunktionen bedeuteten. Die Auffassung ermöglichte einen Griff zu den Dingen, d.h. einen Begriff derselben, was eine Besitznahme ausdrückt. Der Begriff entspricht funktionell dem magisch wirksamen Namen, welcher sich des Objekts bemächtigt (11). Das alles wollte Friedrich Nicolai nicht gelten lassen, bis er selbst Opfer seiner Phantasmen wurde, die seine Persönlichkeit verändern mußten.

Am 28. Februar 1799, ein Jahr nach Christian Garves Tod, hielt Friedrich Nicolai in der Königlichen Akademie der Wissenschaften eine Vorlesung unter dem Titel: »Beyspiel einer Erscheinung mehrerer Phantasmen, nebst einigen erläuternden Anmerkungen.« Der rationale Mann hatte plötzlich Umgang mit Geistern und Toten. In seiner Vorlesung heißt es:

»Ich hatte in den zehn letzten Monaten des Jahres 1790 verschiedne betrübte Vorfälle erlebt, die mich sehr erschütterten; besonders seit dem September des gedachten Jahres folgten sich, fast ununterbrochen, Begebenheiten mancherley Art, welche mir bittern Kummer verursachten. Ich war sonst gewohnt gewesen, jährlich zweymal Ader zu lassen. Dieß war am 9 Julius 1790 einmal geschehen, aber zu Ende des Jahres unterlassen worden. Schon lange vorher, im J. 1783, hatte mich plötzlich ein heftiger

Schwindel überfallen, welchen der Arzt Verstopfungen in den feinern Gefäßen des Unterleibes zuschrieb, die durch sitzende Lebensart und vieljährige starke Anstrengung des Geistes zuletzt entstanden. Diese Beschwerden wichen endlich einer an drey Jahre lang fortgesetzten Kur, und einer verbesserten, und noch länger sehr streng beobachteten Diät. Besonders wirksam war dabey, gleich anfänglich, die Ansetzung der Blutigel am After gewesen, welche seitdem jährlich zweymal auch wohl dreymal geschah, wenn ich starke Kongestionen nach dem Kopfe verspürte. Damal waren den 1 März 1790 zuletzt Blutigel angelegt worden. Also sowohl der Aderlaß als die Entladung der feineren Blutgefäße durch die Igel war im J. 1790 weniger geschehen als sonst. Ich fand mich überdieß seit dem September, noch ausser der oben gedachten kummervollen Lage, beständig mit sehr anstrengenden Arbeiten beschäftigt, welche durch öftere Unterbrechungen noch beschwerlicher wurden.

In den beiden ersten Monaten des J. 1791 ward ich noch durch verschiedene mir höchst unangenehme Vorfälle sehr gekränkt. Mit denselben war am 24 Februar ein äusserst heftiger Verdruß verknüpft. Vormittags um 10 Uhr befand sich meine Frau bey mir um mich zu trösten, und mein zweyter seitdem verstorbener Sohn. Ich war in sehr heftiger Gemütsbewegung über eine Reihe von dessen Vergehungen, die mein ganzes moralisches Gefühl empört hatten, und woraus ich keinen vernünftigen Ausgang sah. Plötzlich stand, ungefähr zehn Schritte entfernt, vor mir, die Gestalt meines verstorbenen ältesten mir sehr lieb gewesenen Sohnes. Ich wies darauf, fragte meine Frau, ob sie die Gestalt nicht sähe? Sie sah natürlich nichts, nahm mich äußerst erschrocken in ihre Arme, suchte mich zu besänftigen, und schickte nach dem Arzte. Die Gestalt blieb beynahe eine halbe Viertelstunde. Ich kam endlich etwas zur Ruhe, und, da ich äußerst erschöpft war, fiel ich nach einiger Zeit eine halbe Stunde lang in einen unruhigen Schlummer. Man schrieb das Gesicht der starken Gemütsbewegung zu, und glaubte nunmehr würde alles vorbey seyn; allein die heftige Gemütsbewegung hatte meine Nerven in irgend eine widernatürliche Lage gesetzt. Davon entstanden noch weitere Folgen, welche eine genauere Beschreibung verdienen.

Nachmittags nach vier Uhr erschien die Gestalt wieder, die ich Vormittags gesehen hatte. Ich war allein da es geschah; und da mir dieses, wie leicht zu begreifen ist, unangenehm war, ging ich zu meiner Frau, der ich es erzählte. Aber auch hier erschien mir die Gestalt des Verstorbenen. Zuweilen war sie da, zuweilen war sie weg, immer stehend. Ungefähr nach sechs

Uhr erschienen auch verschiedene ganz andere einzelne wandelnde Gestalten, welche mit der stehenden Figur nichts gemein hatten. Ich weiß keine andere Veranlassung, als daß ich, obgleich sehr viel ruhiger, dennoch den mich kränkenden bittern Verdruß nicht sogleich ganz vergessen konnte, und über die Folgen nachgedacht hatte, um sie, wenn es möglich wäre, abzuwenden; und daß die Erscheinungen drey bis vier Stunden nach der Mittagsmahlzeit sich zeigten, zu der Zeit wo gerade die Verdauung anfängt.

Ich beruhigte mich endlich mehr über den unangenehmen Vorfall welcher die erste Erscheinung veranlaßt hatte. Aber, obgleich dienliche Arzneyen genommen wurden, und ich mich sonst ganz wohl befand, verminderten sich die erscheinenden wandelnden Gestalten nicht, sondern vermehrten und veränderten sich auf die sonderbarste Weise.

Da mich, nachdem das erste Entsetzen vorüber war, diese wandelnden Erscheinungen nicht sonderlich erschütterten, da ich sie für das hielt was sie waren, für merkwürdige Folgen einer Krankheit; so suchte ich um so mehr Besonnenheit zu behalten, um in recht deutlichem Bewußtseyn, dessen was in mir vorging, zu bleiben. Ich beobachtete diese Phantasmen sehr genau, und dachte oft nach über meine eigenen vorherigen Gedanken, um irgend ein Gesetz der Association der Vorstellungen zu finden, nach welchem etwa gerade diese oder jene Gestalten sich der Einbildungskraft darstellen möchten. Zuweilen glaubte ich etwas zu finden, sonderlich in der letztern Zeit; aber im Ganzen war zwischen meinem Gemüthszustande, zwischen meinen Beschäftigungen und übrigen Gedanken, und zwischen den mannichfaltigen mir vorkommenden und wieder verschwindenden Gestalten, gar kein Zusammenhang zu entdecken. Nach oftmaliger genauer Beobachtung und ruhiger Prüfung und Überlegung, konnte ich über die Entstehung und die Folge dieser oder jener Gestalten weiter keinen Schluß ziehen, als: Wenn gleich mein Nervensystem so sehr angespannt [Man wird mir wohl zutrauen, daß ich durch die Wörter angespannt u.s.w. nicht die Entstehungsart solcher Vorstellungen oder die Beschaffenheit der Nerven dabey bestimmen will; sondern daß diese Worte nur überhaupt anzeigen sollen, daß irgend etwas Widernatürliches in den feinsten Theilen der Organisation des menschlichen Körpers vorgehen müsse, wenn das sensorium commune, es sey nun was es wolle, irrig afficirt wird, als geschähe es von außen.], so sehr schwach, kurz so verstimmt war, daß dergleichen Gestalten erscheinen konnten, als würden sie gesehen und gehört, so folgten doch bey mir diese Blendwerke keinem bekannten Gesetze der Vernunft, der

Einbildungskraft, und der sonst gewöhnlichen Association der Ideen; und so ist es auch vermuthlich bey andern Menschen, wie man aus den wenigen bekannten Beyspielen schließen kann. Im Innersten der Seele hat die Entstehung der jedesmal vorkommenden individuellen Bilder gewiß ihren Grund, der aber wohl immer eben so unerforschlich bleiben wird als die Entstehung des Denkens und Vorstellens selbst.

Die Gestalt des Verstorbenen erschien nicht mehr nach dem ersten erschütternden Tage, hingegen kamen sehr deutlich viele andere Gestalten zum Vorschein; zuweilen Bekannte, aber meistens Unbekannte. Unter den Bekannten waren Lebende und Verstorbene, mehrentheils erstere; nur bemerkte ich, daß Personen mit denen ich täglich umging, mir nicht als Phantasmen erschienen, die Bekannten waren jederzeit Entfernte. Auch versuchte ich, nachdem diese Erscheinungen einige Wochen gedauert hatten, und ich mich dabey ganz ruhig befand, Phantasmen von mir bekannten Personen selbst hervorzubringen, welche ich mir deshalb sehr lebhaft vorstellte; aber vergeblich. So bestimmt ich mir auch die Bilder solcher Personen in meiner ziemlich lebhaften Einbildungskraft dachte; so gelang es mir doch nie, sie auf mein Verlangen *außer mir zu erblicken,* ob ich sie gleich schon vor einiger Zeit unverlangt als Phantasmen gesehen hatte, und sie auch zuweilen nachher unvermuthet sich mir wieder auf diese Art darstellten. Die Phantasmen erschienen mir schlechterdings unwillkürlich, als würden sie mir *von außen* vorgestellt, gleich den Phänomenen in der lebenden Natur, ob sie gleich bloß *in mir* entstanden; und dabey konnte ich, so wie ich überhaupt in der größten Ruhe und Besonnenheit war, jederzeit Phantasmen von Phänomenen genau unterscheiden, wobey ich mich nicht ein einzigmal geirrt habe. Ich wußte genau, wann es mir bloß schien daß die Thür sich öffne und ein Phantom hereinkäme, und wann die Thüre wirklich geöffnet ward und jemand wirklich zu mir trat. Einige Personen schienen nicht wohl begreifen zu können, wie dieses jedesmal von mir habe können unterschieden werden, und doch war es sehr leicht; denn ich konnte mir selbst allemal sichere Kennzeichen angeben. Unsere empfindende und denkende Kraft wird beständig von allen den Sinnen *zugleich* afficirt, durch die ein Objekt jedesmal kann und muß empfunden werden; und durch den *übereinstimmenden* Eindruck auf alle diese Sinnwerkzeuge zugleich, überzeugen wir uns von der Existenz der Objekte außer uns. Nun aber, afficirten die Phantasmen mich nur *durch Einen Sinn,* durch *das Gesicht;* selten durch *das Gehör,* wenn ich glaubte ihre Reden zu hören. Selbst in dem letzten Falle, war auch diese

Afficirung durch's Gehör *nicht vollkommen:* denn *nur* die *Rede* schien ich zu vernehmen, nicht das übrige Geräusch welches jeder sich bewegende wirkliche Mensch macht, sey es noch so leise. Diese *ausschließliche* und zugleich *mangelhafte Affection nur durch einzelne Sinne,* welche der Ordnung der Natur gerade zuwider ist, war allein genug, *Phantasmen* von *wirklichen Menschen* zu unterscheiden. Ich *sah* die um mich herumwandelnden Gestalten, *hörte* aber ihr Wandeln nicht. Wenn gleich Hunderte im Zimmer gingen, war doch alles um mich still; sie kamen auch selten durch eine der Thüren meines Zimmers, sondern waren da, und verschwanden ohne wegzugehen, gleich Traumbildern. Daß ich sie nicht fühlen konnte, versteht sich ohnehin. Sie machten also *nie* den *Totaleindruck* den wirkliche Objekte machen: folglich, so lange meine Sinne und meine Empfindungskraft nicht verrückt waren, mußten sich die Phantasmen *durch sich selbst* von den wirklichen Gegenständen unterscheiden, vermöge des *Mangels des übereinstimmenden Totaleindrucks.*

Uebrigens erschienen mir diese Gestalten zu jeder Zeit und unter den verschiedensten Umständen gleich deutlich und bestimmt; wenn ich allein und in Gesellschaft war, bey Tage und in dunkler Nacht, in meinem Hause und in fremden Häusern; doch waren sie in fremden Häusern nicht so häufig, und wenn ich auf offener Straße ging, sehr selten. Wenn ich die Augen zumachte, so waren zuweilen die Gestalten weg, zuweilen waren sie auch bey geschlossenen Augen da. Blieben sie aber alsdann weg, so erschienen nach Oeffnung der Augen wieder ungefähr die vorher gesehenen Figuren. Ich sprach zuweilen mit meinem Arzte und mit meiner Frau über die Phantasmen, welche eben um mich herumwandelten; denn überhaupt erschienen diese Bilder mehr wandelnd als in Ruhe. Immer waren sie nicht da. Oft blieben sie ganz weg; und kamen wieder auf kurze Zeit oder auf längere, einzeln oder mehrere zugleich, doch gewöhnlich erschienen mehrere zusammen. Meist sah ich menschliche Gestalten beyderley Geschlechts: sie gingen gewöhnlich durch einander als hätten sie nichts unter sich zu verkehren, so wie etwa auf einem Markte, wo sich Alles nur fort drängt; zuweilen schienen sie Geschäfte mit einander zu haben. Einigemal sah ich unter ihnen auch Personen zu Pferde, deßgleichen Hunde und Vögel. Wenn nicht schon der Mangel des Totaleindrucks durch mehrere Sinne, welche bey wirklich gesehenen Personen allezeit zusammentreffen, allein hinlänglich gewesen wäre, Phantasmen von wirklich vor mir stehenden Personen zu unterscheiden, so würde auch dieser Umstand dazu hinlänglich gewesen seyn, denn wie wären Pferde in mein Wohnzimmer im ersten Geschosse gekommen, oder Vögel dahin, wo weder Thüren noch Fenster offen waren?

Diese Gestalten alle erschienen mir in Lebensgröße, so deutlich wie man Personen im wirklichen Leben sieht: mit den verschiedenen Karnationen der unbekleideten Theile des Körpers, und mit allen verschiedenen Arten und Farben der Kleidungen; doch dünkte mich, als wären die Farben etwas blässer als in der Natur. Keine der Figuren hatte etwas besonders Ausgezeichnetes, sie waren weder schrecklich, noch komisch, noch widrig; die meisten waren gleichgültig, einige auch angenehm.

Ueberhaupt: je länger es währte, desto mehr häufte sich die Anzahl der Phantasmen, und die Erscheinungen kamen öfter. Nach etwa vier Wochen fing ich auch an reden zu hören. Zuweilen sprachen die Phantasmen unter sich, oft aber ward ich angeredet. Diese Reden waren meist kurz, und hatten nie etwas Unangenehmes; mehrmals erschienen mir verständige und von mir verehrte Freunde und Freundinnen, deren Reden mich über Gegenstände meines Kummers, der natürlich noch nicht ganz verschwunden seyn konnte, trösteten. Diese Reden hörte ich doch mehr wann ich allein war; indeß auch zuweilen mitten in Gesellschaft, mitten unter den Reden wirklicher Personen: oft nur in einzelnen Phrasen, zuweilen auch zusammenhängend.

Während dieser Zeit war sowohl mein körperlicher als mein Gemüthszustand ganz erträglich, ich ward nach und nach mit diesen Phantasmen so bekannt, daß sie mir nicht die geringste unangenehme Empfindung verursachten, daß ich mich sogar nicht selten mit der Betrachtung derselben amüsirte und mit meiner Gattinn und mit meinem Arzte darüber scherzte. Indeß da dieser Zustand merklich zunahm und oft ganze Tage lang und auch Nachts, wann ich aufwachte, die Gestalten mich nicht verließen, so wurden verschiedene Arzeneyen gebraucht, und endlich ward beliebt, wieder Blutigel an den After zu setzen.

Dieß geschah den 20 April Vormittags um elf Uhr. Ich war mit dem Wundarzte allein, aber während der Operation wimmelte das Zimmer von menschlichen Gestalten aller Art, die sich durch einander drängten. Dieses dauerte ununterbrochen fort, bis ungefähr um halb fünf Uhr, gerade wieder um die Zeit der anfangenden Verdauung. Da bemerkte ich, daß die Gestalten anfingen sich langsamer zu bewegen. Kurz darauf begannen ihre Farben nach und nach blässer zu werden; die Farben nahmen mit jeder halben Viertelstunde immer mehr ab, ohne daß die bestimmte Figur der Gestalten wäre verändert worden. Etwa um halb sieben Uhr waren alle

Gestalten ganz weiß, und bewegten sich nur sehr wenig, doch waren die Umrisse noch sehr bestimmt; nach und nach wurden sie merklich unbestimmter, ohne daß ihre Anzahl abgenommen hätte, wie sonst oft der Fall gewesen war. Die Gestalten gingen nicht weg, sie verschwanden auch nicht, welches gleichfalls sonst sehr oft geschehen war. Jetzt zerflossen sie gleichsam in der Luft. Von einigen sogar waren eine Zeitlang einzelne Stücke zu sehn, die nach und nach auch vergingen. Ungefähr um acht Uhr war gar nichts von den Gestalten mehr da. Nie habe ich wieder dergleichen gesehn. - Vielleicht zwey- oder dreymal seitdem habe ich dazu einen *Ansatz* verspürt, wenn ich so sagen mag; nehmlich eine Empfindung als sähe ich etwas, das in dem Augenblicke wieder weg ist. Diese Empfindung überraschte mich auch, indem ich obige Nachrichten niederschrieb, und zu diesem Behufe die Papiere vom J. 1791 genau durchsah und mich aller damaligen Umstände wieder deutlich erinnerte. So wenig ist man zuweilen, auch bey der größten Gemüthsruhe, Herr seiner lebhaften Imagination.

Dies ist die treue Erzählung der an mir beobachteten krankhaften Erscheinung.«

Wir kommen dem persönlichen Lebensproblem Friedrich Nicolais näher, wenn wir uns abschließend mit seinem Bericht beschäftigen. Seit der Entdeckung des Unbewußten wissen wir, daß besonders schuldhafte Handlungen wie Vergehen gegen die Liebe, Geiz, Versäumnisse, Selbstmordfälle etc. die häufigsten Ursachen des Umgangs mit Totengeistern sind (12). Friedrich Nicolai hatte den Umgang mit den Inhalten des Unbewußten tief verdrängt; anstatt sie anzunehmen, zu erhellen und durchsichtig zu machen, vermauerte er sie. Je intensiver diese Inhalte vom Bewußtsein verdrängt werden, und je negativer, angstvoller und ablehnender sich das Bewußtsein ihnen gegenüber einstellt, desto gefährlicher, destruktiver oder bedrückender ist ihre Wirkung, die dann von diesen Inhalten auf das Bewußtsein und damit auf das Leben des Menschen ausgeht. Im allgemeinen haben Inhalte des Unbewußten um so eher die Tendenz, sich außen, d.h. als Projektionen, Halluzinationen und Visionen zu manifestieren, je weiter sie vom Bewußtsein entfernt sind. Ein Grund für das Zögern des Bewußtseins liegt auch in der Ahnung eines Opfers, welches seine Entwicklung vom Menschen fordert (13). Friedrich Nicolais unbewußte Inhalte strebten nach Ganzheit; sein vernünftiges Bewußtsein sperrte sich gegen diesen Vorgang ab. Daher erkrankte er und ging mit Geistern und Toten um. Man möchte ihm zurufen:

»Ach wüßtest du, wie's Fischlein ist
So wohlig auf dem Grund,
Du stiegst herunter wie du bist,
Und würdest erst gesund«,

wie es in Goethes Ballade heißt.

Man braucht nicht Seelenarzt zu sein, um einen innigen Zusammenhang zwischen der rohen rationalistischen Betrachtungsweise Friedrich Nicolais und den schweren Schicksalen seiner Söhne zu entdecken. Das strenge Nützlichkeitsdenken des Vaters hatte sie unglücklich gemacht. Nicolais ältester Sohn Samuel, der Buchhändler, war von früher Jugend an trübsinnig. Er äußerte einmal: »Wenn die Last des Lebens mich zu schwer drückt, so kenne ich ja ein Mittel, mich davon zu befreien«. Er beging im Jahre 1790 Selbstmord. Sein zweiter Sohn, Karl August, Gründer einer eigenen Buch- und Verlagshandlung, konnte sich der herrischen Gemütsart des Vaters nicht bequemen. Er starb 1799 im dreißigsten Jahr. Auch Nicolais dritter Sohn, David, Kammerdirektor in Kalisch, starb später, im Jahre 1804 auf eine ungewöhnliche erschreckende Weise bei einem Jagdunglück. Als ein Jäger einen erlegten Hasen herbeibrachte, scheute Davids Pferd davor. Er wollte es korrigieren und hielt ihm den Hasen dicht vor die Augen. Das geängstigte Tier bäumte sich, warf den Reiter ab und zerstörte ihm die Brust (14). Sind nicht auch hier ethische Gefühle und Gesetze des Unbewußten verletzt worden? Gewinnen wir nicht doch mehr Verständnis über den Spott, den Goethe im Faust über Nicolais Heilung ausgoß?

Der Mann, der psychische Realitäten mit physiologischen Mitteln außer Kraft setzen wollte und naiv beschreibt, wie er durch Ansetzung der »Blutigel« von seinen Qualen befreit wurde, mußte sich gefallen lassen, in die Walpurgisnacht versetzt zu werden; empört ruft er dort aus:

»Ihr seid noch immer da! Nein, das ist unerhört.
Verschwindet doch! Wir haben ja aufgeklärt!« (Faust I, 4158/59.)

In den folgenden Briefen nun gewinnen wir Einblicke in den Charakter und in die Urteilskraft Christian Garves und Friedrich Nicolais.

*) Der Herausgeber dieser Briefe dankt Herrn Bibliotheksdirektor Dr. Tilo Brandis, dem Leiter der Handschriftenabteilung in der Staatsbibliothek Preussischer Kulturbesitz in Berlin und Frau Bibliotheksdirektorin Dr. I. Stolzenberg für ihre freundliche Hilfe und für die Erlaubnis zur Veröffentlichung dieser Briefe.

1 Christian Garve, Ueber die öffentliche Meinung. In: Versuche über verschiedene Gegenstände aus der Moral, der Litteratur und dem gesellschaftlichen Leben. Breslau 1802. Fünfter Theil, S. 291-334.

2 Anekdote zu den Freuden des jungen Werther. Goethe. Jugendwerke. Herausgegeben von der deutschen Akademie der Wissenschaften. Berlin 1953. S. 133.

3 Goethe, Schriften zur Naturwissenschaft I, 9, Weimar 1954, S. 90/93 (Einwirkung der neuern Philosophie). Vgl. auch: H.B. Nisbet, Goethe and the Scientific Tradition - Publication of Germanic Studies 14, London 1972.

4 Winckelmann und sein Jahrhundert. Hamburger Goethe-Ausgabe, Bd 12, S. 119/120.

5 Johann Gottlieb Fichte, Friedrich Nicolais Leben und sonderbare Meinungen. Ein Beitrag zur LitterarGeschichte des vergangenen und zur Pädagogik des angehenden Jahrhunderts. Herausgegeben von A.W. Schlegel. Tübingen (Cotta) 1801, S. 13/14.

6 ebenda, S. 80/81.

7 Vgl. Gustav Parthey, Jugenderinnerungen. Berlin 1907.- Handschrift für Freunde. S. 41.

8 Vgl. Christian Garve, Betrachtungen einiger Verschiedenheiten in den Werken der ältesten und neuern Schriftsteller, besonders der Dichter. In: Sammlung einiger Abhandlungen aus der Neuen Bibliothek der schönen Wissenschaften und freyen Künste. Leipzig 1779, S. 116-197. Wiederholt in: Sämmtliche Werke, Band 7, S. 89-150. Vgl. außerdem: D. Dänzer-Vanotti, geb. Ganter, Die Stellung Christian Garves zu den Beziehungen zwischen Antike und Moderne. Diss. Freiburg. 1956.

9 Christian Garve, Schreiben an Herrn Friedrich Nicolai über einige Aeußerungen des erstern, in seiner Schrift: betitelt, Untersuchung der Beschuldigungen des P[rofessor] G[arve] gegen meine Reisebeschreibung. Breslau (Korn) 1786. S. 104/105.

10 Vgl. Goethehandbuch, herausgegeben von Alfred Zastrau, Stuttgart 1961, Spalte 708-718 über Balsamo. Sie enthalten eine umfassende mit vielen Literaturangaben versehene Darstellung des Streites um Cagliostro; vgl. auch die Anmerkungen zu Brief 11.

11 Vgl. C.G. Jung, Symbole der Wandlung. Olten und Freiburg 1973, S. 180.

12 Vgl. Aniela Jaffé, Geistererscheinungen und Vorzeichen. Eine psychologische Deutung. Mit einem Vorwort von C.G. Jung. Zürich und Stuttgart 1958, S. 155.

13 ebenda, S. 124, 138, 139.

14 Gustav Parthey, Jugenderinnerungen. Berlin 1907, S. 8.

1

Christian Garve an Friedrich Nicolai

Leipzig, den 5. Dezember 1768

Hochedelgebohrner
Hochzuverehrender Herr,

Es sind wenig Vorschläge die mir schmeichelhafter seyn könten als der Ihrige. Einmal als ein Zeichen Ihrer Achtung. Ich schätze Sie selbst zu sehr, als daß ich mich erwischen sollte einen ähnlichen Eindruck auf Sie zu machen. Zum andern sind in der Gesellschaft unter die Sie mich aufnehmen wollen, viele Männer von Verdienste, - einige würkliche Genies. Wenn unser Werth durch eine solche Verbindung nicht erhöht wird, so ist sie doch ein Mittel, uns einen größern zu geben, indem sie unsre Talente erweckt, und uns mit dem Zutrauen auf uns selbst zugleich eine lebhaftere Begierde giebt, Verdienst zu erbringen. Sie sehen also wenigstens, daß ich Ihre Bitte zu schätzen weiß, wenn ich auch nicht im Stande wäre sie zu erfüllen.

Vor allen Dingen müssen Sie wissen, daß ich nicht einer von den geschäftigsten Leuten bin. Geben Sie also einem solchen 6 Stunden des Tages zu lesen, (auch sehr wider meinen Willen thue ich es,) und setzen Sie zu seinem Phlegma noch ein wenig Krankheit und eine gewisse dunkle Empfindung von Übelbefinden des Körpers, eine üble Laune, die seine Ideen verunstaltete oder seine Thätigkeit zurückhielte und dann fragen Sie sich ob Sie den Menschen noch zu Ihrem Recensenten haben wollten. - In der That befinde ich mich nicht ganz wohl. Meine Abendstunden also, die einzigen, die mir vom ganzen Tage gelassen sind, reichen kaum zu meiner Erholung hin. Alles was darinn gethan wird, ist höchstens ein bisgen Lectüre, wobey ich mehr leidend als thätig bin; und die Fortsetzung meiner gewöhnlichen Studien, die mir jetzt schon zu einer Art von Bedürfniß geworden sind, und die mich beschäftigen ohne mich anzugreifen. Sobald ich aber selbst die Feder in die Hand nehmen soll, (und offt hatte ich Lust dazu, wenn nur alles so geschwind geschrieben als gedacht wäre) so weiß ich nicht was für tausend Bedenklichkeiten meiner Faulheit zu Hülfe kommen. Ich bin in einem ziemlichen Grade ehrgeitzig und eine gewisse Art von Criticken wird mir äußerst zuwider seyn, wenn ich auch stolz genug wäre sie für ungegründet zu halten. - Sie werden mir glauben, wenn ich sage, daß ich weder für mich noch für meine Freunde hier eine Zeile gemacht habe. Vergeben Sie mir also, wenn ich wenigstens für diesen Winter mich zu nichts anheischig machen kan. Wenn ich etwas arbeite, so schicke ich es Ihnen, aber ohne Sie dadurch abzuhalten andern von Ihren Freunden eben diese Arbeiten aufzutragen. Das Honorarium dürfte Sie auf alle Fälle wenig beunruhigen. Ich verlange kein andres als das Vergnügen, über ein gutes Buch länger nachgedacht zu haben als ich bey einer blossen Durchlesung thun würde. Ich bitte Sie auch deswegen, zeigen Sie mir die Preise von den Büchern an, die Sie mir zurückgelassen haben und die ich aus blosser Vergessenheit nicht bezahlte, da Sie mich verließen.

Ueber Lessings Laocoon wird es um desto weniger nöthig seyn eine weitläufigere Recension zu machen, da Herder ein ganzes Buch darüber schreibt. Ich habe einige Bogen davon gesehen und habe, wie in allen seinen Sachen, viel bekantes kostbar gesagt, viel Speculation von mehr Tiefsinn als Erheblichkeit, manche neue, oder erneute Idee; im ganzen aber mehr Arbeit als Gewinn gefunden. Die Lessingische Philosophie im Laocoon ermüdet einen weniger. Die Unterscheidungen, die dieser macht, sind hin und wider fein, aber doch einleuchtend, doch frappant; bey Herdern hingegen fasst man sie mit Mühe, und sie entwischen bald wieder, weil man sie weniger anzuwenden weiß. Dies Buch hat mich übrigens wenigstens gelehrt, daß man auch gegen die am meisten gewiß scheinenden Sätze etwas und doch etwas nicht ganz ungereimtes einwenden könne. Auch Ihre Bemerkung hat er wie wohl nur im Vorbeygehn genutzt.

Aber denken Sie nicht auch so: daß es gewisse Gegenstände oder in den Gegenständen gewisse kleine Bestimmungen giebt, die durch eine so tiefsinnige Philosophie mehr verdunkelt als aufgeklärt werden und daß jede Sache eine gewisse Seite hat, die man durch Untersuchungen ohne Empfindung schwerlich richtig treffen wird, und die die Empfindung ohne Untersuchung sehr sicher beurteilt. Finden Sie dieses wenigstens nicht in den Künsten, die jetzt wieder einige Genies unter uns zur Mode gemacht haben, so wie gemeiniglich jede allgemeine Thorheit aus der Nachahmung irgend einer hervorragenden Vollkommenheit eines Einzigen entsteht. Kan wohl in diesen Künsten, die ganz für das Auge und für das Ohr sind, das Hören und das Sehen durch irgend eine Philosophie ersetzt werden? Und was kan wohl Herder in seinem Winkel gesehen haben?

Ich würde mich offt recht gerne mit Ihnen über die Gegenstände, die wir beyde lieben, unterhalten, wenn ich nur gewiß wäre, daß Ihnen mein Geschwätz nicht, indem es mich vergnügt, verdrießlich wäre. Empfehlen Sie mich dem Herrn Moses, an den ich, mit ein wenig mehr Dreistigkeit als ich habe, schon längst würde geschrieben haben, wenn ich bloß meiner Achtung und meiner Neigung für ihn gefolgt wäre. Ich schätze viel Schriftsteller hoch, aber ihn liebe ich auch. Seine Philosophie nähert sich mehr dem Zwecke des Menschen, sie ist mit allem, was unter den Menschen gut und verehrungswerth ist, wahr verwandt; seine Bücher klären nicht bloß auf; sie machen auch besser.

Ich erwarte von Ihnen um desto gewisser Antwort, weil ich denke, Sie werden mir die Besorgniß ersparen wollen, daß ich meiner Faulheit nur etwas von Ihrer Freundschaft entzogen hätte. Ich bin

hochedelgebohrner
Ihr gehorsamster Diener
Garve

Leipzig, den 5. Dec. 1768

viele Männer von Verdienste: Vgl. Gustav Parthey, Die Mitarbeiter an Friedrich Nicolais Allgemeiner Deutscher Bibliothek nach ihren Namen und Zeichen in zwei Registern geordnet. Ein Beitrag zur deutschen Literaturgeschichte. Berlin 1842.

da Herder ein ganzes Buch darüber schreibt: Kritische Wälder. Oder Betrachtungen die Wissenschaft und Kunst des Schönen betreffend, nach Maasgabe neuerer Schriften. Erstes Wäldchen. Herrn Leßings Laokoon gewidmet. »Leser, wie gefall ich dir? Leser, wie gefällst du mir? »Logau. 1769. SW (Suphan), 3, 1878, S.1-188.

Die Lessingsche Philosophie im Laocoon: Laokoon; oder über die Grenzen der Malerei und Poesie. Berlin 1766. Lachmann-Muncker Bd 9; Rilla, Bd 5; vgl. auch Paul Böckmann, Das Laokoonproblem und seine Auflösung im 19. Jahrhundert. In: Studien zur Philosophie und Literatur des 19. Jahrhunderts. Bd 6, Frankfurt a.M. (Klostermann) 1970, S. 59-78; Rita Terras, Lessing und Heinse. Zur Wirkungsgeschichte des Laokoon. Lessing-Yearbook 2, München 1970, S.56-89; vgl. Siegfried Seifert, Lessing-Bibliographie, Berlin und Weimar 1973, S. 640-656.

Herrn Moses: Gemeint ist Moses Mendelssohn, der Philosoph (1729-1786).

2

Christian Garve an Friedrich Nicolai

Leipzig, den 19. Dezember 1768

Hochedelgebohrner
hochzuverehrender Herr,

Sie haben mir in der That einen recht grossen Gefallen dadurch gethan, daß Sie mir bald geantwortet haben. Man mag noch so sehr auf die Billigkeit und selbst auf die Großmuth seines Freundes rechnen können, so hat doch alles was einer abschlägigen Antwort ähnlich ist, an und vor sich etwas unangenehmes; und man kan es nicht unterlassen sich zu beunruhigen, bis man gewiß ist, daß unsre Gründe von unserem Freunde gewahrhalten worden sind. Demohngeachtet haben Sie die meinigen nur mit einer gewissen Einschränkung Statt finden lassen. - Ich kenne wenig Bücher, die ich lieber lese, die ich lieber meditirte, die meinem Geist mehr Nahrung und mehr Stoff zum eignen Denken verschaffen, als Lessings Werke, sein Laocoon vornehmlich. Also von der Seite betrachtet wäre das mein Buch. Aber bin ich auch ein Recensent für das Buch? Ein Theil desselben ist litterarisch; - und hier habe ich weder Bücher noch Belesenheit noch Geduld genug die kleinen Fehler zu rügen, die vielleicht darin seyn mögen. Und im Grunde, wenn ich auch alles dieses hätte, so wäre es doch meine Sache nicht. Tausend solche kleinen Unrichtigkeiten können ein vortrefliches Werk nicht verunstalten. - Ein Theil gehört zu den Kunstwerken; und hier habe ich wieder zu wenig gesehen, auch noch zu wenig gelesen, um über gewisse Hypothesen, die Lessing macht, oder die blos aus Faktis und Stellen entschieden werden sollten, etwas anders als raisonniren zu können; und das gehört an den Ort nicht. Also bliebe blos der 3. Theil für mich, der an den Grenzen der Kunst und der Philosophie steht, und beynah mehr noch für diese als für jene brauchbar ist. Hier die Ideen zu concentriren, die in Lessing verstreut sind, unter sie meine Einfälle zu mischen; das würde es seyn, was ich für mich thun würde, wenn ich mir von Laocoon einen Auszug machte. Und das ist auch alles, was Sie von mir erwarten dürfen. Wenn Sie also so wollen, so lese ich den Laocoon noch einmal durch, schreibe mir das, was mir dabey einkomt nieder, und diese rohe Masse schicke ich Ihnen zu, Sie zu einer Recension oder zu was Sie sonst wollen zu machen. Gegen Ende des Januars werde ich mit dieser Lectüre gewiß fertig seyn.

Es ist ein Unglück für die Philosophie und die Kunst oder überhaupt für die theoretische und practische Erkäntniß, daß jede gewisse eigne Fähigkeiten erfordert, die die andre beynah ausschlössen. Ein Mann von scharfen Sinnen, einem richtigen und feinen Auge und Ohr und einer Imagination, die ihm dazu Eindrücke ohne Zergliederung, ganz so wie er sie zuerst gehabt hat, aber mit allen ihren feinen Abänderungen und Schattirungen wieder darstellt, - wird, wenn er noch dazu die Biegsamkeit der Organe [?] seiner Kunst hat, ein vortreflicher Künstler, oder ohne diese wenigstens ein Liebhaber und Kenner von einem fehlenden Geschmack seyn; aber er wird gewiß niemals über die Kunst schreiben oder man wird an seinen Erklärungen lange nicht den großen Vorzug gewahr werden, den man in seinen Werken findet. Ein anderer Mann von Scharfsinn, und mit der Gabe, alles was er empfindet, deutlich zu denken und das was er denkt auszudrücken; - empfindet schlechter und unvollkommner und ist beynah darauf eingeschränkt, mehr die Empfindungen andrer, die er blos historisch kennt, als seine eigne zu zergliedern. Man muß aber dann schon die Menschlichen Geister so nehmen wie sie sind und Mängel, die grade aus den Vollkommenheiten entspringen, die wir an ihnen bewundern übersehen. So werden Lessings Werke immer brauchbar seyn, wenn er gleich mehr denkt als fühlt. Nicht grade für den Künstler brauchbar, denn der braucht wenig andern Unterricht als den Anblick und die Nachahmung, - wenigstens keinen so tiefsinnigen Unterricht, aber brauchbar für den denkenden Kopf; der in der Geometrie sowenig als in der Theorie der Künste auf den unmittelbaren Nutzen eines Satzes sieht, wenn er nur durch die Einsicht desselben beschäftigt und geübt worden ist.

So ist auch Herder, ob man gleich bey dem schon Spitzfindigkeit statt Scharfsinn; und zuweilen einen großen Treffer bey einer Kleinigkeit findet. In den Critischen Wäldern wenigstens, die ich nur durchlaufen nicht gelesen habe, ist es mir so vorgekommen.

Feders neuen Emil habe ich vor einigen Wochen gelesen. Ich achte den Mann, ob ich ihn gleich nicht grade bewundre. Das meiste, was er in dem Buch sagt, ist bekant, - manches, besonders was den einzelnen Unterricht in den Sprachen etc. betrifft, seichte; einige Ansichten und Betrachtungen vortreflich.

Nehmen Sie unterdessen, bis ich selbst das Vergnügen haben werde, an H. Moses zu schreiben, das Geschäfte einer Mittels Person über sich. Sagen Sie ihm, was für ihn freylich nicht viel neues aber für mich wichtig ist: daß hier ein Mensch lebet, der ihn hochschätzt und liebt; - ein Mensch, der noch dazu stolz genug ist, sich einzubilden, daß er wenigstens von der Seite seines Herzens, und seines Charakters, der Freundschaft desselben nicht ganz unwürdig seyn würde, wenn er ihn kennte. Ich bin

Ew Hochedelgebohrner
Dero gehorsamster Diener
Garve

Leipzig, den 19. December 68

s e i n L a o c o o n v o r n e h m l i c h: Christian Garves Besprechung erschien in der Allgemeinen Deutschen Bibliothek IX, 1, 1769, S. 328-358. Wieder abgedruckt in: Christian Garve's sämmtliche Werke. Fünfzehnter Band, Zweyter Theil, Breslau 1802, S. 41-80; verkürzter Abdruck in: Horst Steinmetz. Lessing- ein unpoetischer Dichter. Frankfurt a.M. 1969, (die S. 328-333). - Vgl. Lessing an Nicolai, Hamburg, 26. May 1769, wo Lessing sich über die Besprechung äußert:

»Mit der Rezension meines »Laokoon« in dem letzten Stücke Ihrer »Bibliothek« kann ich sehr wohl zufrieden sein. Ich denke, daß ich den Namen des Rezensenten schon weiß. Aber was gehen mich Namen an? Die Person werde ich doch nicht kennen lernen. Wenn er die Fortsetzung meines Buchs wird gelesen haben, soll er wohl finden, daß mich seine Einwürfe nicht treffen. Ich räume ihm ein, daß Verschiedenes darin nicht bestimmt genug ist; aber wie kann es, da ich nur kaum den *einen* Unterschied zwischen der Poesie und Malerei zu betrachten angefangen habe, welcher aus dem Gebrauche ihrer Zeichen entspringt, in so fern die einen in der Zeit, und die andern im Raum existieren? Beide können eben sowohl natürlich, als willkürlich sein; folglich muß es notwendig eine doppelte Malerei und eine doppelte Poesie geben: wenigstens von beiden eine höhere und eine niedrige Gattung. Die Malerei braucht entweder koexistierende Zeichen, welche natürlich sind, oder welche willkürlich sind; und eben diese Verschiedenheit findet sich auch bei den konsekutiven Zeichen der Poesie. Denn es ist eben so wenig wahr, daß die Malerei sich nur natürlicher Zeichen bediene, als es wahr ist, daß die Poesie nur willkürliche Zeichen brauche. Aber das ist gewiß, daß je mehr sich die Malerei von den natürlichen Zeichen entfernt, oder die natürlichen mit willkürlichen vermischt, desto mehr entfernt sie sich von ihrer Vollkommenheit: wie hingegen die Poesie sich um so mehr ihrer Vollkommenheit nähert, je mehr sie ihre willkürlichen Zeichen den natürlichen näher bringt. Folglich ist die höhere Malerei die, welche nichts als natürliche Zeichen im Raume brauchet, und die höhere Poesie die, welche nichts als natürliche Zeichen in der Zeit brauchet. Folglich kann auch weder die historische noch die allegorische Malerei zur höhern Malerei gehören, als welche nur durch die dazu kommenden willkürlichen Zeichen verständlich werden können. Ich nenne aber willkürliche Zeichen in der Malerei nicht allein alles, was zum Kostüme gehört, sondern auch einen großen Teil des körperlichen Ausdrucks selbst. Zwar sind diese Dinge eigentlich nicht in der Malerei willkürlich; ihre Zeichen sind in der Malerei auch natürliche Zeichen: aber sie sind doch *natürliche* Zeichen von *willkürlichen* Dingen, welche unmöglich eben das allgemeine Verständnis, eben die geschwinde und schnelle Wirkung haben können, als *natürliche* Zeichen von *natürlichen* Dingen. Wenn aber bei diesen Schönheit das höchste Gesetz ist, und mein Rezensent zugibt (S. 353), daß der Maler alsdann auch in der Tat am meisten Maler sei: so sind wir ja einig, und, wie gesagt, sein Einwurf trifft mich nicht. . .«

So auch Herder: Vgl. Nr. 1.

Feders neuen Emil: Johann Georg Heinrich Feder, Der neue Emil, oder von der Erziehung nach bewährten Grundsätzen. I. Erlangen 1768. 1771. 1774. II. Göttingen 1774.

an Herrn Moses: Gemeint ist Moses Mendelssohn.

3

Christian Garve an Friedrich Nicolai

Leipzig, den 14. Februar 1769

Hochedelgebohrner
Hochzuverehrender Herr,

Ich wüßte nicht, was mich so sehr beunruhigte, als ein Versprechen das ich gethan habe, und das ich nicht so halten kan, als ich das Recht gegeben habe zu erwarten. In dieser Absicht hat mich Ihr Brief, der sonst mir so angenehm und so freundschaftlich war, erschreckt. Er machte mir gewiß, woran ich vorher noch einigermassen zweifeln durfte. Denn in der That dachte ich, da Ihr Brief ausblieb, Sie hielten selbst jetzt eine Recension vom Laocoon nicht mehr für so nöthig, da wir nun schon ein ganzes Buch darüber hätten. Im Grunde denke ich würklich selbst so. Denn sagen Sie mir, müssen nicht einige wenige unbeträchtliche Erinnerungen, nur so hingeworfen, nur halbgesagt, müssen die nicht beynah lächerlich scheinen, nachdem man schon eine so vollständige und mithin so tiefsinnige Laocooncritik über das Werk hat. Selbst die Idee von dem Unterschied der Malerey und Bildhauerkunst ist Herdern nicht ganz entwischt, ob er sie gleich nur mehr berührt als ergreift. Das war meine Meynung, und ich schloß aus Ihrem Stillschweigen, es wäre auch die Ihrige. Also so lange war es nur eine kleine stille Bekümmerniß, die ich mit mir herumtrug. Jetzt ist es würklich Kummer, da ich sehe, Sie erwarten es doch noch. - Ich habe in der That den Laocoon noch einmal gelesen, mit Herdern verglichen und die zerstreuten Ideen aus seinem Buch gesamlet, - aber in Ordnung gebracht habe ich sie noch nicht. Meine hiesigen Freunde wissen es, wie wenig ich diesen Winter habe thun können. Meine Gesundheit ist beständig schwach und abwechselnd gewesen. Böse Augen haben mir meine ganzen Abende unbrauchbar gemacht. Und nun geben Sie einem kränklichen Menschen 6 Stunden des Tages zu lesen, und dann sehen Sie zu, wie viel Lust oder wie viel Kräfte er noch übrig haben wird, den Rest zu einer Arbeit irgend einer Art anzuwenden. Was ich also noch thun kan, werde ich thun. In acht oder 10 Tagen werde ich, wie ich hoffe, noch so viel Muße zusammenbringen, um aus ein paar Bemerkungen, die ich mir beym Durchlesen gemacht habe, ein Ganzes zu machen. - Wenn meine Trägheit die Schuld des Aufschubes wäre, so würde ich blos um Nachsicht bitten, ohne mich zu rechtfertigen. Aber da in der That das für mich Unglück oder Schmerz war, was Ihnen diese kleine Irrung verursacht, so habe ich nicht blos ein Recht auf Verzeyhung sondern auch auf Trost. Es ist ein trauriger Zustand, wenn man Leuten, die man achtet, nicht die kleinen Dienste, zu denen man sonst noch fähig wäre, leisten kan.

Aber nun noch zwey Worte von Ihrer Bibliothek. Die Lambertschen Recensionen unterscheiden sich bald durch einen gewissen Geist der ganz abstrackten Spekulation. - Mir hat immer gedeucht, daß um Lamberts Werke der beynah noch ein eben so grosses Verdienst hätte als der Verfasser selbst, der die Beyspiele zu ihnen fände und die Theorie durch die Erfahrungen auf die er sie anwendete oder von denen er sie abzöge zum Gebrauch zurichtete. So sind vieles blosse Uebungen im Denken, die so wie gewisse Aufgaben der Geometrie ihren Nutzen blos während der Zeit haben, während welcher man sich mit ihnen beschäftigt. Dieser etwas trockne Tiefsinn herrscht auch in einigen Recensionen des jetzigen Theils; ich habe das Buch nicht bey der Hand, und ich weiß also nicht gleich von welchen Büchern. Die theologischen Recensionen unterscheiden sich noch immer durch Gründlichkeit und eine Freymüthigkeit, die doch Eifer für die Wahrheit verräth. - Aber die Nothwendigkeit, in die sie sich selbst gesetzt haben, alle alten Bücher nachzuholen, komt mir im Grunde nicht so groß vor. Warum sollten Sie gerade verbunden seyn, weil auf dem Titel »Allgemeine Bibliothek« steht, jede entweder ganz unbeträchtliche und längst schon wieder vergeßne, oder jede schon bekante und gelesene Schrift von neuem zu beurtheilen? Warum z.E. haben Sie die Idylle von Bion und Moschus und andre der Art noch einmal vorgenommen, da es fast jedem Leser von Geschmack unmöglich ist, ihren Inhalt zu empfehlen. Eine ganz allgemeine Bibliothek ist bey einem so zusammengesetzten, so zertheilten Gelehrten-Staat als der unsrige beynah unmöglich. Wenn alle Producte des Witzes bey einer ganzen Nation innerhalb der Mauren einer einzigen Stadt zum Vorschein komen, alsdann nur ist es möglich alles oder doch das meiste zu lesen und zu beurtheilen; - Und wenn Sie nun noch die Menge der Bücher in deutschen Uebersetzungen vornehmen, so können Sie niemals mit der Geschwindigkeit unsrer Schriftsteller gleichen Schritt halten. Viele Recensionen auch in diesem Bande sind mehr werth als die Bücher, die sie recensiren. Also eine kleine Einschränkung des Plans, mehr Wahl der Werke, die beurtheilt werden, mehr würde nicht dazugehören, ein Buch, das sich im übrigen durch eine Gründlichkeit ohne Grübeley und eine gesetzte ungeschminkte, doch ruhige und gedankenreiche Schreibart unterscheidet, über den Tadel völlig hinwegzusetzen. Ich weiß daß Sie diese Freymüthigkeit mir nicht blos vergeben, sondern sie von mir erwarten. In 10 Tagen werde ich Ihnen soviel als ich von Laocoon noch zu sagen weiß, schicken. Ich bin

Dero gehorsamster Diener
Garve

Leipzig, den 14. Februar 1769

eine Recension von Laocoon: Vgl. Nr. 2

ist Herdern nicht ganz entwischt: Vgl. Nr. 1; Herder äußert sich über den Unterschied von Malerei und Bildhauerkunst im Abschnitt 19, SW Suphan 3, S. 158-161.

um Lamberts Werke: Gemeint ist Johann Heinrich Lambert (1728-1777), der Mathematiker, Astronom, Physiker und Philosoph. Über ihn vgl. Allgemeine deutsche Biographie, Bd 17, 1883, S. 552-556.
In der Allgemeinen Deutschen Bibliothek wurden bis 1769 besprochen:
1) Abhandlung von dem Gebrauch der Mittagslinie beym Land- und Feldmessen (Bd 1, 1765, S. 62)
2) Neues Organon, oder Gedanken über die Erforschung und Bezeichnung des Wahren und dessen Unterscheidung vom Irrthum und Schein. Leipzig 1764. (Bd 3, 1766, S. 1-23).
3) Beyträge zum Gebrauche der Mathematik und deren Anwendung. Berlin 1765. (Bd. 3, 2, 1766, S. 1-23).
4) Beschreibung und Gebrauch einer neuen und allgemeinen accliptischen Tafel, worauf alle Finsternisse des Mondes und der Erde vorgestellt werden. Berlin 1765. (Bd 4, 1, 1767, S. 286).

die theologischen Recensionen: Zu der großen Zahl von Rezensionen theologischer Werke vgl. Allgemeine Deutsche Bibliothek, Anhang zu dem 1. bis 12. Bande, 2. Abteilung, Nr. 9, S. 1172-1177.

die Idylle von Bion und Moschus: Idyllen aus dem Griechischen des Bion und Moschus. Berlin im Verlag der typographischen Societät. 1767. Besprechung in der Allgemeinen Deutschen Bibliothek 8, 2, 1769, S. 149-161.

4

Christian Garve an Friedrich Nicolai

Leipzig, März 1769

Hochedelgebohrner
Hochzuverehrender Herr,

der Mann, der Ihnen diesen Brief einhändigen wird, ist ein ernsthafter geschickter Mann, und mein Freund. Es wäre zu stolz für mich, ihn zu empfehlen. Man braucht ihn nicht lange zu kennen, um das gute Herz und den angebauten bereicherten Verstand gewahr zu werden der ihm allenthalben Freunde schaffen wird. Aber Sie zu bitten, daß Sie ihm die kleinen Anweisungen geben, die vielleicht ein Fremder in Berlin nötig hat, der in kurzer Zeit alles sehen und sprechen will, was werth ist gesehen und gesprochen zu werden, das erlaubt mir Ihre Freundschaft; und ich bin es der Freundschaft gegen Ebelingen schuldig.

Ich würde die Recension über den Laocoon, die mich in der That die ganze Zeit her, beunruhigt hat, seitdem ich den ersten von mir selbst gesetzten Termin überschritten habe, mit dieser Gelegenheit geschickt haben, wenn nicht die Abreise meines Freundes so plötzlich, und mein Abschreiber weniger saumselig gewesen wäre. Sie bekommen sie aber in wenigen Tagen. - Aber das bitte ich Sie zuerst, lesen Sie sie genau durch. Ich habe, dünkt mich, in Ihrer Vorrede gelesen, daß Sie manche Recensionen erst gedruckt zu sehen kriegen. Meiner Meynung nach sollten Sie das schlechterdings nicht thun. Wenn Sie auch von den Verfassern gute Meynung genug hätten, ihre Aufsätze auch ohne Prüfung hin gut zu halten, so sind Sie doch nur allein mit dem Plan Ihres Buchs so vollkommen bekant, daß Sie das Verhältniß jedes Stücks zum Ganzen beurtheilen können.

Zum andern, lassen Sie meinen Namen durchaus niemanden wissen. Ich bin nicht sehr nach Ehre geitzig. Aber ich bin gegen Mishandlungen äußerst empfindlich. Und doch ist jetzt der achtungswürdigste bescheidenste Mann nicht mehr davor sicher, sobald er nicht Parthey nehmen will. Ich liebe die Wissenschaften nicht blos als Werkzeuge, mir Vermögen und Namen zu verschaffen, sondern als einen Theil meiner Glückseligkeit selbst. Also bin ich für die kleine Arbeit des Denkens immer schon durch das Vergnügen genug belohnt, das es mir verschafft hat. Warum sollte ich also noch etwas mehr suchen, wenn ich es nicht mit einer gewissen Sicherheit, und der Gewißheit wenigstens unbeschimpft zu bleiben thun könte?

Ich habe lange Zeit nichts gelesen, was mir mehr gefallen hätte als Spaldings Vorrede zu seiner neuen Ausgabe von dem Werth der Gefühle im Christenthum. Wenn ich für einen Menschen in der Welt (ohne ihn weiter als aus seinen Schriften zu kennen) stehen wollte, daß er ein rechtschaffner, ungeheuchelt frommer tugendhaffter Mann sey, so ist es Spalding. Das ist die Sprache des Herzens; oder es muß gar keine geben, aus der sich das Herz erkennen ließe. - Und dabey sind seine Begriffe so klar, sein Ausdruck ist so simpel und doch so neu und so angemessen, seine Perioden so wenig verschlungen, und doch so voll und gedrängt; die Entwicklungen seiner Begriffe so leicht und demohnerachtet so richtig und so zusammenhängend; daß ich, wenn es möglich wäre sich ein Muster der Schreibart zu nehmen, ohne vorher die ganze Denkenszucht der andern zu haben, mir Spaldings seine zum Muster nehmen wollte. Ich bin recht begierig darnach den Mann zu kennen. Seine gute Seite kan nicht blos die seyn, die man nur aus der Weite und aus den Schriften eines Mannes sehen kan. Er muß auch eine in der Nähe haben, die ihn seinen Bekanten ehrwürdig und seinen Freunden liebenswürdig macht. Unter diese Anzahl möchte ich gehören, wenn ich in Berlin wäre, oder ich würde anfangen mich selbst zu verachten. Ich bin mit alter Hochachtung

Dero gehorsamster Diener
Garve

Leipzig, März 1769

F r e u n d s c h a f t g e g e n E b e l i n g e n: Christoph Daniel Ebeling(1741-1817), seit 1767 Hofmeister in Leipzig, seit 1769 in Hamburg, seit 1784 Professor der Geschichte und griechischen Sprache am Hamburgischen Akademischen Gymnasium, seit 1799 Bibliothekar der Stadtbibliothek in Hamburg.

R e c e n s i o n ü b e r L a o c o o n: Vgl. Nr. 2

S p a l d i n g s V o r r e d e z u s e i n e r n e u e n A u s g a b e: Johann Joachim Spalding, Gedanken über den Werth der Gefühle in dem Christenthum. Dritte Auflage mit neuen Vermehrungen. Leipzig 1769.

5

Christian Garve an Friedrich Nicolai

9. Februar 1771

Hochgeschätzter Freund,

Ich hätte mich wegen so vieler Sachen bei Ihnen zu entschuldigen, daß ich mich lieber gar nicht entschuldigen will. Daß ich Ihnen den Buncle nicht eher wieder geschickt habe, daran ist Schuld, daß ich Ihnen gerne zugleich einen Brief schreiben wollte, und doch hatte ich zum Briefschreiben weder Lust noch Zeit. In der That befinde ich mich diesen Winter wenig Tage recht wohl, und ich fange nachgrade an zu denken, daß ich entweder für die LebensArt oder für die Art die ich gewählt habe, oder überhaupt für die Welt nicht gemacht bin. - Aber wieder auf Ihren John Buncle zu kommen: ich scheue es mich beynah Ihnen zu sagen, daß ich nicht so gut von dem Buch denke, als Sie davon zu denken scheinen. Nicht die Unordnung, nicht die seltsame Vermischung von Roman und Theologie und Algebra, nicht die schulgelehrten und im Hebräischen und Griechischen so bewanderten Damen, die man in jedem Winkel von einem unbewohnten Land antrifft, nicht die sind es, welche mir mißfallen. - Aber das, daß in keiner Art der Elemente, die in diesem ungebildeten Chaos herumschwärmen, sehr viel noch ungebrauchter Stoff zu neuen Schöpfungen liegt, daß es mehr zum Theil schon abgenutzte Partikeln alter zertrümmerter Weisheit zu seyn scheinen, das hat mir, bey dem besten Vorurtheil, mit dem ich das Buch anfing, es doch sauer gemacht, bis ans Ende zu kommen. Die Theologie ist gewiß das Herrschende darinnen. - Aber sagen Sie mir selbst, ob Ihnen und mir irgend einer der Einwürfe gegen das Athanasianische System, irgend eine von seinen Folgerungen [?] von Gnade und Genugthuung ganz neu seyn kan; - ob nicht dasselbe Raisonnement sehr oft wiederkommt und mit einer Menge von Sprüchen die bald zur Sache gehören und bald nicht gehören, langweilig gemacht wird. - An der Geschichte selbst kan man wenig Antheil nehmen, weil sie nur als ein Vehiculum zu den Gesprächen und Discussionen eingeführt wird. - Beobachtungen über den Menschen, sind sehr wenig, oder doch wenige, die durch ihre Freiheit oder Neuheit oder ihre Brauchbarkeit sich ausnähmen. - Ich habe hin und wider einen Theil des Buchs mit Vergnügen gelesen. Aber die Anzahl der brauchbaren Ideen ist für die Dicke des Buchs, wie für meine jetzige Trägheit zu klein, als daß ich Muth genug hätte, sie herauszuschälen. Aber dafür bin ich auch nicht ein ganz gültiger Richter des Werks; aber wie gesagt, ich bin ermüdet; und es kan also noch auf mancher von mir ungelesenen Seite viel gutes stehen, das, wenn ich eben jetzt mich daran erinnerte, mich viel besser von John Buncle denken ließe. - Ich bin Ihnen indessen immer für die Mittheilung dieses Buchs sehr verbunden. Jede neue und besonders jede etwas seltsame DenkungsArt ist immer ein angenehmer und lehrreicher Anblick, wofern es nur nicht eine angenommene Masche ist, und bey John Buncle stehe ich dafür, daß es sein übriges natürliches Gefühl ist, das er uns in dem Buche zeigt. - Wenn ich in dem Lobe des einen Schriftstellers nicht ganz mit Ihnen einstimmen kan, so kan ich es dafür desto besser in dem Tadel eines andern Werkes. Amadis ist in der That ein Gemälde von Schlaraffen-Gefühlen, in dem auch nicht einmal die Farbe mehr bunt genug ist, um das Auge zu reizen. - Wie vage ist doch trotz allem was gewisse Kunstrichter selbst haben überreden wollen, wie vage ist doch das Feld bloßer Imagination gegen das Feld der Wirklichkeit und der Natur. Die welche blos aus ihrem Kopfe zeichnen wollen, wenn er sie auch von allen Gesetzen der Wahrscheinlichkeit und der Aehnlichkeit losspricht und ihnen erlaubt die abentheuerlichsten Figuren zusammenzusetzen, bringen doch fast nur immer dieselben Figuren wieder zum Vorschein. Die Einbildungskraft stimmt weit leichter einen gewißen Ton an, als die Empfindung. - Diese bekommt immer durch die Abwechslung neuer Gegenstände eine veränderte Richtung; jene, wenn sie einmal eine gewiße Anzahl von Bildern gefaßt hat, kehrt sich nur wenig in diesem Krayse herum, wofern sie nicht frischen Vorrath von Vernunft und Erfahrung erhält. Überdieß, die unendliche Mannichfaltigkeit in der Natur kommt hauptsächlich von der Gradation her. Aber in jener Feen- und Ritterwelt ist alles das höchste; Stärke, Schönheit, Behendigkeit, jede Vollkommenheit der körperlichen und geistigen Natur erscheint mir immer unter der RiesenGestalt, in der sie weder ein klares faßliches Bild für die Imagination wird, noch dem Verstande viel zu denken giebt. - Daß man durch allen den Stoff doch den guten Kopf, den glücklichen Versifikateur noch heraussieht, das ist wahr; hin und wieder eine Schilderung, die den Pinsel eines geübten Mahlers verräth; hier und da ein Gedanke, der einen Beobachter und einen denkenden Kopf zeigt; aber dieß alles macht den Leser am Ende desto unwilliger, daß aus einer so edlen Mine wo man so manches Gold blinken sieht, nichts als Bley herausgegraben wird. - Ich gestehe es, daß ich mir von dem Herzen des Mannes keinen rechten Begriff machen kan. Ich denke immer, er hat gar kein Herz, gar keine Empfindungen keine Gesinnungen die ihm als Menschen zugehörten; er hat nur welche als Schriftsteller als Dichter. Aber diese sind auch wirklich die kläglichsten die seyn können. Wenn es wahr wäre, daß die einzigen Principien unsrer Glückseligkeit auf der Zunge und noch anderswo lägen, so würde Wieland wahrhaftig nicht so viel Freude daran finden, uns das Ding zu beweisen. Wenigstens macht er erschreckliche Umschweife um zu einem Ziel zu gelangen, das ihm vor der Nase läge.

Ich habe Ihnen noch vieles zu sagen, aber ich werde wieder einmal nicht fertig, und also nur noch das Nöthigste. Sie sagen, Sie wollen plötzlich aufhören an uns zu schreiben, wenn Sie unsre Recensionen haben werden. Hören Sie nur, das ist das rechte Mittel keine mehr von uns zu kriegen. Was mich betrifft, ich stehe Ihnen für nichts. Am wenigsten für den Briegleb. Das ist zu nichts gut nach meinem Gedanken, als sich nur unlustig zu machen. - Stößt mir aber auf dem Wege meiner Lectüre ein ernsthaftes gutes Buch auf, das in unsrer Bibliothek nicht Platz findet; so schicke ich Ihnen die Recension ohne daß Sie sie fordern dürfen. - Herr Rist hat einen der gescheitesten Streiche gemacht, daß er uns 4 solche Bücher wenigstens zu sehen verschafft hat. Moses seines war für mich das merkwürdigste. In den übrigen sehe ich nur Manier von Talenten, in diesem denke ich mir auch schon einen Freund oder die Anlage zu einem künftigen Freund. - Was gäbe ich darum, unter den Meinen zu seyn; wie viel würde mein Geist gewinnen, wie sehr würden sich meine Ideen berechtigen, ausbreiten. - Ich denke doch, daß Sie und Ihre Freunde unsres Engels dankbaren Sohn werden gelesen haben. Ist es nicht ein allerliebstes kleines Stück? Mit so wenig Kost ist so viel erreicht. Die Fabel ist sehr einfach, keine oder sehr geringe Verwickelung: und doch ist nirgends eine Leere. So wahr ist es, daß jedes Gemählde handelnder denkender und empfindender Menschen immer intereßant für uns ist; die Vorfälle mögen seyn, welche sie wollen. - Schreiben Sie mir doch im Vertrauen, was die berlinischen Kunstrichter, Philosophen und Schöngeister dazu gesagt haben. Die Freundschaft macht, daß das Lob, was man diesem Stück giebt, immer eigner Eigenliebe schmeichelt. - Was seine Recensionen betrifft, da mag er selbst antworten. Ich wasche meine Hände in Unschuld; -nur wenn Ihre Bibliothek nicht fleissigere Mitwürker hat als mich und Engels, so bedaure ich Sie vom Grund meiner Seele. Leben Sie wohl, und empfehlen Sie mich Herrn Moses. Ich bin

Ihr ergebenster Freund
Garve

den 9. Febr. 1771

J o h n B u n c l e: d. i. Thomas Amory, englischer Schriftsteller, (1691-1788), der Verfasser des »Life of John Buncle« (1756 u. 1766). Friedrich Nicolai übersetzte das Buch unter dem Titel: Leben Bemerkungen und Meinungen Johann Bunkels nebst dem Leben verschiedener merkwürdiger Frauenzimmer. I/II Berlin 1778.
Wieland zergliederte diesen humoristischen Roman im »Teutschen Merkur« 1778, 3, S. 75-90, 165-172, 4, S. 55-75, 5, S. 158-173, S. 248-260.
Dagegen schrieb Friedrich Nicolai: Noch ein paar Worte betreffend Bunkel und Christoph Martin Wieland. Berlin und Stettin 1779.

d a s A t h a n a s i a n i s c h e S y s t e m: Nach Athanasius (um 295-373), dem griechischen Kirchenvater, Bischof von Alexandria und Bekämpfer der Arianer. Vgl. Bunkel, Bd 2, S. 43: »Mein Vater, Madam, ist ein großer Gelehrter, ein tugendhafter und einsichtsvoller Mann, aber dabey auf das äußerste orthodox. Er sandte mich auf die Universität, damit ich ein Gottesgelehrter würde, der das Glaubensbekenntniß des heiligen Athanasius geschickt vertheidigen könnte«.- Auch Bd 2, S. 45: »Je unglaublicher das Athanasianische Glaubensbekenntniß ist, und je mehrere Widersprüche es enthält, desto mehr Ehre erweisen wir unserem Gott, wenn wir es glauben«.
Vgl. Lessing an Nicolai, 30. März 1779: »...als ich ihn vor 12 Jahren übersetzen wollte, war ich gutherzig genug zu glauben, daß ich mit Verbreitung des darin enthaltenen Systems der christlichen Religion einen großen Dienst erweisen könne. So gutherzig bin ich nun nicht mehr; sondern wenn ich ihn noch itzt übersetzen müßte und wollte, würde es gerade in der gegenstehenden Absicht geschehen: um überall in beigefügten Anmerkungen zu zeigen, daß das Arianische System noch unendlich abgeschmackter und lästerlicher ist als das orthodoxe. Wielands Verfahren billige ich aber gar nicht, welches ich kürzlich Herdern geradezu geschrieben habe«.

e i n G e m ä h l d e v o n S c h l a r a f f e n - G e f ü h l e n: Christoph Martin Wieland, Der neue Amadis. Ein comisches Gedicht in Achtzehn Gesängen. I/II. Leipzig 1771/72.

f ü r d e n B r i e g l e b: Gemeint ist wohl Johann Christian Briegleb (1741-1805), Professor in Coburg, Betrachtungen über den historischen Enthusiasmus. Altenburg 1771.

M o s e s s e i n e s w a r f ü r m i c h d a s m e r k w ü r d i g s t e: Wahrscheinlich Moses Mendelssohn, Schreiben an den Herrn Diaconus Lavater in Zürich. Berlin und Stettin 1770.

u n s e r e s E n g e l s d a n k b a r e n S o h n: Johann Jakob Engel, Der dankbare Sohn. Ein ländliches Lustspiel in einem Aufzuge. Leipzig 1771.

W a s s e i n e R e c e n s i o n e n b e t r i f f t: Eine Rezension erschien in der Allgemeinen deutschen Bibliothek, Bd 17, 1, 1772, S. 219.

6

Christian Garve an Friedrich Nicolai

Breßlau, den 27. März 1773

Ich hätte Ihnen schon längst geantwortet, mein liebster Freund, wenn es blos auf meinen guten Willen angekommen wäre. Ich möchte gar zu gerne aus Berlin auch so alle Woche ein paar Briefe haben, wie ich sie aus Leipzig bekomme. Noch lieber möchte ich Briefe schreiben. Da ich aus dem Cirkel meiner Freunde herausgerissen bin, so verderben oder verfliegen alle die Ideen, die ich noch von Zeit zu Zeit habe, weil ich sie niemanden mittheilen kan. Es fehlt mir dazu eben nicht an guten und verständigen Leuten unter meinen hiesigen Bekannten. Aber im Gespräch muß die Entwicklung unsrer Begriffe noch schneller seyn, als wenn wir sie aufschreiben wollen. Und das bloße Reden wird mir oft schwer. - Also wenn ich so einen Schutzgeist hätte, der in meine Seele hineinsähe, und meine Gedanken nachschriebe, zuweilen auch wohl meine blos dunklen Empfindungen ausdrückte: so würden meine Freunde, und auch Sie mein liebster Nicolai, viel von mir zu lesen bekommen; vielleicht mehr als in meinen gesunden Tagen. - Denn Sie mögen nun auch unsers lieben Moses Geschicklichkeit blos zu vegetiren rühmen wie Sie wollen: so glaube ich nichts davon. Ich schließe dieß unter andern daraus, weil er so oft wieder von neuem angefangen hat. Man kan seine Bücher verschließen; man kan, (wie ich aus meiner Erfahrung weiß) sich stumm und taub machen wollen, einen Strumpf in die Hand nehmen, striken und filé machen: und doch von einer Menge unruhiger stürmischer Gedanken geplagt werden; die eben dadurch noch unruhiger werden, weil man sie durchaus verbannen will. Wenn man sich allenfalls noch bewegen, noch essen, trinken, schlafen, laufen und spielen kan. Aber wenn die Maschine, wenigstens die äußere grobe Maschine völlig außer Activitaet ist; und zugleich die innre feine in einem unwillkürlichen unordentlichen Laufe: so versuche es nur einer einmal, nicht zu denken. Er muß es wider seinen Willen; und selbst wenn die übrige gesunde denkende oder vegetirende Welt schläft; liegt er da, und muß immer dem innern Geräusch seiner zitternden Nerven zuhören: so gerne er seiner selbst unbewußt zu seyn wünschte. - Gott gebe doch, daß es Herr Moses dieses letztemal länger aushält, wenn er es kan; und daß er uns ganz wieder geschenkt wird. - Ich hatte bisher ohne Hoffnung der Besserung gelebt. Jetzt aber fangen mir einige Strahlen an aufzugehn. Eben durch eine gelinde mäßige Beschäftigung der Seele; durch eine außerordentlich sparsame Nahrung, durch etwas Waschen; und durch einige auflösende weichende Mittel. Denn China und Stärkemittel haben nichts ausgerichtet. Meine Fiberi sind vielleicht mehr steif als schwach. Es fehlt mehr an Säften und LebensGeistern, als an festen irdischen Theilen. Deßwegen keine Verdauung, keine Circulation; ein ewiger Frost in den äußern Theilen, eine Unbeweglichkeit in allen. Gottlob obgleich meine Füße noch nicht gehen können, so kan doch mein Kopf wieder etwas mit Leichtigkeit und Zusammenhang denken. Ich empfinde wieder die Schönheit der Welt die mir schon durchaus zu mißfallen anfieng, wenn ich nicht Augen und Ohren zuschloß, und blos über sie nachdachte. Ich finde wieder Vergnügen an der Musik. Die Gesellschaft und das Gespräch ist mir nicht mehr so beschwerlich; ich kan wieder einen Brief schreiben. Kurz der innre Mensch ist besser, der äußre noch elend. Ich eße und ich schlafe nicht. Und weder gehen noch fahren kan ich lange aushalten. Lassen Sie mich immer unterdessen damit zufrieden seyn. Das bisgen Hofnung das mir wieder scheint, stärkt auch wieder meine Geduld. Und mit Geduld werden auch die schwersten Stunden leicht. - Aber wollen Sie jetzt gute Werke thun, und mich gerne gesund haben: so schreiben Sie mir hübsch lange Briefe von allem, was in Berlin und um Berlin angenehmes wichtiges vorgeht. Sie sitzen wie die Spinne mitten im Gewebe, dessen äußersten Rand ich berühre. Wenn Sie also guten und reichen Fang haben, so theilen Sie dem Dürftigen etwas mit. Und so viel dann von mir.

Für Ihre Bibliothec danke ich Ihnen von Herzen. Es ist doch immer ein sehr nützliches Buch, wenn auch gleich nicht alles vortreflich ist. Und vielleicht thun solche einzelne gute Ideen, wenn sie gleich in Aufsätzen vorkommen, die man hernach nicht oft wieder ließt, doch oft auf der Stelle mehr Wirkung und haften länger, weil man sie geschwinder übersieht und ohne Mühe und Anstrengung des Gedächtnisses wiederholen kan. In einem ganzen guten Buche erdrückt [?] oft eine Idee die andre. Eine sorgfältige Entwicklung setzt den Leser in die Nothwendigkeit erst wieder sich einen Auszug zu machen, welches wenige können. Und man geht mit einiger Widerstrebung daran, das Ganze wieder durchzuarbeiten. Engels Gedanken über den Meßias sind sehr gut auseinander gesetzt, aber sie waren mir bekannt; und der schönste Theil soll noch kommen. Von der Nutzbarkeit des PredigtAmts sagt der Recensent nicht viel als Lobsprüche, und überhaupt scheint er sich seine Arbeit auf alle Weise haben erleichtern zu wollen. Dieser Goldene Spiegel hat mir auch in dem Auszuge nicht recht gefallen wollen und beynahe war ich über die sehr große Lobes-

Erhebung unwillig; die wenigstens durch den Auszug nicht bestätigt wurde, wenn ich nicht in der letzten Anmerkung gesehen hätte, daß er die Fehler an dem Buche bemerkt die mir mißfallen. Diese Anmerkungen und der Ton der ganzen Recension kontrastiren ein wenig zusammen. Ich für mein Theil will mir die Wahrheit tausendmal lieber recht dürr und trocken und selbst wohl â la Lambert sagen lassen, als mit so viel Blumen und Zierrathen, unter welchen der Autor selbst sie nicht recht deutlich erblickt, oder unter denen ich sie doch nicht finden kan. Ich will Untersuchungen, nicht Entscheidungen, besonders im politischen Metier wo alles so schwankend ist, wo der Fälle und der Abwechslungen so unzählige sind, und wo jeder Versuch par coup und contrecoup so viele unvorhergesehene Wirkungen thun kan! Was der Recensent vom Luxus sagt, ist nicht sehr gut. Stewart hat auch diesen Begriff, nach meinem Bedünken besser als die andern politischen Schriftsteller entwickelt. Iselins (denn der ist es gewiß) Kritik über die Bücher vom Kornhandel gefällt mir besser als sein neulich herausgekommenes Tracktat von der wirtschaftlichen Ordnung, der nichts als ein Auszug aus dem Oeconomisten ist, auf deren Sätze er schwört. Und da scheint mir vieles noch lange nicht von allen Seiten beleuchtet zu seyn. Von ganzem Herzen aber erfreue ich mich doch über mein Zeitalter, daß mir wenigstens den Vorurtheilen zum besten der Menschlichkeit günstiger zu werden anfängt. Wenn wir Schriftsteller auch wenig in der Welt verbessern: So ist ja das schon ein großes Gut, daß Leute da sind, die ein Herz haben sie bessern zu wollen, die eine Idee von diesem Bessern haben, darnach str[eben?], sie entwickeln und auszubreiten suchen. Ihr Herr von Rochow der das Lehrbuch für Landleute geschrieben hat, gefällt mir auch deswegen; obgleich sein Buch zu dem Endzweck noch sehr unvollkommen ist. Schreiben Sie mir doch etwas von ihm und seinem Unternehmen. Man hat mir gesagt,der König habe eine beträchtliche Summe ausgesetzt Schulmeister zu besolden, die dieses Lehrbuch einführen sollen. Ich habe hier den Schlesischen Schulverbessrer der Katholiken, den Abt Felbiger kennen gelernt. Vielleicht ist noch ein bisgen Pedantismus in seiner Wissenschaft. Aber er denkt doch weit richtiger von der Erziehung als die meisten seines Standes, und weiß auch viel, besonders in physikalischen Sachen.

Ist Perault noch bei Ihnen? Ich liebe doch den Mann recht sehr. Wenn er Vorurtheile hat, so sind es Vorurtheile der Nation, die nur von sehr wenigen vermeidlich sind, und die wir, liebster Freund, ohne es zu wissen, auch haben. Aber ehrlich, gutherzig, dienstfertig, auch bescheiden ist er sehr. Er ist nicht blos artig, poli, wie seine Landsleute, er attachirt sich wirklich von ganzem Herzen an die Preußen, bey denen er etwas gutes findet; und er findet leicht etwas gutes bey jedem, erkennt gern Talent oder Verdienst, wo er es findet und erträgt und entschuldigt die Fehler. Er hat auch Gefühl, nicht unrichtiges Gefühl für die Werke der Kunst und des Geschmacks. Und sein Raisonnement ist so wie sein Gespräch; abgebrochen, immer auf das alte wiederkommend. Seine Hitze, wenn er streitet oder seine Nation lobt, ist demohnerachtet nicht beleidigend, sondern mehr lustig. Es scheint immer, als wolle er mehr Gründe für seine Meinung anführen; und er wiederholt nur immer wieder den Satz selbst. Wenn ich glaubte, er wäre noch bei Ihnen, so schriebe ich. Wenn er da ist, so lesen Sie ihm immer diese Stelle vor; und antworten Sie mir doch, wenn Sie können, bald: so schreibe ich ihm selber.

Unsre SchulPhilosophie ist freylich weit besser als die französische. Aber ich denke doch, Sie treiben den Unterschied zu weit: Die Franzosen scheinen mehr gemacht die Wahrheiten nur stückchenweise zu durchdenken. Wir fangen gerne ab ovo an, und können auch länger eine einzige Reyhe von Ideen verfolgen. Das was aber die denkenden Köpfe beyder Nationen auf diese Weise an wirklicher Wahrheit herauskriegen, ist immer einerley oder sehr ähnlich. Jede Methode hat ihre Vortheile; aber wahr ist es, daß wir auf die genauern feinern Bestimmung, die jede Wahrheit erst durch ihre Relationen mit der Reyhe, worunter sie vorkommt, bekommt, aufmerksamer sind; und also mehr précise Wahrheit suchen, die aber eben deswegen weniger populair wird.

Leben Sie wohl. Empfehlen Sie mich und Dr. Manso Herrn Moses, Herrn Teller, auch Spalding, Eberhard etc.

Garve

Engels Gedanken über den Meßias: Allgemeine deutsche Bibliothek, Bd 18, 2. Stück, Berlin und Stettin 1773, S. 311 bis 329. Der Meßias. Dritter Band. Halle bey Hemerde 1769. - Früher hatte Friedrich Nicolai im ersten Band der Bibliothek der schönen Wissenschaften und der freyen Künste, Leipzig 1757, S. 297-331 den zweiten Band besprochen, der 1756 erschienen war.

Von der Nutzbarkeit des PredigtAmts: Johann Joachim Spalding, Ueber die Nutzbarkeit des Predigtamts und deren Beförderung. Berlin 1772. 2. erw. Auflage 1773.

Dieser Goldne Spiegel: Gemeint ist die Besprechung von Wielands Goldenem Spiegel in Bd 18, 2. Stück, S. 329-363. Ihr Verfasser war Isaak Iselin.

Stewart hat auch diesen Begriff: Dugart Stewart (1753-1828), der Schottische Philosoph.

Iselins Kritik über die Bücher vom Kornhandel: Iselin besprach im 18. Bd, 2. Stück, S. 363-393 folgende Schriften:
a) Die wichtige Frage von der freyen Aus- und Einfuhr des Getraides nach der Natur untersucht. Hamburg, bey Johann Carl Bohn 1771.
b) Beurtheilung der wichtigen Fragen von einem gesetzlichen Getraidepreise, und von dem freyen Getraidehandel. Göttingen, bey Schulzen 1771.
c) Anmerkung über die dermalige Fruchtsperre. Deutschland 1771.
d) Die Kunstmohne Miswachs theure Zeiten zu machen, nebst den bewährtesten Mitteln darwider. In einem Sendschreiben. Frankfurt und Leipzig 1771.

Herr von Rochow: Friedrich Eberhard von Rochow, (1734-1805) Versuch eines Schulbuches für Kinder und Landleute. Berlin 1772; Der Bauernfreund. Brandenburg 1773.

Ist Perauld noch bei Ihnen: Ein Freund Friedrich Nicolais. Von ihm liegt aus dem Jahre 1795 ein Brief und eine gedruckte »Grammatikalische Korrespondenz« aus Frankfurt/a.M. vor. (Nicolai-Nachlaß: Stiftung Preußischer Kulturbesitz).

Dr. Manso: Johann Kaspar Friedrich Manso (20. Mai 1760 - 9. Juni 1826), Historiker und Philologe in Breslau.

Moses: Gemeint ist Moses Mendelssohn (1729-1786)

Herrn Teller: Wilhelm Abraham Teller, Oberkonsistorialrat in Berlin. (1734-1804)

auch Spalding: Johann Joachim Spalding (1714-1804), Pastor und Probst an der Nicolaikirche in Berlin.

Eberhard: Johann August Eberhard (1739-1809), Prediger in Berlin und Professor der Theologie in Halle.

7

Christian Garve an Friedrich Nicolai

Breßlau, den 5. October 1774

Mein liebster Freund,

Unsre Correspondenz ist so lange unterbrochen worden, daß es mir beynahe schwer fällt, den Faden wieder anzuknüpfen. Aber ich weiß doch; daß wenn wir auch einander in dieser Zeit nichts gesagt haben, wir doch oft einerley gedacht haben und mit einerley Fragen beschäftigt gewesen sind. Unterdessen ist mir dieses allgemeine Bewußtseyn unsrer Aehnlichkeit nicht genug. Ich wünsche nun, da ich ein wenig mehr von mir selber weiß, auch etwas mehr von meinen Freunden zu wissen. Schreiben Sie mir doch also, und wenn es möglich ist noch aus Leipzig. Erstlich ob Sie mit den Ihrigen gesund und glücklich sind, alsdann was Moses, Sulzer, Eberhard und alle die guten Menschen machen, an die ich nur denke, und die Sie sehen; dann was die Bücher machen, die ich nicht lese, oder nicht zu sehen kriege; besonders Ihr Nothanker, dessen Leben ich lieber lese als seine Predigten. Wenn Gott mich auf künftiges Jahr zu einer Reise, und zum Genuß der menschlichen Gesellschaft wieder besser in Stand setzt, wozu ich jetzt einige Hoffnung habe: so denke ich nach Berlin zu kommen. Wenigstens soll dies meine erste große excursion seyn.

Ich habe von voriger Meße philosophische Schriften fast gar nicht gesehen. Des H. Campens Commentar über Plutarchs Sentenzen hat mir wohlgefallen. Doch bin ich mit der Klarheit und Précision des Stils noch mehr zufrieden als mit seiner Philosophie selbst, die mir nicht allenthalben tief und gründlich genug vorkömmt. Die Materie von dem Einfluß der Gewohnheit, ist am besten abgehandelt, so viel ich mich erinnere. Denn es ist schon ziemlich lange her, daß ich es gelesen habe. Aber die Anwendung davon auf die Moral ist zu seicht und zu mangelhafft.

Ich spiele jetzt mehr auf dem Klavier, als ich lese. Da kan ich also auch ein wenig kritisiren. Ich habe Wolfs und Haydens neue Sonaten gespielt. Die erstern haben mehr Ordnung, Zusammenhang und Gründlichkeit; die andern sind voll außerordentlicher, aber nicht verbundener Ideen, mögen auch wohl hin und wieder etwas gegen die Harmonie verstoßen. Die Uebergänge sind oft hart, aber die Melodien sind doch theilweise angenehm. Eccards Sonate, mit den ewig gebrochenen Accorden im Bas kan ich gar nicht wohl leiden. -

Wissen Sie, was ich nach meinem jetzigen Gesundheits Zustand, mir wünschte? Erstlich einen Laden voll der besten Kupferstiche, die ich aber nach Hause nehmen, und auf meinem Großstuhle ruhig besehen könnte. Dann alle Abende ein kleines nicht rauschendes Concert, wobey ich mitspielte, und dann ein Souper mit einigen artigen und verständigen Leuten beyderley Geschlechts. -

Es fehlt mir nicht an gutem Umgang hier. Aber an abwechselndem, bald belehrendem bald ergötzendem Umgange, wo auch das Vergnügen der Neuheit mitwirke, fehlt es mir doch. Noch schlimmer ist es, daß oft eine Veränderung meines Nervenzustandes macht, daß das was ich gestern wünschte, mir heute beschwerlich ist, wenn ich es erhalte, und ein andermal das mir Vergnügen macht, wofür ich mich fürchtete.

Liebster Freund, wo kriegt man denn recht tüchtige Gesundheit zum Kauf? Oder so viel Stärke des Geistes, als nöthig ist, sie zu entbehren.

Sehen Sie, das elende bisgen Geschmiere, hat mich schon ganz abgemattet. Leben Sie wohl, und wenn Sie sehen, daß mein Brief leer ist: so füllen Sie den Ihrigen desto mehr an.

Ihr ergebener Freund
Garve

Breßlau, den 5. October 1774

was Moses: Gemeint ist Moses Mendelssohn. (1729-1786)

Sulzer: Johann Georg Sulzer (5. Oktober 1720 in Winterthur bis 27. Februar 1779 in Berlin), der Aesthetiker.

Eberhard: Johann August Eberhard (31. August 1739 in Halberstadt bis 6. Januar 1809), der Philosoph.

Ihr Nothanker: Friedrich Nicolai, Das Leben und die Meinungen des Herrn Magisters Sebaldus Nothanker. I/III, Berlin und Stettin 1773/1776.

Des Herrn Campes Commentar: Gemeint ist Joachim Heinrich Campe (1746-1818). Philosophischer Commentar über die Worte des Plutarch: die Tugend ist eine lange Gewohnheit; oder über die Entstehung der tugendhaften Neigungen. Berlin (Mylius) 1774.

Wolfs und Haydens neue Sonaten, Eccards Sonate:
(Herrn Bibliotheksrat Dr. Hans Haase danke ich für folgende freundliche Auskunft:)

Wolfs... neue Sonaten, die Garve selbst gespielt hat, müßten demnach Werke für das häusliche Klavierinstrument sein. Es kann sich nur um die »Sei [=6] Sonate per il Clavicembalo« handeln, die Lips. [Leipzig] bei Breitkopf erschienen [gedr. oder verlegt? - geht aus den Unterlagen nicht hervor], und zwar 1774. Vorher hat Wolf keine Klaviersonaten publiziert, und eine zweite Serie von 6 Sonaten erschien erst wieder 1775.
Ernst Wilhelm WOLF, damals der »Weimarer« Wolf genannt, wurde 1735 geboren und starb Ende November 1792 in Weimar. Hier war er 1761 Konzertmeister der herzoglichen Kapelle geworden, auch Organist und Musikmeister Anna Amalias. 1768 wurde er Hofkapellmeister und blieb es bis zu seinem Tode (obwohl Goethe ihn nicht schätzte) als führender Mann des Weimarer Musiklebens. Zu Lebzeiten genoß Wolf als Komponist beträchtliches Ansehen, doch verblaßte sein Ruhm bald nach dem Tode.

H a y d n s n e u e S o n a t e n, die Garve gespielt hat, sind höchstwahrscheinlich die 1773 komponierten sechs Klaviersonaten [laut Erstdruck noch für Cembalo bestimmt, was man aber zu jener Zeit wohl nicht mehr ausschließlich wörtlich zu nehmen hat; eine englische Ausgabe von 1781 sagt daher 'for the forte piano or harpsichord'] des berühmten Joseph Haydn, die in dessen Thematisch-bibliographischem Werkverzeichnis (Bd 1, 1957) als Hob.XVI, Nr.21-26 (C-, F-, D-, Es-, A-dur), gezählt werden. Der Wiener Erstdruck als »Sei Sonate da Clavicembalo. . .«, Vienna, presso Giuseppe Kurzböck. . .1774, könnte laut einem zeitgenössischen Katalog der Firma Breitkopf allerdings schon 1773 vorgelegen haben (falls dies nicht eine 'Vorschau' oder Ankündigung war?). Im Wiener Diarium ist das Werk schon am 26. Febr. 1774 angezeigt. Bekannter gewordene Ausgaben derselben Sonaten sind die als »op.13« bei J.J. Hummel, Berlin, und Grand Magazin de Musique, Amsterdam, 1774 und 1777 erschienenen. Frühere Klaviersonaten wurden nicht gedruckt (d.h., vor 1774), im selben Jahre 1774 auch keine weiteren als jene obengenannten sechs. - Joseph HAYDN, 1732-1809, der bekannte Komponist. . .

E c c a r d s S o n a t e[n?]: Es handelt sich um den gebürtigen Augsburger Johann Gottfried ECKARD, 1735-1809 (Paris). Schon 1758 kam er mit dem bekannten Klavierbauer Joh. Andr. Stein nach Paris. Hier blieb er als oft bewunderter Pianist, trat aber nur mit drei Werken, alles Klaviermusik, an die Öffentlichkeit: Erstdrucke 1763-64. Für Garves Briefstelle scheidet das dritte Opus aus, da es ein Menuett [-Thema?] mit Variationen darstellt. Sonaten sind in der Tat op.1 und 2, die beide von Garve gemeint sein können, diesem evtl. in Nachdrucken vor die Augen gekommen: »Sei Sonate. . .« op.1 ersch. auch in Riga 1773 (Hartknoch), »Two Sonates. . .« op.2 wiedergedruckt London 1773 (Bremner). Nun wäre wegen der gebrochenen Akkorde die 1956 in Amsterdam erschienene krit. Gesamtausgabe Eckards (durch Eduard Reeser) zu befragen. . .

8

Christian Garve an Friedrich Nicolai

Breslau, den 5. Februar 1775

Anstatt meines Urtheils, Liebster Freund, will ich Ihnen das Urtheil einer Anzahl nicht gelehrter aber ganz gescheuter Leute beyderley Geschlechts mittheilen, denen ich Ihre kleine Schrift vorgelesen oder zum Durchlesen gegeben habe, und die den Werther kannten. Dieses kleine Concilium war in zwey HauptPartheyen getheilt. Die eine und die am wenigsten zahlreiche hielt das ganze Stück für eine Art von Parodie, die durch Nachahmung und Uebertreibung des Wertherischen Stils, durch Anführung seiner Reden unter veränderten Umständen, und selbst durch die von Göthe zuerst eingeführten elisionen und abbreviaturen, die Fehler des

Schriftstellers ins Licht setzen sollte. Sie können leicht denken, daß den Leuten aus dieser Parthey entweder Werther oder Ihr Buch nicht sonderlich müße gefallen haben, ob sie gleich übrigens darinn übereinkommen daß in dem letztern viel gutes und gründliches mit Witz und Imagination gesagt würde. Die andre und größre Parthey, zu welcher auch ich mich bekenne, glaubte, daß Sie weniger die Fehler des Scribenten, als die Irrthümer und Fehltritte des Menschen, den er aufführt, hätten rügen wollen. Diese war nun also erstlich mit Ihrer Absicht und mit der Idee vollkommen zufrieden, die Vorhersehungen des Werthers, durch eine mögliche und wahrscheinliche Fortsetzung seiner Geschichte, nach Einem veränderten Umstande als irrig zu zeigen, und dadurch die Rechtfertigung für den Selbstmord, die jeder Leser in seiner Neigung zu Werther und in der Theilnehmung an seinen Ideen und seinen Leidenschaften findet, zu entkräften. In dieser Absicht nun scheinen diesen Leuten, so wie mir, viele Vorstellungen des Martins sehr wohl gewählt. Er schien mir den rechten Punkt zu treffen, wenn er den Grund zu Werthers Unzufriedenheit darinn sucht, daß er eine beständig gleich hohe Spannung seiner Empfindungen, und eine solche starke fortwährende Thätigkeit seiner Vorstellungskraft sucht, dergleichen uns weder die ganzliche sinnliche und moralische Welt mit allen ihren Schätzen jetzo gewähren, noch unser Körper aushalten, noch die zu unsrer und der Gesellschaft Erhaltung nothwendigen Geschäfte vertragen können. Ob ich gleich einen großen Hang dazu habe, so von der Welt und den Dingen zu urtheilen wie Werther, ob ich gleich so wie er, von den meisten Zeitvertreiben und Vergnügungen der Menschen ennuyirt werde, - ob ich gleich so stolz wie er, auch die Unterschiede und Verhältnisse in der bürgerlichen Gesellschaft oft mit großem Widerwillen ansehe: so sey es doch meinem Schöpfer gedankt, daß er mir selbst zuweilen Muße und Freyheit des Geistes genug giebt, um über meine eigne Empfindungen eben so wohl als über andre Dinge zu urtheilen. Ich sehe alsdann, daß mein Eckel an gewissen Ergötzungen oder Beschäftigungen, offt in gewissen Gebrechen und Mängeln meiner Seele oder meines Körpers liegt; ich kan mich an andrer Stelle setzen, und ihre mir fremde Empfindungen doch Recht sprechen; Ich kan den Stolz der mich beleidigt, rechtfertigen, und groß in meinen Augen und ungedehmüthigt doch demüthig und bescheiden seyn. - Die nemlichen Kritici finden es sehr gut, daß Sie dem Werther auch in dem Besitz seiner lieben Lotte, Leiden und Verdrüßlichkeiten zuschicken. Dieß ist dem wahren Lauf der Dinge gemäß, und wäre (wenn die Begierde reflexion zuließe) im Stande unsre Begierde nach denjenigen

Gütern zu mäßigen, die, nach aller Erfahrung vom Anbeginn der Welt her, gewiß bey ihrem Genuß, nicht so groß und nicht so rein seyn werden, als wir uns jetzt dieselben einbilden. Endlich finden dieselben Kunstrichter das letzte Gemälde häuslicher Glückseligkeit und besonders die Geschichte des erfinderischen Genies, das den Werther wegtrieb, schön und dem Zwecke angemeßen. Auch der Anführung der Gesinnung des Werthers sehr an ihrer gehörigen Stelle zu seyn, und Wirkung zu thun. - Aber nun hören Sie, nach dem Lobe, auch ihren Tadel. Vors erste sind sie mit der Sprache und der Orthographie besonders in dem Gespräche nicht zufrieden. - Ist sie Nachahmung des Göthes? wozu soll sie alsdann? - In der That scheint mir grade dieser Stil mit seinen Apostrophen zu derjenigen DenkungsArt und demjenigen Charakter zu gehören, den Sie bestreiten wollten. Man will der Empfindung entweder so weit nachjagen, daß man auch alle Buchstaben, die in der Sprache des gemeinen Lebens, bey den wirklichen Vorfällen, ausgelassen werden, ausläßt, - oder man will die ungebundenste Freyheit erhalten, weil man sonst fürchtet, durch eine ordentliche Orthographie und Grammatik, die Kraft des Gedankens zu schwächen. - Irrt man sich aber darinn nicht; - und ist nicht diejenige Ruhe und Gelassenheit eines gesunden Verstandes, zu welchem Sie gerne das irre herumfliegende Genie zurückbringen wollen, grade der Zustand, in dem man am wenigsten so schreibt. Überdieß ist ja dieß nicht einmal bey uns die Sprache des Umgangs. Sie ist glaube ich aus dem Reiche [. . .] Aber wenn endlich jeder Scribent um nachdrücklich zu schreiben, seine Provincial-Sprache schreiben wird, so wird kein Mensch mehr den andern verstehen.

Das Mittel zur Wiedererweckung des Werthers hat nicht wahrscheinlich und dem Ton des Stücks angemessen genung geschienen. Überhaupt sieht man ein wenig die Seile an den Maschinen. Aber mich dünkt, das thut deswegen nichts, weil Sie hier nicht einen neuen wahrscheinlichen Roman schrieben; sondern nur einen andern Zustand des Werthers schildern wollten, in welchen sie ihn auf irgend eine Weise zu versetzen suchten. - Wer Lotten sehr liebt, kan unmöglich zugeben, daß sie sich in so einen Laffen verlieben sollte; und wer Werther sehr schätzt, mag die halbähnliche Schilderung von ihm nicht gerne an seinem Rivale. - Das ganze hat nicht so gerührt, wie Werthers Geschichte selbst. Das erlaubt die Natur der Sache nicht; - aber es hat Beyfall und Ueberzeugung gewirkt. Nach meiner eigenen Empfindung und der Einstimmung meiner Freunde, würden die vielen wahren kräftigen und tiefeindringenden philosophischen Gedanken, die im ganzen Stück und besonders auch im Gespräche vorkommen, noch mehr

Wirkung gethan haben, wenn Stil und Rechtschreibung die gewöhnlichen und natürlichen gewesen wären. Vielleicht irre ich mich, aber mich dünkt, alles Ungewöhnliche stört die Empfindung mehr als sie die dadurch zu erhaltene größere Aehnlichkeit mit der Natur befördert. Man überlasse diese kleinen Elisionen und Abbreviateuren dem Acteur und dem Vorleser. Der wird, wenn er in den Strom der Empfindungen hineinkommt, schon von selbst die Buchstaben verschlingen, die nicht ganz förmlich ausgesprochen werden sollen.

Ich setze noch 2 Betrachtungen aus meinem eignen Fond hinzu.
1. Ihre Absicht, dünkt mich, wäre noch vollständiger erreicht worden, wenn Sie Werthern nicht durch die wirkliche Befriedigung seiner Leidenschaft, sondern bey Aufopferung derselben durch andre Beschäftigungen oder Glücksfälle hätten glücklich werden lassen. Es sollte aber gezeigt werden, daß es Werther möglich gewesen sey, auch ohne Lotten glücklich zu werden.
2. Merken Sie es nicht, in Werthers Leben, daß solange er in W. noch so ziemlich geschätzt wird, und das Fräulein B. ihm schön thut, er Lotten ziemlich vergißt. Der mißlungne Plan des Ehrgeitzes, der gedemüthigte Stolz, treibt ihn zurück zu der ihm noch übrigen ressource; diese versiegt, und er verzweifelt. Hätten Sie nicht diesen Umstand noch zu einigen erheblichen Betrachtungen oder Schilderungen nützen können?

Nun lieber Freund, tausend Dank für Ihr Geschenk, und Bitte um Ihre Liebe und Freundschaft

Adieu
Garve

d i e d e n W e r t h e r k a n n t e n: Friedrich Nicolai, Freuden des jungen Werthers. Leiden und Freuden Werthers des Mannes. Voran und zuletzt ein Gespräch. Mit Titelkupfer von Chodowiecki. Berlin 1775. Vgl. auch Christian Garve über Goethes Werther: Über die Leiden des jungen Werther. In: Johann Jakob Engel, Der Philosoph für die Welt. Theil I, 2. Stück, S.16-20. (Berlin 1851).

S i e i s t g l a u b e i c h a u s d e m R e i c h e: Bricht ab; hier fehlt eine Briefseite.
Vgl. dazu auch Goethes »Anekdote zu den Freuden des jungen Werthers« In: Goethe Jugendwerke. Herausgegeben von der deutschen Akademie der Wissenschaften zu Berlin. Berlin 1953.

9

Christian Garve an Friedrich Nicolai

Breßlau, den 9. Januar 1785

Liebster Freund!

Erst vor wenig Tagen ist mir der Theil Ihrer Bibliothek in welchem meine Recension des Kantschen Werks steht, in die Hände gefallen: ich gestehe es Ihnen, daß ich sie gar nicht mit Vergnügen durchgelesen habe. Zuerst finde ich, daß sie wirklich sehr nachlässig geschrieben ist; die Zweydeutigkeiten, die aus einer fehlerhaften Stellung der Worte, oder einem unrechten Gebrauch des articuli postpos. in unsrer Sprache so leicht entstehen können, sind nicht vermieden. Die Kürze in welche ich den Auszug aus dem Buche habe zusammendrängen wollen, um, wenn es möglich wäre, die Gränzen einer ZeitungsRecension nicht zu überschreiten, hat der Deutlichkeit geschadet. Wäre der Gegenstand populär, so könten die meisten Leser jene Fehler durch Aufmerksamkeit auf den Zusammenhang verbessern, und das Mangelnde ergänzen. Aber in solcher an sich so schweren und dunklen Materie, macht die kleinste Unrichtigkeit im Ausdrucke, daß es oft dem scharfsichtigsten Leser unmöglich ist, den Sinn zu errathen. - Zum andern ist die Recension durch so häufige und so grobe Druckfehler entstellt, daß wirklich die Lectüre davon äußerst beschwerlich und den meisten unmöglich werden wird. Die Interpunction ist auch entweder von mir, oder von Setzer und Corrector so fehlerhaft gemacht worden: daß auch in leichtern Stellen der Sinn dadurch verdunkelt wird. Unmöglich kan ein sachkundiger Corrector die Bogen durchgesehen haben. In der That habe ich erst jetzt bey dem Abdruck meines eignen Buchs, der unter meinen Augen geschehen ist, sorgfältiger auf diese Kleinigkeiten Acht zu geben angefangen; und da ich bey diesem, ob ich das Manuskript gleich weit sorgfältiger durchgesehen hatte, doch so viele Fehler gelassen hatte, so glaube ich gerne, daß ein großer Theil der fehlerhaften Interpunction auf meine Rechnung zu schreiben ist. Ich will hier nur einige der vornehmsten Druckfehler anzeigen, damit Sie, wenn Sie es für gut befinden, dieselben am Ende des nachfolgenden Theils anzeigen können.

[*folgen Korrekturen*]

Ich will mehreren andern, die den Sinn weniger stören, nicht gedenken. -

Meine Schuld ist freylich die größte, daß ich mir die Recension nicht noch einmal von Ihnen auserbeten habe. Ich würde jetzt manches weiter ausgeführt, einige, dem würdigen Verfasser vielleicht auffallende Ausdrücke gemildert, vielleicht einige Lobsprüche zu denen hinzugefügt haben, mit welchen Engel den Eingang zu meiner Recension gemacht hat. Danken Sie ihm für diese mir zu Liebe übernommne Arbeit. - Ob ich gleich Kants Werk nicht ganz verstehe, so scheine ich nun doch so viel einzusehen, und dieß wird mir auch durch das, was ich von seinen Prolegomena gelesen habe, bestätigt, daß er wirklich nach einem Schatten hascht. Die große Reform der Metaphysic, die er durch seine Critik vorbereiten will, wird nicht entstehen. Aber ein so scharfsichtiger tiefdenkender Mann kan auch eine Schimäre nicht verfolgen, ohne auf dieser Jagd viele andre merkwürdige Dinge zu beobachten. Schon die Anstrengung des Geistes, welche nöthig war, ein solches Buch zu schreiben, setzt in Bewunderung. Ich für mein Theil will von dieser hohen Region der Philosophie gänzlich Abschied nehmen. Ich befinde mich besser dabey, wenn ich mich näher an die Erde halte und bloß über die Dinge philosophire, die ich täglich sehe und höre. Mein Verleger hat mir gesagt, daß er mein Buch Ihnen zugeschickt hätte. Möchten Sie doch Gedanken und Gesinnungen darin so finden, wie Sie sie an einem Freunde wünschen.

Ich bin von ganzem Herzen
der Ihrige
Garve

meine Recension des Kantschen Werks: Kritik der reinen Vernunft. Von Immanuel Kant. Riga 1781. Anhang zu dem 37. bis 52. Band der Allgemeinen Deutschen Bibliothek, Zweyte Abteilung, 1785, S. 838-862.
Vorher hatte Christian Garve eine erste Besprechung der Kritik der reinen Vernunft in den »Zugaben zu den Göttinger Gelehrten Anzeigen, Stück 3, vom 19. Januar 1782, S. 40-48 veröffentlicht, die durch Feders redaktionelle Eingriffe verunstaltet worden war. Vgl. Günter Schulz, Christian Garve und Immanuel Kant. Jahrbuch der Schlesischen Friedrich Wilhelms-Universität zu Breslau, V, 1960, S. 123-188.

daß er mein Buch Ihnen zugeschickt hätte: Cicero von den menschlichen Pflichten. Uebersetzt mit Anmerkungen und Abhandlungen. Breslau 1783. - Zweite Ausgabe 1787-1792. Auch besonders erschienen: Abhandlungen über die Verbindung der Moral mit der Politik, oder einige Betrachtungen über die Frage, in wie fern es möglich sey, die Moral des Privatlebens bey der Führung der Staaten zu beobachten. Breslau 1788.

10

Christian Garve an Friedrich Nicolai

Breßlau, den 29. September 1786

Hochgeehrter Herr,

Ich glaube, daß ich das Schreiben welches ich öffentlich an Sie erlasse, mit einem Privatbriefe begleiten kan, ohne daß der Thon in beiden von einander abstechend seyn dürfe. Sie sind in der That, in Ihrer Schrift gegen mich, hart und unbillig gewesen; und ich kan mir nicht vorstellen, daß Sie damit selbst ganz zufrieden sind. Ich will zugeben, daß es Eiffer für die Wahrheit war, der Sie in Hitze brachte. Aber fordert dann dieser, daß man der Menschen gar nicht schone, welche sich dem, was man für Wahrheit hält, widersetzen? Ich habe Sie wegen vielfacher und langjähriger Verdienste, die Sie um unsre Litteratur haben, immer hochgeschätzt, und schätze Sie noch jetzt. Aber dieß konte mich nicht hindern, in vielen Punkten anders zu denken, und in einem einzigen es einmal zu sagen. Das Beleidigende, was Sie in meinen Ausdrücken zu finden glauben, wird doch gewiß keinen andern Leser meines Briefes so auffallend vorgekommen seyn, als es die Äußerungen in Ihrer Schrift sind, welche mich betreffen.

Welches Urtheil Sie von je her über mich in dem Grunde Ihres Herzens gefällt haben, weiß ich nicht. Ihr äußeres Betragen gegen mich zeigte Achtung und ein günstiges Urtheil an. Dieß kan ich nicht ganz verwirkt haben; bey demselben aber ist mir die Art wie Sie mich behandeln, unbegreiflich, und sie scheint mir nicht ganz zu billigen. Kan dieselbe Heftigkeit Sie nicht auch zuweilen in anderen Dingen und in Absicht andrer Personen, verleiten unrichtig zu sehen, so viel Ihnen auch Ihr Fleiß und günstige Umstände Nachrichten verschaffen?

Doch dem sey wie ihm wolle, auch die Wirkung dieses meines gedruckten Schreibens auf Sie, und sein Erfolg auf mich sey welche sie wollen: ich habe nicht in unredlichen Absichten gehandelt, nicht unvernünftige Sachen vorgetragen und werde, wenn ich auch in einigen Stücken geirrt habe, doch gewiß in einigen durch den Erfolg gerechtfertigt werden. Also bin ich ruhig und ohne Sorgen. Gegen Sie werde ich nicht aufhören, diejenige Achtung zu haben, und bey Gelegenheit zu bezeugen, wenn Ihr Talent und Ihr Fleiß es verdienen, und die mit der Mißbilligung der Heftigkeit und der Leidenschaft sehr wohl bestehen kan, durch welche Sie zuweilen der Wahrheit, zu deren Erforschung Sie sonst so sehr aufgelegt sind, Schaden thun.

In dieser Gesinnung verharre ich Dero ergebenster Diener

Garve

Breslau, d. 29. Sept. 1786

das Schreiben welches ich öffentlich an Sie erlasse: Schreiben an Herrn Friedrich Nicolai von Christian Garve, über einige Aeußerungen des ersten, in seiner Schrift, betitelt: Untersuchung der Beschuldigungen des P.G. gegen meine Reisebeschreibung. Breslau (Korn) 1786.

in Ihrer Schrift gegen mich: Untersuchung der Beschuldigungen des Herrn Prof. Garve wider meine Reisebeschreibung durch Deutschland und die Schweiz. Nebst einigen Erläuterungen, die nützlich auch wohl gar nöthig seyn möchten. Berlin und Stettin 1786. Zuerst in der »Beschreibung einer Reise durch Deutschland und die Schweiz« 7. Band, Berlin und Stettin 1786, als »Anhang zum siebtenten Bande« S. 1-144. Danach als Einzeldruck.

11

Friedrich Nicolai an Christian Garve

Berlin, den 17ten October 1786

Hochgeehrter Herr!

Ihren Brief vom 29ten September erhielt ich erst vor einigen Tagen über Leipzig. Sie sagen mir darin kurz und trocken, was Sie über mich denken. Ich kann und mag keine andere Absicht dabey vermuthen, als daß Sie mich zu gleicher Vertraulichkeit berechtigen wollen; also bedarf das, was ich in Antwort auf denselben sagen werde, keiner weitern Entschuldigung. Ich thue auf meine Art, was Sie zuerst gegen mich auf Ihre Art thaten. Sollten Sie, wie ich nicht hoffe, glauben, ich wäre nicht berechtigt, die folgenden offenherzigen Erläuterungen an Sie gelangen zu laßen, so überlegen Sie einmal, was Sie dazu berechtigen konnte, in Ihrem Briefe mit mir in dem *trockenen hohen absolutiven Ton zu reden* (der beleidigender ist als die täglichsten Erörterungen) als ob ich mich selbst bescheiden müßte, daß Sie mit mir nicht Umstände zu machen nöthig hätten.

Bis jetzt scheinen Sie mir etwas einseitig zu denken und sich gar nicht in die Lage eines andern versetzen zu können. Sie sagen, ich habe Sie nicht geschont. - Schonten Sie mich, da sie mir *zuerst*, wie Sie thaten, vor den Augen der Welt begegneten? Vergessen Sie nicht ganz, daß Sie mich *zuerst* auf eine Art angriffen, die Sie sich in der That nicht hätten erlauben müßen, hätten Sie sich erinnert, daß ich ein Mann bin, der es nicht verdient, daß Sie wie auf einen mittelmäßigen Schriftsteller von oben herabsehen.

Sie sagen: »das Beleidigende was ich in Ihren Ausdrücken zu finden *glaubte*, würde doch *gewiß keinem* andern Leser so auffallend vorgekommen seyn als die Aeußerungen in meiner Schrift, die Sie betreffen.« Überlegen Sie doch, ob Sie dis *gewiß* wißen können? Sie müßen es dem unpartheyischen Publikum überlaßen, ob Ihre willkürliche Herabsetzung meiner Bemühungen oder mein dadurch nothwendig gemachter, mit *Thatsachen belegter* Beweis, daß Sie darüber zu urtheilen nicht *Judex competens* und wirklich partheyisch waren, einen nachtheiligern Eindruck gegen einen von uns beide gemacht habe! Ich *glaubte* übrigens nicht blos, in Ihrer Art sich gegen mich zu benehmen, sey etwas *Beleidigendes*, sondern Ihr ganzes Betragen gegen mich war *höchstbeleidigend*. Sie empfinden, scheint es, noch nicht, wie beleidigend *Anmaßung* seyn kann. Eine strengere Prüfung dessen, was Sie sind, und was ich bin, würde Sie vielleicht auf die Empfindung davon geleitet haben. Sie empfanden Ihren Werth, Sie hätten aber auch Ihre Einschränkung empfinden sollen, so hätten Sie einem andern das unangenehme Geschäft ersparet, Ihnen Ihre Einschränkung zu zeigen, weil er sich auch *seines Werths* bewußt war, und ihn nebst der (durch Untersuchungen, die so viel Fleiß und Geisteskräfte erfordern) gefundenen Wahrheit Ihrer Laune nicht Preisgeben wollte.

Sie sagen gerade zu: »Ich sey in meiner Schrift gegen Sie *hart* und *unbillig* gewesen, und Sie könnten *sich nicht vorstellen*, daß ich damit jetzt ganz zufrieden sey. Erlauben Sie mir zu wiederholen, daß Sie allzu viel darauf geben, ob *Sie* sich etwas *vorstellen* können. Das habe ich schon in meiner Untersuchung manchmal bemerkt. Ich versichere Sie, daß ich noch jetzt, nach strengster Prüfung meines Gewißens, im Ganzen mit meiner Schrift völlig zufrieden bin und auch Ihr *gedrucktes Schreiben* hat mich nicht auf andere Gedanken gebracht. Dieses sucht mich zwar in dialektische Schlingen zu verwikeln, übergeht aber die *Thatsachen worauf es doch blos ankomt*, klärt *keine einzige* weiter auf, sondern läßt alles *unbestimt*. Ich habe in meiner Untersuchung alle Materien, die Sie nur unvollkommen und verkehrt betrachten, deutlich auseinander gesezt, und was Sie durch *Argumentationen verdunkelt* hatten, durch Thatsachen in ein helles Licht gebracht. Das war meine Absicht, und die habe ich erreicht. So höchst unangenehm es mir noch jezt ist, daß ein Mann, wie Sie, den ich so hoch schätze, mich nöthigte, die *Untersuchung* zu schreiben, so lieb ists mir doch, daß ein großer Vortheil für die Wahrheit daraus entstand; denn ich habe dabey eine Menge Sachen gesagt, auf die ich sonst so geschwind nicht würde gestoßen seyn, wenn ich Ihren Widerspruch nicht hätte aus allen Kräften verwerfen müßen.

Ich habe Ihnen hart begegnet, das gebe ich zu; aber wer begegnete mir zuerst hart? Lesen Sie S. 7. 8. und 25 meiner Untersuchung. Es ist die strengste Wahrheit, was ich daselbst sage. Lernen Sie sich selbst etwas näher kennen, überlegen Sie genauer, was Sie thaten, so werden Sie finden, daß Ihr Betragen gegen mich Sie nicht berechtigte, von mir zu verlangen, daß ich aus Schonung gegen Sie *harte Wahrheit nicht ungesagt laßen* konnte. Ich hatte Jahre lang Gegenstände mit dem größten Eifer studirt und sie mit größter Unpartheylichkeit auseinandergesetzt, die Sie nicht studirt hatten, nicht studiren konnten, nicht auseinander zu sezen im Stande waren, gleichwohl *decidirten* Sie über Gegenstände mit einem *Dünkel,* als ob Ihr bloßes Ermeßen meine sorgfältigsten Untersuchungen umstoßen könnte. Sie stellten mein Unternehmen nicht nur als unnüz, sondern auch als ungerecht und schädlich vor. Sie nahmen den Ton eines homme du monde an, der es der Mühe nicht werth hält, Zeit und Geist auf pedantische Untersuchungen anzuwenden, da er ohne sie doch zu wißen vermeint, woran er ist. Sie tracktirten mich so de haut en bas, als ob Sie der superiore Geist wären, der alles übersähe, ich aber der unbedeutende Landarbeiter der zwar *mühsamen Fleiß* anzuwenden wißen möchte, aber nicht die Gegenstände mit scharfem Blicke zu überschauen vermögend wäre, den Sie also darüber *bedeuten* müßten. Sie nehmen den vornehmen Ton eines Voltaire gegen einen deutschen obscuren Historiker an, der Ihnen gegen mich zu brauchen nicht gebührte. Sie *persiflirten* mich sogar, als ob ich ein Neuling wäre, dessen Visionen bloß Achselzucken verdienten. Ich suche nicht nach Lob und verlange nicht geschmeichelt zu werden, aber ich bin mir bewußt, was ich wirklich werth bin. Ich dränge mich nicht hervor und bin gewiß wie jeder bescheidene Mann von Herzen bescheiden; nur gegen den, der mir stolz begegnet, erniedrige ich mich niemals sondern den allein nur laße ich fühlen, daß ich meinen Werth kenne. Daher nahm ich einen Ton gegen Sie an, der *auf Ihren Ton* natürlich folgen mußte, sonst wären wir nie auseinander gekommen; sonst hätten Sie die Wahrheit, die ich mit Mühe ans Licht gebracht hatte, verdunkelt, zumal da die listigen Katholiken Ihre Autorität gleich würden gemißbraucht haben, wie es P. Steiner schon that. Sie brauchen in Ihrem Schreiben ein ganz untreffendes Argument, wenn Sie meinen, ich würde Ihnen mündlich nicht haben sagen dürfen, was ich Ihnen schriftlich gesagt habe. Es ist ein großer Unterschied ob Jemand im Vorbeygehen unter vier Augen scherzt, oder ob er vor der Welt in Schriften seinen Gegner persiflirt. Jenes erwiedert man allenfalls auch mit einem vorübergehenden Bon mot; sobald aber ein mündlicher Angrif von Ihnen den zehnten Theil der Wirkung hätte haben können, als Ihr öffentlicher Angrif, so würde ich Ihnen mündlich auch eben das und noch weit mehr gesagt haben, ja mündlich hätte ich zu Ihrer Beschämung manches sagen dürfen, was sich aus andern Ursachen öffentlich nicht sagen läßt. Sehen Sie, in diesem Brief sage ich mehr.

Ich begegnete Ihnen aber *hart,* weil Sie es nicht anders haben wollten. Aber ich läugne, daß ich Ihnen *unbillig* begegnete; vielmehr behaupte ich, daß Sie sich der *größten Unbilligkeit* schuldig machten. Ich war meiner Materie vollkommen Meister und hatte sie mit großer Sorgfalt studirt. Sie hatten sich nicht die Mühe gegeben, sich irgend auf eine Art gründlich davon zu unterrichten, sondern hatten nichts als vorgefaßte Ideen. Sie wollten über Thatsachen urtheilen, ohne sie untersucht zu haben, und gaben sich das Ansehen, als könnten Sie alles, was mir die unläugbarsten Thatsachen an die Hand gaben, mit ein paar Worten niederschlagen. Dies war *höchst unbillig.* In historischen Untersuchungen ist dies *doppelt* unbillig und schädlich zugleich für die Wahrheit; denn die Leser, denen man auf die Art die *Thatsachen aus den Augen rückt,* erblicken sie nicht mehr in ihrer wahren Gestallt, und der ganze Zweck des Studiums der Geschich te wird vereitelt. Da Sie ganz *ununterrichtet* waren, so hätten Sie in öffentlichen Schriften entweder Ihr Urtheil ganz suspendiren oder doch wenigstens Ihre Zweifel auf eine zurückhaltende Art vorlegen sollen. Statt deßen *decidirten* Sie mit einer auffallenden Superiorität, die sich ein Mann, der weit unterrichteter gewesen wäre als Sie, nicht hätte anmaßen sollen, wenn er gegen einen Gelehrten, dem (ich darf es ohne Stolz und Prätension sagen, da die Sache selbst spricht) zu Untersuchungen nicht gemeiner Art, weder an ausdauerndem Fleiß noch an Geistesfähigkeiten fehlt, *einige Achtung und Schonung gebrauchen zu müßen,* geglaubt hätte. - Sie schlugen mit angemaßter Autorität in einem Fache, in welchem Sie ganz fremd, und ich ganz zu Hause war, meine Untersuchungen im voraus nieder; Sie traktirten sie als *verächtliche Visionen,* die bloß mit ein Paar dialektischen Diskussionen und mit ein wenig Persiflage abgefertiget zu werden verdienten. Nun blieb mir also nichts übrig, als dem Publikum aufs deutlichste zu zeigen, (nehmen Sie es mir nicht übel, daß ich es nochmals gerade heraus sage) daß Ihre Autorität in *historischen Sachen* gar keine Achtung verdient, da Sie das nicht studirt hatten, was Sie doch definitiv aburtheilen wollten, daß Sie sichtlich *partheyisch für die Katholiken* waren. p.p. Es mag immer *hart* seyn, dis zu sagen aber in der Lage zwischen Ihnen und mir, war es *nicht unbillig,* denn es war *wahr,* im strengsten Verstande von allen Seiten *wahr.* Es bleibt einem historischen Untersucher nichts als dieses *harte Mittel* übrig, wenn ein in der Geschichte unerfahrener Thatsachen durch Argumentationen umkehren will. Herder that nur eben dis in der Geschichte der *Tempelherrn,* wovon er nichts verstand und mich doch widerlegen wollte. Ich mußte also zeigen, daß Herders Autorität in dieser historischen Frage *gar nichts werth* seyn konnte, weil er in dem größten Theil der Thatsachen unwißend war, und den geringen Theil, den er noch wußte, durch Imagination und durch Dialektik verdrehete. Dieses war genau der Fall, in welchen Sie mich durch die unbillige Art Ihres Angrifs brachten. Ich mußte ebenso wieder verfahren, denn so ungern ichs that, so blieb mir nichts anders übrig.

Bloß das, was ich über Ihren *Umgang*, und wie daraus Ihr (auch noch in Ihrem gedrukten Schreiben) so sichtliche *Partheylichkeit* für Katholiken p.p. entstand, möchte *unbillig scheinen,* ist es aber nicht, denn ich weiß wohl, daß es *wahr* ist. Sie fragen in Ihrem gedruckten Schreiben spöttisch, »ob ich das aus Nachrichten oder aus Schlüßen wiße?« Ich antworte Ihnen hier: Aus »Nachrichten und aus sehr sicheren Nachrichten; ich bin auch gar nicht der einzige, der das eben daher leitet; nur sagen es andere vieleicht nicht so *laut* wie ich *mußte.* Da Überzeugung in solchen Sachen relativ ist, so kann ich freylich besonders *mit Ihnen* hierüber nicht disputiren, zumal, da hier vieles vorgehet, was Sie selbst nicht merken, was aber andern sehr merklich wird. Zudem ist diese Materie so delikat, daß sie sich schriftlich nicht erörtern läßt, und ob ich gleich in diesem Briefe gegen Sie ganz ruhig schreibe, so sind doch die *unwürdigen Intriguen der schlesischen Katholiken,* nicht mich zu widerlegen (denn das können sie nicht) sondern mich *durch Macht zum Stillschweigen zu zwingen,* mir noch in zu frischem Gedächtniße, daß ich eine Materie, wo ich meinen gerechten Unwillen nicht würde verbergen können, nicht näher erörtern mag (daß Sie, wenn Sie wißen, was ich meine bey aller Ihrer guten Meynung von *Katholiken* es höchlich misbilligen müßen, bin ich von ganzem Herzen überzeugt.)

Ich glaube ebenfalls noch, es sei vollkommen richtig, was ich S. 25 der Untersuchung über das faux Air du bon, welches Sie in Ihrem Aufsaze gegen mich (und ich seze hier hinzu, auch im gemeinen Leben, im Umgange) affektiren daß dis schon vielen Leuten aufgefallen ist. Ich weiß nicht, ob Ihnen Jemand darüber schon etwas gesagt hat, aber merklich ist es genug. Sie haben mich in die Lage gesezt, mich hier unter vier Augen ganz darüber exponiren zu müßen. Sie sagen in Ihrem Briefe, Sie wüßten nicht, welches Urtheil ich im Grunde des Herzens von *jeher* von Ihnen gefället habe. Gut, Sie sollen es hier erfahren. Dünkt es Ihnen abermals *hart*, dis zu thun, so bedenken Sie, daß Sie selbst die Veranlaßung gaben. Ich habe auf Ihre Freundschaft noch nicht Verzicht gethan. Sehen Sie die Offenherzigkeit, mit welcher ich Ihnen meine seit vielen Jahren über Sie gemachten Bemerkungen mittheilte, als einen Beweis davon an. Ich hoffe, Sie können Wahrheit vertragen, zumal Wahrheit, die Ihnen zu wissen wichtig seyn kann; *Wahrheit ohne Milderung* oder *Zurückhaltung*, aber doch aus dem *freundschaftlichen Herzen* gesagt.

Ich habe Sie als Jüngling gekannt, als Sie sich noch zu dem bildeten, was Sie sind. Ich unterschied Sie bald und merkte an Ihnen die trefflichsten Anlagen, und, was nicht immer zusammen sich findet, Wißbegierde, und Scharfsinn mit viel Herzensgüte und Edelmuth verbunden. Aber ich entdeckte auch schon damals eine sehr auffallende Schwachheit an Ihnen, die nachher sehr zunahm. Kaum hatten Sie sich einigermaßen gebildet, als Sie schon zeigten, daß Sie viel vom *Egoisten* hatten. Sie hörten sich gern, und *waren nicht gern da, wo Sie sich nicht hörten.* Sie konnten selten in den Gesichtspunkt eines andern hineingehen; der Ihrige war es, den Sie als Jüngling immer hervordrängen wollten, ohne zu empfinden, wie und mit wem Sie sich unterredeten. Der seelige Sulzer, als er Sie das erste Mal in Leipzig gesprochen hatte, sagte mir nach seiner Zurückkunft: Ich habe den Herrn Garve gesehen, für den ich aus seinen Aufsätzen so große Hochachtung gesetzt hatte; aber der junge Mann ist im Umgange beynahe unverträglich; er will immer belehren. So wie Sie an Jahren und Talenten zunahmen, so war Ihre Prätension im Umgange merklicher, und schon damals zuweilen [?] drükend für andere. Sie gingen in allem immer nur von *sich selbst aus.* Und da Sie entweder im Zimmer studirten oder in einem eingeschränkten Zirkel von Leuten lebten, die Sie liebten, und die den jungen Mann von Talenten *verzogen,* so wurden Sie immer einseitiger und konnten dabey an Weltkenntniß wenig zunehmen. Als Sie in Schlesien einige Zeit waren, schienen Sie dis zu merken und wollten nun in der Welt und unter Freunden [?] leben (Sie sagten mir dis in Berlin selbst, und ich erinnere mich sehr wohl, wie Sie damals mit bedeutendem Lächeln, die dem Gelehrten gewöhnliche Pedanterie tadelten, nebst mehreren von Ihren Äußerungen, unter [andern]: *»Ich glaube, man wird mich gern haben.«*). Sie vermeinten bald, Sie hätten die Pedanterie abgeschüttelt und den Ton du Monde vollkommen gefaßt. *Ich befürchte, es* war nicht ganz so, und einige Gens du Monde waren auch der Meinung. Dazu kam, daß Sie in Ihrem Umgange mit Leuten vom Stande, den Sie vorzüglich suchten, glaubten auch das bedeutende Air d'un Homme de qualité annehmen zu müßen, das Sie, ich will es aufrichtig sagen, noch nicht recht kleiden will. Glauben Sie es einem ehrlichen Mann und der Sie wirklich schätzt, daß dis air de Pretension seit einigen Jahren vielen verständigen Leuten sehr auffallend ist und daß Sie hierdurch bey der Welt in der That verloren haben. Wo Sie auf Ihren Reisen gewesen sind, z.B. in Göttingen, in Hannover, in Braunschweig, spricht man davon, daß Sie sich zu allen Prinzen und Excellenzen drängten, daß Sie beständig Distinktionen forderten, und verlangten, daß sich jedermann nach Ihnen richten sollte, daß Sie mit den Gelehrten mit einem air de Protection, und mit den Gens de qualité immer als mit Ihresgleichen zu sprechen reflektirten. Wie viel habe ich darüber an mehrern Orten gehört, und wie wehe that es mir, wenn ich Sie gerne vertheidigen wollte und nicht konnte. Als Sie in Berlin waren, habe ich und viele andere es bemerkt, daß es immer war, als wenn Sie Audienz gäben, selbst wenn Sie mit Gelehrten sprachen, die Ihnen wenigstens an Verdiensten nicht nachzusetzen waren, und denen Sie eher vorzügliche Achtung schuldig gewesen wären. Ich versichere Sie, daß dis auch unter den Gens du Monde ist laut bemerkt worden, mehr als Sie sich vorstellen können. Ja bemerkte nicht selbst der hochselige König diese Ihre Prätension? Vielleicht wissen Sie nicht, was er *sagte*, und wie es der Docteur *Garbojos* in einer von seinen Schriften ausführte. Der Faux ton du Monde, dieser ton de pretension, ist Ihnen so gewöhnlich geworden, daß Sie nichts davon merken. Im gemeinen Leben erträgt man ihn und sagt Ihnen nichts davon. Aber sie wollten nun auch diesen Ton in einer Schrift öffentlich wider mich brauchen, um wichtige Untersuchungen, die mir Jahre lang Zeit und Mühe gekostet hatten, zu unterdrüken. Nun sprach ich laut davon, und nicht wenige unpartheyische Leute sagten, ich hätte es gerade getroffen. Sie würden, ich bin es überzeugt, bey der Welt, deren Umgang Sie so sehr suchen, viel gewinnen, wenn Sie einst den Sinn erhalten zu fühlen, worin Sie in diesem Stücke so lange fehlten. Selbst in Ihrem Schreiben vom 29. September habe ich und andere, denen ich diesen Brief zeigte, es nicht verkannt, daß Sie sich darin im Tone de Superiorité, der aus dem verfehlten Ton du Monde entsteht, gegen mich anmaßen. Ich sehe jetzt darüber weg und gehe weiter.

Sie klagen über meine *Heftigkeit.* Ich habe mit *Heftigkeit* geschrieben, weil Sie mich beleidigt hatten, weil ich die Beleidigung empfand und weil ich mir die ernsthaften Studien mehrerer Jahre über Thatsachen, weder durch Argumentationen noch durch Persiflage wollte verderben laßen. Aber ich habe nicht aus Heftigkeit und aus Leidenschaft bloß geschrieben, sondern meine auf Thatsachen gestüzte Gründe werden bey den kältesten Überlegungen Stich halten. Sie sagen: Meine Heftigkeit habe sonst zuweilen der *Wahrheit Schaden* angethan. Wann? Wie? Wo? Ich habe über alle meine Streitigkeiten nachgedacht; ich finde nichts dergleichen. Hätte ich Sie vielleicht wohl beßer widerlegen können, wenn ich weniger heftig gewesen wäre? Es kann seyn, daß mir selbst meine Heftigkeit geschadet haben kann, aber *nicht der Wahrheit*, denn die habe ich allezeit durch Gründe befestigt. Uebrigens erfordert das Ausdauer bey mühsamen Untersuchungen, davon Sie die wahre Beschaffenheit wirklich nicht kennen, und deren Werth Sie so wenig zu schätzen wissen, einen Eifer, der aus der Ueberzeugung der Wichtigkeit der Sache entspringt, denn sonst würde der, der mehrere Fähigkeiten in sich fühlt, als bloß zu mühsamen geduldigen Nachforschen erfordert werden, nicht ausdauern können und wollen. Diesen Eifer für die verkannte Wichtigkeit einer Sache scheinen Sie mit Heftigkeit zu verwechseln. Glauben Sie, man muß es mir arg machen, wenn ich heftig werden soll. Es hat gewiß kein deutscher Gelehrter seit 30 Jahren so viele heftige und höchst unbillige Angriffe erduldet, und ist gelaßen dabey geblieben.

Sie sagen: Sie hätten nicht *unvernünftige* Sachen vorgebracht, nicht aus *unredlichen* Absichten gehandelt; *Unvernünftig* ist ein hartes Wort, das ich nie gegen Sie gebraucht habe. Aber da wir einmal offenherzig reden: Wie soll ich es nennen, wenn Sie vorbrachten: z.B. Die Jesuiten im vorigen Jahrhundert, welche die Regenten regirten, wären in nichts erfahren gewesen als in der Metaphysik der Schule, - daß Sie so gewiß als *von ihrer Existenz* überzeugt wären, daß *kein* katholischer Schlesier ans *Proselytenmachen* denke u. dgl.

Ich will es *aufs gelindeste* nur *widersinnig* nennen. Und doch wollten Sie durch mehrere widersinnige Säze dieser Art, die Sie wie Axiome hinwerfen, die *unstreitigsten Thatsachen* widerlegen und sie als Träumereyen behandeln. Hatte ich so ganz Unrecht zu sagen, daß ich Garven den Philosophen in diesem Aufsatze nicht finden könnte?

Daß Sie nach *unredlichen Absichten* gehandelt hätten, *habe ich nie gesagt,* niemals auch nur denken können. Ich sagte nur: Sie sind zu gemächlicher Spekulation gewöhnt. Nach derselben bekümmern Sie sich nicht um Thatsachen, nehmen sich nicht die Mühe, sie unpartheyisch zu erforschen, sondern Sie formen sie gern nach Ihrer Spekulation um. Ich habe gesagt: Sie kennen von der Welt viel weniger als Sie glauben, und stellen Sie sich ganz anders vor, als sie ist. Sie sind gutmüthig und werden durch Ihnen unmerkliche Mittel weiter geleitet als Sie selbst denken. Sie handeln *schwach,* aber schwächlich ist nicht *unendlich.* Glauben Sie es einem ehrlichen Mann, welcher die Welt von sehr vielen Seiten praktisch kennt, daß ein spekulativer Gelehrter, wenn er sich unter die Weltleute mengt (zumal wenn er von seinem eigenen Scharfsinn eine hohe Idee hat) von Weltleuten, die ihm an Geistesfähigkeiten gar nicht zu vergleichen sind, doch sehr leicht regiert und nach ihrem Willen geleitet wird, sogar wenn er sich einbildet, selbst Einfluß auf sie zu haben (S. Untersuchung S. 20).

Noch muß ich Ihnen sagen, daß ich über Ihr gedruktes Schreiben eine Erklärung in die Zeitungen sezen laße. Sie werden finden, daß ich ohne mir etwas zu vergeben (welches nicht zu verlangen ist) nachgebe, was ich irgend kann, daß ich mich in Ansehung Ihrer mit der größten Hochachtung ausdrüke, die Sie verdienen. Sie werden auch finden, daß ich öffentlich von dem nichts erwähne, was in diesen Privatbrief gehört.

Ich habe Ihnen nun ganz offenherzig gesagt, wie die Sachen zwischen uns stehen. Meine Absicht ist nicht, Sie zu beleidigen, sondern Ihnen ganz gerade zu meine Meinung auf meine Art zu sagen, wie Sie mir gerade zu Ihrer Meinung auf Ihre Art sagten. Bin ich so glücklich, Sie in der Hauptsache zu überzeugen, so kann dis meines Erachtens der Grund zu einer viel genaueren Freundschaft werden, als die unsrige vorher war. Ists das Gegentheil, so werden Sie wenigstens fühlen, daß zwey verständige Leute wichtige Dinge aus ganz verschiedenen Gesichtspunkten erkennen können. Jeder von uns wird sodann bey seiner Meinung bleiben, und wenn wir uns einmal persönlich wiedersehen sollten, so werden wir ohne weitere Vertraulichkeit uns wie vernünftige Leute vertragen können.

Sie versichern mich, Sie würden nicht aufhören, für meinen Fleiß und Talente die verdiente Achtung zu haben, und dis könne mit der Misbilligung deßen, was Sie an mir misbilligen, wohl bestehen. Eben dis wird auch stets meine Gesinnung gegen Sie seyn. Ich weiß es auch, und ich verehre es, daß Ihnen Aufklärung und gesunde Vernunft am Herzen liegt, und daß Sie sie aufrichtig zu befördern wünschen. Glauben Sie ein gleiches von mir. Darf ich Sie bitten, diejenigen wenigstens nicht gerade zu stören, welche auch zur Aufrechterhaltung derselben arbeiten. Alle Beförderer dunkler und unbestimmter Begriffe von aller Art arbeiten *sehr einträchtig*, um die deutliche und gesunde Philosophie in Miskredit zu bringen, und sie arbeiten daher mit viel beßerem Erfolge, als man denken sollte, Lavater und die katholischen Theologen helfen sich schon wieder und machen Parthei wider die Vernunft. Wenn diejenigen, welche die Rechte der Vernunft besorgten, uneins sind, so machen sie jenen das ohnehin leichte Spiel noch leichter, und freymüthige Philosophie und gesunde Vernunft leiden einen unwiederbringlichen Schaden. Es scheint Ihnen unmöglich, daß der Katholicismus über uns Protestanten wieder Macht bekomme, mir und andern nicht. Wir wollen nicht streiten. Darin sind Sie aber wenigstens gewiß mit mir einig: es würde ein großes Unglück seyn, *wenn es geschähe.* Setzen Sie nun einmal voraus, daß dis aus Ihnen unbekannten Gründen *möglich* sey, die große innere und geheime Hierarchie macht es wirklich sehr möglich. Wenn Sie manches wüßten, was ich weiß, wenn Sie Briefe, die ich aus ganz Deutschland (und auch *aus Schlesien*) bekomme, lesen und erwegen sollten, die ich nicht öffentlich bekannt machen *kann*, so würden Sie doch vielleicht ernsthafte Gedanken hierüber bekommen. Die Art, wie man in 12 Jahren Lavatern dahinbrachte, so gar die Glockenkünste und Tonsur und Brevier, als Dinge, die zu Ehren Jesu gereichen, anzupreißen, muß doch wohl endlich zeigen, daß zu Stande gebracht wird, was kaum möglich scheinen sollte. Seyen Sie also wenigstens etwas vorsichtig. Tragen Sie wengistens hiezu nichts bey, durch Verminderung der Aufmerksamkeit, auf die Schädlichkeit der Grundlehrsätze des Katholicismus, auf die mancherley unter der Hand vorgehenden sonderbaren Dinge, oder durch Entschuldigung der so gefährlichen Macht der Hierarchie. Ich bitte hierum um der guten Sache der Vernunft willen, die Ihnen gewiß am Herzen liegt, nicht um meinetwillen. Leibniz beförderte aus *Politik* heimlich den Katholicismus, er war nahe dabey, sich *öffentlich katholisch zu erklären.* So weit hatten ihn *seine Verbindungen mit den Jesuiten* gebracht, durch welche er *seine weltlichen Absichten* durchsetzen wollte. Es ist in dieser beym ersten Anblick unglaublichen Nachricht nicht zu zweifeln, denn ich habe leider! die Beweise davon von seiner eigenen Hand gesehen, und sie werden auch wohl zu seiner Zeit öffentlich erscheinen. Ich wünschte nicht, daß man je von einem zweiten deutschen Philosophen, auch nur mit einer Art von Schein, so etwas vermuthen könnte. Wenn er auch ohne die geringste Politik, blos aus wahrer Gutmüthigkeit, zu weit ginge, so bliebe der Schaden ebenso wesentlich.

Noch eins bitte ich Sie: Urtheilen Sie auf keine Art mehr öffentlich über geheime Gesellschaften, weder im Guten noch im Bösen. Glauben Sie einem ehrlichen Mann, welcher dieses Fach im Innersten in sehr weitem Umfange kennet, daß alle Begriffe, welche Sie sich davon machen, selbst auch, wenn Sie in einige vorläufige Grade eingeweihet werden, ganz unwichtig sind. Glauben Sie mir (Sie wißen doch wenigstens, daß ich kein Charlatan bin), daß durch diese Verbindungen wichtige Dinge gewirkt, freylich auch wichtige Misbräuche fortgepflanzt werden, beides auf eine Art, davon Sie sich keinen Begrif machen können. Es ist das Buch des Erreurs dazu nicht unbedeutend, der Somnambulisme (der jetzt troz Vernunft und Physik von Moskau bis Italien immer mehr Anhänger im stillen gewinnt) ist nicht unbedeutend. Ich kann und will mich nicht näher erklären. Meine Bitte ist nur, daß Sie über diese Materien, da sie Ihnen doch *völlig fremd* sind, ganz Ihr Urtheil suspensiren, davon wenigens in öffentlichen Schriften schweigen, denn wie Sie auch davon reden mögen, so muß Ihr Reden eine für die wahre reine Philosophie sehr schädliche Wirkung haben, wie das wirklich schon der Fall gewesen ist. Ich versichre Sie dieses mit der völligsten Überzeugung, aber ich bitte, daß es ganz unter uns bleibe.

Den Mann, gegen den man so offenherzig von deßen Fehlern spricht, und zugleich so viel Vertrauen gegen Ihn zeigt, in der gewißen Überzeugung, er sey ganz unfähig, je dis Vertrauen zu misbrauchen, den Mann muß man hochschätzen. Dis ist meine aufrichtige Gesinnung gegen Sie, mit der ich stets verharre Ihr

ergebenster Diener

(Nicolai)

w i e e s P. S t e i n e r s c h o n t h a t: Vgl. Nicolais »Untersuchung« (Anmerkung zu Nr.10) S. 48, 65, 74, 76.

B r i e f 11: Der Brief liegt in einer Abschrift von Schreiberhand vor.

H e r d e r t h a t n u r e b e n d i s i n d e r G e s c h i c h t e d e r T e m p e l h e r r n: Herder, Historische Zweifel über das Buch: »Versuch über die Beschuldigungen, welche dem Tempelherrnorden gemacht worden und über deßen Geheimnіß« 1782; nebst einem Anhange über das Entstehen der Freimäurergesellschaft von Friedrich Nicolai. Berlin und Stettin 1782. SW (Suphan) Bd 15, 1888, S.57-81; 2) Briefe über Tempelherrn, Freimäurer und Rosenkreuzer. Eine Fortsetzung der Historischen Zweifel über des Herrn Nicolai Buch von den Beschuldigungen des Tempelherrnordens und seinem Geheimniß. (Suphan) Bd 15, 1888, S. 82-121.

Der seelige Sulzer: Johann Georg Sulzer (1720-1779) Professor der Mathematik am Joachimsthalschen Gymnasium in Berlin.

Leibniz: Gottfried Wilhelm Leibniz (1646-1716). Vgl. Kurt Müller und Gisela Krönert, Leben und Werk von Gottfried Wilhelm Leibniz. Eine Chronik. Frankfurt am Main (1969). = Veröffentlichungen des Leibniz-Archivs. Herausgegeben von der Niedersächischen Landesbibliothek Bd 2, S. 80. Leibniz, Systema theologicum (wahrscheinlich 1686). Leibniz betrachtete darin die Frage der Reunion vom Standpunkt eines Katholiken. Es brachte ihn in den Verdacht, Kryptokatholik zu sein. Vgl. Gottlob Ernst Schulze, Über die Entdeckung, daß Leibnitz ein Katholik gewesen sey. Göttingen 1827. - Vgl. auch: Ph. Hiltebrandt, Eine Relation des Wiener Nuntius über seine Verhandlungen mit Leibniz. (1700) In: Quellen und Forschungen aus italienischen Archiven und Bibliotheken. Bd 10, Rom 1907, S. 238-246.

Es ist das Buch des Erreurs: [Marquis de Louis Claude Saint-Martin (1743-1803)], des französischen Theosophen, in der Übersetzung von Matthias Claudius »Irrthümer und Wahrheit, oder Rückweiß für die Menschen auf das allgemeine Principium aller Erkenntniß. Von einem unbek. Ph., Breslau (Löwe) 1782.
Vgl. Christian Garve, Schreiben an Herrn Friedrich Nicolai . . . S. 49:
»Für mich, und für Millionen, ist dieses Buch ganz und platterdings unerheblich: denn ich verstehe es nicht; ich lerne nichts daraus; ich werde dadurch weder gebessert noch verschlimmert. Und mit diesem mir so wenig interessanten Gegenstande soll ich mich auf das ernsthafteste beschäftigen. – Demohnerachtet, was durch gemeine Aufmerksamkeit auf den Einfluß dunkler Bücher überhaupt beobachtet werden kann, das habe ich gesagt. Das Buch sur les Erreurs ist ja nicht das einzige seiner Art. Die Schriften des Jakob Böhms, hundert andere theosophische Bücher sind in dem nämlichen Ton geschrieben: alle enthalten ähnliche Sätze. In allen werden die Wissenschaften verachtet; in sehr vielen wird den Zahlen eine besondere Kraft beygelegt; in mehrern werden allegorische Bilder, wie die von der Vereinigung beyder Geschlechter im ersten Menschen, im buchstäblichen Sinne als Wahrheiten gelehrt, und dadurch zu Ungereimtheiten gemacht. Und solche theosophische Bücher haben zu jeder Zeit Leser gefunden, die sie geschätzt, und sie jeder andern Lectüre vorgezogen haben. Die Neigung dazu ist bald mehr bald weniger ausgebreitet: aber kein Jahrhundert ist von solchen Schriftstellern und Lesern ganz leer gewesen. - Wie ist es aber mit ihnen allen zugegangen? Ich glaube so: Gemüther, die bestimmt sind, verborgne Kräfte im Menschen und geheime Quellen der Weisheit anzunehmen, sind mit dem was dunkel ist, wenn darinn ein Strahl erscheint, der mit ihrem bisherigen Gedankensystem zusammenhängt, besser zufrieden als mit dem Deutlichen. Denn das Deutliche zeigt ihnen gleich alles, was sie zu erwarten haben; es läßt nicht größere Aufschlüsse hoffen als es giebt: das Dunkle aber erregt Hoffnungen; es scheint, wenn man einmal darinn etwas entdeckt, eine Aussicht auf die Zukunft zu eröffnen. Eben dieß sind die Mittel, . . . durch welche manche mysteriöse Gesellschaften, ihre Glieder an die Vorsteher binden. Daher sind auch jene Bücher diesen Ordensgliedern so willkommen«.

12

Christian Garve an Friedrich Nicolai

Breßlau, d. 11. Nov. 1786

Hochgeehrter Herr,

Es herrscht in Ihrem Briefe die Vertraulichkeit der Freundschaft, mit dem rauhen Ton eines aufgebrachten Gegners. Ich will mich durch den unangenehmen Eindruck den der letztere macht, nicht abhalten lassen, die erstere zu nutzen, und Ihnen auch dafür zu danken. Wenn an vielen Orten, von anständigen Personen so über mich ist geurtheilt worden, wie Sie sagen: so muß ich ohne Zweifel durch Fehler in meiner Aufführung dazu Anlaß gegeben haben, und ich will also auf diesen Theil meines Charakters und meines Betragens in der Zukunft noch wachsamer seyn. So viel weiß ich zwar gewiß, daß ich niemanden stolz und verächtlich begegnet bin, wenn nicht mein Äußeres meinen Gesinnungen ganz widersprochen hat. Ich bin von Natur schüchtern, und mein Körper ist von Jugend auf kraftloser und träger gewesen als mein Geist. Weil mich nun beydes in allen meinen Verrichtungen, und besonders in meinem Umgange mit Menschen äußerst gehindert und gedrückt hat, so habe ich durch eine vorsätzlich angenommene Herzhaftigkeit und Entschlossenheit, durch eine oft überspannte Lebhaftigkeit meiner freywilligen Actionen, beyden Naturfehlern entgegenzuarbeiten gesucht, und in der That entgegenarbeiten müssen. Dadurch kan mein Ton wider meine Absicht entscheidender, und mein Betragen, bey einer gewissen Steifigkeit, zugleich anmaßender geworden seyn, als beyde gewesen seyn würden, wenn sich der Zustand meines Gemüths rein und ohne vorher überwundene Schwierigkeiten hätte ausdrücken können. Vielleicht, wenn Sie mich jetzt wiedersähen, daß meine Schüchternheit sich durch Alter, Umgang und Reflexion etwas gemindert hat, und ich diesen meinen Fehler einer gesuchten und unnatürlichen Lebhaftigkeit kenne: vielleicht fänden Sie, vielleicht fänden Ihre Freunde mich jetzo etwas erträglicher. Auch des Fehlers bin ich mir bewußt, daß ich im Umgange meine Geistesfähigkeiten, besonders unter Freunden, zu sehr habe zeigen wollen: aber nie oder höchst selten mit Selbstgefälligkeit, sondern gemeiniglich mit Unzufriedenheit über mich selbst. Ich habe immer eher nachtheilige Urtheile befürchtet: und die Begierde, diesen zu entgehn, mag mich vielleicht zuweilen eben dazu verleitet haben, wozu andre der Stolz und die Nicht-Achtung ihrer Gesellschaft bewegt, daß ich mich des Gesprächs zu lange bemächtigte, daß ich weniger andre als mich hörte. - Daß ich auf meiner kleinen Reise, daß ich vielleicht auch sonst, den Umgang der Vornehmen gesucht habe, ist theils deswegen geschehen, weil ich diese Classe der Menschen näher kennen zu lernen wünschte, und weil ich überhaupt bey meiner Reise keine andre Absicht hatte, als alle Arten von Bekantschaften zu machen; theils deswegen, weil ich glaubte, in dieser Classe grade diejenigen Vorzüge zu finden, welche Gelehrten gemeiniglich fehlen und von ihnen also nicht besser als durch den Umgang mit derselben erhalten werden können. Auch darin hat sich gewiß meine Eitelkeit mit gemischt: aber eben so gewiß ist damit nicht Stolz und Anmaßung gegen meines Gleichen verbunden gewesen. Ich hoffe auch, daß die sehr nachtheiligen Urtheile über mich, welche Sie mir mittheilen, weniger von denen gefällt worden sind, die mich länger zu beobachten und genauer zu kennen Gelegenheit gehabt haben als von denen, die mich nur kurze Zeit, und vielleicht grade in Augenblicken gesehen haben, wo ich bey Kraftlosigkeit und Erschöpfung mich nun munter und zur Unterhaltung actif zeigen wollte. - Unterdessen, wenn ich gleich bey billigen Richtern und die mich durch und durch kennten, nicht immer so tadellos würdig erschienen seyn würde, als Sie sagen, daß ich gewesen bin, so ist es doch immer ein Dienst, den Sie mir leisten, daß Sie mir so aufrichtig und so dreist sagen, wodurch ich Ihnen und vielen andern mißfallen habe. War die Absicht, mir wehe zu thun mit der, mich zu beßern, vielleicht noch in dem Augenblicke, da Sie den Brief schrieben, bey Ihnen verbunden: so ist doch die Wirkung dieselbe. Ich habe eine neue Veranlassung über meine Eitelkeit und meinen Ehrgeitz zu wachen; habe einen Bewegungsgrund mehr, gegen diese Leidenschaft zu streiten. Ich erkenne es als einen Beweis Ihrer Rechtschaffenheit, daß Sie das Unangenehmste was Sie mir zu sagen hatten, dem Privatbriefe vorbehalten und sich in der Anzeige, welche Sie in den Hamburger Zeitungen einrücken ließen, nicht nur mit Mäßigung, sondern auch mit Achtung gegen mich ausdrückten. Sie sagen in der letztern, daß ich gar nicht nöthig gehabt hätte, die Rechtschaffenheit meines Charakters zu vertheidigen, die von Ihnen nie wäre in Zweifel gezogen worden. Aber wie konnten Sie glauben, den Charakter des Mannes nicht angegriffen zu haben, von dem Sie sagten, daß er sich aus Menschengefälligkeit zur Behauptung gemeinschädlicher Meynungen und zur Unterstützung des Aberglaubens und der Schwärmerey habe brauchen lassen. – Und wie Sie selbst das, was in Ihrem geschriebenen Briefe steht, mit Ihrer guten Meynung von mir vereinigt worden[!] – Ich versichre Sie auf das

Theuerste, daß die Nachrichten, die Sie von meinem Umgange mit Katholiken und von dem Einflusse dieses Umgangs auf den Inhalt meiner Briefe an H. Biester haben, *falsch* sind. – Sie erklären dagegen, daß Sie sich noch jetzt von der Wahrheit derselben überzeugt halten. Und doch erkennen Sie mich für einen ehrlichen Mann, – und doch sprechen Sie mir nicht den Menschenverstand ab. Ich begreife nicht, wie sich dieß zusammenreimen lasse. Es kan freylich ein Mensch durch den Umgang mit Leuten einer gewissen Denkungsart, dieselbe nach und nach annehmen, ohne daß er genau weiß, wo der erste Grund zu dieser Änderung seines Gemüths gelegt wurde und wie viel jede Unterredung dazu beygetragen habe. Er kan auch durch die Neigung, die er gegen gewisse Personen hat, unvermerkt günstigere Gesinnungen für die Parthey bekommen, zu der sie gehören, für das System dem sie anhängen. Aber ob er überhaupt mit Leuten von dieser Denkungsart, von dieser Parthey viel umgegangen und ob in seinen Gesinnungen eine Veränderung vorgegangen sey, das muß er wissen, wenigstens erfahren können, wenn er über sich selbst und sein vergangnes Leben nachdenkt. Und wenn er nach einer solchen Prüfung beydes leugnet, und beydes demohnerachtet nah ist, so (verzeyhen Sie mir, wenn ich wieder ein Dilemma mache, das mir aber hier unvermeidlich scheint) so kan er entweder kein recht ehrlicher Mann, oder er muß ein sehr schlechter Kopf seyn.

Sie sagen ferner, es reue Sie nichts von allem dem was Sie gegen mich geschrieben, nichts in der Art und Weise mit welcher Sie es vortrugen. Es mußte alles grade so seyn wie es ist. Alle Ihre Äußerungen erkennen Sie jetzt noch für wahr und alle Ihre Ausdrücke für schicklich und zweckmäßig. Diese Überzeugung, wie sehr wünschte ich, daß ich sie bey irgend einer meiner Arbeiten hätte. – Aber, wenn Ihnen nun dieses bey allen Ihren Streitigkeiten widerführe, besonders in denen mit jüngern, und wie Sie glauben, an Verdienst Ihnen gleichen Schriftstellern, daß Sie ohne Ausnahme in allen Puncten gegen dieselben recht zu behalten glaubten: Sollte dieß immer in der Sache selbst, und sollte es nicht mitunter in Ihrem Charakter, in Ihrer Leidenschaft liegen, daß Ihnen dieses so zu seyn scheint.

Sie sagen: in Ihrer Schrifft gegen mich sind Sie hart, aber gerecht gewesen, und nicht ohne Schonung: ich hingegen habe Sie in der That beleidigt. Eben so ist der Ton Ihres Privatbriefes nur die Erwiederung dessen, den ich gebraucht habe. Die Sachen sind nicht von der evidenten Art, daß sie sich ohne Richter entscheiden ließen. – Aber ich gestehe es, noch jetzt wollte ich das Urtheil darüber, welcher von uns beyden hart, beleidigend und unbillig gewesen ist, einem jeden uns beyden Fremden, aber der Sache kundigen und verständigen Mann getrost überlassen. – Eine einzige Ausnahme mache ich dabey. Ich habe mir genugsam überlegt, wie Sie, wer Sie sind, und wer ich bin. Freylich bey so ganz ungleichen Personen ist auch der Maßstab dessen was beleidigend und was billig ist, verschieden.

Ich setze in meinem gedruckten Briefe an Sie, sagen Sie, die eigentlichen Gegenstände unsers Streits gar nicht ins Licht, und ich sophistisire von neuem. Das letztere ist mir leid: das erstere aber war meinem Vorsatze gemäß und finde diesen Vorsatz noch jetzt vernünftig. Jene Gegenstände sind von der Art, daß sie zu völliger Gewißheit nicht gebracht werden können. Auch aufgehäufte Facta können hier nur eine Annäherung gegen dieselbe hervorbringen. Ich habe auf der andern Seite Gründe allgemeiner Wahrscheinlichkeit angeführt. Dieß glaubte ich, sey nothwendig, wenn die Sache von allen Seiten beleuchtet werden soll. Nachdem ich diese Gründe einmal dem Publico vorgelegt hatte, wäre alles – was ich noch zur Entkräftigung gegenseitiger erhobener Faktoren hätte hinzusetzen können, Verlängerung des Streits, Rechthaberey von meiner Seite gewesen, hätte, ohne den Streit der Entscheidung näher zu bringen, nur die Erbitterung der Gegenparthey vermehrt. commenta hominum dolet dies dictata, veritatis confirmat. Vermuthung und Thatsache wird sich durch den Erfolg der Dinge doch wohl in die Länge voneinander absondern.

Ich verspreche Ihnen daher sehr gern und sehr feyerlich, weder gegen die Wahrscheinlichkeit der Gefahr, daß der Catholicismus um sich greife noch von den geheimen Gesellschaften das geringste mehr zu schreiben. Ich bin in keinen Grad der Letzern eingeweyht; ich bin froh, daß ich es nicht bin, wenn die Gesetze nach welchen sie wirken, so sehr von den allgemeinen Gesetzen der menschlichen Natur abweichen.

Was die Schlesischen Katholiken eigentlich unternommen haben, um Sie zum Schweigen zu bringen, weiß ich nicht. Das weiß ich, daß sich der Landrat Haugwitz aus dem Leobschützischen, (welchen Unpartheyische die ihn kennen, für einen guten Mann halten,) sich bey dem Min. Hoym wegen falscher Beschuldigungen, die Sie gegen ihn vorgebracht, zu rechtfertigen gesucht habe. Das weiß ich, daß vor einiger Zeit ein Gerücht herumging, als wenn Ihnen und H. Biester das Schreiben gegen die Catholiken verboten worden wäre. Was an diesem Gerücht, welches so, wie es anfangs verbreitet wurde sich falsch befand, wahr sey, oder zu demselben

Anlaß gegeben habe und ob jene Beschwerde des H. Haugwitz mit dem was daran wahr seyn mag, zusammenhänge, das weiß ich nicht. Wohl hat jenes Gerücht doppelt erschreckt; an und für sich, und weil ich aus den Briefen einiger Freunde sehe, daß es Leute gäbe, welche auch mich dabey mit im Spiel zu seyn glaubten. Zu meiner eignen Beruhigung, wenn es auch zur Beförderung der guten Sache überflüßig oder vergeblich seyn möchte, ging ich zu Min. Hoym und Min. Herzberg und declarirte so laut und deutlich als ich konnte, daß ich grade in dieser Sache, weil ich in den Streit gezogen worden, die Erhaltung der Preßfreyheit, besonders für die, welche in gewisser Absicht meine Gegner gewesen wäre, angelegentlichst wünschte.

Ich werde mich freuen, wenn Sie in Zukunft Ursache finden mich Ihrer Freundschaft und Achtung werth zu halten, ich werde wenigstens nach meinen Fähigkeiten mit dem besten Vorsatz nützlich zu seyn, zu arbeiten fortfahren. Ich bin von meiner Seite

Ihr Sie aufrichtig hochachtender Freund
und Diener
Garve

auf den Inhalt meiner Briefe an H. Biester: Vgl. Christian Garve, Ueber die Besorgnisse der Protestanten in Ansehung der Verbreitung des Katholicismus. An Herrn Dr. Biester. Berlinische Monatsschrift, Bd 6, 1785, S. 19-66 und S. 488-529

Landrat Haugwitz: Vermutlich Hans Friedrich von Haugwitz (1735-1790), Landrat in Sagan.

Min. Hoym: Karl Georg Heinrich Graf von Hoym (1730-1807),preußischer Staatsmann.

Min. Herzberg: Ewald Friedrich Graf von Hertzberg (1725-1795), preußischer Staatsmann.

13

Friedrich Nicolai an Christian Garve

Berlin, den 23. November 1786

Hochgeehrter Herr!

Ihr Schreiben vom 11. hat mir lebhaftes Vergnügen gemacht, ob ich gleich in vielem, was Sie über unsern Streit sagen, mit Ihnen nicht einstimmig kan.

Wir sehen die Sachen wirklich von so sehr verschiedenen Seiten an, daß wir schwerlich ganz zusammen kommen können. Sie sehen freylich noch nicht ein, wie sehr beleidigend gegen mich ihr Angriff war und wie weh es mir der guten Sache wegen thun mußte, daß alle meine redlichen Bemühungen, denen ich meine beste Zeit und meine Gesundheit aufopferte, ganz vergeblich wurden, so bald der Argwohn, den Sie wider mich erregten, (daß ich von der Sache nichts verstände, daß die katholische Religion ganz anders sey, als sonst, daß ich mit einem Schatten focht pp.) auf Ihre Autorität für Wahrheit angenommen wurde. Es blieb mir dahero nichts übrig, als das flebile beneficium, augenscheinlich zu zeigen, daß Sie von dem Gegenstand gar nicht unterrichtet waren, daß also Ihre Autorität gegen meine als eines Sachverständigen gar nicht in Anschlag komme. Ich habe dieß S. 7 der Untersuchung deutlich gesagt. Meine Absicht war so wenig in meiner Untersuchung als in meinem letzten Brief Ihnen wehe zu thun. Wann aber das, was ich sagen mußte, nur eine vollkommene Kenntniß der Sache ins Licht zu stellen, Ihnen wehe thut, so war es meine Schuld nicht. Sie selbst hatten sich bloßgestellt (ich sage es ohne alle Absicht, wehe zu thun). Sie hätten mich gar nicht in den Fall gesezt, etwas von der Wahrheit aus Schonung verschweigen zu können. Erinnern Sie sich, mit welchen beleidigenden Persiflagen, mit welchem wegwerfenden Ton Sie mir zuerst begegneten? Ich war also genöthigt, schlechterdings zu zeigen, wie sehr unsere beyden Kenntnisse in dieser Sache unterschieden waren.

Doch wozu weitere Erörterung unangenehmer Dinge. Ich fand in Ihrem Aufsaze wider mich Garven den Philosophen nicht. Ich finde ihn in Ihrem Briefe ganz wieder, und ich biete Ihnen offenherzig die Hand. Ihre Gesinnungen sind ganz des edlen Mannes würdig den ich sonst kannte. Je mehr ich solte Recht gehabt haben, daß Sie fielen, desto größer ist die Stärke des Geistes, mit der Sie sich aufrichten. Nehmen Sie die Versicherung meiner aufrichtigen Hochachtung an, die Sie ohne dies nie ganz verlohren hätten. Nehmen Sie auch die Versicherung an, daß, wenn ich ohne mein Wissen, in der Lebhaftigkeit meiner Empfindung, etwas könnte geschrieben haben, was Ihnen wehe thäte, ohne daß es zur Sache gehörte, es mir aufrichtig leid thut. Ich wolte lieber etwas weniger Recht gehabt und Ihnen einigen Verdruß gespart haben. Aber wie schwer ist hier die Grenzlinie zu treffen.

Ich will nun nicht zur Rechthaberey sondern pro notitia folgende zwey Bemerkungen hierher sezen.

1) Wenn ich in meiner öffentlichen Erklärung sage: Ich habe die Rechtschaffenheit Ihres Characters nicht angegriffen, so finden Sie mich im Widerspruche, da ich doch in der Untersuchung gesagt hätte, Sie hätten sich aus Menschengefälligkeit zur Behauptung gemeinschädlicher Meinungen brauchen lassen. Ich glaube, beydes kann wohl miteinander bestehen. Ich habe genugsam angedeutet, daß Sie den Einfluß, der auf Sie wirkte, selbst nicht spürten (Untersuchung S. 18). Der Fehler kam eigentlich daher, daß Sie sich in Sachen einließen, von denen Sie ganz ununterrichtet waren. Auch Sie wußten nicht, würdiger Mann, wie äußerst gemeinschädlich Ihre Aufsätze in der Berlinischen Monatsschrift waren! Daß Sie dieses nicht wußten, zieht nicht die Folge nach sich, (wie Sie vermeinen), daß ich Sie für einen schwachen Kopf ausgegeben hatte! Daß Sie sehr schwach in diesem einzelnen Falle handelten, folget allerdings daraus. Und es fiel auf mich das unangenehme Looß, das warnende Beispiel aufzustellen, daß ein vortrefflicher Kopf durch eine Reihe von Umständen durch den unmerklichen Einfluß pp so weit kommen könne, schwach zu handeln.

2) Sie sagen, Sie sind froh, daß Sie in keinen Grad der geheimen Gesellschaften eingeweiht sind und führen den Grund an: »Wenn die Gesetze, nach denen sie wirken, so sehr von den allgemeinen Gesetzen der menschlichen Natur abweichen«. Erlauben Sie mir, diesen von Ihnen angegebenen Grund als einen neuen Beweiß anzuführen, wie sehr falsch man schließt, wenn man von einer Sache redet, von der man nicht unterrichtet ist. Glauben Sie mir: der ich aus Erfahrung rede, daß die geheimen Gesellschaften auf der feinsten Menschenkenntniß gebauet sind, ganz simpel durch die allgemeinen Gesetze der menschlichen Natur wirken; daher wirken sie so unbeschreiblich viel, und so sicher! Ich wünschte wohl, Sie wären wirklich in einige Grade eingeweihet, so könnte ich Ihnen, wenn ich Sie einmal mündlich sprechen solte, diese Wahrheit sehr deutlich machen. Es ist der gewöhnliche Fehler derjenigen, welche diese so mannigfachen Verbindungen nicht kennen, sie entweder für ungeraimt oder für unbedeutend zu

halten; aber eben dadurch machen sie die Geheimnisse undurchdringlicher und die Wirkungen sicherer.

Doch genug! Nehmen Sie die wiederholten Versicherungen meiner Hochachtung und meiner Freude an, daß Sie sich am Ende dieses Streits auf eine so edle Art zeigen. Ich will an meiner Seite auch gerne fortfahren, mich mit aller möglichen Mäßigung zu betragen. Wenn es mir, wie ich von allen Seiten höre, Lavater so nahe legt, daß ich wider ihn schreiben muß, so werde ich bey dieser Gelegenheit auch über Ihr Schreiben etwas sagen müssen; aber es wird nur das Allernotwendigste seyn. Ich bin außerdem in der unangenehmen Nothwendigkeit, eine neue Auflage der Untersuchung zu machen, weil sie vergriffen ist und schon wieder von der Polizey weggenommen ist. Ich werde alle empfindlichen Ausdrücke wegstreichen, die irgend, ohne den ganzen und unabänderlichen Ton nach zu zerstören, wegbleiben können, und ich werde in einer kurzen Vorrede Ihrer hochachtungsvoll gedenken.

Sie haben Ihrer würdig gehandelt, daß Sie gegen des Hrn v. Hoym Excellenz für die Preßfreyheit geredet haben. Fahren Sie fort, so laut Sie können, für dieselbe, und wider Schwärmerey und Aberglauben zu reden. Alle Furcht einer Einschränkung der Preßfreyheit ist gar nicht vorbey. Doch will ich mich gerne irren. Der Katholicismuß hat mächtige Freunde und Beschützer. In Rußland dringt man vermittels der Normalen Schulen den Protestanten einen Katechismus auf, von einem Katholiken verfaßt, worinnen Verehrung der Heiligen und dergl. vorkommen. Wenn Sie die verschiedenen Thatsachen von Proselytenmacherei, die mir von allen Orten her gemeldet worden, sähen, so würden Sie wohl erstaunen; denn mancher Einsender bittet, sie nicht bekannt zu machen, aus Furcht für Verfolgung. Ich weiß es, Sie vereinigen schon, edler Mann, Ihre Stimme mit der Vertheidigung der gesunden Vernunft, die leider ietzt so viel Vertheidigung nöthig hat. Ich weiß, auf welche vortreffliche Art Sie Lavatern geantwortet haben.

Ich bin mit der aufrichtigsten Hochachtung Ihr ergebenster Diener
[Fr Nicolai]

Verzeihen Sie, daß ich so spät antwortete. Ich war von Arbeiten fast erdrückt, und es wird mir auch sehr sauer, selbst zu schreiben, da ich fast alles dictire. Lesen Sie doch Lavaters 3 Lobgedichte auf den katholischen Gottesdienst, die vor ein paar Wochen in Leipzig herausgekommen sind. Ich glaube doch, Sie werden erstaunen.

B r i e f 13: Abschrift von Schreiberhand

I h r e A u f s ä t z e i n d e r B e r l i n i s c h e n M o n a t s s c h r i f t: Vgl. Nr. 11

I n e i n e r k u r z e n V o r r e d e: Vgl. Friedrich Nicolai, Beschreibung einer Reise durch Deutschland und die Schweiz, im Jahre 1781. Achter Band. Berlin und Stettin 1787. Vorrede S. III-XXII.

L a v a t e r s d r e i L o b g e d i c h t e: Johann Caspar Lavaters drey Lobgedichte auf den katholischen Gottesdienst und auf die Klosterandachten. Neu aufgelegt. Leipzig 1787. Vgl. auch: Wenn nur Christus verkündigt wird. In: J.K. Pfenningers Sammlungen zu einem christlichen Magazin. Zürich und Winterthur 1781/83 und Berlinische Monatsschrift Bd 8, Oktober 1786, S. 348-353.

14

Christian Garve an Friedrich Nicolai

Breßlau, den 29. Dec. 1786

Hochzuverehrender Herr und Freund,

Ich kan unsern Prof. Gedike nicht nach Berlin reisen lassen, ohne ihm wenigstens ein paar Zeilen an Sie mitzugeben. Ich bin mit dem Ausgange meines Streites nicht unzufrieden, wenn er mich Ihnen wieder als dasjenige dargestellt hat, was ich wirklich nie aufgehört habe zu seyn; als einen unbefangenen Mann und als einen Liebhaber der Wahrheit. Geirrt kan ich allerdings in manchen Stücken haben. Zuweilen kan auch das, was man mit den besten Absichten thut und schreibt, schädlich werden. Doch dieß hoffe ich von meinen Aufsätzen nicht. Sie haben Gelegenheit zu neuen Erörterungen gegeben, und sie enthalten Grundsätze und Gesinnungen, die keinem Betrüger, keinem heimlichen Proselytenmacher zum Schutz oder zur Entschuldigung dienen können. So sehr kan ich doch wohl von keinem Menschen mißverstanden werden, der überhaupt Aufsätze der Art liest, daß er Gelindigkeit in den Gesinnungen gegen eine Parthey für Genehmigung der Meynungen und Praxis derselben hielte. – Und, liebster Freund, hören Sie auf, ich bitte Sie, von einem unendlichen Einflußе auf mich zu reden, welcher Ausdruck auch noch in Ihrem letzten mir sonst so angenehmen Briefe vorkommt. Dieß ist ein bloßes absolutes Hirngespinst. Es ist kein solcher vorhanden gewesen, und es ist nach meinen Umständen auch keiner möglich. – Überhaupt soll mich dieses mein eignes Beyspiel noch vorsichtiger in meinem Urtheile gegen andre machen. Auch der scharfsichtigste hellste Kopf, besonders wenn die Leidenschaft ihm einen gewissen Gesichtspunct anpreist, kan doch über die individuellen Wahrscheinlichkeiten so ganz falsch urtheilen. Ich wünschte, Sie wären die ganze Zeit so unsichtbar bey mir gewesen, als nach Ihrer Voraussetzung, jene influirenden Interessen gewesen seyn müßten: und Sie würden wirklich über einen solchen Verdacht, wenn er bey einem Dritten entstände, lächeln.

Daß ich von der geheimen Gesellschaft nichts durch Theilnehmung weiß, habe ich deutlich gesagt, und habe also meinen Urtheilen darüber keinen größeren Werth beygelegt, als der ihnen zukömmt. – Ich glaube sehr gerne, daß, wenn auf Menschen stark gewirkt wird, wenn in Ihnen eine neue Anhänglichkeit an etwas erweckt wird, wenn sie von ihren alten Freunden, Beschäftigungen gouts, abgezogen werden, wie ich Profaner dieß an Eingeweyhten gemerkt habe: so muß freylich diese Operation so wie jede, die von Erfolg ist, den Gesetzen der menschlichen Natur gemäß, und wenn sie absichtlich vorgenommen worden ist, darauf calculirt seyn. Was ich aber eigentlich sagen wollte, wenn ich meine Zufriedenheit darüber declarirte, diese Einflüsse, mir erhalten zu haben, war dieses, daß dieselben oft den natürlichen und gesunden Zustand der Seele und ihr mit diesem Zustand harmonirende Wirksamkeit zu zerrüttet scheinen, so daß alsdann ihre Begriffe und Handlungen mit den Regeln der gemeinen unverdorbnen Menschennatur nicht mehr übereinzustimmen scheinen. Die Gifte welche im Körper Convulsionen oder andre unnatürliche Bewegungen hervorbringen, wirken freylich natürlich und nach den physischen Gesetzen: aber der daraus erfolgende Zustand ist doch widernatürlich, und scheint oft ganz unerklärlich. Dabey bekenne ich aber, daß so wie ich solche ganz sonderbaren körperliche Effecte nicht ohne die bewährtesten und wiederholten Zeugnissen glaube: so sind mir auch jene Nachrichten von den geheimen Gesellschaften verdächtig gewesen: wo ich so mir ganz unbegreifliche geistige Effecte unverhältnißmäßiger Ursachen glauben sollte.

Ich wünschte von Herzen, diesen Winter in Berlin zubringen zu können, um nicht nur dort der Quelle der unsern Staat betreffenden Vorfälle näher zu seyn, sondern auch um durch die mündliche Communication meiner Freunde und Bekannten über Dinge unterrichtet zu werden, die sich in Briefen nicht gut mittheilen lassen. Meine eigne schlechte Gesundheit aber verbiethet mir durchaus Winterreisen, und die Kränklichkeit meiner Mutter fordert meine Gegenwart. Ich muß mich also mit dem behelfen, was ich höre oder lese. – Lassen Sie mir von Zeit zu Zeit etwas von Ihren

Nachrichten oder Reflexionen zukommen, so weit es Ihnen Ihre Zeit und Ihre Umstände erlauben. Auch als Beweise Ihres Andenkens werden dieselben wahres Vergnügen machen

Ihrem ergebenen Diener und Freunde
Garve

Breßlau, d. 29. Dec. 1786

unsern Prof. Gedike: Friedrich Gedike (1755-1803), Direktor des Werderschen Gymnasiums in Berlin. Vgl. Harald Scholtz, Friedrich Gedike. Ein Wegbereiter der Preußischen Reform des Bildungswesens. Jahrbuch für die Geschichte Mittel- und Ostdeutschlands. Bd 13/14. 1965, S. 128-181.

15

Christian Garve an Friedrich Nicolai

Breßlau, d. 18. May 1787

Liebster Freund,

Ich habe Ihnen noch auf zwey Zuschriften zu antworten und für zwey Geschenke zu danken. Alles was aus Ihrer Feder kömmt, enthält immer etwas Unterrichtendes für mich, entweder durch Nachrichten von Dingen, die ich noch nicht so gut gekannt habe, oder durch Reflexionen, die mir Stoff zu den meinigen geben. So ist auch der letzte Theil Ihrer Reisebeschreibung: Was die Vorrede zu derselben betrifft, so freue ich mich zwar darüber, daß Sie wieder von mir eine so gute Meynung gefaßt haben, und daß Sie dieselbe auch dem Publico bekannt machen wollen. Aber ich gestehe Ihnen doch aufrichtig, daß die Art, wie Sie mich auf Kosten, und mit allzugroßer Herabsetzung Ihrer andren Gegner loben, mir wehe thut und unangenehm ist. Verzeyhen Sie mir, liebster Freund, - aber die freymüthige Ehrlichkeit, die Sie so sehr und mit Recht schätzen, verpflichtet mich, Ihnen zu sagen, daß ich glaube, Sie gehen mit Lavatern und Sailern zu hart um. Was den ersten betrifft, so verdient er vielleicht durch seine Eitelkeit eine Demüthigung. Die ungereimten Gegenbeschuldigungen, die er macht, konnten Sie aufbringen. Aber war es dann nicht möglich alles was in seinen Äußerungen thörichtes und falsches liegt, ins Licht zu setzen, ohne den ganzen Mann so verächtlich zu behandeln. Kan Lavater nicht doch vielleicht noch schätzbare Seiten haben, um derentwillen er auch bey dem Aufdecken seiner Blößen Schonung verdient. Und am Ende: welcher Mensch verdient nicht schon als Mensch Schonung? Was Sailern betrifft, so bekenne ich, daß er mir fast noch ungerechter von Ihnen behandelt zu werden scheint, als Lavater selbst. Alles was Sie von ihm böses sagen, ist doch lediglich nur gemuthmaßt; es sind nur Folgerungen, aus seinem Stande, seiner Lage, seiner Parthey, seinem Aufenthalt. Positive Beweisthümer haben Sie nicht beygebracht. Und wie lassen sich auch von den Absichten der Menschen Beweisthümer auffinden? Auf diese, wie es mir vorkömmt, unsichre Muthmaßungen hin, reden Sie, so oft sie nur seinen Namen nennen, mit der größten Zuverläßigkeit, von ihm als einen *Schleicher* und *Betrüger*. Setzen Sie sich einen Augenblick in die Stelle des Mannes, und denken Sie (welches doch wahrhaftig nicht unmöglich ist) daß er ein ehrlicher und nach seinen besten Einsichten an der Aufklärung seiner Glaubensgenossen arbeitender Mann sey: Wie äußerst müßte es Sie nicht kränken, Beschuldigungen gegen Sie mit aller Härte im Ausdrucke beständig wiederholt zu sehn, davon Widerlegung ganz unmöglich ist; – von einem Manne wiederholt zu sehn, dessen Talente und Einsichten allem was er sagt, Gewicht geben. – Wenn Ihnen je, zu einer oder der andern Zeit Gründe dafür, daß Sie sich doch in der Hauptsache, ich meine in der wirklichen Absicht Sailers geirrt hätten, in die Hände kommen sollten: gewiß es würde Ihnen schmerzlich fallen, einen unschuldigen Mann so tief verwundet zu haben. – Ja, sagen Sie, alles das was er thut, ist nach den Grundsätzen seiner Art recht: er hat also keine Entschuldigung weder vor seinem Gewissen, noch vor den Leuten unter denen er lebt nöthig. – Ich antworte, – einer von beyden entweder Sailer schreibt so wie er denkt, und wie er es für das beste hält: – dann sehe ich nicht wie man ihn einen *Schleicher* nennen und wie man ohne Ungerechtigkeit ihn so, wie Sie thun, behandeln kan: oder er schreibt anders als es seiner Überzeugung und Denkungsart gemäß ist, um die Protestanten zu fangen; dann ist er kein ehrlicher Mann mehr, und auch sein eignes Gewissen kan ihn nicht lossprechen. – Ich hoffe, Sie werden zu dem was ich hier sage, nicht Bewegungsgründe suchen, die himmelweit von mir entfernt sind. Ich habe kein Interesse in der Welt, was mich bewegen kan, diese beyden Leute geschont zu wissen, als *Menschenliebe;* oder nennen Sie es lieber Weichheit des Temperaments. Aber ich gestehe es, der Ton den Sie gegen diese beyden Männer annehmen, würde mir auch gegen die schlechtesten Menschen anstößig seyn, geschweige gegen solche, die gewiß auch manche schätzbare Eigenschaft haben mögen. Sailers Gebetbuch ist mir seitdem in die Hände gekommen. Wenn ich nichts von dem Manne je gehört hätte, so würde ich durch das was ich darin gelesen, eine gute Meynung von ihm bekommen haben. Und vielleicht wäre es Ihnen unter andern Umständen, wenn Sie mit andern Vorideen, aus einem andern Gesichtspuncte darüber geurtheilt hätten, selbst so gegegangen. Auch seine Vertheydigung hat auf mich einen andern Eindruck gemacht als auf Sie. Der zweyte Theil davon hat mir durch die übel versteckte Empfindlichkeit mißfallen: und das ganze Philosophiren über diesen Vorfall hätte wegbleiben können und sollen. Aber in dem ersten Theile, wo er sich bloß rechtfertigt, habe ich geglaubt, den Ton des ehrlichen, seiner Unschuld sich bewußten Mannes zu finden. Ich kan irren; aber ich sehe das Gegentheil nicht bewiesen: und was kan es mir schaden, wenn ich einen Menschen mehr für gut halte, der es nicht ist? Öffentlich werde ich nun kein Wort mehr für oder gegen jemanden in dieser Sache sagen. Und Sie werden also dadurch, daß ich nur Ihnen mein von dem Ihrigen abgehendes Urtheil darüber entdecke, überzeugt seyn, daß ich nicht irgend einer Parthey helfen, sondern daß ich nur dem, was ich für wahr und gut erkenne, treu bleiben will.

Der Frau v. Recke Schrift über den Cagliostro und ihr Schreiben an mich, haben mich beyde sehr vergnügt, und ich danke Ihnen, daß Sie, wie ich aus dem Briefe der Verfasserin sah, mir die Bekantschaft derselben verschafft, und ihr die gute Meynung die sie von mir hegt, beygebracht haben. Gottlob ich sehe, wie unendlich weit ich von der kleinsten Gefahr entfernt bin, in Verirrungen dieser Art zu fallen. Die Sachen, die Cagliostro vernahm, sind wunderbar und blendend; aber seine Theorie ist so absurd, daß sie mich auf 100 Schritte von ihm abhalten würde. Sobald mir ein Mensch anfinge, von weißer und schwarzer Magie, von gewissen Wörtern und Figuren als Mittel sich die Geister unterthänig zu machen, von Cirkeln, Dreyecken und Zahlen als großen Geheimnissen zu reden: sobald würde er mir eklig oder abscheulich. Wenn ich auch nichts von dem was er machte, natürlich zu erklären wüßte: so weiß ich doch gewiß, daß durch die Aussprache gewisser Wörter nicht Himmel und Erde sich bewegen lassen. Doch das alles ist in der Welt schon längst da gewesen. Die Carmina des Horazus macht alles das auch: und dieser Mann mit so großem Genie scheint daran zu glauben: er verachtet es wenigstens nicht als Mährchen; er schildert es als Werke der Bosheit. – Die race von Menschen, die Geisterbanner und Geistercitirer, scheinen immer mit den andern Generationen von vernünftigen Menschen und Philosophen zu gleich fortexistirt zu haben. Jedes Jahrhundert hat solche Wundermänner gehabt, die eine Zeit lang mehr oder weniger Aufsehen gemacht haben, und dann verschwanden. – Eben deßwegen begreife ich nicht, da sich diese Sache so gut durch sich selbst erklären läßt, warum man Betrüger oder Schwärmer der Art für Emissarios von andern Leuten halten müsse. Sie sind Prediger ihrer eignen Thorheit, oder sie treiben ihr metier auf eigne Rechnung. Das dächte ich, wäre das natürlichste. Nennen Sie mich hartnäckig, rechthaberisch: aber ich gestehe Ihnen, der Zusammenhang zwischen Cagliostro und den Jesuiten ist mir so einleuchtend nicht, als der Frau v. Recke. – Wenn er nun auch die drey ersten Buchstaben des Namens Jesus seinen Schülern zur Verehrung empfahl: waren denn dadurch die Jesuiten bey ihm empfohlen? Ist es nicht ein uralter, dieser Klasse Menschen eigner Unsinn oder Betrug, gewissen göttlichen Namen, oder Buchstaben daraus, eine übernatürliche Kraft zuzuschreiben? Doch es sey so oder nicht: so ist es ein Dienst für das menschliche Geschlecht, wenn solche Betrüger demasquirt werden. Und die Frau v. Recke hat, indem sie dieß gethan, zugleich ihren eignen edlen und tugendhaften Charakter gezeigt.

Alle Ihre Untersuchungen, Ihre Raisonnements, sobald ich von den Personen abstrahire, sind mir höchst schätzbar, und lehrreich; und ich danke Ihnen für Ihren auch zu meinem Unterrichte angewandtem Fleiß, so wie ich Ihr Talent hochschätze. H. G.R.v. Mützschefahl hat mir gesagt, daß Sie nach Schlesien kommen, und unser Gebürge besuchen werden. Das würde mich sehr freuen. Sie würden mich auf meinem Garten in den Vorstädten Breßlaus wohnen finden, den ich schon jetzt bewohne. Ihr Besuch, und das Andenken an so viele gute Freunde und treffliche Männer welches ich in Ihrer Gesellschaft erneuern würde, würde diesen Aufenthalt, der an sich nicht unangenehm ist noch verschönern.

Ich bin von Herzen Ihr Freund und Diener Garve

der letzte Theil Ihrer Reisebeschreibung: Beschreibung einer Reise durch Deutschland und die Schweiz im Jahre 1781. Achter Band, Berlin und Stettin 1787.

Sie gehen mit Lavatern und Sailer zu hart um: Vgl. Anhang zum achten Bande. Anmerkungen über das zweyte Blatt von Herrn J. C. Lavaters Rechenschaft an seine Freunde, und über Herrn P. J. M. Sailers zu Dillingen Märchen. S. 1-193.

Sailers Gebetbuch: J.M. Sailer, Vollständiges Gebetbuch für katholische Christen. Bamberg und Würzburg 1785. Dagegen: J.M. Sailer, Das einzige Märchen in seiner

Art. Eine Denkschrift für Freunde der Wahrheit für das Jahr 1786. Gegen eine sonderbare Anklage des Herrn Friedrich Nicolai. München 1787.
Vgl. Günter Schulz, Befragung der Überlieferungen. Bremen 1969. S. 112-139. Gegen die konfessionelle Verfolgungssucht: Briefe Lappenbergs an Lavater, die denselben Konflikt behandeln.

Schrift über den Cagliostro: Charlotta Elisabeth Konstantia von der Recke, Nachricht von des berüchtigten Cagliostros Aufenthalt in Mitau im Jahre 1779 und von dessen dortigen magischen Operationen. Berlin 1787.

Die Carmina des Horazus: Carmina, lateinisch und deutsch. Übertragen von H. Färber. 5. Aufl. 1949.

H. G. R. v. Mützschefahl: Carl Friedrich von Mützschefahl, Direktor der Königlichen General-Schuladministration, Erbherr auf Ostrawe und Pluskau, Repräsentant der Landschaften des Breslauischen Königlichen Oberamts-Regierungs-Departments.

16

Christian Garve an Charlotta Elisabeth Konstantia von der Recke, geb. Gräfin von Medem

Breslau, den 19. Mai 1787

Hochgeborne Gräfin, Gnädige Frau.

Ich habe wenige Schriften mit dem Interesse gelesen als die, mit welcher mich Ew Hochgeboren vor kurzem unter Einschluße des Herrn Nicolai beschenkt haben.

Ich habe dadurch nicht nur mehr Kentniß als ich zuvor hatte von den Operationen des Cagliostro bekommen und erfahren, welches eigentlich die Gaukeleyen sind, durch welche er sich der Einbildungskraft anderer zu bemächtigen suchte sondern ich bin auch mit seiner Theorie, mit den Lehren, die er seinen Schülern als höhere Weisheit vortrug, bekanter geworden.

Was mir aber mehr werth ist als alles dieß, ich lerne die Verfaßerin der Schrift selbst kennen. Da sie schon zuvor als Elisa meine ganze Hochachtung gewonnen hatte, so zeigt sie sich mir jezt von noch neuen schäzbaren Seiten. Dort sah ich ihren gebildeten Verstand, ihren feinen Geschmack, ihre Delicateße. Hier erkenne ich die richtigen moralischen Grundsätze, ihre Liebe zu allem, was gut und tugendhaft ist, selbst zu einer Zeit, da sie durch schimärische Hoffnungen und Wünsche verführt wurde und unter dem Einfluße eines bösen Menschen stand, der seine Gewald über sie auf diese Hoffnungen gründete. Ich sehe endlich ihren Muth, mit welchem sie sich jetzt entschließt, andern zur Warnung ihre eigenen Fehltritte bekant zu machen. Dieß ist der Eindruck, den dieser Aufsatz im ganzen auf jeden gutdenkenden Leser machen muß.

Die Urtheyle über die Vorfälle und Handlungen der dabey intereßirten Personen selbst werden nach verschiedenheit der Stantpunkte und der Denkungsart jedenfalls verschieden seyn; einige derselben werden Ew Gnaden sehr gleichgültig seyn können; andere werden Ihnen gewiß willkommen seyn. Hier sind die meinigen mit aller Freymüthigkeit, die eine solche Freundin der Wahrheit und des Selbstdenkens über alles liebt. Ich gestehe es, daß es mir noch jetzt unbegreiflich scheint, wie Personen von so großen Fähigkeiten und einsichten, als die Frau von der Recke sie hat, als ich denjenigen Personen zutraue, die von ihr gelobt werden oder zu ihren Freunden gehören – wie diese von einem Manne geblendet werden konnten, der zwar wunderbare Sachen that, aber doch von Anfang an die ungereimteste Theorie vorbrachte.

Denn schon der Begriff der Magie selbst, noch mehr der Unterschied zwischen weißer und schwarzer Magie sollte, dächte ich, jeden Menschen, der dieß zur Grundlage seiner Weisheit macht, unmittelbar als einen Charlatan darstellen.

Selbst die Existenz solcher höhern und doch mit uns und unsern kleinsten Angelegenheiten sich beschäftigenden Geister scheint einer aufgeklärten Vernunft sehr problematisch; aber die Unterscheidung derselben in absolut gute und böse und noch mehr die Idee, daß sie durch gewiße Wörter, Figuren, Geberden determinirt werden können, zu thun was der Mensch will, leuchtet ihr als schlechterdings ungereimt und erdichtet ein.

Es beruhigt mich daher, in Absicht der Gefahr, die man von der Menge solcher Gaukler und Geistercitirer in unsern Tagen für die Verfinsterung der Vernunft überhaupt befürchten könnte, daß aus den von Ew Gnaden gegebenen Nachrichten selbst sehr: nicht Schwäche des Verstandes, nicht Gedankenlosigkeit, nicht die allen Menschen gegebene Liebe zum Wunderbaren ist es, welche solchen Männern wie Cagliostro Eingang bey seinen Schülern verschafft. Sondern es ist eine eigene Gemüthsstimmung dazu nöthig, welche nicht alle Menschen haben können, welche eine und dieselbe Person selten ihr ganzes Leben hindurch behält. Man muß schon mit Wünschen, Hoffnungen, Ahndungen der Dinge erfüllt seyn, welche der erscheinende Wunderthäter zu leisten oder zu bewirken verspricht. Man muß schon diesen Weg seiner Vollkommenheit zuvor eingeschlagen seyn, auf welchem er sich zum Wegweiser anbiethet. In einen dergleichen Zustand können die edelsten Gemüther gerathen; aber die gemeinsten sind oft davor sicher.

Ich bemerke in Ew Gnaden Erzählung, daß die Männer, unter welchen Cagliostro in Mitau auftrat, nicht nur Freymäurer sondern auch sehr zeitig mit einigen solchen Gliedern ihres Ordens, die noch größere Aufschlüße als die gewöhnlichen suchten, bekannt geworden waren.

Vielleicht irre ich mich, aber ich stelle mir vor, Ew Gnaden Wißbegierde ist durch die Ordensgeheimnisse, welche Ihre nächsten Verwandten und Ihre vertrauteste Freunde vor Ihnen verbergen, zuerst auf diese Seite gelenkt und zugleich stark gereizt worden. Ihre mit einem glücklichen Herzen verbundene Frömmigkeit wünschte sich einen näheren Umgang mit Wesen, die Ihren Fortgang im Guten beschleunigen könnten. Endlich kam der Schmerz über einen geliebten Bruder hinzu. Schwermuth mit Religion und Zärtlichkeit verbunden, kann leicht in eine Art von Schwärmerey übergehen. Gerade in dem Zeitpuncte, in welchem diese Empfindungen in Ihrem Gemüth am genauesten vereiniget und am stärksten waren, trat Cagliostro auf und machte deshalb Eindruck. Er fing aber an zu verlieren, so bald Sie wieder ruhiger wurden, um mehr Ihren Grundsätzen als Ihren Empfindungen zu folgen.

Und in der That, diese Grundsätze sind es, mehr als die Entdeckungen, welche Sie über die Betrügereyen des Cagliostro gemacht haben, wodurch der Zauber, der Sie zu seinem Vortheile blendete, aufgelöst wurde. Daß Cagliostro ein schlechter Mensch ist, das ist aus dieser Geschichte ganz klar. So wie Ew Gnaden mehr Spuren davon auffanden, so nahm mit der guten Meinung von seinem Charakter auch Ihr Zutrauen zu seinen Kenntnißen ab. Dieß war einer edlen tugendhaften Frau natürlich.

Aber wie Cagliostro die Kunststücke gemacht habe, durch welche er seine Zuschauer täuschte, das bleibt auch von allen von Ew Gnaden darüber gegebenen Aufschlüßen noch dunkel. Und wie kann es nach so langer Zeit aufgeklärt werden? Ich begreife z.B. nicht, wie ein Kind aus einer so guten, sich untereinander so zärtlich liebenden Familie mit einem Steinfremden Menschen gegen Vater, Mutter, Geschwister gleichsam gemeinschaftliche Sache machen und sich von ihm bewegen lassen könne, diese hintergehen zu helfen. Daß es durch Drohungen und Schmeicheleyen dahin gebracht wurde, auf der Stelle so zu antworten, wie Cagliostro ihm vorgeschrieben hatte, das ist mir sehr begreiflich; aber daß es nicht in sehr kurzer Zeit seinen Eltern, seinen Geschwistern oder seiner Gespielin das

Geheimniß verrathen und gestanden hat, nichts gesehen, sondern nur dictirte Worte nachgesprochen zu haben: das scheint mir weder dem Charakter eines Kindes, noch weniger eines guten Kindes, gemäß zu seyn.

Wie Cagliostro es angestellt habe, um beßer als die Familie und des abwesenden Bruders selbst zu erfahren, zu welcher Zeit und Stunde er von seiner Reise wiederkommen würde, läßt sich jetzt ebenfalls nicht anders als durch Mutmaßungen und gleichsam a posteriori erklären. Die Geschichte mit dem Träumer, den er Ew Gnaden hat verschaffen wollen, behält ihr Wunderbares. Wenigstens kennen philosophische gelehrte Ärzte keine solche Arzneyen, von welchen sie die Wirkung mit so bestimmter Gewißheit auf die Stunde voraussagen könnten. Das alles ist gewiß sehr natürlich zugegangen, und eine völlig genugthuende Erklärung läßt sich, nachdem die Sache längst vorüber ist, nicht mehr geben.

Dieß bestärkt mich zu einer Meynung, die ich bey Betrachtung der in unserem Zeitalter sich häufenden Erscheinungen dieser Art gefaßt habe: daß nämlich das beste Vorbeugungsmittel gegen falsche Wunder nicht die Explication des Geschehenen sondern die richtige Theorie über die Natur überhaupt ist. Jene ist hinterdrein wenn Zuschauer anfangen, Betrug zu argwöhnen, oft nicht mehr möglich. Überdieß sind die Erfindungen der Charlatanerirer immer neu und verändert. Endlich behält das Wunderbare bei dem, der Augenzeuge davon ist, seine Gewalt über die Sinnen; die richtigen Begriffe von unserer Natur und von der Natur der Dinge, schneiden das Übel bey der Wurzel ab. Wer fest überzeugt ist, daß wir keine der Kenntniße haben können, als die wir entweder durch unsere fünf Sinne oder durch unser Selbstgefühl und durch das Nachdenken über beydes bekommen, daß wir mit keinem andern Geist in Verbindung stehen, von keinem etwas wissen als dem Geiste der Menschen und dem Göttlichen, daß wir zu unserer Vervollkommnung keinen anderen Weg haben als stufenweise Übung unsrer Verstandeskräfte und unsrer Tugend: der wird denjenigen sogleich als einen Schwindler und Betrüger von sich weisen, welcher ihm auf einmal höhere Einsichten und Kenntniße mitzutheilen verspricht, sich selbst eine Gewalt über die Geisterwelt zuschreibt und durch Magie oder durch irgend eine Art geheimer Künste seine Schüler auf einmal über die Sphäre der Menschheit erheben will.

Wer die Absicht hat, mich zu unterrichten, muß mir entweder neue Gegenstände in der Natur zeigen oder über die, welche ich bisher gesehen habe, neue Reflexionen anstellen. Wer mich vollkommen machen will, muß mir helfen, meine Leidenschaften durch Grundsätze zu überwinden.

Wer weder das eine noch das andre thut, und mir doch Fortschritte in der Vollkommenheit verspricht, hintergeht mich. So denken Ew Gnaden jezt selbst; diese Ideen lagen schon dunkel in dem Grunde Ihrer Seele, auch da Sie für Cagliostro noch eingenommen waren. Sie wandten sie nur nicht auf ihn an; so bald dieß geschah, war er verloren.

Aber davon, gestehe ich, bin ich nicht überzeugt, obgleich ebenso entfernt, es mit Gewißheit zu verneinen, daß Cagliostro ein Emissair der Jesuiten ist. Ich sehe nicht ein, wie Gemüther, denen eine abergläubische Verehrung gegen die drey ersten Buchstaben des Namen Jesus eingeflößt wurde, dadurch Anhänglichkeit für den Jesuiten Orden bekommen oder dazu wenigstens vorbereitet werden konnten. Ich sehe nicht ein, was er dadurch gewonnen, daß er seine Jesuitische Obern unter dem Namen der Dämonen versteckte. Doch ich bin vielleicht zu wenig zu Ränken aufgelegt, um die Ränke anderer einzusehn. Cagliostro sey nun ein Betrüger zu seinem eigenen Vortheil oder er diene nur den Betrügen anderer; immer ist es eine Wohlthat für alle, die künftig seinen Schlingen ausgesetzt seyn könnten, und ein Dienst, welcher am Menschenverstande überhaupt geleistet wird, daß er in seiner wahren Gestalt vorgestellt wird, und daß Personen von Gewicht, die ihm ehedem Glauben beymaßen, jetzt, wenn sie ihren Irrthum einsehen, ihn auch öffentlich anerkennen.

Erlauben Sie mir, daß ich mich über eine sehr angenehme Folge freue, welche aus dieser Begebenheit für mich entstanden ist: die, daß ich die Ehre Ihrer nähern Bekanntschaft und Ihre Zuschrift erhalten habe. Ich hatte unglücklicher Weise die Gelegenheit versäumt, dero Durchlaucht Schwester und deren Gemal kennen zu lernen, da beyde durch meine Vaterstadt gingen. Um so mehr freue ich mich, dieses von mehr als einem Lande verehrten Fürstenpaar durch diese gemäße Weise zu nähern, indem ich mit einer Ihnen so nahe angehörenden Personen in Briefwechsel zu treten die Ehre habe.

Ich bitte Ew Hochgeboren die gute Meynung, die meine Freunde Ihnen von mir beygebracht haben, zu erhalten. Ich werde sie zu verdienen suchen, so weit dieß von meinem guten Willen und von meiner Bemühung abhängt.

Ich bin mit der größten Ehrerbietung

Hochgeb. Gräfin Gnädige Frau
Ew Hochgeb. unterthänigster
Diener

Breslau, den 19. May 1787. Garve

B r i e f 16: Abschrift von Schreiberhand.

I c h h a b e w e n i g e S c h r i f t e n: Vgl. Nr. 15

v o n d e n O p e r a t i o n e n d e s C a g l i o s t r o: Vgl. die zusammenfassende Darstellung über ihn im Goethehandbuch, herausgegeben von Alfred Zastrau, Stuttgart 1961, Spalte 708-718.

d a ß d i e M ä n n e r, u n t e r w e l c h e n C a g l i o s t r o i n M i t a u a u f - t r a t: Gemeint ist Reichsgraf Johann Friedrich von Medem (1722-1785), der den Lehren Swedenborgs anhing; dessen Bruder, der Landmarschall von Medem auf Witzen, Meister vom Stuhl der Mitauer Freimaurer, Sigismund Georg Schwander (1727-1784) Hofgerichtsrat in Mitau u.a.; Schwander machte Elisa von der Recke mit Lessings »Nathan« bekannt, verwies besonders auf die Stelle: »Begreifst du aber, wieviel andächtig schwärmen leichter als gut handeln ist? « [1.2].

d e r S c h m e r z ü b e r I h r e n g e l i e b t e n B r u d e r: Johann Friedrich von Medem, d.J. (1758-1778); er war mit 20 Jahren gestorben.

w i e e i n K i n d: Der jüngste Sohn des Landmarschalls von Medem auf Witzen.

d e r o D u r c h l a u c h t S c h w e s t e r u n d d e r e n G e m a l: Die Herzogin Dorothea von Kurland, Elisas Stiefschwester.
Vgl. Elisa von der Recke, Aufzeichnungen und Briefe aus ihren Jugendtagen. Herausgegeben von Paul Rachel I/II, Leipzig 1900 und 1902, sowie Joh. Lorenz Blessig, Leben des Grafen Joh. Friedrich von Medem. Nebst seinem Briefwechsel mit seiner Schwester. Straßburg 1792.

17

Charlotte Elisabeth Konstantia von der Recke an Christian Garve

Mitau, den 20. Juni 1787

Hochzuverehrender Herr

Ihren Brief habe ich mit der Freude gelesen, die ich jedes mal fühle, wenn ich in nähere Verbindung mit einem verdienstvollen Mann trete; schmeichle ich mir zu viel, wenn ich diesen Brief als den ersten Schritt zur festeren Freundschaft unter uns ansehe, und dabey hoffe, daß wir uns gegenseitig immer mehr schätzen werden? – Erlauben Sie also, daß ich einige Punkte Ihres mir interessanten Schreibens mit eben der Offenherzigkeit beantworte, die ich zu meiner Freude mit Ihrem Brief wahrgenommen habe.

Die schwankenden Religionsbegriffe, die uns in früher Jugend eingeflößt werden, sind größtentheils so beschaffen, daß sie abentheuerlichen Ideen den Weg bahnen: dahin gehört besonders die dunkle Lehre von guten und bösen Engeln: Furcht und Scheu vor diesen wird uns eben so sehr eingeprägt, als Liebe und Vertrauen zu jenen, ja, fast eben so sehr, als Vertrauen und Liebe zum Schöpfer und Vater der Geister selbst! und so denkt man sich diese mächtigen Wesen immer im Streite, liebet die einen, haßet und fürchtet die andern, und hat gerade durch diese Ideen, Empfänglichkeit zur Lehre von der weißen und schwarzen Magie.

In reiferen Jahren folgen die Mehresten ihren Berufsgeschäften, ohne sich viel um Religionslehren zu bekümmern. Diese Untersuchungen überlassen sie der Geistlichkeit, und halten sich am blinden Glauben der Dinge, welche sie seit ihrer Kindheit als heilige Gegenstände verehret haben.

Tritt dann ein Schröpfer, Gaßner, Cagliostro als Werkzeug geheimer Verbindungen auf um den menschlichen Verstand in das System des Aberglaubens tiefer hineinzuführen, so ist es sehr natürlich, daß diese Schwindler, weil sie unsere irrige Religionsbegriffe zu benutzen wissen, und mit unechten Bibelsprüchen umherwerfen; um so leichter bey allen Seelen Eingang finden, deren Hang zum Wunderbaren durch geheime Gesellschaften unterhalten wird, die von unbekannten Obern abhängen, und geleitet werden.

So, mein Verehrungswürdiger, wurden einige meiner Freunde und ich selbst unvermerkt Jahre hindurch zu diesen mystischen Ideen erzogen, wie man zu Rom in einer Propaganda, wieder allen Nationen, zu der allein seligmachenden römisch-catholischen Kirche erzieht. Hieraus läßt sich erklären, wie Cagliostro bey so vielen schätzbaren und verständigen Menschen Eingang und Glauben gefunden hat.

Daß der Begriff der Magie jedem vorurtheilsfreyen Dencker ein abentheuerliches Mährchen seyn muß, ist ebenso gewiß, als daß das Mährchen noch bey unzähligen guten Seelen Glauben findet, die gleich uns durch irrige Religionsbegriffe und geheime Verbindungen zu diesen Ideen vorbereitet werden. Den Hang meiner Eltern haben Sie in dieser Sache sehr richtig auseinander gesetzt; aber sollte es der bloße Zufall gewesen seyn, daß Cagliostro an meinen Vater von seinen Obern gewiesen wurde; oder ist es nicht vielmehr zu vermuthen, daß dieser von dem Hang zur Mystik der in unsern Häusern herrschte, unterrichtet gewesen, und es eben daher erwarteten, Cagliostros Gaukeleyen würden bey ihnen Eingang finden, und daher könnten einige Familien zu ihrem Zwecke verbunden werden, ohne diesen zu ahnen?

Wenn einige Ideen als Wahrheiten angenommen und Jahre hindurch bey uns zu Grundsätzen geworden sind: so ist es schwer, sich von ihnen loszuwinden. Ich kenne sehr verehrungswürdige Männer von ausgebreiteten Verdiensten und vielem kritischen Verstande, die an das System der Magie wie an das Daseyn Gottes glauben; vierzig Jahre hindurch nach der Verbindung mit Geistern und das ganze Cagliostrosche System mit einigen Veränderungen angenommen haben. Andere welche durch dieses und rosenkräutzerische Lehren zur Alchemie vorbereitet; sie opferten ihr ganzes Vermögen dem Rauche, in der Hoffnung, Metalle zur Reife des Goldes zu bringen und behielten mystische Lehren und Gesetze ihr ganzes Leben hindurch bey. Könnte ich Ihnen die eigenen Äußerungen und Geständniße einiger meiner Correspondenten hierüber lesen lassen, Sie würden erstaunen, mit welcher Kraft diese irrigen Begriffe auf edle Seelen wirken und wie ansteckend diese Wunder und Geheimnißsucht ist.

Daß ich aus diesem Labyrinthe von Ideen mich glücklich herausfand, dazu trafen verschiedene Umstände zusammen, die ich dankbar als Leitung einer weisen Vorsehung verehre. Freylich sanck Cagliostro, da ich Betrügereyen bey ihm ahnte, ganz in meiner Achtung; aber mein Glaube an die Kraft der Magie dauerte noch lange fort und machte mich empfänglich, das Spiel eines anderen intriganten Gaucklers zu werden, wenn dieser nach Cagliostro aufgetreten wäre, einer meiner Gemüthslage gemäße Rolle mit noch feinerer List gespielet hätte und ich nicht durch einige weise Freunde auf den Weg der Wahrheit wäre geleitet worden.

Das beste Verwahrungsmittel gegen die herrschende Wundersucht wäre unstreitig, wie Sie es behaubten, die richtige Theorie über die Natur im ganzen Umpfange. Aber wie soll der große Haufe, da immer noch irrige Begriffe der Religion fortgepflanzt werden, zu dieser Theorie der gesunden Vernunft kommen? Und hat man nicht Ursache, Verfinsterung des Verstandes zu befürchten, so lange die Erfahrung zeigt, wie mannigfaltige Seckten den Hang haben, Aberglauben zu verbreiten? Freylich wird eine Seele, die mit so vieler philosophischen Einsicht und Stärke als die Ihrige begabt ist, nie vom Wege des gesunden Menschenverstandes abweichen; ja - diese wird den schlauen Anwerbern geheimer Seckten immer so viel Achtung einflößen, daß sie sich, um nicht entdeckt zu werden, an solche philosophischen Köpfe nie wagen werden: aber darum wird der größte Haufe nicht weiter verschont bleiben; und wenn nicht die jetzige Publizität in dieser Sache herrschte, so würden Denker wie Garve, Platner, Eberhart und Nicolai vom blinden Aberglauben unterdrückt werden wie Luther, Melanchthon, Calvin und Zwingli zur Zeit der Reformation und unter dem Druck dieser vielköpfigen Hydra seufzen.

Unstreitig ist es schwer, nach acht Jahren den fein ausgesonnenen Betrug eines intriganten Täuschers ganz deutlich auseinander zu setzen; aber sicher ist doch der Schluß, daß derjenige, dem man so vielen Betrug nachweisen kann, alle seine philosophischen Stücke auf die natürlichste Art gemacht haben muß. Daß mein kleiner Vetter als ein sechsjähriges Kind sich von Cagliostro brauchen ließ, uns unschuldiger Weise zu täuschen, war ganz natürlich, denn er wurde von seinen Eltern und uns allen [*angehalten*], sich um Cagliostros Liebe zu bewerben, weil wir diesen für einen Mann Gottes hielten.

Cagliostro war noch obendrein so schlau, daß er einen Franzosen, welcher der Bediente meines kleinen Vetters war, und der ihn auf allen seinen Schritten begleitete, als Diener in unserer Loge aufnahm; und da ver[*stand*] er auch, diesem Menschen [*beizubringen*], das Kind in acht zu nehmen, daß es nie über alles das, was mit ihm vorginge, mit jemand spräche; so nach wurde mein Vetter von allen die ihn umgaben, in acht genommen, über diese Sache zu sprechen, und seine Verschwiegenheit wurde ihm von allen, die er liebte, als Tugenden angerechnet. Daß wir in unserem verblendeten Zustand so treuherzig waren, die schlauen Vorschriften unseres Magisters ängstlich zu befolgen, wird jedem begreiflich seyn, der die Kraft des Enthusiasmus aus Erfahrung kennt. In der Schrift wider Cagliostro in der 12. u. 13ten Anmerkung sind die Uhrsachen der Verschwiegenheit des Kindes noch umständlicher auseinander gesetzt.

Durch die abgöttische Verehrung der Buchstaben J. H. S. die Cagliostro mir eingeflößt hatte, [*hatte*] er meine Seele auf das Vertrauen zu der Gesellschaft [*vorbereitet?*] welche versichert und vorgiebt, Jesum zum Gesellschafter zu haben.

Wenn ich noch über die damalige Spannung meiner Seele nachdenke, so muß ich gestehen, daß, wenn gleich nach Cagliostro ein anderer aufgetreten wäre, der, mit anscheinenden Wundergaben ausgerüstet, über die geheimnisvolle Kraft dieser Buchstaben, über die Worte Helion, Melion, Zirckel und Dreieck gesprochen und mir den Aufschluß über diese, - wie ich fest glaubte, beseligenden Geheimnisse zu geben versprochen hätte, ich würde gewiß zu der Wahrheit geleitet worden seyn, eine umherziehende Prophetin, und gleich Madame Guyon zu Ludwig des 14. Zeiten eine begeisterte Secktenstifterin zu werden, zumal wenn man mir in mystischen Ausdrücken die Bedeutung der Buchstaben J. H. S. als Jesum habemus Socium erklärt hätte.

Verzeihen Sie, wenn ich in meiner Antwort über diese Materie zu weitläuftig geworden bin und Ihnen Langeweile gemacht habe. Meine Seele, die seit früher Jugend über diese [*Geheimniße?*] gebrütet hat und verschiedene Geheime Gesellschaften genau kennt, ergießt sich immer gern, wenn sie sich über dieß Gewebe schlauer List mit einem forschenden Denker unterhält. Denn mir ist es zu einleuchtend, wenn ich so manche mir bekannte Systeme miteinander vergleiche, sie alle ein und dieselbe Quelle haben, – die, durch Täuschung und Betrug den menschlichen Verstand zu verfinstern, um einem kleinen Häuflein die Herrschaft über Länder und Völker in die Hände zu spielen. Und da, Verehrungswürdiger, halte ich es für Pflicht, daß Freunde der Wahrheit einander ihre Erfahrungen hierüber mittheilen und sich freundschaftlich die Hände bieten, um die Menschheit von einem Joche zu erretten, unter welchem diese seufzen wird, wenn alle die heimlichen [. . . .] ungestört und unentdeckt fortwirken können.

Wenn mein Schicksall mich wieder nach Deutschland führt und ich in die Gegend von Breßlau komme, so wird mein Herz sich es zur Pflicht machen, Sie aufzusuchen, um die persönliche Bekantschaft des Mannes zu machen, der mir jetzt schon durch Kopf und Herz interessant ist.

Ich habe die Ehre mit der allervollkommensten Hochachtung zu seyn Ihre Sie ehrende

Charlotte von der Recke.

Brief 17: Abschrift von Schreiberhand mit Lücken und Auslassungen; mutmaßlich richtige Lesarten durch Schrägdruck gekennzeichnet.

ein Schröpfer: Johann Georg Schrepfer (nicht Schröpfer) (1730-1774), ein Husar, Kaffeehausbesitzer, Freimaurer und schließlich Geisterbeschwörer in Leipzig. Er beging Selbstmord in Rosenthal bei Leipzig.

Gaßner: Johann Joseph Gaßner (1727-1779), Geisterbeschwörer und Heiler von Besessenen. Er schrieb die meisten Krankheiten dem Einfluß böser Geister zu. Er wirkte zuletzt in Regensburg und Ellwangen.

Cagliostro: = Guiseppe Balsamo (1743-1795), Zauberer und Schatzgräber. Vgl. Nr. 16

rosenkräutzerische Lehren: Die Rosenkreutzer, eine Bruderschaft, die sich auf Johann Valentin Andrea und seine Legende von Christian Rosenkreutz beruft. Vgl. Will Erich Peuckert, Die Rosenkreutzer (1928), sowie die Erläuterungen von Erich Trunz zu Goethes Epos »Die Geheimnisse«. Hamburger Goethe-Ausgabe Bd 2, S. 587-591, sowie Paul Arnold, Histoire des Rosc-Croix et les origines de la Franc-Maçonnerie. Mercure de France. 1955; derselbe: Esoterik im Werke Shakespeares. Berlin (Henssel) 1973.

Platner: Ernst Platner (1744-1818), Professor der Medizin, Physiologie und Philosophie in Leipzig.

E b e r h a r t: Johann August Eberhard (1739-1809), Professor der Philosophie in Halle.

L u t h e r: Martin Luther (1483-1546), der Reformator.

M e l a n c h t h o n: Philipp Melanchthon (1497-1560), Mitarbeiter Luthers.

C a l v i n: Jean Calvin (1509-1564), der französische Reformator

Z w i n g l i: Ulrich Zwingli (1484-1531), der Reformator der deutschen Schweiz.

d a ß m e i n k l e i n e r V e t t e r: Vgl. Nr. 16

I n d e r S c h r i f t ü b e r C a g l i o s t r o: Vgl. Nr. 15

w i e M a d a m e G u y o n: Jean Marie Bouvier de la Mothe-Guyon (1648-1717). Vgl. La Vie de Mme de la Mothe Guyon, écrite par ellememe. Cologne 1720. Deutsch von Henriette von Montenglaut 1826. Abb. in: Max Wieser, Peter Poiret. München 1932, S. 304. Dort heißt es: »Garve verehre ich als Verfasser interessanter philosophischer Aufsätze. Seine herrliche Ansicht über die Tugend der Geduld machte mir Garve werth, ehe ich wußte, daß er in der Lage ist, sie thätig beweisen zu müssen, denn er leidet furchtbare Schmerzen durch einen krebsartigen Schaden im Gesicht. Seine Unterhaltung ist angenehm, Guthmüthigkeit und Scharfsinn blickten aus allen seinen Äußerungen hervor. Wenn dieser helle Kopf mehr Welt- und Menschenkenntniß besäße, dann würde er mit seinem philosophischen Geiste, mit seiner Gabe des deutlichen Vortrages mehr leisten. . . Wie staunte ich, als Garve auch Vertheidiger des Magnetismus wurde, und die wohlthätige noch nicht erforschte Kraft dieser Naturerscheinung mit philosophischem Scharfsinne als eine neue nützliche Entdeckung pries. . .«
Vgl. auch: Konfessionen der Madame J.M.B. de la Mothe Guion. Aus ihrem Leben, welches von ihr selbst beschrieben ist. In: Magazin zur Erfahrungsseelenkunde als ein Lesebuch für Gelehrte und Ungelehrte. Bd 7, 1789, Heft 3, S. 83-91.

i n d i e G e g e n d v o n B r e ß l a u k o m m e: Dieß geschah bei einer Reise im Jahre 1790. Vgl. Nr. 16, Paul Rachel, Bd 2, Tagebuch vom 6. Oktober 1790, (S. 369-371).

18

Christian Garve an Elisa von der Recke

Breslau, den 13. Aug. 1787

. . .»Es ist schwer, sich in die Stelle anderer Menschen zu setzen, die von Jugend auf mit ganz andern Ideen umgegangen sind, ganz andere Empfindungen gehabt haben, als wir. Ob ich gleich in eben den orthodoxen Religionslehrsätzen erzogen worden bin, von denen die Lehre von guten und bösen Engeln einen Artikel ausmacht; so hat doch diese, und was damit zusammenhängt, schon in meiner frühen Jugend sehr wenig Eindruck auf mich gemacht, und ich habe keine Verwandten, keine Lehrer gehabt, die mich viel damit beschäftiget hätten. Meine Imagination ist von Natur kalt und matt; von dem Unsichtbaren habe ich nie mehr zu wissen geglaubt, als was ich mit meinem Verstande begreifen, oder durch Analogieen mit dem Sichtbaren mir aufklären kann. Und wo also dessen zu wenig war, was ich auf einem von diesen beiden Wegen von dem Gegenstande lernte, da habe ich denselben bald aus meinem Gesichte verloren. Ich besinne mich, daß ich mich schon als Knabe nicht wenig über einen Autor wunderte, der ein Buch unter dem Titel Religion der Engel ankündigte. – Und welcher erstaunliche Abstand ist nicht noch zwischen der Lehre von guten und bösen Engeln, so wie sie die orthodoxe Theologie enthält, und wie sie uns in der Kindheit beygebracht wird, und zwischen den abenteuerlichen Begriffen von weißer und schwarzer Magie! Mich dünkt, selbst die Hochachtung gegen diese höhere Wesen sollte alle die Versuche, sie durch gewisse Kunstgriffe sich dienstbar zu machen, als thöricht und frevelhaft vorstellen; so wie auf der andern Seite die Furcht vor der Macht und dem Verstande der bösen Geister, von dem Vertrauen an geringfügige und unbedeutende Mittel, ihnen zu widerstehen, von Rechtswegen abhalten müßte. Sollte denn der gute oder böse Dämon, (so dächte ich, müßte jeder vernünftige Mensch, selbst bey dem stärksten Glauben an das Daseyn und den Einfluß dieser Geister räsonniren) sollte er denn thörichter handeln, und durch kleinere, weniger vernünftige Bewegungsgründe regiert werden, als ein schwacher Mensch? Und was ist weniger fähig auf einen Geist, und auf einen großen Geist zu wirken, als Grimassen und Töne, die Form oder die Aussprache gewisser Buchstaben? Ueberhaupt ist diese zwingende Kraft, welche die Magie gewissen äußerlichen Handlungen der Menschen, zu Bestimmung der Handlungen unsichtbarer, entfernter und noch dazu erhabner und mächtiger Wesen zuschreibt, eine der Ungereimtheiten, von denen ich nicht einmal deutlich einsehe, wie sie in einem menschlichen Kopfe entstehen kann, noch weniger, wie sie sich in einem vernünftigen erhalten kann. Demungeachtet lehrt die Erfahrung aller Zeiten, und selbst Ihr Beyspiel, gnädige Frau, daß diese Ideen existiren, und daß sie, selbst neben den vernünftigsten Vorstellungen, und den feinsten richtigsten Gefühlen, in der menschlichen Seele Platz finden.

Auch dies zeigt mir, wie mangelhaft noch meine Menschenkenntniß sey, und wie behutsam ich seyn müsse, zu leugnen, was mir unbegreiflich ist.

Indessen muß doch noch irgend ein mir unbekannter Mittelbegriff hinzukommen, der so ungeheure Disparate mit einander verbindet. – Sie selbst in Ihrer Schrift und in Ihren Briefen, reden von geheimen Gesellschaften, in welchen Ihre Verwandten zu leichterer Annahme der Cagliostroschen Ideen vorbereitet wurden. Ich kenne diese Schulen nicht; aber die Wirkungen zeigen es mir, daß mächtig darin auf den menschlichen Geist gewirkt wird, und gegen diesen Zauber, eben weil er verborgen ist, kann der vernünftige Profane nicht mit genugsamem Erfolge arbeiten. Ich bin in Gefahr, wenn ich von diesen Dingen spreche, in den Augen derer, die mehr davon wissen, ein Thor zu scheinen. Eben deswegen muß ich es auch andern überlassen, den Gefahren, die uns von dieser Seite drohen, entgegen zu arbeiten. Ich vor meinen Theil kann der Schwärmerey nur wehren, indem ich die Grundsätze der gesunden Vernunft vertheidige; ich kann an Zerstörung der Werke der Finsterniß nur arbeiten, indem ich selbst das Licht suche. Dieß habe ich bisher nach meinen schwachen Kräften gethan; ich werde es, so lange noch einige in mir übrig bleiben, (denn ich sehe sie durch Kränklichkeit und Jahre immer mehr abnehmen) ferner thun. Diejenigen indessen, welche Gelegenheit gehabt haben, so wie Sie, gnädige Frau, seltsame Verirrungen des menschlichen Verstandes und außerordentliche Verführer kennen zu lernen, handeln nach Pflicht, wenn sie diese entlarven, und jene zur Warnung bekannt machen.«

Brief 18: Erster Druck: Charlotte Elisabeth Konstantia von der Recke, Etwas über des Herrn Oberhofpredigers Johann August Stark Vertheidigungsschrift nebst einigen andern nöthigen Erläuterungen. Berlin 1788, S. 86-88. – Danach der Text. Anfang und Schluß fehlen.

19

Christian Garve an Friedrich Nicolai

Breslau, den 22. April 1788.

Hochzuverehrender Herr und Freund

Ich erwarte nun die Schrift der Frau von der Recke mit Verlangen. Diejenige Personen, welche so gewiß wie Sie und Elisa überzeugt sind, daß ein Geheimnis der Bosheit vorhanden sey, und welche davon bestimmte und zuverlässige Nachrichten haben, haben auch einen Brief dazu es aufzudecken. Bis zu mir, bis zu meinen Augen und Ohren, bis zu den Augen und Ohren meiner Freunde und Bekannten dringt bisher Gottlob nichts. Ich habe alles nur vom Hörensagen. – Und da dieses mir Gründe pro und contra giebt, so muß ich zur Beurtheilung des Möglichen meine Zuflucht nehmen. Da begreife ich nun nicht, wie die magischen Künste ein zusammenhängendes und consequentes System ausmachen können. Ich begreife nicht, wie es in der wahrhaft *gelehrten* Welt mit so erstaunlichem Beyfall als Sie sagen, fortgepflanzt werden kann. Ich begreife endlich nicht, wie katholische Orthodoxie, von welcher die Magie zum Feuer verdammt wird, durch Magie ausgerottet werden soll.

Um deßwillen, weil ich all die Sachen mit meiner Vernunft nicht zusammenreimen kan, und doch so verständige Männer davon überzeugt sehe, werde ich mich wohl hüten, meinen Mund vor dem Publico darüber nur aufzuthun, werde den Untersuchungen andrer darüber alle meine Aufmerksamkeit schenken und mich dahin führen lassen, wohin mich die Gründe führen, welche sie beybringen.

Aber das ist unglücklich, daß das Geheimnis der Bosheit, wie Sie sagen, nicht ganz aufgedeckt werden kan. Dieser zurückbleibende Schleyer, so dünn er sein mag, hält doch die guten Wirkungen auf, welche aus der Erkenntniß solcher Wahrheiten entstehen könnten. Die Meynungen der Uneingeweyhten bleiben noch immer getheilt: Die Connexionen, Leidenschaften, äußere Umstände bestimmen also, ob die Verführer (wenn es deren giebt) bey dem einen oder dem andern Menschen Eingang finden. Übrigens ist alles, was mit Vernunft durchdacht, mit Geschmack geschrieben ist, immer nützlich, es mag nun seine volle Absicht erreichen oder nicht. Und von dieser Art wird Elisens Schrift gewiß seyn.

Ihnen liebster Freund, wünsche ich etwas Muße und Erholung. Ohne diese wird Ihre Gesundheit unterliegen. Sie können mit etwas mehr Mäßigung Ihrer Geschäftigkeit noch viel länger der Welt nützen.

Ich bin mit aufrichtigster Hochachtung

dero gehorsamster Freund und Diener
Garve

Die Schrift der Frau von der Recke: Charlotte Elisabeth Konstantia von der Recke, Etwas über des Herrn Oberpredigers Johann August Stark Vertheidigungsschrift nebst einigen andern nöthigen Erläuterungen. Berlin und Stettin 1788. Mit einer Einleitung von Friedrich Nicolai.
Vgl. auch: Gustav Krüger, Johann August Starck und der Bund der Sieben. In: Ich dien. Festgabe zum 60. Geburtstage von Wilhelm Diehl. Herausgegeben von Hans v.d. Au (u.a.), Darmstadt 1931, S. 237-259; sowie Starck im Lichte der Briefe Petersens. ebenda, S. 260-270.

Annalisa Viviani Christian Garve-Bibliographie

Die im folgenden als »Sämmtliche Werke« bezeichnete Ausgabe erfüllt nicht den Anspruch dieses Titels: Es handelt sich hier um eine Sammlung der Werke des Dichters.

1. Gesammelte Werke

Christian Garve's sämmtliche Werke. Breßlau 1801 ff. 18 Bde und Registerband. [nicht 13 Bde, wie irrtümlich in Goedekes Grundriß Bd IV, 1, S. 1148, angegeben!]

Bd 1.
Versuche über verschiedene Gegenstände aus der Moral, der Litteratur und dem gesellschaftlichen Leben. Theil 1. Breßlau 1801.

	Vorrede.	S. III - XVI
I.	Uiber die Geduld.	S. 1-104
II.	Uiber die Moden.	S. 105-262
III.	Uiber die Maxime Rochefoucaults: das bürgerliche Air verliert sich zuweilen bey der Armee, niemahls am Hofe.	S. 263-402
IV.	Uiber die Unentschlossenheit.	S. 403-477

Bd 2.
Versuche über verschiedene Gegenstände aus der Moral, der Litteratur und dem gesellschaftlichen Leben. Theil 2. Breßlau 1801.

	An den Herrn Kreissteuer-Einnehmer Weiße. (21. März 1796).	S. III-XVIII
I.	Uiber zwey Stellen des Herodots.	S. 9-116
	Einige Gedanken über die Vaterlandsliebe überhaupt, und über die Vorliebe insbesondere, welche, in einem großen Staate, die Einwohner jeder Provinz für diese ihre Provinz haben.	S. 117-218

Einige Beobachtungen über die Kunst zu denken. S. 219-378
Uiber die Rollen der Wahnwitzigen in Shakespears Schauspielen, und über den Charakter Hamlets ins besondere. S. 379-445

Bd 3.
Versuche über verschiedene Gegenstände aus der Moral, der Litteratur und dem gesellschaftlichen Leben. Theil 3. Breßlau 1801.
An den Herrn Consistorialrath Spalding. (21. September 1797). S. III - VII
Uiber Gesellschaft und Einsamkeit. S. 9-368

Bd 4.
Versuche über verschiedene Gegenstände aus der Moral, der Litteratur und dem gesellschaftlichen Leben. Theil 4. Breßlau 1802.
([Hrsg.] [Johann Kaspar David Friedrich] Manso und [Johann Gottlob] Schneider. Breslau 30. März 1800). S. I - IV
Uiber Gesellschaft und Einsamkeit. Theil 2. S. 5-348
Uibersicht des dritten Theils. Uibersicht des vierten Theils. 2 Bl. ungez.

Bd 5.
Vermischte Aufsätze welche einzeln oder in Zeitschriften erschienen sind. Neu herausgegeben und verbessert von Christian Garve. Theil 1. Breßlau 1801.
Vorbericht. S. III - IV
Uiber den Charakter der Bauern und ihr Verhältniß gegen die Gutsherren und gegen die Regierung. S. 5-200
Uiber die Lage Schlesiens in verschiedenen Zeitpuncten, und über die Vorzüge einer Hauptstadt vor Provinzialstädten.
Eine Vorlesung, in der Schlesischen oecon. Gesellschaft in Breslau gehalten. S. 201-230
Uiber die Muße. S. 231-240
Lob der Wissenschaft. S. 241-288
Von der Popularität des Vortrages. S. 289-312
Uiber den Gebrauch des Worts Frankreicher für Franzosen. S. 313-324

Bruchstücke zu der Untersuchung über den Zerfall der kleinen Städte, dessen Ursachen, und die Mittel ihm abzuhelfen. S. 325-384
Uibersetzung und Erläuterung der Rede Kleons, eines Atheniensischen Demagogen, im 37sten Kapitel des 3ten Buches des Thucydides. S. 326-446

Bd 6.
Vermischte Aufsätze welche einzeln oder in Zeitschriften erschienen sind. Neu herausgegeben und verbessert von Christian Garve. Theil 2. Breßlau 1801.

Vorbericht. (Breßlau, den 8. Octob. 1800. Die Herausgeber: Manso und Schneider). S. III - IV
Die Tugend macht den Menschen glücklich. S. 5- 18
Einige Betrachtungen, veranlaßt durch das Dekret der Nationalversammlung über die Güter der Geistlichkeit. S. 19-105
Uiber fehlschlagende Erwartungen. S. 107-128
Uiber einige Schönheiten der Gebirgsgegenden. S. 129-170
Uiber die Veränderungen unsrer Zeit in Pädagogik, Theologie und Politik. S. 171-258
Das Christenthum als Lehrgebäude und als Institut betrachtet. Ein Fragment. S. 259-316
Uiber einen Satz aus der Ethik des Spinoza. Ein Fragment. S. 317-344
Uiber die Grenzen des bürgerlichen Gehorsams, und den Unterschied von Theorie und Praxis, in Beziehung auf zwey Aufsätze in der Berliner Monathsschrift. S. 345-378
Ein ernsthafter Commentar über einen Scherz. S. 379-412
Einige Fragen, die Witterungslehre betreffend. S. 413-460

Bd 7.
Sammlung einiger Abhandlungen. Breßlau 1801.

Vorrede. (Christian Garve). S. III - VIII
Versuch über die Prüfung der Fähigkeiten. S. 9- 88
Betrachtungen einiger Verschiedenheiten in den Werken der ältesten und neuern Schriftsteller, besonders der Dichter. S. 89-150

Vermischte Anmerkungen über Gellerts Moral, dessen Schriften überhaupt, und Charakter. S. 151-192
Einige Gedanken über das Interessirende. Erster Theil. S. 193-238
Einige Gedanken über das Interessirende. Zweyter Theil. S. 239-286
Anhang. Geschrieben im Jahre 1779. (Zur voranstehenden Abhandlung). S. 287-332
Uiber den Einfluß einiger besondern Umstände auf die Bildung unserer Sprache und Literatur. Eine Vorlesung. S. 333-356

Bd 8.
Uibersicht der vornehmsten Principien der Sittenlehre, von dem Zeitalter des Aristoteles an bis auf unsre Zeiten. Breßlau 1801.
An Herrn Immanuel Kant. S. III - X
Darstellung der verschiedenen Moralsysteme von Aristoteles an bis auf Kant. S. 11-383

Bd 9.
Eigene Betrachtungen über die allgemeinsten Grundsätze der Sittenlehre. Ein Anhang zu der Uibersicht der verschiedenen Moralsysteme. Breßlau 1801.

Theil I:	An den Herrn Rector Manso.	24 Bl. ungez.
	Eigene Betrachtungen.	S. 1-253
Theil II:	Abhandlung über die Verbindung der Moral mit der Politik, oder einige Betrachtungen über die Frage: in wiefern es möglich sey, die Moral des Privatlebens bey der Regierung der Staaten zu beobachten.	S. 1-163

Bd 10.
Fragmente zur Schilderung des Geistes, des Charakters, und der Regierung Friedrichs des Zweyten. Theil 1. Breßlau 1801.
Vorrede. S. III - XVI
Erste Abtheilung. Vergleichungen Friedrichs des Zweyten mit zwey andern berühmten Regenten. S. 17-142
Zweyte Abtheilung. Uiber den Regierungscharakter Friedrichs des Zweyten. S. 143-264

Dritte Abtheilung. Uiber den sittlichen Charakter Friedrichs des Zweyten. S. 265-312

Bd 11.

Fragmente zur Schilderung des Geistes, des Charakters, und der Regierung Friedrichs des Zweyten. Theil 2. Breßlau 1801.

Vierte Abtheilung. Uiber den religiösen Charakter Friedrichs des Zweyten.	S. 1- 14
Fünfte Abtheilung. Uiber den literarischen Charakter Friedrichs des Zweyten.	S. 15-110
Sechste Abtheilung. Uiber den militärischen Charakter Friedrichs des Zweyten.	S. 111-146
Siebente Abtheilung. Fragmente vermischten Inhalts zur Charakter-Schilderung Friedrich des Zweyten.	S. 146-268

Bd 12.

Christian Garve's Vertraute Briefe an eine Freundin. Breßlau 1801.

Vorrede des Herausgebers.		S. 1- 4
Theil I:	Vertraute Briefe an eine Freundin.	S. 5-211
Theil II:	Kleine zerstreute Schriften.	S. 1-168
	[enth.: Einige Züge aus dem Leben und Charakter des Herrn C.J. Paczensky v. Tenczin aus dem Hause Schleibitz.	S. 1- 84
	Uiber den Charakter Zollikofers an Herrn Kreissteuer-Einnehmer Weiße in Leipzig.	S. 85-124
	Uiber die Laune, das Eigenthümliche des Englischen Humours, und die Frage: ob Xenophon unter die launigen Schriftsteller gehöre?	S. 125-152
	Uiber die Leiden des jungen Werther. Aus einem Briefe.	S. 153-162
	Das Weihnachtsgeschenk.	S. 163-168]

Bd 13.

D i t t m a r, Siegismund Gottfried: Erinnerungen aus meinem Umgange mit Garve, nebst einigen Bemerkungen über dessen Leben und Charakter. Breßlau 1801.

Bd 14.

Versuche über verschiedene Gegenstände aus der Moral, der Litteratur und dem gesellschaftlichen Leben. Theil 5. Breßlau 1802.

Vorrede. (Breßlau, den 8. Aprill 1802. Die Herausgeber Manso und Schneider). S. III - VI

I. Uiber das Daseyn Gottes.

Bd 15.

Sammlung einiger Abhandlungen. Theil 2. Breßlau 1802.

Uiber die Frage: Warum stehen die Teutschen, nach dem Geständniß ihrer beßten Schriftsteller, in Ansehung einer guten prosaischen Schreibart, gegen Griechen und Römer, vielleicht auch gegen Franzosen und Engländer, zurück? und welches ist der beßten teutschen Prosaisten charakteristisches Verdienst? Ein Fragment. (Veranlaßt durch eine Preisfrage der teutschen Gesellschaft in Mannheim). S. 3- 22

Warum läutert sich der Geschmack im Ernsthaften früher, als im Komischen? S. 23- 40

Uiber Lessings Laocoon. S. 41- 80

Versuch über die von der königlichen Academie der Wissenschaften zu Berlin für das Jahr 1767 aufgegebene Frage: Ob man die natürlichen Neigungen vernichten oder Neigungen erwecken könne, welche die Natur nicht erzeugt hat? und welches die Mittel wären, den Neigungen, wenn sie gut sind, Kräfte zu geben, oder, wenn sie böse sind, solche zu schwächen? S. 81-228

Einige allgemeine Betrachtungen über Sprachverbesserungen. S. 229-264

Discours sur l'utilité des Académies. S. 265-286

Bd 16.

Briefe von Christian Garve an Christian Felix Weiße und einige andere Freunde. Theil 1. Breslau 1803.

Vorrede. Breslau, den 28. December 1802. Die beyden Herausgeber Manso und Schneider. 3 Bl. ungez.

Bd 17.
Briefe von Christian Garve an Christian Felix Weiße und einige andere Freunde. Theil 2 Breslau 1803.

Bd 18.
Briefwechsel zwischen Christian Garve und Georg Joachim Zollikofer, nebst einigen Briefen des erstern an andere Freunde. Breslau 1804.
(Vorrede. Breslau, den 3. Jan. 1804. M. u. S.)

[Dazu]:
Allgemeines Register über Christian Garve's sämmtliche Werke. Breßlau 1801.

2. Teilsammlungen

Sammlung einiger Abhandlungen. Aus der Neuen Bibliothek der schönen Wissenschaften und der freyen Künste. Leipzig: Dyck 1779.

Vorrede.	S. 3
Versuch über die Prüfung der Fähigkeiten. Aus dem 8. Bd der Neuen Bibliothek. . .	S. 8-115
Betrachtung einiger Verschiedenheiten in den Werken der ältesten und neuern Schriftsteller, besonders der Dichter. Aus dem 10. Bd der Neuen Bibliothek. . .	S. 116-197
Vermischte Anmerkungen über Gellerts Moral, dessen Schriften überhaupt und Charakter. Aus dem 12. Bd der Neuen Bibliothek. . .	S. 198-252
Einige Gedanken über das Interessirende. Erster Theil. Aus dem 12. Bd der Neuen Bibliothek. . .	S. 253-312
Einige Gedanken über das Interessirende. Zweyter Theil. Aus dem 13. Bd der Neuen Bibliothek. . .	S. 313-378
Anhang zur voranstehenden Abhandlung. (Hier zum erstenmale gedruckt). Geschrieben im Jahre 1779.	S. 379-439
Ueber den Einfluß einiger besondern Umstände auf die Bildung unserer Sprache und Litteratur. Eine Vorlesung. Aus dem 14. Bd der Neuen Bibliothek. . .	S. 440-470

Dass. u. d. Titel:
Sammlung einiger Abhandlungen aus der Neuen Bibliothek der schönen Wissenschaften und der freyen Künste. Neue, mit sieben Aufsätzen vermehrte Auflage. Leipzig: Dyck 1802, 2 Theile. Herausgeber: Manso.

Theil 1:	Versuch über die Prüfung der Fähigkeiten. Aus dem 8. Bd der Neuen Bibliothek...	S. 1- 92
	Betrachtung einiger Verschiedenheiten in den Werken der ältesten und neuern Schriftsteller, besonders der Dichter. Aus dem 10. Bd der Neuen Bibliothek...	S. 93-162
	Vermischte Anmerkungen über Gellerts Moral, dessen Schriften überhaupt und Charakter. Aus dem 12. Bd der Neuen Bibliothek...	S. 163-209
	Einige Gedanken über das Interessirende. Aus dem 12. Bd der Neuen Bibliothek...	S. 210-371
Theil 2:	Ueber den Einfluß einiger besondern Umstände auf die Bildung unserer Sprache und Litteratur. Aus dem 14. Bd der Neuen Bibliothek...	S. 3- 28
	Ueber die Laune, das Eigenthümliche des Englischen humour und die Frage: ob Xenophon unter die launigen Schriftsteller gehöre? Aus dem 61. Bd der Neuen Bibliothek...	S. 29- 60
	Ueber die prosaische Schreibart. Aus dem 62. Bd der Neuen Bibliothek...	S. 61- 82
	Warum läutert sich der Geschmack im Ernsthaften früher, als im Komischen? Aus dem 63. Bd der Neuen Bibliothek...	S. 83-102
	Ueber Lessings Laocoon. Aus dem 9. Bd der Allg. Dt. Bibliothek 1769.	S. 103-146
	Ueber die Neigungen: Preisschriften von L. Cochius, Garve und Christoph Meiners. Berlin 1769: Ob man die natürlichen Neigungen vernichten, oder Neigungen erwecken	

könne, welche die Natur nicht erzeugt hat? und welches die Mittel sind, den Neigungen, wenn sie gut sind, Kräfte zu geben, oder wenn sie böse sind, solche zu schwächen?	S. 147-316
Einige allgemeine Betrachtungen über Sprachverbesserungen. Vorgelesen in der Königl. Akademie der Wiss. zu Berlin 1794.	S. 317-357
Discours sur l'utilité des Académies. An die Akad. der Wiss. zu Berlin bei Gelegenheit der Aufnahme Garves.	S. 358-378

Versuche über verschiedene Gegenstände aus der Moral, der Litteratur und dem gesellschaftlichen Leben. 3 Theile. Breslau: Korn 1792-1802.

Theil 1. 1792.

	Vorrede.	S. II - XX
I.	Ueber die Geduld.	S. 1-116
II.	Ueber die Moden.	S. 117-294
III.	Ueber die Maxime Rochefoucaults: das bürgerliche Air verliehrt sich zuweilen bey der Armee, niemahls am Hofe.	S. 295-452
IV.	Ueber die Unentschlossenheit.	S. 453-536

Theil 2. 1796.

	An den Herrn Kreissteuer-Einnehmer Weiße. (Breßlau, den 21. Merz 1796).	2 Bl. ungez.
I.	Ueber zwey Stellen des Herodots.	S. 1-126
	Einige Gedanken über die Vaterlandsliebe überhaupt, und über die Vorliebe insbesondere, welche, in einem großen Staate, die Einwohner jeder Provinz für diese ihre Provinz haben.	S. 127-244
	Einige Beobachtungen über die Kunst zu denken.	S. 245-430
	Ueber die Rollen der Wahnwitzigen in Shakespears Schauspielen, und über den Charakter Hamlets insbesondere.	S. 431-510

Theil 3. 1797.

An den Herrn Consistorialrath Spalding.
(Breßlau, den 21. Sept. 1797). 5 Bl. ungez.
Ueber Gesellschaft und Einsamkeit.

Theil 4. 1800.

[Vorrede] (Breslau, den 30. März 1800. Die Herausgeber Manso und Schneider). S. III - VIII
Ueber Gesellschaft und Einsamkeit. Theil 2.

Theil 5. 1802.

	Vorrede. (Breslau, den 8. Aprill 1802. Die Herausgeber Manso und Schneider).	S. III - VIII
I.	Ueber das Daseyn Gottes.	S. 1-290
II.	Ueber die öffentliche Meinung.	S. 291-334
III.	Ueber die Schwärmerey.	S. 335-406
IV.	Ueber den Stolz.	S. 407-515

[Nr. II-IV sind in den »Sämmtlichen Werken« nicht enthalten!]

Dass. u. d. Titel:
Versuche über verschiedene Gegenstände aus der Moral, der Litteratur und dem gesellschaftlichen Leben. Theil 1. Neue unveränd. Aufl. Breslau: Korn 1802.- Theil 2. Neue unveränd. Aufl. Breslau: Korn 1802.

3. Ausgaben einzelner Werke

[Dissertatio] de nonnullis quae pertinent ad Logicam Probabilium, Praeside de Segner pro impetr. honoribus philos. Halae Magdeburgicae 1766.

James Porters Anmerkungen über die Religion, Regierung und Sitten der Türken, übersetzt, Leipzig 1768.

De ratione scribendi historiam Philosophiae. Ad impetr. jura et privileg. Magistri. Lipsiae 1768.

Ueber die Neigungen: Preisschriften von L. Cochius, Garve und Chph. Meiners. Berlin 1769. S. 91-186: Ob man die natürlichen Neigungen vernichten, oder Neigungen erwecken könne, welche die Natur nicht erzeugt hat? und welches die Mittel sind, den Neigungen, wenn sie gut sind, Kräfte zu geben, oder wenn sie böse sind, solche zu schwächen?

Philosophische Betrachtungen über die thierische Schöpfung. Aus dem Englischen. Leipzig 1769.

Rezension der kritischen Wälder Herders. In: Neue Bibl. der schönen Wissensch. Leipzig 1769, Bd 9, 1, S. 20-63. Leipzig 1770, Bd 10, 2, S. 250-280.

Rezension von Lessings Laocoon. In: Allg. dt. Bibl. 1769, Bd 9.

Rezension von Lessings Hamburg. Dramaturgie. In: Neue Bibl. der schönen Wissensch. Leipzig 1770, Bd 10, 1, S. 117-141. Bd 10, 2, S. 211-244.

Betrachtung einiger Verschiedenheiten in den Werken der ältesten und neuern Schriftsteller, besonders der Dichter. In: Neue Bibl. der schönen Wissensch. Leipzig 1770, Bd 10, 1. und 2. Stück.

Vermischte Anmerkungen über Gellerts Moral, dessen Schriften überhaupt und Charakter. In: Neue Bibl. der schönen Wissensch. Leipzig 1770, Bd 12, S. 185 f. - Auch besonders erschienen: Leipzig 1775.

Heinrich Hume, Grundsätze der Kritik von Joh. Nikolaus Meinhard. Nach der vierten englischen verbesserten Ausgabe. Leipzig 1772. II. Besorgt von Garve und Engel.

Adam Fergusons Grundsätze der Moralphilosophie. Übersetzt und mit einigen Anmerkungen versehen. Leipzig 1772.

Ἀριστοτέλους τέχνης Ῥητορικῆς Βιβλία. Ex aliquot editionum collatione. Lipsiae 1772. Mit Prof. Reiz.

Burkes Untersuchung über den Ursprung unserer Begriffe vom Erhabenen und Schönen. Riga 1773. [ohne Vfn.]

Aus einem Briefe über die Leiden des jungen Werthers [ohne Vfn.]: J.J. Engels Philosoph für die Welt. Leipzig 1775. 1, S. 21-24. - In der 2. Aufl. Leipzig 1787. 1, S. 20-32 wird der Name genannt.

Versuch über das Genie; von Alexander Gerard. Aus dem Englischen übersetzt von Christian Garve. Leipzig 1776.

Das Weynachtsgeschenk [ohne Vfn.]: Engels Philosoph für die Welt. Leipzig 1777. 2, S. 18-24. In der 2. Aufl. Leipzig 1787. 2, S. 18-24 wird der Name genannt.

Bemerkung über die Neigung zum Wunderbaren, und über den Zweck dieses Zuges in der menschlichen Natur. Deutsches Museum, 1778 I, Stück 6, S. 517 - 528.

Antwort eines andern Vetters, das Studium der schönen Wissenschaften betreffend. Deutsches Museum 1778, II, Stück 8, S. 127 - 132. (Zu Matthias Claudius, Eine Korrespondenz zwischen Asmus und seinem Vetter.)

Rezension der Kritik der reinen Vernunft J. Kants: Göttinger gel. Anz. 1782 Januar 19, von Garve verfaßt, aber von Feder vor dem Abdrucke verstümmelt. Später in ursprünglicher Gestalt: Anhang zum 37./52. Band der Allg. dt. Bibl., Abt. 2, S. 838-862.

Cicero von den menschlichen Pflichten. Übersetzt mit Anmerkungen und Abhandlungen. Breslau 1783. - 2. Aufl. 1787/1792. Seit 1788 mit einigen Anmerkungen und einer Abhandlung über die Verbindung der Moral mit der Politik vermehrte Ausgabe. - Auch besonders erschienen: Abhandlung über die Verbindung der Moral mit der Politik, oder einige Betrachtungen über die Frage, in wiefern es möglich sey, die Moral des Privatlebens bey der Regierung der Staaten zu beobachten. Von Christian Garve. Breslau: W.G. Korn 1788.

Schreiben an Nicolai von Chn. Garve, über einige Äußerungen des erstern. Leipzig 1784.

Johann Macfarlans Predigers in Edinburg, Untersuchungen über die Armuth. Aus dem Englischen übersetzt, mit einigen Anmerkungen und Zusätzen. Leipzig 1785.

M. Payley's Grundsätze der Moral und Politik. Aus dem Englischen übersetzt. Mit einigen Anmerkungen und Zusätzen. Leipzig 1787. II.

Ueber den Charakter Zollikofers. An Herrn Creyssteuer-Einnehmer Weiße in Leipzig. Leipzig: Weidmannische Buchhandlung 1788.

Ueber gelehrte Gesellschaften. In: Braunschweiger Journal 1789, Stück 1.

Gillies Vergleichung zwischen Friedrich II. und Philipp von Macedonien. Aus dem Englischen übersetzt. Breslau 1791.

Einige Züge aus dem Leben und Charakter des Herrn C.J. Paczensky v. Tenczin. Breslau: Korn 1793.

Adam Smith Untersuchung über die Natur und Ursachen des Nationalreichthums. Aus dem Englischen der vierten Ausgabe. Breslau 1794-1796.

Beitrag zur Charakterschilderung des Herrn von Klöber, Verfassers von Schlesien vor und seit 1740. In: Schlesische Provinzialblätter 1796, Stück 1.

Vermischte Aufsätze welche einzeln oder in Zeitschriften erschienen sind. Neu herausgegeben und verbessert von Christian Garve. Breslau: Korn 1796/1800. II. Inhalt: vgl. Garve's sämmtliche Werke Bd 5 und 6.

Fragmente zur Schilderung des Geistes, des Charakters, und der Regierung Friedrichs des zweyten. Breslau: Korn 1798. II.

Die Ethik des Aristoteles übersetzt und erläutert. Breslau 1798/1801. II.

Uebersicht der vornehmsten Prinzipien der Sittenlehre, von dem Zeitalter des Aristoteles an bis auf unsre Jahre, von Chn. Garve. Eine zu dem ersten Theile der übersetzten Ethik des Aristoteles gehörende und aus ihm besonders abgedruckte Abhandlung. Breslau: Korn 1798.

Eigene Betrachtungen über die allgemeinen Grundsätze der Sittenlehre. Ein Anhang zu der Uebersicht der verschiednen Moralsysteme. Breslau: Korn 1798.

Die Politik des Aristoteles, übersetzt von Garve. Hrsg. und mit Anmerkungen und Abhandlungen begleitet von G.G. Fülleborn. Breslau 1799/1802. II. - Neue Bearb. hrsg. von M. Brasch 1893.

Nachdruck: Kleine zerstreute Schriften von Christian Garve. Breslau 1801. [enth.: Einige Züge aus dem Leben und Charakter des Herrn C.J. Paczensky v. Tenczin. (1793). - Ueber den Charakter Zollikofers. An Herrn Creyssteuer-Einnehmer Weiße in Leipzig. (1788). - Ueber die Laune, das Eigenthümliche des Englischen humour und die Frage: ob Xenophon unter die launigen Schriftsteller gehöre? - Aus einem Briefe über die Leiden des jungen Werthers: J.J. Engels Philosoph für die Welt. (1775).]

Von Bestimmung des moralischen Werthes: Dörptische Beiträge. Jahrg. 1813. 1, S. 65-81.

In der Stadtbibliothek von Breslau befinden sich noch ungedruckte Übersetzungen Garves aus alten Schriftstellern. (Mitteilung von Prof. de Boor, zit. nach: Goedeke IV, 1, S. 1147).

Laut Mitteilung der Biblioteka Uniwersytecka Wroclawiu vom 25.2.1974 befindet sich dort ein handschriftlicher Katalog des Nachlasses von Christian Garve mit Sign.: Akc. 1967 KN 18; II + 94 S., der 45 Bände umfaßte. Davon sind 21 Bände erhalten, die aus der ehemaligen Magdalenen-Kirchenbibliothek herrühren. Außerdem ist dort ein Brief Garves an eine unbekannte Person /1776/ vorhanden.

BRIEFE

1. Sammlungen

Christian Garve's Vertraute Briefe an eine Freundin. Leipzig 1801. [Fräulein v. Wallenberg in Charlottenbrunn?] - Breslau 1801 als 12. Bd der »Sämmtlichen Werke«.

Briefe von Christian Garve an Christian Felix Weiße und einige andere Freunde. Breslau 1803. 2 Bde. (Vgl. Bd. 16 u. 17 der »Sämmtlichen Werke«) [An v. Thümmel: Bd 2, S. 279-310. (2 Briefe aus den Jahren 1794 u. 1798). An Manso: Bd 2, S. 311-380. (6 Briefe aus den Jahren 1792-1796). An v. Paczensky: Bd 2, S. 381-392. (6 Briefe aus den Jahren 1779-1783).]
In Bd 1, S. 86 ff.: »Über die Leiden des jungen Werthers«.
In Bd 2, S. 179 ff.: »Über Wilhelm Meisters Lehrjahre«.

Briefwechsel zwischen Christian Garve und Georg Joachim Zollikofer nebst einigen Briefen des erstern an andere Freunde. Breslau 1804. (Vgl. Bd 18 der »Sämmtlichen Werke«)
[An Lavater: S. 437-462. (2 Briefe aus den Jahren 1784 u. 1785).
An v. Thümmel: S. 395-436. (9 Briefe aus den Jahren 1792-1796).]

Christian Garve's Briefe an seine Mutter. Hrsg. v. Karl Adolf Menzel. Breslau 1830.
[Darin auch: Ein Brief Nathanael des Vaters an seinen unmündigen Sohn. S. 1-2.]
Anhang einiger Briefe Garves an Madame Schwarz, seine Cousine und Freundin. S. 228 ff.]

2. Separat gedruckte Briefe
(in alphabet. Reihenfolge der Empfänger)

An ? [den Staatsminister]. Breßlau, den 18. Merz 1790. In: Dreihundert Briefe aus zwei Jahrhunderten. Hrsg. v. Karl v. Holtei. Hannover 1872, I, 1, S. 107 - 110.

An Herrn Anders zu Grünberg in Schlesien. Breßlau, den 4. Nov. 1796. Ebda. S. 113 f.

An [Archenholz] den Redakteur der »Minerva«. Breßlau, den 10. May 1794. Ebda. S. 112 f.

An Hofrath Bach. Breßlau, den 12. Juni 1792. Ebda. S. 111.

An J.E. Biester. In: Berlinische Monatsschrift. Hrsg. v. Gedike u. J.E. Biester. VI. Bd. Julius bis December 1785. Berlin 1785, S. 19-67 und S. 488-529. (2 Briefe, datiert Juli 1785 und Dezember 1785)

An Campe. In: J. Leyser, Joachim Heinrich Campe. Ein Lebensbild aus dem Zeitalter der Aufklärung. Braunschweig 1877. Bd 2, S. 259-268. (2 Briefe, datiert 22. Dezember 1786 und 12. Oktober 1787)

[An Campe] Ein Einwurf wider die Nützlichkeit periodischer Schriften, von Herrn Prof. Garve; aus einem Briefe desselben an den R.C. [Rat Campe]. In: Braunschweigisches Journal. I. St. 1788, S. 16-19.

An Gellert. In: Christian Fürchtegott Gellerts sämmtliche Werke. 9. Bd. C.F. Gellerts Briefe an seine Freunde und von denselben. Briefe zweyter Theil. Carlsruhe 1818, S. 16 f. (Breßlau, den 3. Juni 1767).

An I. Kant. In: Dörptische Beyträge für Freunde der Philosophie, Litteratur und Kunst. In drey Bänden. Hrsg. v. K. Morgenstern. Bd 3. Leipzig 1817, Jahrg. 1816, S. 87-89 (Breßlau, den 18. Juni 1792).

An I. Kant. In: I. Kant, Briefwechsel in drei Bänden. Hrsg. v. H.E. Fischer. Bd 1. München 1912, S. 214-246 (Leipzig, den 13. Juli 1783). Bd 2. München 1912, S. 295 f. (Breslau, den 18. Juni 1792). Bd 3. München 1913, S. 248-250 (Mitte September 1798); S. 251-253 (Mitte September 1798).

An I. Kant: In: Morgenblatt für gebildete Stände. 5. Jahrg. 1811, Nr. 110, S. 437 f. (ohne Datum, aber vermutlich aus dem Jahre 1798, nicht lange vor Garves Tod).

An den Herrn Geheimen Rath Klotz. Leipzig, den 21. Juni 1768. In: Briefe Deutscher Gelehrten an den Herrn Geheimen Rath Klotz. Hrsg. v. J.J.A. v. Hagen. Halle 1773, S. 122-124.

An Johann Caspar Lavater. (Leipzig, den 21. Oktober 1783.) In: Jahrbuch der Schlesischen Friedrich-Wilhelms-Universität zu Breslau 1963, Band VIII, Würzburg, 1963.

An Johann Caspar Lavater. Schleibitz bey Breßlau, d. 15. Jun. 1784. In: Jahrbuch der Schlesischen Friedrich-Wilhelms-Universität zu Breslau 1963, Band VIII, Würzburg, 1963.

An Johann Caspar Lavater, Breßlau, d. 5. Merz 1785. In: Jahrbuch der Schlesischen Friedrich-Wilhelms-Universität zu Breslau 1963, Band VIII, Würzburg, 1963.

An Johann Caspar Lavater, Breßlau, d. 21. Merz 86. In: Jahrbuch der Schlesischen Friedrich-Wilhelms-Universität zu Breslau 1963, Band VIII, Würzburg, 1963.

An Johann Benjamin Michaelis. Leipzig, den 10.12.1771. Handschriften-Sammlung des Gleim-Hauses, Halberstadt. In: Ernst Reclam, Johann Benjamin Michaelis, Leipzig 1904, S. 103.

An K.W. Ramler. In: Vierteljahrschrift für Litteraturgeschichte. Hrsg. v. Bernhard Seuffert 4 (1891), S. 251-253 (1 Brief datiert 25. November 1776).

An Elisa v. der Recke. In: Deutsche Dichtung. Hrsg. v. K.E. Franzos. 24. Bd 1898, S. 273 f. (1 Brief datiert 14. April 1788).

An K.L. Reinhold. In: Karl Reinhold's Leben und litterarisches Wirken nebst einer Auswahl von Briefen Kant's, Fichte's, Jacobi's und andrer philosophirender Zeitgenossen an ihn. Hrsg. v. Ernst Reinhold. Jena 1825, S. 346-348 (1 Brief datiert Breslau, den 14. August 1789).

An Schiller. In: Schillers Werke. Nationalausgabe. 35. Bd. Briefwechsel. Briefe an Schiller 25.5.1794-31.10.1795. In Verb. mit Liselotte Blumenthal hrsg. v. Günter Schulz. Weimar 1964, S. 23 f. (Breßlau, den 28. Jul [Juni] 1794) und S. 72-75 (Breßlau, den 17. Oktober 1794).

An Schiller. In: Schillers Werke. Nationalausgabe. 36. Bd. Teil 1. Briefwechsel. Briefe an Schiller 1.11.1795-31.3.1797. Hrsg. v. Norbert Oellers. Weimar 1972, S. 186 f. (Breßlau, den 18. April 1796).

An Schiller. In: Goethe-Jahrbuch. Hrsg. v. Ludwig Geiger. 18. Bd (1897), S. 134 bis 143 (Brief vom 23. September 1797).

An Schiller. In: Briefe an Schiller. Hrsg. v. L. Urlichs. Stuttgart 1877, S. 188 bis 190 (Brief vom 28. Juli 1794).

An Schütz. In: Christian Gottfried Schütz. Darstellung seines Lebens, Charakters und Verdienstes. 2. Bd.: Auswahl aus Schütz's litterarischem Briefwechsel. II. Theil. Aus Briefen von andern Gelehrten und Dichtern. Halle 1835, S. 97-100.

An Weiße. 18. März (1780), 1. Mai 1797, 27. März 1798, Mai 1798. In: Minor, Archiv für Literaturgeschichte 9 (1880), S. 494 f., 499-503.

An Zollikofer. (Breslau, vor 25. Januar 1786.) In: Jahrbuch der Schlesischen Friedrich-Wilhelms-Universität zu Breslau 1963, Band VIII, Würzburg, 1963.

Anhang: Briefe an Garve

J.E. Biester. An Garve. In: Berlinische Monatsschrift. Hrsg. v. Gedike u. J.E. Biester. VI. Bd. Julius bis December 1785. Berlin 1785, S. 68-90 (Brief vom Juli 1785), S. 530-554 (Brief vom Dezember 1785).

Ch.F. Gellert. An Garve. In: Christian Fürchtegott Gellerts sämmtliche Werke. 9. Bd. C.F. Gellerts Briefe an seine Freunde und von denselben. Briefe zweyter Theil. Carlsruhe 1818, S. 17 f. (Leipzig, den 6. Juni 1767), S. 19 f. (Leipzig, den 14. Januar 1768).

Fr. v. Gentz. Briefe an Christian Garve (1789-1798). Hrsg. v. Schönborn. Breslau 1857.

Fr. v. Gentz. An Garve. In: Briefe von und an Friedrich von Gentz. Hrsg. v. Fr. C. Wittichen. Bd 1. München und Berlin 1909, S. 139-211. (Briefe aus den Jahren 1784-1798).

Fr. H. Jacobi. An Garve. Düsseldorf, den 27. April 1786. In: Friedrich Heinrich Jacobi's auserlesener Briefwechsel in zwei Bänden. Leipzig 1825, Bd 1, S. 397-405.

I. Kant. An Garve. In: I. Kant, Briefwechsel in drei Bänden. Hrsg. v. H.E. Fischer. Bd 1. München 1912, S. 246-255 (Königsberg, den 7. August 1783). Bd 3. München 1913, S. 253-255 (Königsberg, den 21. September 1798).

J.C. Lavater. An Garve. (Zürich, den 5. Dezember 1783). In: Jahrbuch der Schlesischen Friedrich-Wilhelms-Universität zu Breslau 1963, Band VIII, Würzburg 1963.

J.C. Lavater. An Garve. (Zürich, den 1. September 1784). In: Jahrbuch der Schlesischen Friedrich-Wilhelms-Universität zu Breslau 1963, Band VIII, Würzburg 1963.

J.C. Lavater. An Garve. (Zürich, den 2. September 1784). In: Jahrbuch der Schlesischen Friedrich-Wilhelms-Universität zu Breslau 1963, Band VIII, Würzburg 1963.

J.C. Lavater. An Garve. (Zürich, den 25. Januar 1786). In: Jahrbuch der Schlesischen Friedrich-Wilhelms-Universität zu Breslau 1963, Band VIII, Würzburg 1963.

J.C. Lavater. An Garve. (Zürich, den 28. Januar 1786). In: Jahrbuch der Schlesischen Friedrich-Wilhelms-Universität zu Breslau 1963, Band VIII, Würzburg 1963.

J.C. Lavater. An Garve. (Zürich, den 11. April 1786). In: Jahrbuch der Schlesischen Friedrich-Wilhelms-Universität zu Breslau 1963, Band VIII, Würzburg 1963.

M. Mendelssohn. An Garve. Berlin, den 7. November 1785. In: Moses Mendelssohn's gesammelte Schriften. In sieben Bänden. Hrsg. v. G.B. Mendelssohn. Leipzig 1844. Bd 5, S. 641.

Johann Benjamin Michaelis. An Garve. o.O., Datum und Unterschrift (wahrscheinlich Entwurf vor Ende 1771). In: Ernst Reclam, Johann Benjamin Michaelis, Leipzig 1904, S. 105.

Fr. v. Schiller. An Garve. In: Schillers Werke. Nationalausgabe. 27. Bd. Briefwechsel. Schillers Briefe 1794-1795. Hrsg. v. Günter Schulz. Weimar 1958, S. 56 f. (Jena, den 1. Oktober 1794) und S. 125-127 (Jena, den 25. Jenner 1795).

Fr. v. Schiller. An Garve. Jena, den 6. November 1797. In: D. Jacoby, Schiller und Garve. Eine Untersuchung. Schnorrs Archiv 7 (1878), S. 135 f.

v. Thümmel. An Garve. Gotha, den 10. Februar 1795. In: Briefe von Christian Garve an Christian Felix Weiße und einige andere Freunde. Breslau 1803. Bd 2, S. 291-301.

LITERATUR ZUM LEBEN UND WERK CHRISTIAN GARVES

1. Bibliographien

K. Goedeke: Grundriß zur Geschichte der deutschen Dichtung. Hrsg. v. d. dt. Akad. d. Wiss. zu Berlin. 3., neu bearb. Aufl. Dresden 1910-1916. Bd IV, 1, S. 507-511, 1146-1148. - Bd IV, 2, S. 44, 274 f. - Bd IV, 3, S. 169, 421.

Internationale Bibliographie zur Geschichte der deutschen Literatur. Red. v. G. Albrecht u. G. Dahlke. Berlin: Volk und Wissen 1969 ff. Teil 1 (1969), S. 924 f.

2. Biographien

J.G. Meusel: Das gelehrte Teutschland oder Lexikon der jetzt lebenden teutschen Schriftsteller. 5. Ausg. Lemgo 1796-1834. Bd 4, S. 21, 27.

Allgemeine Deutsche Biographie. Hrsg. v. d. Historischen Kommission bei der Bayer. Akad. d. Wiss. Red. v. R. v. Liliencron u. F.X. v. Wegele. Leipzig 1875 ff. Bd 8 (1878), S. 385-392.

Neue Deutsche Biographie. Hrsg. v. d. Historischen Kommission bei der Bayer. Akad. d. Wiss. Berlin 1953 ff. Bd 6 (1964), S. 77 f.

3. Gesamtdarstellungen, allgemeine Würdigungen und Literatur zu einzelnen Werken

[über Garves »Legendorum philosophorum praecepta nonnulla et exemplum«: Antrittsrede vom 5. Sept. 1770 an der Univ. Leipzig]: Göttingische Anzeigen von Gelehrten Sachen 1771, Bd 2, St. 138, 18. Nov. 1771, S. 1184.

[über »Adam Fergusons Grundsätze der Moralphilosophie. Übersetzt und mit einigen Anmerkungen versehen von Christian Garve«]: Göttingische Anzeigen von Gelehrten Sachen 1772, Bd 2, St. 101, 22. Aug. 1772, S. 860-865.

[über »Versuch über das Genie; von Alexander Gerard. Aus dem Englischen übersetzt von Christian Garve«]: Göttingische Anzeigen von Gelehrten Sachen 1776, Bd 2, St. 86, 18. Juli 1776, S. 736.

[über Garve als Dichter]: Kritische Sammlungen zur neuesten Geschichte der Gelehrsamkeit auf das Jahr 1779. Des sechsten Bandes zweytes Stück. Litterarische Nachrichten von der Poesie, den schönen Künsten etc., S. 383.

[über drei Vorlesungen von Garve]: Ephemeriden der Menschheit, 2. Bd. Julius bis December 1786. Eilftes und Zwölftes Stück oder November und Dezember 1786. Zweyter Theil. Nachrichten und Auszüge von Büchern. Hrsg. v. W.G. Becker. Leipzig 1786, S. 602-640. (»Ueber den Charakter der Bauern und ihr Verhältniß gegen die Gutsherrn und gegen die Regierung. Drei Vorlesungen in der Schlesischen Oekonomischen Gesellschaft gehalten von Christian Garve, Breslau 1786.«)

Nekrolog auf das Jahr 1798. Enthaltend Nachrichten von dem Leben merkwürdiger in diesem Jahre verstorbener Deutschen. Gesammelt von Friedrich Schlichtegroll. Neunter Jahrg. II. Bd. Gotha 1803. [Darin: Christian Garve, S. 237-298.]

J.E. Biester: Neue Berlinische Monatsschrift 1799. Januar, S. 73-80.

Joh. Casp. Fr. Manso: Christian Garve nach seinem schriftstellerischen Charakter. Breslau 1799. [Dass. auch in: Schlesische Provincialblätter, hrsg. v. Streit u. Zimmermann. März u. April 1799.]

K.G. Schelle: Briefe über Garve's Schriften und Philosophie. Leipzig 1800.

S.G. Dittmar: Erinnerungen aus meinem Umgange mit Garve nebst Bemerkungen über dessen Leben und Charakter. Berlin 1801.

J.E. Gruner: Adam Smith und Christian Garve, in: Neue Berlinische Monatsschrift 1801. Juli, S. 36-61.

J.G. Schummel: Garve und Fülleborn. Breslau 1804.

K.Ed. Bonnell: Friedrichs des Großen Verhältniß zu Garve und dessen Uebersetzung der Schrift Ciceros von den Pflichten nebst einer Betrachtung über das Verhalten der Schule gegen die Uebersetzungen der alten Classiker. Berlin 1855.

D. Jacoby: Schiller und Garve. Eine Untersuchung, in: Schnorrs Archiv 7 (1878), S. 95-145.

A. Stern: Ueber die Beziehungen Garves zu Kant nebst mehreren bisher ungedruckten Briefen Kants, Feders und Garves. Leipzig 1884.

A. Stern: Garves Urteil über den Weimarer Dichterkreis in einem ungedruckten Briefe an seine Mutter aus dem Jahre 1781, in: Sonntagsbeilage der Voss. Ztg. 1886, Nr. 18.

G. Kerber: Zur Erinnerung an Garve, in: Sonntagsbeilage der Voss. Ztg. 1898, Nr. 48.

D. Jacoby: Die Frankfurter gelehrten Anzeigen und Garve, in: Euphorion 9 (1902), S. 112 f.

C. Grünhagen: Das Tafelservice des Breslauer Philosophen Garve, in: Zeitschrift des Vereins f. Gesch. u. Altert. Schlesiens. 38. Bd. 1904, S. 371-373.

P. Müller: Christian Garves Moralphilosophie und seine Stellung zu Kants Ethik. Phil. Diss. Erlangen 1905.

D. Jacoby: Christian Garve. Zur Universitätsfeier seiner Vaterstadt, in: Sonntagsbeilage der Voss. Ztg. 1911, Nr. 31/32, S. 244-248 u. 251 f.

W. Milch: Christian Garve, in: Schlesische Lebensbilder. Breslau 1926. Bd 2, S. 60-69. [Dass. auch in: W. Milch, Kleine Schriften zur Literatur- und Geistesgeschichte. Heidelberg, Darmstadt 1957, S. 125-132.]

D. Dänzer-Vanotti: Die Stellung Christian Garves zu den Beziehungen zwischen Antike und Moderne. Phil. Diss. Freiburg 1956.

P. Menzer: Christian Garves Ästhetik, in: Gedenkschrift für Josef Ferdinand Schneider. Hrsg. v. Karl Bischoff. Weimar 1956, S. 83-97.

G. Schulz: Christian Garve und Immanuel Kant. Gelehrtentugenden im 18. Jahrhundert, in: Jahrbuch der Schlesischen Friedrich-Wilhelms-Universität zu Breslau 5 (1960), S. 123-188.

G. Schulz: Zwei Freunde der Wahrheit, Ein Briefwechsel zwischen Christian Garve und Johann Caspar Lavater. Sonderdruck aus: Jahrbuch der Schlesischen Friedrich-Wilhelms-Universität zu Breslau 1963, Band VIII, Würzburg 1963, S. 51-106.

R. van Dusen: Christian Garve and English belles-lettres. Berne (Hamburg-) 1970.

Die Garve-Bibliographie wird fortgesetzt.

III Aus der Lessing-Akademie

Max Plaut zum Gedächtnis

Am Freitag, dem 8. März abends um halb neun starb im Israelitischen Krankenhaus in Hamburg der Präsident der Lessing-Akademie. Er hat mit höchstem moralischen Willen seine Krankheit geduldig ertragen und bis zu seinem Tode am Aufbau der Lessing-Akademie lebendigen Anteil genommen. Ihre Weiterentwicklung lag ihm am Herzen. Er wollte auch in schweren Krankheitstagen noch für sie wirken. Er handelte stets nach dem von Martin Buber formulierten Gebot: »Du sollst dich nicht vorenthalten«.

Max Plaut wurde am 17. Oktober 1901 in Sohrau in Schlesien geboren. Er verehrte seinen Vater. Das große Bild seines Vaters hing in seinem Hamburger Wohnhaus; er hatte es vor seiner Lagerhaft in Dachau in einem Hamburger Haus unter einem Dachsparren verborgen. Es blieb erhalten. In Dachau meldete er sich zum Dienst in der Frauenabteilung, um seiner Mutter nahe zu sein, die dort inhaftiert war.

In der schweren Zeit der Judenverfolgung in Deutschland war Max Plaut von Hamburg aus unermüdlich im Dienst der Jüdischen Gemeinde tätig, führend beteiligt an Aufbau und Betreuung viele ihrer Organisationen, 1939 leitete er die Bezirksstelle Nordwestdeutschland der Reichsvereinigung der Juden in Deutschland. In Gemeinschaft mit Leo Baeck rettete er vielen Menschen das Leben.

Er selbst war wiederholt in Lagerhaft und hatte 1944 mit wenigen anderen Juden das Glück, gegen Deutsche aus Palästina ausgetauscht zu werden und nach Israel entkommen zu können. 1954 ließ er sich in Bremen nieder und widmete sich erneut der deutsch-jüdischen Verständigungsbewegung und der allgemeinen Volksbildungsarbeit. Er war ehrenamtlich für viele Organisationen tätig, die sich für Brüderlichkeit und Frieden in der Welt einsetzen, und gehörte von 1959 bis 1965 der deutschen UNESCO-Kommission an.

Sein letzter Wohnsitz war Hamburg. Er wohnte dort in einem schönen alten Haus und empfing die Besucher aus aller Welt, die ihm ihre Rettung verdankten. Zu seinem 70. Geburtstag im Jahre 1971 gaben seine Freunde eine Festschrift »Kritische Solidarität. Betrachtungen zum deutsch-jüdischen Selbstverständnis«, hrsg. v. Günter Schulz, (Verlag Friedrich Röver) Bremen 1971, heraus. In ihr wird sein großes, gläubiges und allem Verzagen abholdes Leben gewürdigt. Wir gedenken seiner in Verehrung.

Günter Schulz

Arbeitsbericht der Lessing-Akademie über die Jahre 1971 - 1973

I Aufgaben und Ziele

Angeregt durch den genius loci der letzten Arbeitsstätte Gotthold Ephraim Lessings gründeten im Februar 1971 Persönlichkeiten des öffentlichen Lebens die Lessing-Akademie in Wolfenbüttel. Zu den Gründungsmitgliedern gehörten: Dr. Max Plaut (Hamburg) †, Prof. D. Dr. Karl Heinrich Rengstorf (Münster), Frau Hilde Kubel (Braunlage), Prof. Dr. Willi Thiele (Braunschweig), Bürgermeister Ernst August Schütze (Wolfenbüttel), Stadtdirektor Wolfgang Wessel (Wolfenbüttel), Prof. Dr. Paul Raabe (Wolfenbüttel), Frau Mechthild Raabe (Wolfenbüttel), Dr. Günter Schulz (Wolfenbüttel), Frau Ursula Schulz (Wolfenbüttel), Dr. York Alexander Haase (Wolfenbüttel).

Die Eintragung ins Vereinsregister erfolgte am 12. Mai 1971. Damit war ein institutioneller Rahmen geschaffen für eine Aufgabe, die seit langem als wissenschaftliches Desiderat und als historische Verpflichtung erkannt war: dem geistigen Erbe Lessings und der deutschen Aufklärung eine zentrale Stätte der Forschung, der Dokumentation und der Fortwirkung zu schaffen.

Das Erbe der Aufklärung zu pflegen, bedeutet zugleich, den immer wieder bedrohten und verleugneten Gedanken der Toleranz und der Humanität erneut ins Bewußtsein der Öffentlichkeit zu heben, ihn der Gegenwart dienstbar zu machen und für die Zukunft einer freien Gesellschaft zu bewahren. Dieses ideelle Ziel soll von der Basis sachlicher Arbeit und Forschung aus angestrebt werden. Die Gründer und Mitglieder der Lessing-Akademie haben deshalb Arbeitsprojekte vorgesehen, die sich auf folgende Bereiche konzentrieren:

1. Die historischen Zeugnisse zu Lessings Leben, seinem Werk und dessen Nachwirkungen, ferner die Dokumente des literarischen Lebens in der Zeit der Aufklärung sollen wissenschaftlich erschlossen und durch Texteditionen, Bibliographien, Forschungsberichte und Studien einem größeren

Interessentenkreis zugänglich gemacht werden. Die umfangreichen Bestände der Herzog August-Bibliothek aus dieser Zeit und die technischen Einrichtungen dieser Bibliothek stehen dabei den Mitarbeitern der Akademie zur Verfügung.

2. Die Lessing-Akademie soll ein Ort des wissenschaftlichen Erfahrungsaustausches und des offenen Gesprächs über Probleme der Lessingforschung, der Aufklärung und allen sich daran anschließenden Fragen der Toleranz und Humanität in unserer Welt sein. Zu Kolloquien und Arbeitstagungen in diesem Sinne kommen jeweils im Frühjahr und im Herbst die Mitglieder des Wissenschaftlichen Senats und Gäste aus aller Welt zusammen. Die Vorträge, Referate und Diskussionsbeiträge werden von der Lessing-Akademie in der Reihe »Wolfenbütteler Studien zur Aufklärung« veröffentlicht. Angestrebt ist eine enge Zusammenarbeit von Wissenschaftlern und Persönlichkeiten des öffentlichen Lebens auf internationaler Ebene. Die ersten Beziehungen zu Freunden und Förderern in den USA, in Israel und Frankreich sind schon geknüpft, auch der Forschungsaustausch und Dialog mit Wissenschaftlern aus der DDR entwickelt sich.

3. Durch eine Reihe von Publikationen soll der Lessing-Akademie der notwendige Kommunikationskreis erschlossen werden: Die wissenschaftlichen Beiträge werden in den »Wolfenbütteler Studien zur Aufklärung« erscheinen; die Reihe »Wolfenbütteler Schriften zur Humanität« ist literarischen Zeugnissen aus dem Problemfeld von Menschlichkeit und Toleranz in unserer Zeit vorbehalten; Bibliographien und Textausgaben schließlich sollen helfen, das vorhandene, oft schwer zugängliche oder unerschlossene historische Material greifbar zu machen.

4. Der wissenschaftliche Arbeitsbereich soll ergänzt werden durch Veranstaltungsprogramme, die einen weiteren Publikumskreis ansprechen. Die vielfältigen Möglichkeiten dieser Öffentlichkeitsarbeit werden im Laufe der Zeit zu entwickeln sein. Im Zusammenhang mit den wissenschaftlichen Tagungen werden öffentliche Vorträge gehalten; ein weiterer Schritt ist durch die Einrichtung der Autorenlesungen getan, die jeweils im Herbst des Jahres stattfinden. Junge Autoren kommen hier zu Wort und stellen ihre literarischen Werke vor. Die Lessing-Akademie übernimmt mit diesem Programm einen Teil regionaler Kulturarbeit, wie sie für eine Stadt wie Wolfenbüttel notwendig und förderlich ist.

II Aufbau und Organisation

Die Lessing-Akademie, durch private Initiative entstanden, wird vom Kreis ihrer Mitglieder getragen. Alle Mitglieder bilden den *Freundeskreis der Lessing-Akademie*. Die Mitgliedschaft kann von jedem, auch von jeder Personengemeinschaft durch Antrag und nach Zustimmung des Vorstandes erworben werden. Die Mitglieder decken durch ihren Jahresbeitrag einen Teil der finanziellen Aufwendungen.

Die *Mitgliederversammlung* ist das grundlegende Organ demokratischer Entscheidungen: sie wählt den *Vorstand*, der den Verein nach außen vertritt und der aus mindestens fünf Personen besteht: dem Präsidenten, dem stellvertretenden Präsidenten und weiteren Mitgliedern, von denen einer als Generalsekretär die Geschäfte des Vereins führt.

Der Vorstand setzte sich nach der Mitgliederversammlung im Dezember 1973 aus folgenden Personen zusammen: Präsident Dr. Max Plaut (Hamburg), Vizepräsident Prof. D. Dr. Karl Heinrich Rengstorf (Münster), Prof. Dr. Paul Raabe (Wolfenbüttel), Kirchenrat Ernst August Schütze (Wolfenbüttel), Dr. Josef Stecker (Hannover), Dr. Günter Schulz, Generalsekretär (Wolfenbüttel).

Am 8. März 1974 hatte die Lessing-Akademie den Tod ihres ersten Präsidenten zu beklagen. Dr. Max Plaut war einer der großen ideellen Träger dieser Gründung. Er hat durch sein Wirken und die Kraft seiner Persönlichkeit der Lessing-Akademie große Dienste geleistet.

Zur Ausarbeitung und Betreuung des Arbeitsprogramms wurde der *Wissenschaftliche Senat* der Lessing-Akademie gebildet. In ihn wurden bisher vom Vorstand folgende Wissenschaftler des In- und Auslandes berufen:

Dr. Gerhard Alexander (Hamburg)
Prof. Dr. Alexander Altmann (Newton Center/Mass.)
Prof. Dr. Adolf Arndt (Kassel) †
Prof. Dr. Wilfried Barner (Tübingen)
Prof. Dr. David Flusser (Jerusalem)
Prof. Dr. Jean Gebser (Wabern-Bern) †
Prof. Dr. Herbert G. Göpfert (München)
Prof. Dr. Karlfried Gründer (Bochum)
Prof. Dr. Karl S. Guthke (Lincoln, Mass.)
Dr. York Alexander Haase (Wolfenbüttel)
Prof. Dr. Max Horkheimer (Montagnola, Schweiz) †

Prof. Dr. Hermann Lübbe (Einsiedeln, Schweiz)
Prof. Dr. Wolfgang Martens (Wien)
Prof. Dr. Peter Michelsen (Wilhelmsfeld)
Dr. Wolfgang Milde (Wolfenbüttel)
Prof. Dr. Helmut Plessner (Erlenbach-Zürich)
Prof. Dr. Paul Raabe (Wolfenbüttel)
Prof. D. Dr. Karl Heinrich Rengstorf (Münster)
Dr. Shimon Sachs (Kirjat Gat, Israel)
Prof. Dr. Carlo Schmid (Bonn)
Prof. Dr. Ernst Simon (Jerusalem)
Dr. Günter Schulz (Wolfenbüttel)
Prof. Dr. Jürgen Freiherr von Stackelberg (Göttingen)
Prof. Dr. Richard Toellner (Münster)
Prof. Dr. Walther Zimmerli (Göttingen)

Von diesen Mitgliedern starben

am 14.5.1973 Prof. Jean Gebser
am 7.7.1973 Prof. Max Horkheimer
am 13.2.1974 Prof. Adolf Arndt

Die Lessing-Akademie wird ihrer Arbeit in Ehren gedenken.

Die wirtschaftliche Sicherung der Arbeit der Lessing-Akademie soll in der Hand eines *Kuratoriums* liegen. Der Vorsitz wurde von Dr. Josef Stecker, dem Präsidenten des Niedersächsischen Sparkassen- und Giroverbandes, übernommen. Herr Stecker ist gleichzeitig Mitglied des Vorstandes.

Das Kuratorium gedenkt in großer Dankbarkeit seiner Förderer Prof. Georg Poensgen (Heidelberg) und Dr. Helmut Fritzsch (Essen), die den Ausbau der Akademie ermöglichten. Herr Dr. Fritzsch starb am 30. 8. 1973, Herr Prof. Poensgen am 11. 1. 1974.

III Arbeitsbereiche

In den Arbeitsstellen der Lessing-Akademie wird die wissenschaftliche Arbeit geleistet:

1. Dank der Unterstützung durch die Deutsche Forschungsgemeinschaft ist eine Dokumentensammlung und Bibliographie der zeitgenössischen Wirkungsgeschichte Lessings im Entstehen. Die Zeitschriften des 18. Jahr-

hunderts werden auf Erwähnungen Lessings hin durchgesehen, die Hinweise bibliographisch notiert und die Texte für eine Dokumentation in Kopien gesammelt. Mitarbeiter dieses Unternehmens sind: Frau Ursula Schulz, Herr Manuel Lichtwitz und Frau Ingeborg Köhlhoff.

2. In Zusammenarbeit mit der Joachim Jungius-Gesellschaft in Hamburg ist eine Arbeitsstelle für die Edition der naturwissenschaftlichen Schriften von Hermann Samuel Reimarus eingerichtet worden. Der gemeinsamen Kommission gehören von der Joachim Jungius-Gesellschaft an: Prof. Dr. Ludwig Borinski (Hamburg) als Herausgeber der Ausgabe und Prof. Dr. Wolfgang Walter (Hamburg); von der Lessing-Akademie: Prof. D. Dr. Karl Heinrich Rengstorf (Münster), Prof. Dr. Paul Raabe (Wolfenbüttel) und Dr. Günter Schulz (Wolfenbüttel) als federführender Sekretär.

3. Unter der Leitung von Bibliotheksoberrat Dr. Wolfgang Milde (Wolfenbüttel) wurde mit der Aufstellung eines Verzeichnisses der Lessing-Handschriften begonnen. Es soll zunächst die Lessing-Handschriften der Herzog August-Bibliothek in Wolfenbüttel erfassen, wird dann fortgesetzt mit den Nachweisen der Lessing-Handschriften der Deutschen Staatsbibliothek in Berlin, der Uniwersytet Wroclawsky und anderen Handschriftensammlungen. An diesem Unternehmen sind beteiligt: Frau Christine Hardenberg M.A. und Herr Manuel Lichtwitz.

IV Chronik zum Berichtszeitraum 1971 - 1973

Die Lessing-Akademie führte in der Zeit seit ihrer Gründung folgende Veranstaltungen durch:

1. Vom 1. bis 3. Dezember 1971 fand in der Herzog August-Bibliothek in Wolfenbüttel das erste Lessing-Kolloquium statt, auf dem über die Forschungspläne der Lessing-Akademie beraten wurde. Herr Prof. Dr. Hermann Lübbe (Einsiedeln) hielt einen öffentlichen Vortrag über »Traditionsverlust und Fortschrittskrise. Sozialer Wandel als Orientierungsproblem.«

2. Vom 31. Mai bis 1. Juni 1972 wurde das zweite Kolloquium des Wissenschaftlichen Senats der Lessing-Akademie in Wolfenbüttel zum Thema »Grundlagenforschung zu Lessing und seiner Zeit« gehalten.

3. Vom 24. bis 26. Juli 1972 konnte die Lessing-Akademie Gäste aus Israel zu einer Arbeitstagung »Lessings Toleranz in unserer Zeit« einladen. Referate zu folgenden Themen wurden gehalten:

Toleranz, Distanzliebe und die Entfaltung der psychischen Person. Zur Geschichte der Israel - Beziehungen. (Dr. Günter Schulz, Wolfenbüttel)

Integrationsprobleme in der israelischen Erziehung und Gesellschaft. (Dr. Shimon Sachs, Kirjat Gat)

Toleranz als Faktor in den zwischenmenschlichen Beziehungen im Kibbuz. (Danny Wieler, Kibbuz Magen im Negew)

Die Problematik der Erwachsenenfürsorge in einer Einwandererstadt im Süden Israels. (Frau Olga Hermann, Kirjat Gat)

Bibelkunde als humanistisches Pflichtfach im israelischen Unterricht. (Pinchas Carny, Bet-Eliezer)

Geschichte und Geschichtsunterricht - ein Weg zur Toleranz? (Frau Dr. Miriam Getter, Herzlia)

Jugend und Toleranz. (Dr. Shimon Sachs, Kirjat Gat)

Die Referate dieser Tagung sind in der Broschüre »Lessings Toleranz in unserer Zeit« von der Lessing-Akademie herausgegeben worden.

4. Die Frühjahrssitzung vom 2. bis 5. Mai 1973 galt dem Themenkreis »Humanität und Inhumanität in der Aufklärung«. Die Referate, die auf dieser Tagung gehalten wurden, sind im vorliegenden Band veröffentlicht.

5. Ferner sind hier die Beiträge der Herbsttagung vom 31. Oktober bis 3. November 1973 enthalten, die dem Thema »Der Schriftsteller als Sprachrohr der deutschen Aufklärung« gewidmet war.

6. Vom 28. November bis 1. Dezember 1973 fand die Arbeitstagung über »Lessingprobleme in Ost und West« statt mit folgenden Beiträgen, die im 2. Band der »Wolfenbütteler Studien zur Aufklärung« erscheinen sollen:

Grundlagen und Hilfsmittel der Lessingforschung: Neuere Ergebnisse, Probleme, Aufgaben. (Prof. Dr. Karl S. Guthke, Harvard University)

Die Lessingiana der Herzog August-Bibliothek. (Dr. Wolfgang Milde, Wolfenbüttel)

Lessing und Hamburg - Stand und Aufgaben der Forschung. (Franklin Kopitzsch, Hamburg)

Paul Rillas Lessing-Bild. (Dr. Günter Schulz, Wolfenbüttel)

Der Begriff der Toleranz im Hinblick auf Lessing. (Prof. Dr. Gerhart Schmidt, Bonn)

Lessings Frage nach der Erkenntnismöglichkeit. (Prof. Dr. Johannes Schneider, Den Haag)
Nathan-Probleme. (Dr. Helmut Göbel, Göttingen)

7. Im Rahmen der erweiterten Öffentlichkeitsarbeit lasen im Herbst 1973 die Autoren Herbert Heckmann, Hans Egon Holthusen, Jürg Acklin, Hans Joachim Sell, Gabriele Wohmann und Wolfgang Hildesheimer auf Einladung der Lessing-Akademie in der Augusteer-Halle der Herzog-August-Bibliothek aus ihren Werken.

8. In Zusammenarbeit mit der Deutsch-Israelischen Gesellschaft, Braunschweig (Dr. Reinhard Cunze, Braunschweig) sprachen:
Prof. Dr. Benjamin Akzin (Jerusalem) im Gartensaal des Lessinghauses in Wolfenbüttel über »Israels Freunde und die Sicherheitsprobleme Israels« und
Frau Dr. Salcia Landmann (St. Gallen) im Schloßtheater in Wolfenbüttel zum Thema »Jiddisch - eine sterbende Sprache und Literatur«.

9. Die Lessing-Akademie arbeitet außerdem zusammen mit:
dem Institut für deutsche Geschichte an der Universität Tel-Aviv (Leitung Prof. Dr. Walter Grab);
dem Diaspora Research Institute an der Universität Tel-Aviv (Leitung Prof. Dr. Jacob Toury);
der Gesellschaft der Freunde der Hebräischen Universität Jerusalem in Deutschland, Frankfurt/M. (Präsident Dr. Walter Hesselbach);
der Mendelssohn-Gesellschaft, Berlin (Dr. Cécile Lowenthal - Hensel);
den Herausgebern des American Lessing-Yearbook.
Sie bemüht sich auch besonders um den wissenschaftlichen Dialog und die Begegnung mit Wissenschaftlern und Kulturinstituten der DDR. Im Herbst 1973 veranstaltete sie zusammen mit den Mitarbeitern der Herzog August-Bibliothek eine dreitägige Exkursion nach Weimar zur Besichtigung der Nationalen Forschungs- und Gedenkstätten der klassischen deutschen Literatur in Weimar und der Gedenkstätten in Buchenwald und Eisenach.

Der Vorstand der Lessing-Akademie bittet alle Leser dieses Berichtes um ihre Mitarbeit, besonders auch um Mithilfe bei der Werbung neuer Mitglieder, die an der Bewußtmachung des Toleranzgedankens interessiert sind.

Günter Schulz

Lessing-Akademie, 334 Wolfenbüttel, Schloßplatz 3, Tel. 05331 / 22063

Anschriften der Mitarbeiter

Dr. Gerhard Alexander, 2 Hamburg 55, Mühlenberger Weg 2
Dr. Zwi Batscha, Kfar Hamakabi, Israel
Prof. Dr. Herbert G. Göpfert, 8031 Stockdorf, Südstr. 17
Dr. Viktor Link, 33 Braunschweig, Am Sandkamp 15
Prof. Dr. Hermann Lübbe, CH 8840 Einsiedeln, Birchli Haus Claudia
Prof. Dr. Wolfgang Martens, A 1010 Wien 1, Universitätsstr. 1 Germanistisches Institut der Universität Wien
Prof. Dr. Paul Raabe, 334 Wolfenbüttel, Lessingstr. 11
Prof. D. Dr. Werner Schütz, 44 Münster, Kerkheideweg 17
Dr. Günter Schulz, 334 Wolfenbüttel, Wilhelm Raabe-Str. 4
Prof. Dr. Jürgen Freiherr von Stackelberg, 3406 Bovenden, Eibenweg 1
Dr. Annalisa Viviani, 8 München 40, Hiltenspergerstr. 9

Wolfenbütteler Studien zur Aufklärung

Dieser erste Band wurde gefördert mit Hilfe von
Forschungsmitteln des Landes Niedersachsen
und der Bremer Landesbank.

Redaktion: Ingeborg Wiesbach – Typographische Gestaltung:
nach einem Entwurf von Richard von Sichowsky –
Druck: Popp, Hannover
Auflage: 1000 – Printed in Germany

Anfragen und Manuskripteinsendungen an die
Lessing-Akademie, 334 Wolfenbüttel, Schloßplatz 3

ISBN 3-87447-026-1

FSC
www.fsc.org
MIX
Papier | Fördert gute Waldnutzung
FSC® C083411

Kolibri 360 GmbH
Ferdinand-Jühlke-Straße 7
99095 Erfurt, Deutschland
produktsicherheit@kolibri360.de